市场营销理论与实务

姚小远　康善招　主编

图书在版编目(CIP)数据

市场营销理论与实务/姚小远,康善招主编.—上海:立信会计出版社,2011.5
ISBN 978-7-5429-2834-4

Ⅰ.①市… Ⅱ.①姚…②康… Ⅲ.①市场营销学 Ⅳ.①F713.50

中国版本图书馆 CIP 数据核字(2011)第 082743 号

责任编辑　赵志梅
封面设计　周崇文

市场营销理论与实务

出版发行	立信会计出版社
地　　址	上海市中山西路 2230 号　邮政编码　200235
电　　话	(021)64411389　传　真　(021)64411325
网　　址	www.lixinaph.com　电子邮箱　lxaph@sh163.net
网上书店	www.shlx.net　电　话　(021)64411071
经　　销	各地新华书店
印　　刷	常熟市梅李印刷有限公司
开　　本	787 毫米×960 毫米　1/16
印　　张	18
字　　数	380 千字
版　　次	2011 年 5 月第 1 版
印　　次	2014 年 2 月第 2 次
印　　数	3 101—5 200
书　　号	ISBN 978-7-5429-2834-4/F
定　　价	30.00 元

如有印订差错,请与本社联系调换

前　言

　　市场营销学发端于美国,至今有110多年的历史,110多年来,随着客观形势和工商企业市场营销活动的发展变化,市场营销学有了很大的发展。特别是第二次世界大战结束后,市场营销学开始从美国传播到日本、西欧、前苏联和东欧国家,市场营销学的理论也得到了不断地发展与完善。在我国,自党的十一届三中全会以来重新引进市场营销学理论后,特别是随着社会主义市场经济体系的建立,市场营销的原理和技术在我国得到了迅速的发展,众多工商企业、广告经营企业乃至企事业机关已越来越重视市场营销学。在高等院校,市场营销学作为管理类、经济类的专业核心课程或必修课程也越来越受到重视,而且市场营销学已成为高校的一门专业,拥有从大学本科直到博士的各层次的学历学位。

　　为了顺应市场营销学在我国的发展趋势,尤其是为了满足市场营销实践和教学的需要,我们编撰了这本市场营销学教材。本书较为系统地介绍了市场营销学的概念和基本原理,内容力求通俗易懂并强调实用性。本书结合市场营销的实践介绍了部分工商企业的市场营销应用案例,以突出理论和实践相结合的教学要求。本书既适用于国民教育系列各个层次作为教材之用,也适用于从事市场营销的人员作为实践参考之用。

　　全书共分15章,遵从一般市场营销理论的基本框架,从战略与策略两条主线对市场营销理论进行分析,其中第一章是概述篇,第二章至第七章是对市场营销的战略分析,第八章至第十四章是市场营销的基本策略分析,第十五章从商业企业的管理角度阐述如何进行市场营销的管理。

　　参与本书写作的作者是由从事市场营销学及相关课程的教师组成,作为一支相互团结、友爱互助并认真敬业的团队,曾集体编撰过多本市场营销学专业方面的书籍。参与本书写作的作者主要有(排名不分先后):姚小远(第一、第二、第六和第七章)、李国(第三章)、杭爱明(第四章)、郑晏明(第五章)、汤海燕(第八、第十一章)、蔡炜(第九、第十章)、康善招(第十二、第十三章)、杜文杰(第十四章)、陶玥(第十五章)。参与本书写作的还有:曹敏芝、龚建荣、林洪平等。姚小远、康善招等担任了本书的主编。

　　本书在编撰过程中参考了许多国内外的相关专著和教材,我们在书中尽量予以注明,

前言

有部分借鉴的书籍也尽量在参考文献中注明,但在注明中仍可能会有遗漏,我们对同行和作者表示敬意和感谢。

本书能够编撰完成并顺利出版,得到了许多专家、学者和热心人士的帮助,立信会计出版社的领导和责任编辑张蕾等亦为本书的出版提供许多帮助并付出了不少心血,在此一并表示感谢。

在当今市场经济高度发达的时代,各种新的营销理念不断涌现,新的营销方式层出不穷,囿于编者的有限知识,本书不足之处在所难免,恳请读者们提出宝贵意见。

编 者

2011 年 4 月

目　　录

第一章　市场和市场营销 ··· 1
第一节　市场的含义和相关概念 ··· 1
第二节　市场营销的含义 ·· 5
第三节　市场营销学的形成和发展 ·· 8
第四节　学习市场营销学的意义和方法 ·· 11

第二章　市场营销观念 ··· 17
第一节　市场营销观念的演进 ··· 17
第二节　市场营销学的发展和创新 ·· 22

第三章　市场营销环境分析 ·· 32
第一节　市场营销系统和环境 ··· 32
第二节　市场营销微观环境 ··· 34
第三节　市场营销宏观环境 ··· 36

第四章　市场营销调研和预测 ··· 47
第一节　市场营销调研 ··· 47
第二节　市场营销预测 ··· 59

第五章　市场购买行为分析 ·· 71
第一节　不同市场及购买者行为概述 ·· 71
第二节　消费者购买行为分析 ··· 76
第三节　生产者购买行为分析 ··· 82
第四节　中间商、政府和社团市场购买行为分析 ······································ 86

第六章　目标市场选择 … 91
　第一节　市场细分 … 91
　第二节　选择目标市场 … 99
　第三节　市场定位 … 103

第七章　市场营销战略 … 110
　第一节　市场营销战略概述 … 110
　第二节　市场发展战略 … 115
　第三节　市场竞争战略 … 118

第八章　产品策略 … 128
　第一节　产品整体概念 … 128
　第二节　产品生命周期 … 130
　第三节　产品组合策略 … 134
　第四节　新产品开发 … 138
　第五节　品牌和包装策略 … 142

第九章　价格策略 … 151
　第一节　影响企业定价的因素 … 151
　第二节　企业定价的程序和定价方法 … 156
　第三节　企业定价的基本策略 … 161

第十章　分销渠道策略 … 171
　第一节　分销渠道的模式 … 171
　第二节　分销渠道的类型 … 175
　第三节　分销渠道的管理 … 183

第十一章　促销策略 … 189
　第一节　促销组合策略 … 189
　第二节　人员推销策略 … 193
　第三节　营业推广策略 … 198

第十二章　广告策略 … 205
　第一节　广告和广告策略 … 205
　第二节　广告定位和实施策略 … 208

第三节　广告传播和媒体策略……………………………………… 213
　　第四节　广告市场策略……………………………………………… 217

第十三章　公共关系策略……………………………………………… 224
　　第一节　公共关系概述……………………………………………… 224
　　第二节　公共关系策略的目标和原则……………………………… 229
　　第三节　公共关系策略的内容和形式……………………………… 232
　　第四节　公共关系策略的实施……………………………………… 236

第十四章　网络营销…………………………………………………… 242
　　第一节　网络营销的内涵…………………………………………… 242
　　第二节　网络营销组合策略………………………………………… 246
　　第三节　网络营销常用的工具和手段……………………………… 255

第十五章　市场营销管理……………………………………………… 264
　　第一节　市场营销的组织…………………………………………… 264
　　第二节　市场营销的计划…………………………………………… 268
　　第三节　市场营销的控制…………………………………………… 270
　　第四节　市场营销的审计…………………………………………… 272

参考文献………………………………………………………………… 278

第一章 市场和市场营销

市场营销学(Marketing)又称市场学、销售学、营销学、市场管理等,是发源于西方发达国家的一门比较接近实务的经济管理学科。它是在不断认识社会化大生产和商品经济发展过程中具有普遍意义的现象、关系、规律和不断解决企业营销活动中的矛盾的过程中发展壮大的一门学科,也是在经济学、行为科学、现代管理学等科学理论的指导下,对近百年来西方工商企业市场营销实践经验的概括和总结。

第一节 市场的含义和相关概念

市场是商品经济的必然产物,是一种历史的范畴,它随社会生产力和商品经济的发展而发展。市场是由各种要素组成的有机结构体,正是这些要素之间的相互联系和相互作用,决定了市场的形成,推动着市场的现实运动。

一、市场的含义与功能

1. 市场的定义

市场是社会分工的结果,是商品经济的产物。市场一词,最早是指卖主和买主聚集在一起进行交换的场所。经济学家则将市场这一术语表述为卖主和买主的集合。在市场营销者看来,卖主构成行为主体,买主则构成市场。在现代市场经济条件下,每个人在从事某项生产中趋向专业化,接受报偿,并以此来购买所需的物品。每个国家的经济和整个世界经济都是由各种市场组成的复杂体系,而这些市场之间则由交换过程来联结。

对市场的定义仁者见仁,智者见智,大致有如下四种:

(1)市场是商品交换的场所。它是指买卖双方购买和出售商品,进行交易活动的地点或区域。

(2) 市场是对某种商品或劳务具有需求、支付能力和希望进行某种交易的人或团体。具体地说市场包含三个主要因素,即:有某种需要的人、为满足这种需要的购买力和购买欲望。用公式来表示就是:市场＝人口＋购买力＋购买欲望。

(3) 市场是某项商品或劳务的所有现实和潜在的消费者。这里所说的市场除了有购买力和购买欲望的现实消费者外,还包括暂时没有购买欲望的潜在消费者。

(4) 市场是商品交换关系的总和。这里的交换关系包括了商品交换过程中的各种关系,如买卖双方、卖方与卖方、买方与买方等的关系。当然,市场的定义还有很多种。一般而言,比较多使用市场定义的是从市场的构成因素角度进行的,即:

$$市场 = 人口 + 购买力 + 购买欲望$$

构成市场的三要素是相互制约,缺一不可的,只有三者结合起来才能构成现实的市场,才能决定市场的规模和容量。例如,一个国家或地区人口众多,但收入很低,购买力有限,则不能构成容量很大的市场;又如,购买力虽然很大,但人口很少,也不能成为很大的市场。只有人口既多,购买力又高,才能成为一个有潜力的大市场。但是,如果产品不适合需要,不能适应人们的需求,对销售者来说,仍然不能成为现实的市场。所以,市场是上述三要素的统一。显然,消费者(或称购买者、顾客)对于市场而言是比较突出的因素。因此我们对市场这一概念定义如下:市场是指具有特定需要和欲望,而且愿意并能够通过交换来满足这种需要和欲望的全部潜在消费者(或顾客)。

2. 市场的功能

市场功能是指市场在运行过程中发生的功用和效能。市场的基础是存在社会分工,同时又存在不同的所有者导致的商品生产和交换,尽管由于社会形态和商品经济发达程度不同,但市场活动的基本内容有其共同性,基本功能也是一切市场所共有的。市场的主要功能是:

(1) 交换功能。市场是商品交换的场所,市场通过提供流通渠道,组织商品存储和运输,推动商品实体从生产者向消费者手中转移,完成商品实体相交换。这种促成和实现商品所有权交换与实体转移的活动,是市场最基本的功能。

(2) 实现功能。市场是实现商品交换的场所,通过市场交易,商品与货币易位,商品生产者售出产品,实现了商品的价值,进而可实现价值补偿和实物替换;消费者取得产品,产品进入消费领域,成为现实的商品。[①]

(3) 调节功能。市场是经济竞争的场所,通过供求与价格的相互作用,供求形势的变化和竞争的开展,对生产者、经营者和消费者的买卖行为起调节作用,使生产、经营规模和结构与消费需求适应,从而促进社会资源合理配置。

(4) 反馈功能。市场是信息汇集的场所,也是洞察商品供求状况的窗口。买卖双方

---

① 有许多学者将市场的交换功能和实现功能合并为一种,称为交换功能。

的接触和影响供求诸因素的信息的传递,不仅为企业的决策提供依据,有利于更好地组织生产经营活动,也为政府宏观决策提供依据,有利于加强宏观调控,据此规划和调整社会资源在各部门的分配比例。

二、市场的作用与特征

1. 市场的作用

市场是社会经济发展到一定阶段的产物。商品经济的内在矛盾即使用价值与价值的矛盾,商品流通领域的主要矛盾即供给与需求的矛盾,都要通过市场反映出来,并借助于市场求得解决。商品经济的基本规律——价值规律,要通过市场来发挥作用。市场对社会经济的发展具有十分重要的作用。充分发挥市场机制的作用,是客观经济规律的要求。

市场的主要作用有:

(1) 市场是实现社会再生产的桥梁,是连接生产与消费的纽带。在市场经济条件下,社会再生产各个环节的活动都离不开市场。生产者要通过市场出售产品,产品的价值才得以实现;消费者要通过市场购买货物,需要才得以满足;国民收入的分配和再分配,也要通过市场才能完成。市场是满足人们多种多样需要的手段,是社会再生产顺利进行的基本条件。

(2) 市场是社会资源的主要配置者。合理配置资源,使其得到充分利用,避免不必要的闲置和浪费,是任何社会经济活动的中心问题。资源配置有自然配置、市场配置和计划配置等方式,其中市场配置是市场经济中资源配置的主要方式,也就是各种资源通过参与市场交换在全社会范围内自由流动,按照市场价格信号反映的供求比例流向最有利的部门和地区。在市场机制的调节、配置和组合的基础上,推动实现产业结构和产品结构的合理化。

(3) 市场是国民经济的一面镜子。市场能反映社会需要的变化,提供信息,把生产和消费、供给和需求更好地结合起来。自觉地利用市场机制的调节作用,通过市场供求和市场价格的变化,引起人们调节生产和消费、调节交换双方的经济效益,对企业的生产经营起着检验和校正作用,从而有助于促进国民经济持续、快速、健康地发展。

(4) 市场是经济竞争的场所。只要存在商品经济,就必然有竞争,只不过在不同的社会制度下,竞争的目的、性质、范围和手段不同。社会主义企业之间的竞争,是在国家宏观调控下,遵照公平竞争的市场法则,让企业在市场上直接接受广大消费者的评判与检验,实现优胜劣汰。竞争有利于鼓励先进,鞭策落后,改进技术,提高经营管理水平。因此,充分发挥市场机制的作用,必须鼓励竞争和保护竞争。

2. 市场的基本特征

在现代市场经济条件下,市场作为市场经济的运行基础和基本形式,具有如下特征:

(1) 开放性。市场经济体制下的市场是充分开放的,即向所有的商品生产者、经营者和消费者开放,向各种产权形式的企业开放,向全部社会资源要素开放,向各个行业、地区和国家开放。任何性质、规模和形式的企业都可以自由参与市场活动。

（2）多元性。现代市场是一个多元化的完备体系，不仅可供交换的商品种类多种多样，而且参与市场活动的主体、交易方式、交易手段也是多元的。多元化特征使得现代市场呈现出高度的复杂性和多变性。

（3）自主性。市场经济活动的主体是企业。企业作为独立的利益主体单位，拥有法定的自主权力，包括有权根据市场需求自主决策投资方向和生产经营活动，自主调整产品结构和经济结构，自主设置内部管理机构，自主决定利益分配方式。由此决定了市场活动具有高度的自主性。

（4）竞争性。平等进入，公平竞争，是市场运行的基本原则。所有市场参与者在进入市场和从事交易上，机会和地位都是均等的，不存在依权力或其他非经济因素形成的等级差别。在平等参与的基础上，各个企业凭借自身的经济实力全方位地开展竞争，通过公平竞争，实现优胜劣汰。因而真正意义的市场是充满竞争的市场。①

三、现代市场体系和类型

市场是一个完整而复杂的体系，并且是多层次、多要素、全方位的有机系统，其实质是各种经济关系的具体体现和综合反应。为了更好地研究与把握市场，必须对市场进行分类，以便从不同角度加以分析，以全面了解与把握市场整体和局部的特征。市场分类的方法很多，可以从不同的角度进行分类。

1. 按照购买者需求内容和目的分类

按照购买者需求内容和目的对市场进行分类，可分为消费者市场、生产者市场、中间商市场、政府和社团市场等。

消费者市场也叫消费资料市场或生活资料市场，是指消费者为满足个人或家庭生活消费需要而购买生活资料或劳务的市场。生产者市场又称生产资料市场或产业市场，是指生产者为满足生产活动需要而购买生产资料的市场。中间商市场也称转卖者市场，是指购买者购买商品的目的是用于出售或出租从而获取利润的市场。政府和社团市场是指政府部门和社会团体为履行自身的主要职能而采购商品和劳务的市场。

2. 按构成市场交易对象的商品形态分类

按构成市场交易对象的商品形态对市场进行分类，可分为商品市场、资金市场、技术市场、信息市场、劳动力市场、房地产市场和服务市场等。

商品市场通常是指有形的物质产品市场，主要以各种生活消费品、生产投资品（生产资料）为交易对象所组成的市场。资金市场又称金融市场，是资金流通的专业市场，主要职能是沟通或协助沟通资金供应者和资金需求者之间的联系。资金市场可以按照所交易的金融商品的期限长短，再分为货币市场和资本市场。技术市场是以提供技术成果和技

---

① 王方华：《市场营销学》，上海：格致出版社，2007年4月，第9页。

术服务来满足消费者需要的市场。信息市场是指进行信息商品交换的场所,是促进信息产品在信息生产者、经营者和信息用户之间有偿交流的市场领域。劳动力市场是劳动力商品的交换场所。房地产市场则是指进行房地产交易的场所。服务市场是指人们通过提供服务(或叫劳务)而不是提供有形产品形式来满足消费者需求的市场。

3. 按照市场的地理位置或空间范围分类

按照市场的地理位置或空间范围对市场进行分类,可分为国内市场、国际市场、区域市场、城市市场和农村市场等。

4. 按照交易方式分类

按照交易方式对市场进行分类,可分为现货市场、期货市场、批发市场和零售市场等。

5. 按照竞争程度分类

按照竞争程度对市场进行分类,可分为完全竞争市场、完全垄断市场、垄断竞争市场和寡头垄断市场等。

这种分类是微观经济学对市场体系的一般划分,完全竞争市场是指存在大量的买主和卖主,商品和劳务是同质的,资源流动不受限制,买卖双方可获得完全信息的市场。完全垄断市场是指某种商品或劳务只有唯一的供应者,而且不存在相近的替代品的供应者,因而不存在竞争的市场。垄断竞争市场是介于完全竞争和完全垄断之间的,且近于前者的市场。寡头垄断市场也称寡占市场,是介于完全竞争和完全垄断之间且近于后者的市场。

第二节 市场营销的含义

我们可以将市场营销理解为与市场有关的人类活动,即以满足人类各种需要和欲望为目的,通过市场变潜在交换为现实交换的活动。由于市场营销学特定的产生背景与进程,因此市场营销定义的种类与表述多种多样。

一、市场营销的含义与地位

1. 市场营销的定义

市场营销是市场营销学的研究对象。尽管"市场营销"这个词早在 20 世纪初已出现,但至今仍无统一解释。有人认为,市场营销是销售和促销;也有人认为,市场营销就是把货物推销出去。实际上,营销与一般的销售是不同的,销售所重视的是卖方的需要,营销重视的则是买方的需要。销售以卖方为主,卖方的需要是如何将他的产品卖出去从而获取利润。营销则是考虑如何更好地满足消费者的需要,根据顾客的需要来设计产品,讲求产品质量,增加花色品种;根据顾客的需求来定价,使顾客愿意接受;根据顾客的需要来确定销售渠道,处处方便顾客;根据顾客的需要进行促销,及时传播消费者欢迎的市场信息。同时,企业的市场营销活动应当包括企业的全部经营活动,即市场与消费者研究、选定目标市场、产品开发、定价、分销、促销和售后服务,等等。销售与促销仅仅是企业整个市场营销活动的一部分,而且不是市场营销的最重要部分。

国外的学者关于市场营销的定义有许多,较典型的有窄派定义、宽派定义和权威定义。

(1) 窄派定义。窄派(或狭义)的解释是,市场营销是引导商品与劳务从生产者到达消费者或使用者所实施的一切企业活动。许多人认为这个定义包含的面太窄且缺乏能动性,将市场营销仅仅视作一种传递功能,因此被认为是"窄派定义"。不过这个定义清晰、明确,概括了市场营销的主要内容,对当时市场营销学的研究起到了重要的指导作用。

(2) 宽派定义。宽派(或广义)的解释是创造与传递生活标准给社会。人们认为这个定义将市场营销的实质生动地体现出来,并给人以广阔的视野。但其欠缺明确具体的指向,显得过于笼统和高度抽象。

(3) 权威定义。由美国西北大学菲利普·科特勒教授提出,他在不断修正自己以往定义的基础上指出,"市场营销是个人或团体通过创造并同他人或团体交换产品和价值以获得其所需所欲之物的一种社会过程"。科特勒对市场营销的解释得到众多专家的赞同,并被誉为权威定义。

无论是窄派定义、宽派定义或权威定义都是依据市场及竞争状况的变化,并伴随着市场营销学的发展不断充实和深化的。比如美国市场营销协会定义委员会在原来二次定义的前提下,于2004年8月再次调整和公布了新的定义,将市场营销表述为,"市场营销是一项组织功能,是一系列创造、交流和传递价值给顾客,并通过满足顾客和其他利益相关者的利益来建立良好的客户关系的过程。"这个新的定义清楚、明确地提出市场营销是一项管理职能,并强调市场营销过程是一个建立良好的企业顾客关系的过程,更加突出了顾客的地位,并提及营销涉及的各类关系,其实质是关注相关利益者的利益的观点。

西方市场营销学者之间还广泛流传着一句话,"市场营销是一门科学,一种行为,一项艺术"。

从我国的国情出发,关于市场营销的定义也有不少。一般认为:市场营销是通过市场交换满足现实或潜在消费者需要的综合性经营销售活动过程。依据这一定义,市场营销的目的是满足消费者的现实或潜在的需要,市场营销的中心是达成交易,而达成交易的手段则是开展综合性的营销活动。市场营销这个概念是从企业营销的实践中概括出来的,同时也要注意,市场营销的含义不是固定不变的,它会随着工商企业市场营销活动实践的发展而发展。

2. 市场营销在企业中的地位

从世界范围的企业管理实践来看,市场营销在不同的时期内,引起了不同行业的重视。一些国际著名公司,如通用电器公司、通用汽车公司等就较早地认识到了市场营销的重要性。在美国,最先认识到市场营销重要性的是包装消费品公司,其次是耐用消费品公司,之后是工业设备公司。世界各国的钢铁业、化工业、造纸业等都对市场营销认识得较晚,至今仍有一段距离待其努力。进入20世纪80年代以来,服务行业尤其是航空业、银行业等逐渐接受了市场营销理念。航空公司开始研究顾客对他们所提供的各项服务的态度,包括时刻表的安排、行李的处理、飞行过程中的服务态度是否友好、坐席是否舒适等。他们很快就抛弃了自己"隶属于航空业"的观念,而代之以"隶属于整个旅游业"的经营观念。近30年来,市场营销已渗透到世界各国的非营利部门,如学校、医院、博物馆、艺术团体甚至警察部门等。市场营销在这些行业中已引起了不同程度的重视,得到了不同程度的应用。

我国自实行改革开放以来,人们越来越重视市场的作用,并开始关注市场营销的理论,逐渐意识到市场营销的重要性。

二、市场营销的功能与效用

1. 市场营销的功能

市场有它的功能,市场营销也有它的功能,概括地说,主要有:

(1) 交换功能,包括购买与销售。购买是在市场集中或控制商品与劳务,并实现所有权的转移。购买的职能不仅包括购买哪一些类型的产品和向谁购买的决策,也包括了进货数量和进货时间的决策。销售是协助或动员顾客购买商品与劳务,并实现所有权的转移。销售的职能不仅包括为产品找到市场,而且包括通过推销宣传战略唤起消费者的需求,并安排好售后服务工作。

(2) 供给功能,包括运输与储存。运输是货物实体借助于动力在空间上的转移,使产品从制造场所转移到销售场所。储存是指商品离开生产领域但还没有进入消费领域,而在流通领域内的停留。储存的设施可将产品保留到需要时供应,使企业可以制定长期的生产计划,从而更有效地工作。储存将产品从生产期保存到销售期,可以调节商品的销售,以适应需求。运输和储存都属于供给功能,是实现交换功能的必要条件。

(3) 便利功能,包括资金融通、信用交易、风险负担、市场情报收集分析以及商品标准化与分级等。借助资金融通,可以控制或改变商品与服务的流转方向;实行信用交易,能给市场销售过程中各个环节的买卖双方带来方便。风险负担是商品或服务交易中必然包含的一部分因素,在供求关系的变动中,在运输和储存的过程中,企业都可能出现商品损坏、腐烂、短少、浪费等,以及货物在一定时期内卖不出去,要承担财务损失的风险。市场情报的收集、分析与传送,是一种通信职能,对消费者、生产者和营销机构都是重要的。商品的标准化与分级,指决定制成品必须符合的条件,作为基本尺度或标准,使产品必须符合其要求,保证产品质量,便于比较和交易。

2. 市场营销的效用

(1) 形式效用。即创造新的商品形态。例如,皮鞋制造企业通过市场调研与分析,然后按市场的需求,通过设计、加工、制造等过程,使皮革等成为皮鞋,生产出能满足人们某种需要的使用价值的具体形式,再通过销售渠道及适当的营销活动,使消费者获得了皮鞋这一具体形式的商品,这即属形式效用的创造。

(2)地点效用。即因商品的位移而创造价值。例如,农产品经营企业在农村向生产者收购蔬菜、水果等农产品,加以挑选整理,并初步加工、包装后,运往城市和口岸,供应城市或出口,满足城市与国外消费者的需要。此种运输等功能的发挥,使消费者在适当的地点能买到这些农产品。

(3)时间效用。即商品储存而创造价值。例如,有些具有时令季节特点的商品如春节期间需要的食品和服装等,生产经营部门提前做好准备,并将商品保存到需要时节,满足市场需求。此种储存功能的发挥,使消费者在适当的时间能买到这些物品。

(4)持有效用。即商品所有权转移而创造的价值。通过买卖行为,将商品从卖方转移到买方,从而使购买者获得持有效用。如电器批发企业向电视机厂采购电视机,批发给零售商,最终再销售给消费者,从而把电视机的所有权由电视机厂转移到消费者手中。

第三节 市场营销学的形成和发展

市场营销学是在资本主义国家首先发展起来的一门新兴学科。它最早出现于美国,后来传播到西欧和日本等地,在国外也只有一百来年的历史,还很年轻,处于迅速发展阶段。在我国则是一门兴起不久的新学科。

一、市场营销学及其发展

市场营销学是在西方发达国家诞生,在商品经济高速发展中形成、发展并日趋成熟的。理论界公认有组织的研究市场营销是从 20 世纪初的美国开始的。

19 世纪末 20 世纪初,一些主要的西方国家先后完成了工业革命,由自由竞争走向垄断。资本主义进入垄断阶段后,一方面随着科学技术的进步,社会生产力迅速发展,市场商品空前丰富。另一方面,生产社会化与生产资料资本主义私人占有制之间的矛盾也越来越尖锐,竞争趋向激烈,生产的无政府状态不断加剧,商业危机日趋严重。如果说过去企业间的竞争主要限于生产领域,表现在如何提高劳动生产率、降低生产成本、增加产量以获取最大利润方面,那么,此时竞争焦点已逐渐转移到流通领域,体现在如何使产品适应市场需要、占据最大市场份额以获取最大利润上。过去主要是能不能生产的问题,而这时主要是能不能销售的问题。市场形势的变化,使得西方国家的企业,尤其是那些拥有巨额资本、实力雄厚的垄断组织,力图通过对市场的研究和分析,窥测市场需求和变化趋势,以摆脱盲目状况并依据市场状况的变化调整自身的营销计划与行动,争取在激烈竞争中占据有利位置。资本主义国家中代表垄断资本集团利益的政府,也开始试图借助市场研究,对社会经济生活进行干预。同时,经济学理论和科学技术的发展所提供的现代化手段也为研究市场活动的变化规律,了解和预测市场需求发展趋势以解决流通过程中的一些具体问题提供了可能。市场营销学作为一门研究市场营销问题的专门学科,在商品经济高度发展的历史条件下应运而生。

市场营销学的形成与发展,大致可分为四个阶段。

(1) 初创阶段。19世纪末至20世纪30年代,是市场营销学的起源形成时期,是它的初创阶段。此一时期,经过工业革命的西方国家的劳动生产率大幅提高,生产迅速发展,经济增长很快。管理理论的发展,特别是美国工程师泰勒撰写的《科学管理原理》出版后,很多企业接受了书中提出的生产管理的科学理论和方法,大大提高了生产效率,增加了市场商品供应。这样,原来以供不应求为特征的"卖方市场"发生了变化,出现市场商品的增长速度,相对超过对商品需求增长速度的状况。此时商业广告的运用和销售技术的研究逐步受到社会各界的重视,许多高校财经院系都开设了广告学和销售技术等课程。大约在1902~1905年,美国的密执安、加利福尼亚和伊利诺伊等州的大学经济系,先后开设了市场营销学课程,并把市场营销当作一门学科来研究。1912年,美国哈佛大学教授赫杰特齐编写的第一本市场营销学的教科书出版。学术界通常以这本教科书的问世作为市场营销学诞生的标志。早期市场营销理论的研究具有较大的实用性,内容主要是商业销售实务方面的问题,虽有实用价值,但在理论上尚未形成完整的体系,尚未引起企业家的重视,其社会影响也不广泛。

(2) 应用阶段。20世纪30年代至第二次世界大战结束,是市场营销理论的应用阶段。1929~1933年资本主义世界爆发经济危机,这次危机持续的时间和波及的范围在当时都是空前的,它给西方发达国家的经济带来了极大的破坏。危机期间,市场上商品堆积如山,销售困难,商店纷纷倒闭,生产企业停工减产,劳动者大量失业,幸存企业都面临十分严重的销售问题。在这一形势下,市场营销学受到社会公众的广泛重视,各种市场营销学理论相继进入应用领域,被工商企业用来指导实践,以帮助解决产品的销售问题,由此逐步建立了市场营销学的理论体系。所以客观的市场经济形势,从宏观与微观两个方面迫使西方发达国家加强对市场及企业行为的研究,这无疑推动了市场营销研究的进程。

在这一时期,随着市场营销研究的深入以及它的研究成果被一些企业成功地采用,市场营销的研究范围扩大,它对社会的影响也逐渐扩展。1937年,全美国的各种市场营销研究组织联合组成了"美国市场营销协会"(AMA)。美国市场营销协会的成立,形成了一个全美国范围的市场营销学研究中心,学术界许多著名的理论家和大批的企业家加入协会,成为市场营销学发展史上一个重要的里程碑,它标志着市场营销学已经跨出了大学讲坛,引起了整个社会的兴趣和关注,成为一门实用的经济科学。

与此同时,市场营销学开始从美国走向世界。1935年德国成立了"消费者调查协会",它的构成和活动方式与美国的市场营销协会基本相同。一些其他西方国家也先后开始研究市场营销学。市场营销学研究也影响到中国。1933年,丁馨伯先生以美国的《市场学原理》为蓝本,编写了我国第一本名为《市场学》的教材。《市场学》的出版标志着中国最早对市场营销学的研究。

(3) 发展阶段。20世纪50年代初到60年代末期是市场营销学的发展阶段。第二次世界大战以后,市场营销学的研究,特别是美国对市场营销理论的研究进入了一个蓬勃发展的新阶段。这时,市场营销方面的专著、论文出得很多,理论内容也有了新的发展,提出了许多有价值的新概念。被誉为"营销学之父"的美国学者菲利普·科特勒教授将这一时期形容为市场营销理论发展的"金色的50年代"和"高能的60年代"。

市场营销学在这一阶段的发展与第二次世界大战后的美国社会经济和政治形势的变化密切相关。战争期间,美国的生产能力主要转向军事工业,而且战时物资匮乏,人们的消费需求受到压抑。战争结束后,军工生产纷纷转向民用,工业生产潜力一下子在市场上显现出来。同时,战时受压抑的购买力被释放出来,市场需求剧增,又刺激了生产的发展,再加上科学技术的进步,资本主义生产有了较大的增长,市场一时出现了繁荣的景象。一方面商品供应数量空前增加,新产品、新品种不断涌现,买方市场已经形成。另一方面,由于资本主义政府吸取了30年代大危机的教训,推行了一整套高工资、高消费和高福利的社会经济政策,以刺激和提高居民的购买力,使消费者对于商品的购买选择性日益增强。在此背景下,企业间的市场竞争也更加激烈。竞争越激烈,企业家们就越要研究怎样在市场上获取有利的位置。这种趋势推进了市场营销学的研究进程。在这一阶段,市场营销研究的一个显著特点是:人们将营销理论和企业管理的实践密切地结合起来。以"消费者为中心"的现代市场营销观念也在这一时期产生。

(4) 成熟阶段。20世纪70年代至今,市场营销的研究进入一个新的发展阶段。20世纪70年代,市场营销学与社会学、经济学、统计学、心理学等学科紧密结合,发展成为一门新兴的综合性的应用科学,先后传入日本、西欧、东欧、前苏联等国家,并被世界各国所接受。同时,市场营销学的研究内容也更为广泛,并且向纵深发展,一些原来是综合性的内容,现在逐渐形成一个个分支,如市场调研、市场预测、广告学、消费者心理等。进入20世纪80年代,市场营销学在理论研究的深度上和学科体系的完善方面得到了极大的发展,提出了许多新观点和思想。如"战略营销"思想、"全球营销"概念,以及1986年以后提出和重点强调的"大市场营销"、"网络营销"、"关系营销"和"服务营销"等概念,还有近年来关于营销"大规模定制"、"体验营销"等。这些新概念引起了争论,刺激了研究,指导了实践。可以说,这一阶段是现代市场营销学走向成熟的阶段。

目前,市场营销学不仅在欧美、日本等发达国家继续保持着旺盛发展的势头,在我国也在迅速地普及。市场营销学不仅是大专院校工商管理专业的主修课程,而且自1988年被列入原国家教委颁布的大学本科专业目录,作为一个独立的专业招生。不仅大专院校、经济管理理论研究机构开展这方面的研究,许多工商企业都在对它进行理论研究和实践探索。

二、市场营销学的研究对象与内容

1. 市场营销学的研究对象

市场营销学是一门建立在经济科学、行为科学、现代管理理论基础之上的应用科学,也是一门研究企业经营方略和生财之道,研究企业如何在激烈的市场竞争中求生存、图发展的学问,还是一门研究企业如何更好地满足消费者的需要与欲望的学问。它着重研究企业(卖方)在不断变化的市场上如何有效地管理交换过程和交换关系,以提高企业经营效益,实现企业的赢利目标。

市场营销学的研究对象是以满足消费者需求为中心的企业营销活动过程及其规律性,即在特定的市场环境中,企业在市场研究的基础上,为满足消费者和用户现实和潜在的需要,所实施的以产品、分销、定价、促销为主要内容的营销活动过程及其客观规律性。

2. 市场营销学的基本内容

市场营销学研究的基本内容依据市场营销学的研究对象而定。从宏观方面来看,市场营销学的内容应包括三个方面,即市场营销的理论部分,企业市场营销战略研究,企业市场营销策略研究。

由于市场营销学对于企业的生产经营活动有着重要影响,因此,市场营销学的全部研究都是围绕着企业的产品适销对路、扩大市场销售而展开的,并为此提供理论、思路和方法。它的核心观念是:企业必须面向市场、面向消费者,必须不断地为消费者提供能满足其需要和欲望的物质产品和劳务,必须适应不断变化的市场环境,在满足消费者需要和欲望的基础上,实现企业的目标。就市场营销学的具体内容而言,可归为5个方面:

(1) 市场结构与行为。包括有关市场营销的核心概念,对市场的认识和看法,消费者分析,其中重点分析消费者需求的形成和影响因素,以及营销组织,其中包括企业的市场营销观念、企业营销组织的调整的研究等。

(2) 选择企业的市场机会。包括目标市场的研究、市场细分、对企业所处的市场营销环境的分析,以及企业的市场定位和营销目标研究。

(3) 企业的营销战略。包括对企业内外部因素的综合研究、分析,选定目标市场并通过以上环节规划企业的适当的战略。

(4) 企业营销策略的规划和执行。包括企业市场营销组合的概念、特征,市场营销组合的规划和执行,其中包括产品策略的制定与执行,价格策略的制定与执行,分销渠道策略的制定与执行,销售促进策略的制定与执行。

(5) 企业营销控制。包括对市场营销执行过程的反馈、调整与修正。

第四节 学习市场营销学的意义和方法

对一门学科的考察,学者们总爱追根溯源,而对市场营销学的"宗族"与"血统",科特勒教授做了形象的解释：市场营销学的父亲是经济学，母亲是行为科学，数学是其祖父，哲学乃其祖母。市场营销学由于蕴含着如此"强壮"和"繁杂"的社会科学和自然科学的"基因"，因此自身充满活力。市场营销学不仅是发达国家的重要研究科目，而且也日益为更多的发展中国家吸收和借鉴。近年来，我国理论界和企业界对这门学科也倾注了极大的热情与关注，自20世纪70年代末开始，越来越多的人加入这门学科的研究行列，许多企业在运用市场营销理论指导实践过程中的收效显著，客观上推动了我国企业市场营销学的研究进程，中国市场营销学的普及速度范围之迅速，范围之广令世人惊讶。但同时我们也应当看到，市场营销学在我国仍然是一门新的学科，需要更多的企业家、理论研究工作者深入研究、探索，努力创新，抓住重要的战略机遇期，尽快赶上与超过世界先进水平。

一、学习市场营销学的重要意义

市场营销学是一门实践性很强的应用科学，认真学习和研究市场营销学，借鉴他国经营现代企业的经验和方法，提高企业营销素质，对于增强企业活力和竞争力，在国内外激烈的市场竞争中取胜，加速我国社会主义经济建设的步伐，具有重要的现实意义。

（1）学习市场营销学，有利于更好地满足经济社会发展的需要。在社会主义市场经济条件下，无论是国有企业还是民营企业，从事生产经营的最终目的是为了实现利润目标。所以学习市场营销学，可以帮助企业研究消费者需求和购买行为，帮助企业研究如何面对市场环境变化所带来的机会或威胁，按市场需求组织产品的生产和经营，优化资源配置，提高生产效率，从而更好地满足消费者的现实需要与潜在需要，进而满足经济社会发展的需要。

（2）学习市场营销学，有利于解决产品市场实现问题。产品是满足消费者需求的重要载体，要使产品适销对路，就要从充分满足消费者的需要出发，研究营销策略如何适应市场形势的要求，研究产品生命周期各阶段的特征及应采取的营销策略。这些都是市场营销学所研究的问题。学习市场营销理论，研究并应用营销策略和方法，能加速产品由商品形态向货币形态转化，实现其价值，有助于社会再生产。

（3）学习市场营销学，有利于增强企业市场竞争力。市场竞争是商品经济的产物，只要有商品生产和商品交换，就会出现市场竞争。面对充满竞争的市场，企业通过学习和运用市场营销原理，了解消费需求，分析市场环境，制定和实施有效的营销组合策略，就会极大地提高企业营销素质，改善经营管理，增强应变与竞争能力。

（4）学习市场营销学，有利于进一步开拓国际市场。我国实行的是开放性的经济政策，坚持对外开放，扩大国际贸易与国际经济技术合作，是加快社会主义建设，逐步缩小同发达国家经济差距的一条重要的指导方针。国际市场情况复杂，需求多变，竞争激烈。学习市场营销学，对于研究如何开拓国际市场，分析国际市场的类型和特点，掌握国际市场的营销规律以及调查和选择开拓国际市场，制定相应的国际营销策略等有着很大的帮助。

通过学习市场营销学,有利于企业更有成效地开拓国际市场,更好地开展对外经济贸易活动。

二、学习市场营销学的方法

学习研究市场营销学的方法有很多,概括起来,主要可分为以下几种:

(1)产品研究法。即以商品为主体,分别研究各有关产品的产品设计、价格、品牌、商标、包装、广告与分销渠道等。市场可以有不同的分类,不同的分类所划分出的市场有着各自的特点和营销策略特征。比如可以将产品分为生产资料与消费资料两大类。其中生产资料又可区分为原料、半制成品及零件、供应品和设备等,消费资料又可区分为便利品、选购品与特殊品等。由此划分出的产品类别需要有相对应的市场营销策略。产品研究法是以某种或某类产品为主体,着重分析这种或这类产品的市场营销问题。

(2)组织研究法。即以商品经营组织的属性特征角度来分析研究商品的市场营销问题,是从市场体制、市场结构、流通渠道等方面来观察市场活动。市场营销结构,按处理商品有无所有权可划分为经销商与代理商,按照在分销渠道中的地位可划分为批发商与零售商。经销商、代理商、批发商和零售商等有着不同的市场营销问题,组织研究法是以批发或零售机构等为主体,分别研究其功能、作用及营销活动过程与策略。如果说产品研究法是以物为中心来研究市场营销学,那么组织研究法可谓是以人为中心来研究市场营销学。

(3)功能研究法。市场营销的基本功能一般可分为交换功能、供给功能和便利功能三大类,包括采购、销售、运输、仓储、融资、促销和信息等方面的市场营销功能内容。功能研究法主要是研究各种营销功能的特性及动态,研究市场营销机构在营销过程中所具有的功能。

(4)管理研究法。20世纪30年代以前,西方国家流行的市场营销研究方法,主要是前述三种。其特点是单纯以某种产品、某种营销机构或某种营销职能作为研究的主体,视野比较狭窄,有"只见树木,不见森林"之感。二次大战后,随着现代科学的发展,市场营销学在吸取现代科学研究成果的基础上,兴起了一种新的研究方法,即管理研究法(或称决策研究法)。管理研究法以企业为载体,从营销管理决策的角度,综合产品研究法、组织研究法和功能研究法的基本要求,着眼于寻找企业的市场机会,针对目标市场的需要,分析市场环境。同时考虑到企业的资源和目标,制定相应的营销策略,希望借此能在适当的时间、适当的地点,以适当的价格,将适当的商品或服务用适当的方法提供给消费者,从而满足消费需求,并达到企业的目标。

(5)系统研究法。是指企业生产经营管理人员在进行市场营销管理决策时,把与企业相关的内外环境和市场营销活动过程当作一个系统,统筹兼顾与其他市场营销体系的相互影响、相互作用,既研究企业内部各职能部门(如生产部门、销售部门等)如何密切配合进行市场营销活动;又研究企业营销活动与外部环境(如中间商、消费者等)如何协调,使得市场营销开展得顺利。总之是尽量使各个部分协同活动,从而产生增效作用,提高企业经营效益。

（6）社会研究法。是指研究市场营销机构开展的各项工作和各种市场营销活动对社会发展所产生的影响,其侧重点在于分析研究市场营销活动对社会发展的贡献及其所付出的成本。比如过早地淘汰更新产品造成社会资源的浪费,片面追求企业的发展和满足市场需求造成环境污染等,因此,应该研究如何把企业的市场营销目标与社会发展的长远利益结合起来,以指导企业的行为。这种方法提出的课题有：市场效率、产品更新换代、广告真实性及市场营销对生态系统的影响等等。

复习思考题

1. 如何理解市场的定义？
2. 简述市场的作用。
3. 如何理解市场营销的定义？
4. 简述市场营销的功能。
5. 简述市场营销学的研究对象。
6. 简述市场营销学的基本内容。

本章案例

小天鹅集团的经营数学

小天鹅集团是以生产洗衣机为主业的大型企业,在生产经营的实践中形成了自己的经营数学,凝聚成小天鹅的营销理念。小天鹅用自己的经营观念,指导营销,一步步走向成功。

1. $0+0+1=100$

这个公式的含义即："0"的观念,一切从"0"开始。

"0"缺陷,即要生产科技含量高、高质量、满足市场需求的、没有缺陷的产品,才有竞争力。

"0"库存,即不能积压产品,如果3天卖不掉,小天鹅宁可停产。

在一般概念中,"0"意味着没有。但是,没有了"0",就不可能产生数学上的无穷变化。小天鹅将"0"概念吸收运用到生产经营活动中,开展"0"工程,并作为一项重大的市场驱动工程来抓。

小天鹅认为,做到这两个"0"还不够,服务第"1",用户第"1"才是小天鹅一贯的方针,用户满意了,企业的销量自然会增长,就能赢得一个圆满的结果,所以$0+0+1=100$。

本章案例

2. 三个不间断的1/3才等于1

小天鹅在实践中体会到,营销有三个阶段,各占1/3。

第一个1/3:企业的产品进入流通领域,并不是把资金回笼作为企业营销的落脚点,资金回笼只不过实现了营销的1/3。

第二个1/3:从商店到用户的流通是第二个阶段,销售不仅仅是回笼资金,更重要的是帮商店促销,只有商店赚了钱,商店才有信心从企业进货。

第三个1/3:用户实际使用满意是商品增值的开始,这是商品价值的最终体现。

三个不间断的1/3才等于1。正因为小天鹅特别注重将企业(产品)、商店(商品)、消费者(满意)形成一个封闭环节,才保证了企业的良性循环。

3. 1∶25∶8∶1

这个数学公式的含义就是:如果1个消费者购买了某种产品,这种行为可能会影响25个消费者,如果用得好就会使8个人产生购买的欲望,或许其中1个人就会产生购买行动。反过来说,如果这个消费者用得不好,就会打消25位消费者的购买欲望。

从另一个角度来看这个数学公式,一个疵点对工厂来说只是1/100、甚至只是1/1 000,然而对消费者来讲,就是100%不满意。用这个逻辑推理到服务上也是成立的,服务好一个老用户,就能产生一个新用户。若100个不满意的用户中只有4个人公开抱怨,这意味着1个用户的不满意,就代表了25个用户的不满意。

因此,小天鹅不断地围绕争取用户开展了一系列的活动,并委托《中国消费者报》在北京开通国内第一条消费投诉专线电话(010-68422790),号召用户"向我开炮",争取让消费者100%满意。开通的第一年共收到2 500多条宝贵的用户信息,其实小天鹅的目的也就是用第三只眼睛来看待自己,看待自己的产品。所以其销量连年增长。

4. 百分率:40、30、20、10

小天鹅通过用户调查,得知:

40%是通过朋友的介绍购买的,因为朋友往往就是用户,他们对产品质量最有发言权,也最客观和公正,所以他们的话最有感染力和号召力。

30%是到商店看了商品,听了介绍,作了比较,最后确定购买的。

20%是从各种渠道获得信息和受到广告的诱惑,引发了购买欲望。争取这部分新用户所需成本是老用户的5倍。

10%是通过其他各种原因导致购买的。

这么一组百分率提醒小天鹅要特别注重服务。

5. 承诺:1、2、3、4、5

企业的存在就是用优质产品和良好的服务争取消费者。小天鹅推出了"1、2、3、4、5"的服务承诺,即

1双鞋——上门服务自带一双专用鞋。

2句话——进门一句话:"我是小天鹅服务员×××";服务后一句话:"今后有问题我们随时听候您的召唤"。

3块布——一块垫机布、一块擦机布、一块擦手布。

4不准——不准顶撞用户、不准吃喝用户、不拿用户礼品、不乱收费。

5年保修——整机免费保修五年。

小天鹅真正把用户视为"上帝",创造了名牌企业的优秀形象。

(资料来源:国家机械职业教育管理类专业教学指导委员会组编:《市场营销案例》,机械工业出版社,2004年,第3~6页。本书引用时有所修改。)

讨论题

1. 小天鹅集团所倡导的经营数学对于市场营销学的理论与实践有何启示?

2. 小天鹅集团采取了哪些措施以减少顾客对其所销售的产品的风险感,增大他们的相对优势和增强顾客的信任感?

3. 以一个你所熟悉的产品或服务为例,试分析这种产品服务所存在的缺陷与不足,并对这种产品或服务质量的改进提出建议。

第二章 市场营销观念

市场营销观念,又称为市场营销理念、市场导向、营销哲学,是指一种在一定时期内占主导地位的从事市场营销活动的指导思想。也就是因为人们对市场客观环境的认识而产生的对于本企业营销活动的指导原则。在商品经济条件下,任何企业的营销活动,都要受一定的指导思想的支配。以美国为代表的西方国家,工商企业市场营销管理指导思想的演变过程包括,生产观念、产品观念、推销观念、营销观念和社会营销观念等几个阶段。在 20 世纪 80 年代以后,随着国际经济形势的发展,又出现了一些新的营销观念。

第一节 市场营销观念的演进

市场营销观念是企业领导决策层在组织和谋划企业的营销管理实践活动时所依据的指导思想和行为准则。一种市场营销观念的形成不是凭人们主观臆造出来的,而是一个复杂的社会过程。在现代社会,企业在从事生产经营活动时都会遵循一定规则和思路,也就是会在一定的经营指导思想引导下开展活动。企业的决策层会在这种指导思想引导下制定自己的营销计划、目标以及确定为达到这些目标所要采用的策略和手段,同时,还会在指导思想的要求下进行营销管理、营销控制、检查营销计划的实施等。所以,对一个企业来说,有没有正确的经营指导思想是很重要的。

一、市场营销观念及其演进

一定的市场营销观念是一定社会经济发展的产物,我们学习市场营销理论时,应当先弄清楚企业经营指导思想及其与企业自身的发展和市场变化等方面的关系。从 19 世纪末到现在,西方国家先后出现了 5 种市场营销观念。

1. 生产观念

生产观念又称生产导向，是以生产为中心的企业经营指导思想，重点考虑"能生产什么"，把生产作为企业经营活动的中心。生产观念认为，获得产品的基本效用是消费者的主要目的，企业的任务就是生产并向市场提供顾客所买得起的商品。企业主要以提高劳动生产率、扩大生产规模、降低生产成本来吸引顾客，同时获取自己的市场地位。

生产观念是商品经济不够发达时的经营指导思想，是在商品总体上供不应求的卖方市场的形势下形成的。一般来说，企业只考虑自己生产什么和怎样生产就够了。产品一经开发，即投入成批生产，产品生产出来之后，通过批发商、代理商、零售商等各种中间环节把商品"分配"到消费者那里，生产什么就卖什么，不愁没销路。

生产观念在美国 19 世纪末的 20 多年和 20 世纪初的 20 多年的企业中表现最为突出，而且企业强调生产并组织大规模生产，也给企业带来了不错的经济效益。如1908年，美国福特汽车公司采用流水线生产方式大量生产了 T 型小汽车，每辆车价为 850 美元，面市后大受欢迎。第二年 T 型小汽车的产量翻了一番，超过 12 万辆。到1916年产量更是达到 152 万辆。第一次世界大战结束时，福特公司已控制了北美及世界各地的汽车市场，全球的汽车有一半是黑色的福特 T 型小汽车。由于当时生产相对落后，市场上商品不丰富，许多商品供不应求，企业只要提高产量，就可以获得巨额利润，而不必关心产品的其他方面。因此，企业追求的是最低的成本、最大的产量、最大的销售额以及最高的利润。

2. 产品观念

产品观念又称产品导向，它在生产观念的基础上稍有进步。产品观念认为，消费者最喜欢高质量、多功能、有特色的产品，所以企业应当生产高价值产品，并不断加以改进，使产品日臻完美。

这种观念以消费者在同样的价格水平下会选择质量高的产品为前提，把企业营销活动的重点放在产品质量的提高上，坚信只要企业能提高产品的质量、增加产品的功能便会顾客盈门，而不必讲究其他方面如销售方式。

产品观念产生的市场环境条件和生产观念差不多，虽然总体上仍是卖方市场，但生产已有较大的发展，供不应求的状况已有明显改善，且已经出现了一定范围的市场竞争，从而促使企业重视产品的改进和提高。企业开始注重以产品的质量为导向。它与生产观念的区别在于：生产观念强调"价廉"，产品观念强调"物美"，但二者没有本质上的差别，其基础都是以生产为中心，其企业营销活动过程也基本相同。在生产观念指导下的企业常常在生产高价值产品和耐用性上下工夫，也常常容易陷入对自己产品深深的迷恋之中而不能自拔。一个典型的例子是有一家文件柜生产企业的经理认为他们制造了最好的文件柜，并宣传此文件柜"从四楼扔下完好无损"，而销售经理却说，"确实如此，但我们的顾客并不打算把文件柜从楼上扔下去"。

在生产观念和产品观念阶段，消费者需求往往是被动的，尽管美国福特汽车公司只生产黑色的 T 型小汽车，但它仍然门庭若市。然而，在科学技术发展和生产力提高进而导致市场供求关系发生变化以后,如果继续奉行生产观念和产品观念,就会给企业带来重大损失。还是福特汽车公司,到了20世纪20年代以后,随着交通设施的改善,人民生活水平的提高,小汽车市场的需求发生了变化。消费者要求企业生产性能更优、乘坐更舒适、款式更新颖的小汽车。而福特汽车公司仍坚持其生产观念和产品观念,结果导致其汽车市场占有率从1923年的57%快速下降到1925年的25%,1927年又被迫重组生产线改产A型车。到A型车上市时,福特公司在行业中的排行榜已从龙头老大降低到了第三位。

3. 推销观念

推销观念又称销售导向,是以销售为中心的企业经营指导思想。推销观念认为,在一定的市场竞争条件下,企业必须积极推销自己的产品并进行大量的促销活动。企业如果能够对消费者的心理采取一系列有效的推销术,使消费者对企业的产品发生兴趣,是可以刺激消费者大量购买自己的产品的。

推销观念是在由卖方市场转向买方市场过渡期间产生的。第一次世界大战结束后,随着社会生产力的提高,科学技术和先进设备的广泛应用,有效供给大大增加,许多商品开始供过于求,市场竞争日趋激烈。竞争的加剧,使得企业急于将制成的产品卖出去,以强化或高压推销的手段来销售那些积压和销售不畅的产品。此时企业的重点不再是如何生产,而是如何把生产出来的产品销售出去。于是推销观念取代了生产观念和产品观念,提出的口号为:"我卖什么,顾客就买什么"。例如美国著名的皮尔斯堡面粉公司,原来的代表性口号为:"本公司旨在制造面粉"。在20世纪20年代产品观念时期,因为市场上同类产品的品种少,消费者选择的余地小,企业奉行这一口号,仍然可以获利。到了1930年左右,皮尔斯堡面粉公司感受到了市场竞争的影响,发现有的经销商开始从其他厂家进货。为扭转这一局面,公司开始调整经营策略,并且把公司的口号更改为:"本公司旨在推销面粉"。

虽然企业从生产观念到推销观念的转变是一大进步,它客观上提高了销售在企业经营活动中的位置,第一次将销售列入企业的经营活动日程。不过,从一定意义上讲,推销观念仍然建立在企业生产什么就卖什么的基础上,从现代市场营销学的角度审视,推销观念仍属旧观念。潜在顾客在大量的广告和推销人员的包围下,把营销误认为是高压推销。

4. 营销观念

营销观念又称营销导向。它属于现代市场营销管理指导思想的范畴。营销观念认为,实现企业营销目的,在于正确确定目标市场的需要和欲望。因此,企业要集中一切资源和力量,安排市场营销组合,满足目标市场顾客的需求,从而扩大销售,增加赢利。"顾客需要什么,我们就生产什么"这一口号就表明了营销观念的特点。

营销观念是在买方市场形势下产生的。20世纪50年代至60年代,市场商品供过于求的状况持续发展,市场竞争越来越激烈。与此同时,消费需求的变化也越来越快,人们拥有更多的选择商品和服务的机会。对于企业来说,面临的市场问题更为严重。严酷的市场现实使企业的经营决策者认识到,消费者的需要是推动企业活动的轴心。只有了解消费者现在需要什么,将来需要什么,并且想方设法去满足他们,企业才有出路。同时,不论企业界还是理论界都认识到满足消费者的需要应该是企业整个营销活动的起点,而不是企业活动的终点。

营销观念产生后,企业的市场营销过程和职能也发生了相应的变化。企业首先要进行市场调研和分析,发现、判断消费者的需求和愿望,把得到的市场信息传到生产部门,以便进行产品设计。产品设计出来后,先进行小批量生产,经过市场检验,为消费者接受以后,再进行成批生产,然后,运用各种适当的促销方式和分销渠道把商品送到消费者手中。例如美国的快餐企业麦当劳和肯德基在中国市场的发展过程中,根据中国人的口味和偏好,不断对产品进行改进,并不断推出适合中国人口味的新品。这样做还不够,在进行市场调研后,又分别开出了专门经营中式快餐的连锁店。这实际上是注重了对消费者需求和愿望的结果。

以消费者需求为中心是营销观念的本质特征。因此营销观念就成为新旧市场营销观念的分水岭。它的出现,在市场营销学研究中被视为企业经营思想的大变革,被称为"营销革命"。对于营销观念的作用,人们常常把这一重要观念的出现与资本主义的工业革命相提并论。

5. 社会营销观念

社会营销观念是在营销观念基础上的延伸和发展。社会营销观念坚持顾客需求为经营导向,但认为,仅此还不够,企业向市场提供任何产品或服务时,不仅要考虑消费者的需要和发挥企业的自身特长,还要考虑符合消费者和社会的最大发展利益。社会营销观念明确提出企业经营者在制定市场营销策略时,要统筹兼顾企业利润、消费者需要的满足和社会利益。

社会营销观念是在20世纪70年代出现的新观念,当时,由于相当一部分企业为了牟取最大的利润,不惜以假充真、以次顶好、缺斤短两,甚至用那些损害消费者健康和威胁消费者安全的商品欺骗消费者。为了维护消费者的利益,许多国家成立了保护消费者权益协会,保护消费者权益主义兴起。美国管理理论的专家彼得·德鲁克指出:"市场营销的漂亮话讲了20多年之后,保护消费者权益主义居然变成一个强大的流行的运动,这本身证明没有多少企业真正奉行营销观念。"还有不少人认为营销观念存在着某些不足,比如把满足消费者需要作为唯一的企业营销标准就有不妥之处,因为有时候消费者认为对自己有益的商品并不一定是真正有益的,如香烟对吸烟者来讲就是一例。另外,还有许多商品能够满足消费者的眼前利益,但是损害了消费者及整个社会的长期利益,比如大量地使用一次性包装物满足了消费者求便捷、求卫生的眼前需要,但是却造成惊人的社会性浪费,而且还产生了过量的垃圾,污染了人类的生存环境。针对这一情况,人们认为单纯的营销观念解决不了满足消费者个别需求和消费者总体需求、消费者眼前需要与社会长远利益的矛盾。于是,人们提出了各种各样的新观念,如"人道营销观念"(humanistic marketing concept)、"理智的消费观念"(intelligent consumption concept)和"生态营销观念"(ecological imperative concept)等等。凡此种种,菲利普·科特勒和杰拉尔德·泽尔曼称之为"社会营销观念"。社会营销观念得到了世界各国和有关国际组织的广泛重视与赞许,并认为这一观念是推广具有重大意义的社会目标的最佳途径。

二、新旧市场营销观念的比较

概括起来,以上的五种市场营销观念中,生产观念和产品观念产生的背景是卖方市场,推销观念的产生处于卖方市场向买方市场过渡阶段,营销观念和社会营销观念产生的背景则是买方市场。学者从新旧观念视角把市场营销观念划分为两大类,即旧的和新的两种市场观念。生产观念、产品观念和推销观念为旧观念阶段,营销观念和社会营销观念为新观念阶段。两种新旧不同的市场营销观念下的营销活动在营销出发点、采用的方法和手段以及营销目标方面有很大差别。

(1) 企业营销活动的中心不同。旧的营销观念是以生产者为中心,企业生产什么顾客就买什么。在商品投产前企业并不知晓市场的销路,也不重视市场调研,而在产品生产出来后再考虑其销路问题,因此无法保证商品的适销对路。新的营销观念则是强调以消费者为中心,消费者是企业生产经营活动的出发点,先进行市场调研,了解目标市场顾客的需求是企业进行营销活动的前提。

(2) 企业营销活动的起点不同。旧的营销观念下企业以产品为出发点,市场处于生产过程的终点,是在产品生产出来之后才开始营销活动。而新的营销观念是以市场为出发点,即市场处于生产过程的起点。

(3) 企业营销活动的方式不同。旧的营销观念看重的是产品的产量和质量,主要通过降低成本、强化各种推销手段作为营销的重要方式,并会把不合适的商品出售给消费者。在新的营销观念下,企业是从消费者需求出发,强调产品适销对路,并利用整体市场营销组合策略,最大限度地满足消费者的需要。

(4) 营销活动的着眼点不同。旧的营销观念下企业注重以利润为目的,偏向于计较每一项交易的盈亏和利润的大小,不太注意改善生产的基础设施和对企业长期发展有益的事,属于目光短浅追求短期利润的行为。而新的营销观念下,企业是通过满足消费者的需要来获取利润的,因而除了考虑现实的消费者需要外,还考虑潜在的消费者需要,在满足消费者需要、符合社会长远利益的同时,追求长期利润。

表 2-1 新旧市场营销观点的对比

市场营销观念	中心	起点	方式	着眼点
旧观念	生产者为中心	生产过程的终点	降低成本强化推销	短期利润
新观念	消费者为中心	生产过程的起点	整体营销组合	长期利润

发达国家的五种市场营销观念及其发展是商品经济发展的必然结果,企业生产经营

的指导思想经历了从生产观念、产品观念到推销观念再到营销观念的演进,依赖于市场状况的变化,而市场营销观念这种演进的次序,也显示出一定的规律,与我们过去常讲的"以产定销"、"以销定产"到"产销结合"、"按需生产"有某些共同之处。我国自确定了建立和完善社会主义的市场经济体制以来,对市场营销问题越来越重视,如今"服务营销"、"可持续发展"、"循环利用"、"环保低碳"等理念已经深入人心,绝大多数企业摒弃了传统落后的生产观念,代之以新的营销观念。

第二节 市场营销学的发展和创新

进入20世纪80年代以后,随着国际经济形势的发展变化,市场营销学在理论研究的深度上和学科体系的完善上得到了极大的发展,市场营销学的概念有了新的发展和突破。

一、大市场营销观念

市场营销观念一直比较重视4P's理论,即强调产品(product)、价格(price)、渠道(place)和促销(promotion)4个要素的组合。20世纪80年代中期,菲利普·科特勒发表了《论大市场营销》,提出了大市场营销观念。大市场营销观念指出,企业能够影响自己所处的市场营销环境,而不应该单纯地顺从和适应环境。因而在4P组合的基础上,增加两个P,即政治力量(political power)和公共关系(public relation),从而形成6P's理论。

大市场营销观念产生的背景在于,20世纪70年代末,企业的跨国经营或者说国际营销有了快速的发展,同时由于西方发达国家经济不景气和持续"滞涨",迫使各国采取关税和非关税贸易壁垒,贸易保护主义盛行,政府干预加强。致使许多企业意识到,在这种封闭型或保护型的市场环境下,要有效地拓展市场,必须调整自己的营销观念,由此大市场营销观念应运而生。大市场营销观念认为,企业要想进入某个特定市场,仅仅凭产品的价廉物美来争取新的消费者是很不够的,更重要的是要善于向当地有关集团提供利益,使其不设置市场障碍,对本企业的产品开绿灯放行。这就要求营销人员不仅要取得一般的中间商(如代理商、经销商等)的合作与支持,而且更重要的是要取得第三方(如政府、工会组织和其他利益集团等)的合作与支持,如果不能取得这些利益集团的合作与支持,企业就很难进入市场。所以,市场营销组合的要素要增加2P。就政治力量而言,为了进入特定市场,必须找到有权打开市场之门的人,这些人可能是具有影响力的企业高级管理人员、立法部门或政府部门的官员等。营销人员要有高超的游说本领和谈判技巧,以便能使这些"守门人"采取合作的态度,达到预期目的。然而,单纯依靠政治力量或权力有时也难以进入市场,特别是巩固在市场中的份额或地位。因此还需要通过各种公共关系活动,逐渐在公众中树立良好的企业形象和产品形象,这样做往往能收到更广泛更持久的效果。

例如,美国可口可乐公司过去一直占领着印度饮料市场,由于可口可乐公司未能协调好与印度政府等方面的关系,被印度政府禁止进入国内市场。这时美国的百事可乐公司乘虚而入,通过向印度提供项目援助,转让食品加工、包装和水处理技术等,帮助当地发展经济,特别是农业经济。这些举措赢得了印度各利益集团的支持,排除了议员们的反对,结果使得百事可乐公司进入印度市场。

和以前的营销观念相比,大市场营销观念具有两个特点,一是十分重视协调企业和外部各方面的关系,以排除来自人为的障碍。二是提出了变被动为主动的营销思想,使企业开展营销活动有更多的主动性和灵活性。

二、从 4P's 到 4C's 的营销观念

20 世纪 90 年代以来,市场营销环境有了很大的变化。人们从传统的家庭价值观的压力下解放出来,有更多的生活形态可以选择,家庭组成的变化,不仅意味着基本家庭用具、生活用品需求的增加,并且由于教育程度不断提高,人们更多地通过分析选择真正适合自己的物品,市场想要掀起某种消费热潮越来越难,消费者越来越具有个性。一方面,是产品的同质化日益增强,另一方面是消费者的个性化、多样化日益发展,于是兴起一种新的市场观念,即 4C's 理论。这是美国学者劳特朋提出来的,劳特朋提出企业开展市场营销要从以往围绕 4P's 制定营销组合转向 4C's 为中心,4C's 强化了以消费者需求为中心的营销组合。

(1) consumer(消费者):指消费者的需要和欲望(the needs and wants of consumer)。企业要把消费者放在第一位,强调重视消费者要比重视开发产品更重要,满足消费者的需求和欲望比产品功能更重要。

(2) cost(成本):指消费者获得满足的成本(cost and value to satisfy consumer's needs and wants)。这不同于以往的定价策略,而是消费者满足自己的需要和欲望所愿付出的成本价格。这里的营销价格因素延伸为生产经营过程的全部成本,包括:企业的生产成本,即生产适合消费者需要的产品成本;消费者购物成本,不仅指购物的货币支出,还有时间耗费、体力和精力耗费以及风险承担。新的定价模式是:消费者支持的价格 - 成本上限 = 适当的利润。企业要想在消费者支持的价格限度内增加利润,就必须努力降低成本。

(3) convenience(便利):指购买的方便性(convenience to buy)。与传统的营销渠道相比较,新的观念更重视服务环节,在销售过程中,强调为顾客提供便利,让顾客既购买到商品,也购买到便利。在各种邮购、电话订购、代购代送、网上购物等方式出现后,消费者不一定去到商场,在小区或坐在家里就能买到自己所需的物品。企业要深入了解不同的消费者有哪些不同的购买方式和偏好,并且把便利原则贯穿于营销活动的全过程;在售前及时向消费者提供充分的关于产品性能、质量、价格、使用方法和效果的准确信息,售货地点要提供自由挑选、方便停车、免费送货、咨询导购等服务,售后应重视信息反馈和追踪调

查,及时处理和答复顾客意见,对有问题的商品主动退换,对使用有故障的商品积极提供维修方便,大件商品提供终身保修。为方便顾客,很多企业已开设热线电话服务。

(4) communication(沟通):指与顾客沟通(communication with consumer)。企业开展营销活动可以尝试多种营销策划与营销组合,如果未能收到理想的效果,说明企业与产品尚未完全被消费者接受。这时,不能依靠加强单向劝导顾客,要着眼于加强双向沟通,增进相互之间的理解,实现真正的适销对路,培养忠诚的顾客。

市场营销观念从4P's组合发展到4C's组合,是市场营销学发展进程中的一个重大变化。

三、关系营销

所谓关系是指人和人或人和事物之间的某种性质的联系。在社会学上,关系是随着人类社会的诞生而出现,随着社会发展而发展的。在商品经济时代,人与人之间的关系被赋予了利益的因素,并且利益因素的影响显得越来越突出。而关系营销则是将企业置身于社会经济的大环境中来考察企业的市场营销活动,认为市场营销是一个企业与消费者、竞争者、供应商、分销商、政府机构和社会组织以及其他公众发生互动作用的过程,营销活动的核心是建立并发展与这些公众的良好关系。企业与各方通过互利交换及共同履行承诺,实现各自目标。关系营销将建立与发展同所有利益相关者之间的关系作为营销的关键,把正确处理这些关系作为营销的核心。

关系营销的观念出现在20世纪60~70年代,欧美学者提出了关系营销的初步理论,以后世界上许多学者从不同的角度,采取不同的方法对关系营销进行了研究和充实。在80年代中期,关系营销观念在理论上有了较好的发展。关系营销观念的出现与感性消费经济的发展状况和市场的新特点是相适应的,相对于传统营销观念,关系营销具有如下本质特征:

(1)信息沟通的双向性。社会学认为关系是信息和情感交流的有机渠道,良好的关系就是渠道畅通,恶化的关系就是渠道阻滞,中断的关系则是渠道堵塞。关系营销认为,企业与相关各方,不仅应加强信息交流,且这种交流应该是双向的,既可以由企业开始,也可以由营销对象开始。广泛的信息交流和信息共享,可以使企业赢得支持与合作。

(2)战略过程的协同性。在竞争性的市场上,明智的营销管理者应强调与利益相关者建立长期的、彼此信任的、互利双赢的关系。这可以是关系一方自愿或主动地调整自己的行为,即按照对方要求的行为;也可以是关系双方都调整自己的行为,以实现相互适应。各具优势的关系双方,互相取长补短,联合行动,协同动作去实现对各方都有益的共同目标,这可以说是协调关系的最高形态。

(3)营销活动的互利性。关系营销的基础,在于交易双方相互之间有利益上的互补。如果没有各自利益的实现和满足,双方就不会建立良好的关系。关系建立在互利的基础上,要求互相了解对方的利益要求,寻求双方利益的共同点,并努力使双方的共同利益得以实现。真正的关系营销是达到关系双方互利互惠的境界。信任和承诺是关系营销的重点,因为信任和承诺鼓励营销者与交换伙伴合作来保持关系投资,抵制有吸引力的短期替代者,从而维护与现有伙伴长久合作关系与利益。

(4) 信息反馈的及时性。关系营销要求建立专门的部门,用以追踪各利益相关者的态度。关系营销应具备一个反馈的循环,连接关系双方,企业由此了解到环境的动态变化,根据合作方提供的信息,以改进产品和技术。信息的及时反馈,使关系营销具有动态的应变性,有利于挖掘新的市场机会。

关系营销把一切内部和外部利益相关者纳入研究范围,用系统的方法考察企业所有活动及其相互关系。由于企业的市场营销活动需要和利益相关者结成休戚与共的关系,企业的发展要借助利益相关者的力量,而利益相关者也要通过企业来谋求自身的利益。根据企业开展市场营销活动时和利益相关者(即消费者或用户)关系的密切程度,关系营销可分为如下几个层次:第一,基本型关系营销,营销人员把产品销售出去就不再与顾客接触。第二,鼓动型关系营销,营销人员鼓动顾客在遇到问题或有意见时与企业联系。第三,负责型关系营销,营销人员在产品售出后,主动征求顾客意见。第四,能动型关系营销,营销人员不断向顾客询问改进产品用途的建议或者关于有用新产品的信息。第五,伙伴型关系营销,即企业与顾客共同努力,寻求顾客合理开支方法,或者帮助顾客更好地进行购买。

四、绿色营销

绿色营销是社会生产力发展到一定阶段的产物,也是市场营销在近年发展的一个新阶段,它为传统的市场营销引入了一种新的理念和思维方式,引起了各界的普遍关注,并成为21世纪营销的主流。从2010年起被世界各国反复提及的低碳经济,就与绿色营销有着十分密切的联系。

所谓"绿色",它的含义是多方面的,它可以指产品、行业或产业,也可以是一种经营理念或一种行为观念,"绿色"的中心意思指保护地球生态环境,促进人和自然、社会经济和生态环境的和谐关系,确保人类社会经济的持续发展。在此意义上,绿色营销指个体或企业在消费者利益、环保利益和自身利益有机统一的基础上,创造和发现市场机遇,采取相应的市场营销方式以满足顾客需求并从中获利和发展的过程。"绿色营销"在此含义基础上,有三条宗旨:

(1) 节约材料耗费,保护地球资源。

(2) 确保产品的安全使用、卫生和方便,以利于人们的身心健康和生活品质提升。

(3) 引导绿色消费,培养人们的绿色意识,优化人们的生存环境。"绿色营销"旨在达到人们从环境中获得绿色消费,并还环境以绿色。

绿色营销包含两个层面的意思:其一是从企业自身而言的,即微观层面的,是为了企业的利益;其二是从全社会而言的,即宏观层面的,涉及道义问题。可见,利益和道义决定了绿色营销的动机和行为的多层次性。

从利益层次分析,企业实施绿色营销符合消费者的绿色消费需求,有利于降低成本,有利于在竞争中获取差别优势,从而获取更多的市场机会,占有更大的市场份额,相应获得更多的利益。同时,绿色营销也有助于提升企业良好的形象,有利于其长远发展。

从道义层次而言,绿色营销强调在营销过程中注重地球生态环境保护这一道义,注重全社会的全局利益,促进宏观的社会经济和生态的协调发展,而没有只着眼于企业本位,这是人的道义天性使然,是一种正义的事业。

绿色营销首先是在工业发达国家于20世纪80年代末产生与发展起来。工业革命在使经济高速增长的同时,也使生态资源迅速减少,使人类的生存环境受到严重污染和破坏。随着环境问题的加重,人们的环保意识不断加强,越来越意识到环境问题的迫切性与重要性。人们意识到如果当代人仍以自我为中心,一味为眼前的直接利益而继续向自然无止境地索取和污染的话,人类终究会受到大自然的惩罚。从20世纪70年代起,以保护环境、保护地球为宗旨的环境保护运动在全球蓬勃发展。人们的经济行为开始发生了变化,这中间也包括消费行为的变化,人们逐渐抛弃了曾经被认为是时尚的但却是高消耗高污染的生活和消费方式,取而代之的是以环保为特征的绿色消费的新时尚,这种消费观念的转变也促进了绿色营销的起步和发展。

绿色营销是现代市场营销发展的一个重要内容,是从传统营销延伸和扩展而成的。虽然就营销原理和营销过程而言,绿色营销与传统营销并无太大差异,但如果换一种角度作深入剖析,两者在许多方面还是有区别的。第一,它们的研究焦点不同。传统市场营销研究的焦点主要是由3C's(corporation,企业;customer,顾客;competitor,竞争者)构成的"魔术三角",并通过这三者关系的协调来获取利益。而企业外部的自然环境,只有在对3C's有影响从而影响企业获利时才会考虑。与此相比,绿色营销的研究焦点是企业营销与自然的关系,研究自然环境对企业开展市场营销活动的影响,以及企业的营销活动对自然的作用,是对传统3C's的进一步扩展。第二,绿色营销的前提是绿色消费需求的出现。消费者对高品质生活的追求,健康安全、清洁和生存环境的渴望,促进了绿色产品、绿色生产和绿色营销的产生和发展。第三,绿色营销强调资源的可持续利用,这是对传统营销目标的进一步扩展。绿色营销的目标是实现人类共同愿望和需要——资源可持续利用,保护和改善生态环境,这就要求企业尽可能地开发和使用可再生性的资源,尽可能减少对非再生性资源的耗费,防止环境污染,维护生态平衡,从而使人类可持续利用各种生态资源。第四,营销原则的重大改变。包括引入"社会责任",即企业在满足消费者需要的同时还应符合环保的要求,承担起环保社会责任。在充分满足消费者需要的同时,提高消费质量,减少数量,以实现人类的可持续消费。第五,营销策略的绿色化。绿色营销的营销组合策略更突出环保性,在产品策略、价格策略、分销策略和促销策略方面都体现了很强的绿色特性。比如绿色产品就体现了与传统产品不同的特点,如:减少对环境的不利影响;生产和消费中降低对环境影响的负面性;产品设计和包装强调要降耗节能,减少包装物对环境的不利影响;从整体概念来进行节约和环保等。再比如绿色价格反映了环境成本,它把产品所吸收的环保及环境改善支出的成本和费用计入其中。一个企业产品的绿色程度无疑影响到其成本结构从而影响到价格,绿色价格可能由于多种因素的影响而呈上升或下降趋势,但从长远看,绿色价格呈下降趋势。第六,绿色营销中矛盾更加突出。绿色营销的矛盾主要是企业的眼前利益与长远利益,及企业自身的个体利益与消费者和社会整体利益的冲突。传统营销学也重视企业利益与消费者及社会长远利益相结合,但并未考虑进环境因素。而绿色营销突破了国家和地区的界限,把与环境的关系考虑进来,从而在营销过程中需调整更多层面的关系,这就会导致矛盾的复杂化。第七,绿色营销特有的市场差异性。由于各国、各地区之间绿色消费需求及环境立法、环境政策及绿色标准和标志制度存在较大差异,从而导致了绿色营销具体实施过程中的差异化。不过,将来的趋势应当是无差别化和相互认同,对环境的保护,各国将达成共识。

五、服务营销

在人们的日常生活中占有相当重要地位且数量有限的经济物品有两种基本的存在形态:实物形态和非实物形态。实物形态的经济物品就是商品或货物,而非实物形态的经济物品则称作服务。在经济社会中,服务和商品一样无处不在,对各种服务的需求在质和量上与对商品的需求并无二致。一般而言,服务是包括所有产出为非实物形态的全部经济活动,通常在生产时被消费,并以便捷、愉悦、省时、舒适、健康的形式提供附加值。服务营销是企业在充分认识消费者需求的前提下,为充分满足消费者需要而在营销过程中所采取的一系列活动。

20世纪80年代后期,由于科学技术的进步和社会生产力的显著提高,产业升级和生产的专业化发展日益加速,使产品的服务含量日益增大。同时,随着劳动生产率的提高,消费者收入水平也不断提高,他们的消费需求也逐渐发生变化,需求层次也相应提高,并向多样化、个性化方向拓展,对服务的需求越来越多,要求也越来越高。与此相适应,服务营销应运而生并不断地发展起来。以我国的彩电、冰箱等家用电器营销为例,过去是消费者购买后自己想办法搬运回去,自己动手安装调试,很是不便。现在则是商家送货上门并安装调试,消费者感到很方便。这中间就包含着服务及相应的服务营销。

与实物形态相比,服务有它的特别之处。服务的基本特征主要有:

（1）无形性。无形性是最先由学者们提出的服务的最主要特征。它的定义可以从两个不同的层次来理解。首先,它指服务与有形的消费品或产业用品比较,服务的特质及组成服务的元素,很多时候都是无形的,让人不能触摸或凭肉眼辨别其存在。同时,它还指服务后的利益,较难被察觉,或是要等一段时间后,享用服务的人才能感觉到"利益"的存在。

（2）不可分离性。有形的消费品或产业用品在从生产、流通到最终消费的过程中,往往要经过一系列的中间环节,生产与消费的过程具有一定的时间间隔。而服务则与之不同,它具有不可分离的特征,即指服务的生产过程与消费过程同时进行,也就是说服务人员提供服务于顾客时,也正是顾客消费服务的时刻,两者在时间上不可分离。由于服务本身不是一个具体的物品,而是一系列的活动或者说是过程,所以在服务的过程中消费者和生产者必须直接发生联系,从而生产的过程也就是消费的过程。服务的这种特性表明,顾客只有加入到服务的生产过程中才能消费到服务。如消费者到理发店做头发,只有在告诉理发师自己的要求后,理发师才能据此按照消费者的实际头型进行具体的操作。

（3）异质性。异质性是指服务的构成成分及其质量水平经常变化,很难统一界定。区别于那些实行机械化和自动化生产的第一与第二产业,服务行业是以"人"为中心的产业,由于人类个性的存在,使得对于服务的质量检验很难采用统一的标准。一方面,由于服务人员自身因素（如心理状态）的影响,即使由同一服务人员所提供的服务也可能会有不同的水准;另一方面,由于顾客直接参与服务的生产和消费过程,于是顾客自身的因素（如知识水平、兴趣和爱好等）也直接影响服务的质量和效果。比如,同是去参观展览（如手工艺展览会）,有的人流连忘返,表示还要再次参观。而有的人会迅速离开,甚至败兴而归。

（4）易逝性。基于服务没有实物形态以及服务的生产和消费的同步性,使得服务不可能像有形的消费品和产业用品一样被储存起来,以备将来出售。而且消费者在大多数情况下,也不能将服务携带回家安放。当然,提供服务的各种设备可能会提前准备好,但生产出来的服务如不及时消费掉,就会造成损失（如飞机或火车上的空位）。不过,这种损失不像有形产品损失那样明显,它仅表现为机会的丧失和折旧的发生。因此,易逝性的特征要求服务企业必须解决由于缺乏库存所导致的产品供求不平衡问题。

（5）缺乏所有权。缺乏所有权是指在服务的生产和消费过程中,不涉及任何物品的所有权转移。既然服务是无形的又不可储存,服务在交易完成后便消失了。以到银行提取存款为例,通过银行的服务,顾客拿到了钱,但这并没有引起所有权的转移,因为这些钱本来就是顾客自己的,只不过是让银行保管了一段时间而已。和服务的基本特征相适应,服务营销也有着类似的特征。

服务营销的核心理念是消费者的满意和忠诚,通过取得消费者的满意和忠诚来促进相互有利的交换,最终获取适当的利润和企业长远的发展。服务营销与传统营销相比,在以下7个方面取得了突破性的进展：第一,服务营销侧重于保留和维持现有的顾客,而传统营销侧重于销售产品。第二,服务营销注重长远利益,而传统营销注重短期利益。第三,服务营销将服务作用表现出来,而传统营销往往不注重服务的作用。第四,服务营销向顾客提供足够的承诺,而传统营销只向顾客提供有限承诺。第五,服务营销强调与顾客的沟通和交流,而传统营销不太强调这些。第六,服务营销认为质量与产品和服务都有关联,而传统营销认为质量只与生产部门有关。第七,服务营销是产品所提供的利益导向,而传统营销是产品功能导向。[①]

通常市场营销学中讲的营销组合包含 4P's (product, price, place, promotion), 即产品、

---

① 王方华：《市场营销学》,上海,格致出版社,2007年4月,第381~382页。

价格、渠道和促销。可由于服务的特殊之处,服务营销的策略组合在4P's的基础上增加了3项要素,即有形展示(physical evidence)、人的因素(people)和作业过程(process),由此组成了服务营销组合的7P's。

六、整合营销

整合营销是一种系统化的营销方法,它是一种通过对各种营销工具和手段的系统化结合(即整合),并且根据环境的变化及时进行动态修正,以使交换双方在交换中实现各自价值增值的营销理论与方法。整合营销主张不同的营销功能(如销售力量、广告、产品管理、市场调研等)必须协调一致地开展工作,同时也要求企业的营销部门必须和企业的其他部门相互协调紧密配合地开展工作。以充分调动一切积极因素,实现企业的全面的一致化营销目标。故简单地讲,整合营销就是一体化营销。

整合营销观念的出现是由于市场环境的变化所致,传统的营销方法,是面向无差异的消费者,大量促销同质性的消费品。然而,大众取向的传媒和充斥市场的广告,并未能持续圆满地解决销售困难。在竞争日益激烈的条件下,企业以目标市场的需求为出发点,力求比竞争者更加有效地满足消费者的需求和欲望。企业要通过真正了解消费者喜欢什么,又想要得到什么来战胜竞争对手。如果不知道顾客的需要是什么,就无法满足这些需要,但是,了解消费者真正的需求并非易事。企业面临的主要难题是,消费者在作出购买决定时,越来越依赖他们自以为重要的和真实的认识,而不是具体的理性的思考。整合营销观念强调市场营销中各种要素之间的关联性,要求它们能成为统一的有机体。在此基础上,要求各种营销要素的作用力方向统一,形成合力,共同为企业的营销目标服务。

整合营销观念改变了把营销活动作为企业经营管理的一项职能的观点,而是要求所有的活动都整合和协调起来,努力为顾客的利益服务。同时,强调企业与市场之间互动的关系和影响,努力发现潜在市场和创造新市场。因此,以注重企业、顾客、社会三方共同利益为中心的整合营销,具有整体性与动态性特征,企业把与消费者之间交流、对话、沟通放在特别重要的地位,是营销观念的变革和发展。

在整合营销观念的发展进程中,还有整合营销传播(也称整合营销沟通)的概念。所谓整合营销传播(Integrated Marketing Communications,简称IMC)是指企业在经营活动过程中,以消费者为核心,重视企业行为和市场行为,综合协调地使用各种形式的传播方式,以统一的目标和统一的传播形象,传播一致的产品信息,实现与消费者的双向沟通,迅速树立产品品牌在消费者心目中的地位,建立产品与消费者长期密切的关系,更有效地达到媒体传播和产品营销的目的。

复习思考题

1. 试述西方国家先后出现的五种市场营销观念。

2. 试比较新旧市场营销观念的区别。
3. 简述大市场营销观念。
4. 简述市场营销观念从 4P's 到 4C's 的演进变化。
5. 简述关系营销的本质特征。
6. 简述绿色营销与传统营销的区别。
7. 简述服务营销与传统营销的区别。
8. 什么是整合营销观念?

本章案例

从"回力回天"活动看营销观念的创新

"回力"作为中国历史最悠久的运动鞋品牌,无疑是老牌国货的一面旗帜,该商标于 1935 年 4 月 4 日作为运动鞋的品牌被注册。而近年来在阿迪达斯、耐克等品牌效应日益明显,鞋类行业竞争日益激烈的情况下,消费者对国有老品牌审美疲劳,"回力"品牌近乎被遗忘,其市场份额也被压缩。

为卷土重来,"回力"与业界著名互动传媒机构奥迈思(AMg Labs)合作,通过"再生再来"计划唤醒国产老品牌。"再生再来"计划不仅保留老品牌原有的真实,中国味儿的品牌精髓,还灌注活力、创造等新元素,双管齐下重塑经典。

"回忆回力"活动是从 2008 年 12 月开始到 2009 年 3 月结束。此举在中国及国际上都赢得了广泛而深远的关注。"回忆回力"的所有媒体发布价值迄今已超过 700 万人民币。

"回忆回力"活动的成功为国产老品牌的复兴提供了以下启示。

1. 借力怀旧情结,体现中国元素

奥迈思对品牌精髓进行了深度挖掘和创新,包括产品创意表现、形象和包装。无论是产品设计还是新品发布,"回忆回力"以庆祝"回力"独特的文化历史的方式来唤起消费者对回力鞋的回忆,其营销策略都是通过独特的中国设计和庆祝回力文化历史的角度来展开。

在基本设计上,注重回力产品的颜色调整及质量提升,颜色调整以鞋的红色胶底为主,中国红、龙图腾文化,以及中国独有的方块字,红黄相间的设计更是迎合了百年奥运的主题。而且,"回忆回力"标志会出现在鞋舌头背面,附加了金属鞋扣设计。带有时代感、生命力的设计也吸引了不少年轻人。

2. 吸引意见领袖,展开口碑营销

"回忆回力"计划以设计师作品展览发布会和公关策略来吸引一些意见领袖,并把他们与"回忆回力"的原创精神相联结,同时激发那些喜欢街头运动文化的人们来参与讨论;通过 15 位创意大师的精心诠释和 3 位摄影师富有张力的视觉表现,带出了"新回力"的灵魂所在：与"老回力"一脉相承又紧扣时代脉搏，作品一面世就受到消费者的追捧，更有大批"回力迷"们在网上发帖盛赞。

遍布全球的千余位的创意设计师展示了他们对这个非同一般鞋款的共同热爱，激发中国原创精神这一理念，已成为国际创意界的新亮点。

3. 博客营销显优势

博客营销确实是极具互动价值的手段。双语博客应然而生。回力在博客中激起运动鞋的狂热者去互相分享和讨论回力的新品牌信息，品牌身份和产品故事，由此让更多的人来重新发现这个品牌的崭新形象。

据统计，每位浏览者平均花费了5分钟的时间在"回忆回力"博客上，在过去的三个月内，重新来访的浏览者增加了8倍之多。

4. 媒体报道加快传播速度

大众媒体是创立品牌知名度和兴奋的"再生再来"计划的关键媒介。

一个中央电视台体育频道的纪实节目，以重塑"回忆回力"的内容进行了5分钟的专题报道；在中国首位的在线电视频道——搜狐网的文化专栏中进行了长达8分钟的品牌和关于"再生再来"计划的报道。除了国内电视台、电台、杂志和报纸的报道以外，"再生再来"计划也吸引了百余个国际性创意文化类网站的关注和曝光。

（资料来源：网易财经网）

讨论题

1. "回力回天"活动对于开展市场营销活动有什么意义？
2. 从这一案例中，你对重振老品牌有什么启发与设想？

第三章 市场营销环境分析

市场营销的一个重要的工作就是发现并利用市场机会,而市场机会来自于市场营销环境的变化,不断变化的营销环境对企业营销活动的影响是多方面的,既有短期利益的影响,也有长远营销前景的影响,因此企业开展市场营销必须认真分析和研究营销环境,采取切实有效的营销计划和措施,指导和监控企业的营销活动。本章主要探讨营销系统与环境的关系、市场营销的微观环境与宏观环境的构成以及如何分析市场营销环境。

第一节 市场营销系统和环境

正确理解市场营销环境的内涵,了解企业营销系统基本内容并从总体上把握企业营销的变化和发展是企业开展市场营销活动的重要前提。

一、营销系统和营销环境的含义

所谓系统是指由两个或两个以上的要素有序地组成一定的结构,并在运动中发挥各组成部分原来所没有的新功能的一个有机整体。营销系统有狭义和广义之分,狭义的是指微观营销系统,广义的是指宏观营销系统。在市场营销学中,一般仅取其狭义,主要指企业营销系统,包括三种情况:一是指企业内的营销部门;二是指作为营销者的企业整体;三是指以制造商为中心,包括所有参与其营销活动的供应商、中间商、辅助商,亦即生产企业外围(包括上游"供应链"和下游"销售链")的营销渠道企业。本章是指第二种。

按现代系统论,环境是指系统边界以外所有因素的集合。环境和系统之间存在着物质、能量和信息的输入和输出关系,并影响和制约着系统的运行。营销环境是指各种直接或间接影响和制约营销的外部因素的集合。简言之,营销环境相当于营销的外部条件。

营销环境作为营销的外部条件,包含着十分广泛的内容,但从实际意义角度考虑,人们关注的是那些直接或间接影响和制约市场营销活动的因素。营销环境按层次可分为微观环境和宏观环境。

宏观与微观最早均是物理学中相对应的一对概念。以后,这一对概念被应用到其他领域,比如宏观经济学、微观经济学。在市场营销学中,许多学者习惯上采用宏观营销环境和微观营销环境的分类,与此相适应,营销环境也可以有宏观与微观之分。

宏观营销环境,是指企业在营销活动中所面临的,对其直接或间接产生影响和制约作用的包括政治、法律、人口、经济、社会文化、科技等各种宏观因素的集合。微观营销环境,是指企业在营销活动中所面临的,对其直接或间接产生影响和制约作用的包括供应商、中间商、竞争者、消费者或用户、社会公众等各种微观因素的集合。事实上,正如宏观和微观是一对相对的概念一样,宏观营销环境和微观营销环境也是相对而言的。

营销环境具有以下一般特征:① 外部性。营销环境属于企业的外部因素,从外部对企业的市场营销活动产生制约和影响。② 复杂性。营销环境的复杂性主要体现在其组成要素的繁杂性。③ 动态性。如世界上的其他各种事物一样,营销环境处在不断的发展变化之中。④ 层次性。营销是在市场上进行的营销活动。由于市场具有明显的层次性,与此相应的各种营销环境也具有层次性。⑤ 综合性。尽管营销环境的构成要素十分复杂,但是,这些因素并非互相割裂、互不相关,而是具有密切的相关性。各种营销环境因素之间是相互联系和相互影响的。

二、营销环境与企业营销的关系

对任何企业来说,营销环境都是而且总是"不可控"因素,即对企业是强制性的。企业首先必须适应、服从环境,但企业作为有主观能动性、创造性的人的集合体,对环境又有反作用。企业不能消极被动地适应环境,任凭环境摆布,而应当积极主动地适应环境,在了解、掌握环境状况及其变化趋势的基础上,尽最大可能有条件地影响、利用、保护、建设、改造环境,趋利避害,化害为利,这正是营销管理的重要任务。

微观营销环境直接影响企业营销能力和效益,但企业营销努力越大、自我调节能力越强,受环境影响就越小。宏观营销环境影响面广,其变化既可能给企业带来机会,造成营销的有利时机、条件,也可能给企业带来威胁、风险,造成营销的压力、障碍,当然也可能对企业不造成任何影响。微观或宏观营销环境会给企业带来环境机会,也会带来环境威胁,环境机会也称市场机会,但它并不都是本企业的营销机会。营销机会指有利于发挥本企业优势、能获得比竞争对手更多利益、对本企业富有吸引力的环境机会。企业在每一特定市场机会中成功的概率,取决于其经营实力同该市场客观需要的成功条件相符合的程度。企业遇到环境威胁时,一般有三种选择:一是抵抗,即设法限制或扭转不利因素的发展;二是减轻,即努力降低威胁的严重性;三是回避,即主动转移到较有利的其他市场。

环境变了,消费者的消费心理变了,企业原有的成功经验也就失效了,因此企业必须根据环境的变化,调整自己的营销策略以适应市场,满足消费者新的需求。环境变动有可能产生新的机遇或消除原有的机会,这些变动可能是令人兴奋和令人鼓舞的,也可能是令人受挫、令人烦躁不安的。因此,监测、把握环境诸因素的变化,善于从中发现并抓住有利于企业发展的机会,避开或减轻不利于企业发展的威胁,是企业营销管理的首要问题。从一般意义上讲,虽然企业不能从根本上去控制环境的变化,但企业可以主动积极地去预测、发现和分析环境变化的趋势及特点,进而及时甚至超前采取相应措施去适应这种变化。而且从另一个角度来看,企业的营销活动除了适应环境之外,也影响着环境的形成和变化,特别是在改善微观环境方面,企业是大有作为的。也就是说,企业营销与市场环境的关系主要表现在两个方面:第一,企业的利益依赖于自己对环境的适应程度,适应程度越高,企业从环境中获得利益的可能性也越大。第二,企业营销活动影响着市场营销环境。因为企业的利益依赖于环境,所以企业对自己的营销环境负责任,就必须重视企业营销活动对环境可能产生的影响。

第二节 市场营销微观环境

市场营销微观环境指的是与企业关系密切、能够直接影响企业服务顾客能力的各种因素,其中包括:竞争者环境、供应者、购买者和社会公众环境、行业与市场竞争结构等。

一、竞争者环境

用市场营销学的观点审视,一个企业要想获得成功,那就必须比竞争对手做得更好,让顾客更满意。因此,营销部门不仅要考虑目标顾客的需要,而且要在消费者心里留下比竞争对手更有优势的印象,以赢得战略上的优势。

根本不存在对所有企业都适用的战无不胜的营销战略。每个企业都应该考虑与竞争对手相比,自己独特的企业规模与市场定位。在市场上占绝对优势地位的大企业所能使用的战略,小企业就不一定适合使用。但仅靠规模的优势是不够的。某些战略可以使大企业制胜,但有些战略也可以使大企业惨败。小企业也可以采用一些大企业无法采用的高回报的营销战略。"知己知彼"是市场竞争的重要原则,一个企业参与市场竞争,不但要了解谁是自己的顾客,而且还要弄清谁是自己的竞争对手。估计竞争者在遇到攻击时可能采取什么行动和做出何种反应,有助于企业正确地选择攻击的对象、因素和力度,实现每一次竞争行动的预期目标。

二、供应者、购买者和社会公众环境

"供应者"在这里是广义的,包括供应商和辅助商。供应商是向企业提供所需各种资源要素的生产经营者,辅助商亦称服务商或便利、促进流通者,指为企业提供运输、仓储、

报关、融资、保险、咨询、调研、广告代理、商标代理等服务,为企业创造营销便利条件的机构和个人。供应者的素质和行为无疑对企业营销有极大的影响。企业要进行生产,首先就要有各种原材料、燃料、辅助材料等的供应作保障。供应商对企业的营销就形成了直接的影响与制约。供应商供货及时、质量可靠和价格稳定与否,会对企业的营销活动产生很大的影响。因此,企业在寻找供应商时,必须对供应商的情况进行综合评估,选择信誉好、成本低、交货准时的供应商。为了避免对某一供应商的过分依赖,能从供应商之间的竞争中占据主动地位,以减少供应商对企业的影响与制约,企业对同一物品可从多家供应商采购或采取竞标,择优而从。当然,为了使企业有稳定的物品供应,企业应该与主要供应商建立长期的供销关系,以便在特殊情况下,如原材料短缺时,供应商仍能优先供应,使企业的原材料、辅助材料、主要零部件的供应有所保障。

"购买者"在这里也是广义的,包括顾客和中间商,指所有向企业购买产品、服务的其他企业、机构和个人。其中,中间商既是企业营销活动的对象,又是企业营销活动的参与者。

"公众"是指对一个企业实现其运营目标过程中所面临具有实际或潜在利害关系和影响力的一切团体和个人。由于企业的营销活动必然会影响到公众的利益,因而,政府机构、融资机构、中介机构、群众团体、地方居民等公众,乃至国际上的各种公众,必然会关注、监督、影响、制约企业的营销活动。这种制约力量的存在,决定了企业必须处理好与周围各类公众的关系,即搞好公共关系。当今许多企业都设立了公共关系部,专门负责处理与公众的关系。许多学校开设"公共关系学"这门学科,专门教授公共关系原理和实务。企业的全体员工都要有公关意识,要采取有效措施满足各方面公众的合理要求(如防治污染),开展一些力所能及的公益活动,努力塑造并保持企业良好的信誉和公众形象,是企业适应和改善环境的一个重要方面。

三、行业与市场竞争结构分析

与企业相关的环境范围很广,但对企业影响最大的是本企业所在行业中各企业之间的竞争,企业在决定竞争原则和竞争战略、策略时必须考虑同行成员的状况。当然,行业外的力量也不容忽视,它将对本行业中所有的企业产生影响。据此,美国战略学家迈克尔·波特在进行行业竞争结构分析时列出了五种影响行业竞争的基本力量,即:同行业现有竞争者之间的竞争、潜在竞争者加入行业的威胁、替代产品的竞争压力、购买者的议价能力和供应商的议价能力。(如图3-1所示)

对于某一行业来说,五种基本力量的综合实力决定了该行业的赢利能力和竞争强度:行业内竞争激烈,投资收益率将会下降,导致某些企业转向其他行业,潜在竞争者和替代者对该行业也缺乏兴趣,最终使竞争趋向缓和;竞争强度减缓可能使该行业的获利能力回升,高利润则会吸引替代者和潜在竞争者,或促使行业成员增加投资,最终加深竞争的激烈程度。对于某一企业来说,这五种力量都将对自己起牵制作用,它们的竞争力有强有

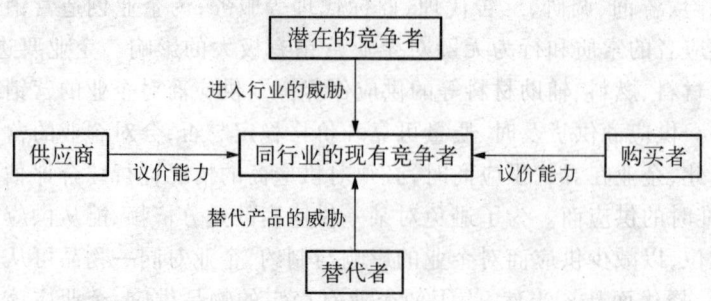

图 3-1　波特五种影响行业竞争的基本力量

弱,强者将处于支配地位和起决定作用,弱者则处于被动地位。为此,企业应着重分析这些力量的竞争力的强弱,界定本企业的优势与劣势,然后确定自己在竞争中的有利位置。

第三节　市场营销宏观环境

宏观环境主要是指能影响整个微观环境的广泛的社会性因素,其中主要包括:人口环境、经济环境、自然和地理环境、技术环境、政治法律环境、社会文化环境等诸方面。

一、人口环境

人口是企业开展市场营销活动时最敏感的因素之一。它直接形成市场,并决定市场规模及市场潜力的大小。从市场营销的角度来说,人口因素包括总人口、人口密度、年龄结构、人口自然增长率等指标。

1. 总人口

人的需求是生产的出发点和归宿,而且人作为生产者是有条件的,但作为消费者则是无条件的,这使人口成为现代市场构成三要素中最基本的要素。在其他条件相同的情况下,一个国家或地区的人口越多,市场容量就越大,因为很多产品的消费都是与人口数量成正比例关系的,尤其是基本生活必需品的消费量,如食品、服装、家电、家具、住房、自行车、汽车、书、报刊等,所以总人口是决定消费品市场需求量大小的一个基本因素。

2. 人口密度

人口密度与进入市场的难易程度有关,因为市场越集中,企业的后勤供应和通信就越方便。而且人口密度更与市场规模有着密切的关系,即人口密度越大,市场规模一般也越大。从这一意义上说,荷兰比挪威的市场吸引力要大得多,因为荷兰的人口密度是每平方公里 466 人,而挪威仅为 15 人。同样,由于西欧的人口密度是非洲的 8 倍,南美的 6 倍,所以相对而言,市场吸引力也较高。在亚洲,2007 年日本的人口密度是每平方公里 338

人、新加坡为660人/平方公里,澳大利亚的人口密度则很小,只有3人/平方公里。在我国,东部地区的人口密度要大于西部地区,反映在市场营销方面,则东部地区的市场规模要大于西部地区。

3. 年龄结构

消费者在一生中的不同年龄阶段有不同的消费需求和购买力水平,因此,人口的年龄结构及分布会直接影响不同区域市场的商品需求结构及消费模式,成为影响市场营销的重要因素之一。例如,美国、瑞士等发达国家的老年人较多,是发展中国家的2倍以上。而老年人对于食品、住房、娱乐、医药、服务等方面都有着特殊的爱好和需求。很明显,对于以老年消费者为目标顾客群的企业来说,美国、瑞士等国是大有前途的市场。而墨西哥的老年人却很少,同样的产品在墨西哥的销售量就不会很高。而在中国,14岁以下的儿童就有3亿多人,而且绝大部分又是独生子女,这使中国成为世界著名的玩具消费大国。

4. 人口自然增长率

总人口是一个静态的概念,它表示一个国家或地区在某一个特定时间的人口总量。事实上,各个国家或地区的人口总量是在不断变化的。人口的自然增长率便是一个反映人口变化的动态指标。人口自然增长率总体上有三种情况:正增长、负增长和零增长。一般而言,由于经济发展水平的巨大差异,发达国家和发展中国家的人口出生率存在很大不同,表现为:发展中国家的人口增长率远远高于发达国家。不仅如此,在欧洲的一些发达国家中,人口已经开始呈负增长,即人口总量呈下降趋势。在我国,由于地区发展水平不同,表现在人口自然增长率方面也有类似的情况。

人口自然增长率的变化会对市场的需求产生直接影响:一方面,如果人口呈现正增长,意味着消费品市场规模有所扩大,在其他条件不变的情况下,可以带动商品销量的增加;另一方面,如果人口增长过快,又会影响经济的发展,使人均收入水平降低,从而导致对某些耐用消费品、高档商品的需求减少。所以,企业在进入特定的国家或地区、制定相应的营销策略时,必须对人口自然增长率进行深入的分析和研究。

二、经济环境

经济环境是企业在市场营销中,确定目标市场和制定营销决策首先要考虑的因素,也是影响企业不同市场营销决策之间差异性的最重要因素。分析市场营销环境中的经济环境,一般可以从经济发展水平、经济结构等方面入手。

1. 经济发展水平

认识一国经济处于何种发展阶段,是企业确定目标市场的前提。由美国经济史学家罗斯托(Walt. W. Rostow)提出的"经济成长阶段论",对人们分析、判断世界各国经济发展所处的阶段具有很大的指导意义。

在1960年出版的《经济成长的阶段》一书中,罗斯托认为,从经济发展过程来看,世界各国的经济发展水平可以归纳为以下五个阶段:传统社会、起飞前夕、起飞阶段、趋向成熟阶段和高度消费时期。大致而言，凡是属于前三个阶段的国家，一般被称为发展中国家，而属于后两个阶段的国家，则可视为发达国家。此外，罗斯托认为，在一国经济成长的五个阶段中，最重要的阶段是起飞阶段，因为所谓起飞阶段就是指一国克服了往日对经济发展的种种障碍与阻力，创造了使经济进步得以维持的力量。

此外，还需指出，多数发展中国家的经济呈现两面的经济态势：一方面，有最现代化的经济形态；另一方面，却又同时存在着落后的农业式的经济形态，尤其是发展中国家二元经济往往混合相间。因此，对发展中国家开展营销活动时，必须要有一套极有弹性的营销策略，方能胜任这种二元化的市场需求。

一般而言，在欠发达的国家和地区，市场发育程度较低，非货币化的生产活动占的比重较大；处于经济起飞阶段的发展中国家，则往往走工业化道路，第二产业发展迅速，第三产业也逐渐得到孕育、发展；在发达国家，以第三产业为主，物质产业大量转移海外，产业"空心化"明显。此外，农村人口与城市人口比重的进一步变化和教育水平的提高，也体现出一国从不发达向发达转变的进程。这一切，无疑也对市场产生深刻的影响。总之，一个国家的经济发展所处的阶段不同，居民收入水平明显不同，消费者对产品的需求也就不一样，因此会直接或间接地影响到企业的市场营销活动。

2. 经济结构

经济结构是指一个国家或地区的第一产业、第二产业和第三产业之间，劳动密集型产业、资本密集型产业、技术密集型产业和知识密集型产业之间，以及各产业所属部门之间的比例关系。经济结构直接决定需求结构。随着区域经济的发展，其经济结构总在不断升级或变化，由此决定需求结构也在变化。通过对某个区域经济结构现状及其变化趋势的分析，企业可以发现某些市场机会，所以经济结构也是选择目标市场的重要依据之一。

三、自然和地理环境

自然条件包括各种自然因素，如气候、地形、自然资源等，它们对市场营销活动都会产生直接或间接的影响。在气候炎热、风沙大的国家或地区推销空调器与在温带地区或海边城市推销空调器的策略显然就不一样；山区与平原地理条件的差异决定了对运输车辆的性能、装备等的需求不同，山区对运输车辆性能、设备等的要求较高，平原就略低一些，因而，山区的运输成本一般也比平原要高一些；可通航的河流与不可通航的河流的经济价值差别很大，因为可通航河流能够使流域内的任何地区交通便利，信息畅通，经济因此就比较发达，所以可通航河流的经济价值较高。此外，港口、码头、山川、湖泊、海滩等自然资源与自然条件本身也可能创造出许多独特的营销机会，如旅游、娱乐、体育、观光、度假等。

自然资源的差异还会影响一国或地区的经济和购买力水平。如盛产石油的国家——科威特、沙特阿拉伯、委内瑞拉等，依靠石油输出，可以换取大量外汇收入，使国内人民的生活水平和购买能力均较高，这为消费品生产企业开展市场营销提供了理想的目标市场。但相反，有些国家自然资源匮乏，为了满足国内生产发展的需要，就需要从国际市场上大量进口原材料、能源等初级产品,如英国、日本、新加坡等,这为资源开采型生产企业提供了理想的目标市场。

四、技术环境

技术是人类为满足社会需求,在改造和控制自然的实践中所创造的劳动手段、工艺方法和技能体系的总和,具有自然的和社会的双重属性。技术在社会经济系统中属于直接生产力的范畴,对国民经济发生直接的、立竿见影的影响。市场营销的技术环境是指企业从事市场营销活动过程中所面临的、对市场营销产生影响和制约作用的各种技术因素的集合。市场营销的科学技术环境对营销产生着重要的影响和制约作用。消费者需求的满足程度是由生产力水平决定的,而生产力水平又主要由科学技术的发展水平决定。科学技术与企业的产品设计、开发、生产制造、分销、促销密切相关,企业的市场营销活动必然受到科技环境的影响与制约。科技的发展对于企业来说既是机遇,也是挑战,企业唯有适应科技环境的变化,紧紧跟随科技潮流才能在激烈的市场竞争中立于不败之地。

五、政治法律环境

1. 政治环境

企业都认为自己首先是一个经济组织,而不是政治组织。但是,当企业进行市场营销时,它就常常要受到政治因素的影响,这些影响往往又是巨大和深远的。政治环境是指企业市场营销活动的外部政治形势。一个国家的政局稳定与否,会给企业营销活动带来重大的影响。如果政局稳定,人民安居乐业,就会给企业营销造成良好的环境。相反,政局不稳,社会矛盾尖锐,秩序混乱,就会影响经济发展和市场的稳定。企业在市场营销中,特别是在对外贸易活动中,一定要考虑东道国政局变动和社会稳定情况可能造成的影响。政治环境分析主要要分析国内的政治环境和国际的政治环境。国内的政治环境包括以下一些要素:政治制度、政党和政党制度、政治性团体、党和国家的方针政策、政治气氛等。国际政治环境主要包括:国际政治局势、国际关系和目标国的国内政治环境。

政治环境对企业营销活动的影响主要表现为国家政府所制定的方针政策,如人口政策、能源政策、物价政策、财政政策、货币政策等,都会对企业营销活动带来影响。例如,国家通过降低利率来刺激消费的增长;通过征收个人所得税调节消费者收入的差异,从而影响人们的购买;通过增加产品税对香烟、酒等商品的增税来抑制人们的消费需求。

同时,由于一国政府用以实现国家目标的方针不同,对外商的基本政策和态度会有很大差别。有些国家很愿意接受而且实际上很欢迎外国企业;有些国家却十分反对;有些国家则是有条件地允许外国企业介入等等。总之,各国对国际投资和国际贸易的态度,因各国的经济发展水平等具体情况不同而各异;具体表现为鼓励(欢迎)、限制和禁止等。

2. 法律环境

法律环境是指国家或地方政府所颁布的各项法规、法令和条例等,它是企业营销活动的准则,企业只有依法进行各种营销活动,才能受到国家法律的有效保护。近年来,为适应经济体制改革和对外开放的需要,我国陆续制定和颁布了一系列法律法规,例如《中华人民共和国产品质量法》、《经济合同法》、《涉外经济合同法》、《商标法》、《专利法》、《广告法》、《食品卫生法》、《环境保护法》、《反不正当竞争法》、《消费者权益保护法》、《进出口商品检验条例》等。企业的营销管理者必须熟知有关的法律条文,才能保证企业经营的合法性,并运用法律武器来保护企业与消费者的合法权益。

法律环境主要要分析的因素有:

(1) 法律规范,特别是和企业经营密切相关的经济法律法规,如《公司法》、《中外合资经营企业法》、《合同法》、《专利法》、《商标法》、《税法》、《企业破产法》等。

(2) 国家司法执法机关。在我国主要有法院、检察院、公安机关以及各种行政执法机关。与企业关系较为密切的行政执法机关有工商行政管理机关、税务机关、物价机关、计量管理机关、技术质量管理机关、专利机关、环境保护管理机关、政府审计机关等。此外,还有一些临时性的行政执法机关,如各级政府的财政、税收、物价检查组织等。

(3) 企业的法律意识。企业的法律意识是法律观、法律感和法律思想的总称,是企业对法律制度的认识和评价。企业的法律意识,最终都会物化为一定性质的法律行为,并造成一定的行为后果,从而构成每个企业不得不面对的法律环境。

(4) 国际法所规定的国际法律环境和目标国的国内法律环境。

对从事国际营销活动的企业来说,不仅要遵守本国的法律制度,还要了解和遵守国外的法律制度和有关的国际法规、惯例和准则。例如欧洲国家规定禁止销售不带安全保护装置的打火机,无疑限制了中国低价打火机的出口市场。日本政府也曾规定,任何外国公司进入日本市场,必须要找一个日本公司同它合伙,以此来限制外国资本的进入。只有了解掌握了这些国家的有关贸易政策,才能制定有效的营销对策。

同时,各个国家出于自身的政治利益或经济利益,对于本国企业开展国际市场营销活动,卷入涉外民事活动所形成的国际民事法律关系,都制定出明确的法律规定加以规范。从全球范围看,母国法律对国际市场营销行为的影响,主要可以归结为进出口贸易立法管制、技术贸易立法管制、投资立法管制三个方面。

六、社会文化环境

影响市场营销的社会文化环境主要包括下面几个方面。

1. 语言

不同的国家有不同的语言,企业在进行市场营销活动时,必须首先进行语言文字上的沟通,充分地、准确地表达出有关各方的合作意向、经济交往的目的、愿望、方式、途径等。所以,语言是市场营销中文化环境里最有意义的一项。特别是已成功地开展了市场营销的企业,一般都能灵活、准确地运用目标市场的语言,否则,其市场营销活动要么失败,要么受到很大的不利影响。

人的思想几乎都是通过语言来交流的,语言是市场营销中人们相互沟通的主要工具。通信联系、洽谈合同、产品介绍、广告宣传等都离不开语言。要想搞好市场营销往往必须灵活运用当地的语言。掌握当地语言不仅能表达思想、相互交往,而且使人有一种亲切感,使营销活动容易进行。

同时,语言是产品的一个重要组成部分。任何一种产品都有品名、商标、内包装和外包装,也都必须附有最基本的产品说明,即通过一种或一种以上的语言将产品的品名、规格、性能(用途)、质量(成分)、操作规范、使用方法、注意事项等内容做必要的注释。很显然,语言无疑是一个完整产品的组成部分。为了更好地满足国外用户的要求,微软的各种产品定位于30多种语言。例如,在法国,所有的指令用户信息和文件都是用法语;在英联邦,用户指令信息和文件也都会反映特定的英国习惯等。此外,产品的品牌、市场推广等也都离不开语言。例如,美国通用汽车公司曾为其雪佛莱系列车中的一种汽车使用"NOVA"这个品牌,它的英文意思是"神枪手",而在拉丁美洲的语言里却是"跑不动"的意思。

2. 宗教

不同的宗教有不同的宗教戒律和文化倾向,直接影响着人们认识事物的方式、行为准则和价值观念,进而影响人们的消费行为。例如,在印度教徒的心目中,等级观念、家庭观念以及因循守旧观念等都是根深蒂固的,因此,他们对新产品接受慢,需要耐心宣传。佛教的核心思想是四大皆空,无所作为,甘受清贫,宣扬人生充满苦难,人们只有皈依佛门,才能得到解脱,进入所谓的极乐世界。因此,在信奉佛教的国家销售高档消费品、奢侈品、享乐用品等必须小心翼翼。天主教要求教徒们绝对依从教会、传教士以及教堂。因此,在天主教盛行的国家里进行营销活动,要把握教民绝对依从教会、传教士的特点,首先与当地教会、传教士建立良好关系,取得他们的支持和信任,这样,这一地区的其他消费者就会支持和信任这个企业及其产品,营销效果就可事半功倍。同时,对他们的教会、传教士、教堂等要特别尊重,产品设计、包装、广告等方面都不要与之冲突,若引起误会、民愤,企业的努力就注定要失败。基督教新教徒的伦理主张是努力工作、节俭、储蓄,认为工作是值得尊敬的,是一种美德。因此,他们的生活、消费不奢侈,选择商品讲究物美价廉,适用性强,经久耐用。伊斯兰教的主要经典是"古兰经",凡是"古兰经"未提到的事情,都有可能被教徒所放弃。伊斯兰教信徒禁食猪肉,禁止饮酒,所以猪肉食品和烈性酒的制造厂家在开拓国际市场时,应该避免选择伊斯兰教的国家。

3. 风俗习惯

一个社会、一个民族的饮食起居、婚丧仪式、劳动分工、社团活动等都与人们的文化素养和传统习惯分不开,对其消费嗜好、消费方式起着决定性的作用。例如,平均每个法国男子所使用的化妆品数量几乎是其妻子的两倍;中国人的主食是米、面制作的米饭、馒头、面条、饺子等,而西方人则主要是面包;中餐讲究色、香、味、形,多是用明火煎、炒、烹、炸,而日本饭菜则以清淡简洁为特点,主要吃鱼,鱼的做法和我们也大不相同,以生吃鱼片、清蒸为主。各国和各地区的饮食习惯不同，相应地对一些商品的需要就不同。制作米饭、馒头一般用电饭锅、蒸锅等，而西方则主要用烤箱、微波炉等。饮食习惯的差别，决定了购买商品的品种结构的不同。

4. 态度与价值观念

态度和价值观念的差异指的是人们对于客观事物的评价标准不同。同样的事物在不同社会或不同人群中有不同的评价标准。这里包括对时间的态度、对财富的态度、对冒险的态度、对民族自尊心、对古老文化和现代文明的珍视态度等。

高度工业化的发达国家生活节奏较快，人们的时间价值观念浓厚，因此对于节省劳动、节省时间的商品和服务的需求强烈，如邮购、网上购物、快餐、家务劳动社会化和机械化等。在欧洲，守时是一种美德，也是必须做到的。

有的民族崇尚俭朴，有的则习惯于高消费；有的喜欢张扬个人拥有的财富，有的则喜欢深藏不露，这直接影响到消费潮流的更替速度、一次性消费品的流行程度、高档名牌商品的销售规模等众多方面。在西方发达国家，流行着这样一种观念："勤奋工作，过舒适生活"，因此，他们比较注重追求个人享受和悠闲的生活，从而形成了对文化娱乐性产品和劳务的大量需求，也刺激了文体用品、海滨浴场、游乐中心及旅游事业的发展。

对于传统文化和现代文化方面虽然存在着两者交融的趋势，但毕竟在不同的国家中，还存在不同的民族特色。例如，欧洲一些国家十分强调维护民族文化，甚至民间有人提出要抵御来自美国的商业文化（如可口可乐、米老鼠、麦当劳等）的侵略。日本、韩国等对自己的民族文化一直较为重视，人们在许多消费行为中都体现着一种以消费国产产品为荣的观念。法国提出要维护法语的纯洁，避免被英语外来词汇所混杂。

各个国家的消费者因受其特定传统、环境等的影响，对冒险所持的态度明显存在差异。有些国家如美国的消费者冒险精神较强，表现在消费行为上，即敢于接受新产品，勇于接受新事物。有些国家如印度的消费者则相反，因循守旧，对所使用的商品感情深厚，对新的升级或替代产品排斥心理较重，不愿冒险更新或尝试使用。因此，企业对于这些国家的消费者的促销宣传重点是应建立消费者的购买信心，增强顾客对其产品的安全感，而且对此要有耐心。

5. 社会阶层和社会组织

不同的社会阶层必然会有不同的消费需求、消费模式和购买习惯等，这些直接影响企业的产品定位、销售渠道的设计、广告媒体和广告诉求的选择等诸多方面的决策。如处于上层社会的人士往往对高档耐用消费品、奢侈品、豪华用品、时尚新奇商品、名牌商品、旅游、健身、美容、休闲娱乐等有较强烈的需求，品质、服务、方便、知名度、形象等因素是他们追求和关注的；而处于社会下层的人们则对一般消费品、低档商品、廉价服饰、普通食品等有较大的需求，而且价格是他们最为关注的因素。

社会组织是指一个社会中个人和团体所发挥的作用以及这些个人和组织之间的关系。不少人类学家把社会组织概括为亲属关系和社会群体两大类，其中亲属关系主要是指家庭,社会群体包括年龄群体、性别群体、共同利益群体等。家庭是社会组织中最基层的单位,一个社会就是由无数的家庭所组成的。值得注意的是,家庭规模的大小与经济的发展水平直接相关。一般来说,经济发展水平越高,其家庭规模就越小,如在欧美、日本等,一般只有夫妻二人,或再加上一到两个未婚子女;相反,在许多经济欠发达的国家,如在印度、刚果(金)等,家庭规模就很大,往往是三代人共同生活。但总的来说,随着经济的发展,家庭正在越来越趋于小型化。

家庭规模大小对企业开展市场营销活动有直接的影响。在一个区域的人口总数一定的前提条件下,如果家庭规模小,则家庭数量相对就多,以家庭为购买和消费对象的产品,如洗衣机、电冰箱、电视机、汽车、空调等产品的市场规模就较大;相反,若总人口一定,家庭规模很大,则家庭户数就相对较少,市场上对家庭耐用消费品、家饰用品等的需求量相应减少,其市场销售必然受到影响。但在人数较多的大规模家庭中,由于众多家庭成员的合力作用,而能够形成较大的集合购买力,这为一些高档商品提供了一定的市场空间,即尽管人均收入水平可能并不高,但是集合购买力可以使大规模家庭有能力购买昂贵的消费品。此外,在小规模家庭中,购买决策往往由夫妻双方共同作出;而在大规模家庭中,则主要由有权威的家族之长作出。因此,企业在促销时,应针对不同情况,采取不同的对策。

复习思考题

1. 如何正确理解营销系统和营销环境?
2. 市场营销微观环境主要包括哪些因素?这些因素对企业营销有哪些影响?
3. 市场营销宏观环境主要包括哪些因素?这些因素对企业营销有哪些影响?
4. 请举例说明政治法律环境对企业营销所产生的影响。

本章案例

目前我国微型汽车的营销环境分析

所谓微型汽车一般是指发动机排量不超过1.1 L,车身长度、宽度、高度不超过3.8 m、1.6 m、2 m,最大载货量不超过600 kg的汽车。微型汽车产品具有燃料消耗少、使用费用低、占地面积小、用途多、适应性广等优点。它包括微型轿车、微型客车和微型货车三种类型。

由于我国汽车工业起步较晚,人们对于汽车没有系统和整体的认识。汽车企业对微型汽车的研发投入小、细节粗糙、工艺落后,导致在大多数消费者心目中,微型汽车成为质量差,性能低下,安全系数不合格的代名词。人们长期以来的消费价值观念,认为微型汽车外观小巧,不气派,不能体现使用者的身份、社会地位等。这种错误的传统思想,导致长期以来,消费者对微型汽车兴趣不高,微型汽车只能以"玩具车"的地位植根于消费者心目中。

早些年,全国各大城市,如北京、上海、广州出台了各种对微型车的限制政策。当地政府认为,微型车车速慢,排放超标,不适应城市交通发展。错误地将排量大小和排放标准等问题混为一谈,限制微型车的城市道路行驶。如:1996年初,北京对排量1 000 cc以下的车分单双号行驶;2001年广州市政府发布通告,决定停止对排量1 000 cc以下的微型小汽车核发牌证,已经领取号牌的微型车也应当在市公安交通管理部门划定的路段行驶,违者将按道路交通管理的有关规定处罚。这些地方政府的限制政策使得微型汽车在消费者心目中留下了不好的印象。

然而,近年来情况发生了变化,也出现了一些有利于微型车发展的因素。首先是入世后我国持续稳定发展的经济环境。在我国,汽车正处于由奢侈品向耐用必需品转型的时期,经济环境的好坏必然对汽车消费产生影响。中国加入WTO以后,汽车产业被纳入了幼稚产业,国家对其进行扶持和保护。就目前情况看,改革开放30多年来,我国经济持续稳定增长,居民收入有了很大的提高,可支配收入也渐渐扩大。2008年,在特大自然灾害和国际金融危机的不利影响下,经国家统计局初步核算,2008年国内生产总值达300 670亿元,比上年增长9.0%。其中,四季度增长6.8%。国民经济总体呈现增长较快、价格回稳、结构优化、民生改善的发展态势。虽然国际经济形势不容乐观,但在我国,汽车仍然是广大民众期待的消费品,多数汽车消费者都怀有现实的消费观念,正处于观望状态,形成了潜在的汽车消费市场。

其次是我国成品油税费改革的政策环境。国务院决定自2009年1月1日起实施成品油税费改革,取消原来在成品油价外征收的公路养路费、航道养护费、公路运输管理费、公路客货运附加费、水路运输管理费、水运客货运附加费等六项收费,逐步有序取消政府还贷二级公路收费。国务院同时决定,将价内征收的汽油消费税单位税额由每升0.2元提高到1元;柴油消费税单位税额由每升0.1元提高到0.8元;其他成品油消费税单位税额相应提高。这种实行"捆绑"收费,体现了"多用多缴,少用少缴"的公平原则。

再次是国家优惠的政策环境。国家发改委在2004年6月1日出台的《汽车产业发展政策》第十二章"汽车消费"中明确提出:培育以私人消费为主体的汽车市场,改善汽车使用环境,维护汽车消费者权益。引导汽车消费者购买和使用低能耗、低污染、小排量、新能源、新动力的汽车,加强环境保护。实现汽车工业与城市交通设施、环境保护、能源节约和相关产业协调发展。同年11月,又出台了《节能中长期专项规划》,取消一切不合理的限制低油耗、小排量、低排放汽车使用和运营的规定。汽车购置、使用和产权处置方面不符合国家法规和政策要求的各种地方限制和附加条件,也应一律予以修订或取消。如今,国家对小排量汽车的购置税实行补贴、减免税费等优惠政策。

如2009年,国家将排量1.6升以下乘用车的购置税从以前的10%降至5%。从2009年3月1日到12月31日,国家将安排50亿元对农民报废三轮汽车和低速货车换购轻型载货车以及购买1.3升以下排量的微型客车,给予一次性财政补贴。

最后是我国消费需求发生了变化。随着近年来的发展,汽车企业在微型汽车的制造方面有了很大的改良和提高。在环境保护、能源节约成为核心问题的今天,微型车也冲破传统观念局限,逐渐进入了人们的视线。如今的汽车消费已经由单位集团公用为主导消费,转变为以家庭私用为主导的个体消费。而汽车属于特殊的耐用消费品,我国大多数消费者第一次买车。依据行为经济学的心理分析,人们第一次买车都谨慎,节能性、环保性、经济性,已经成为购车人群中的消费方向。如果没有足够的经济条件做保证,人们不会购买高档豪华的大排量轿车。而2009年的汽车行业振兴计划将1.6升以下的乘用车购置税减半,无疑给微型汽车的营销创造了良好的环境。

在此背景下,各企业纷纷明确市场定位,提高自身形象。提升产品质量,树立良好的社会形象,企业让自己的产品在社会公众心目中有恰当的位置,明确企业自身在市场中的定位,将微型汽车的消费理念准确地传递给消费者显得尤其重要。微型汽车在汽车市场中定位为初级入门经济型车辆。汽车企业只有通过对自己产品成本、促销服务、市场定位进行系统全面的分析,找到微型汽车在汽车市场竞争中的优势,才能优化产品结构,制定合理的营销方案。早年的传统观念确实让消费者产生了对微型汽车的片面认识,但是这不足以构成影响微型汽车销售量的全部原因。虽然我国汽车工业处于发展的初期,但其微型汽车在技术层面上不存在大问题。当然由于生产加工工艺方面的限制,以及对细节的考虑与把握不到位,使得微型汽车在使用过程中小问题不断,给消费者带来极大的不便利,让人们在购买微型汽车时顾虑重重,信心不足。要想扭转自身质量的缺憾,汽车生产企业必须加大对微型汽车科技研发经费的投入,在稳定经济性能的前提下,在技术上创新,在安全上把关,在外观上突破。不断优化微型汽车的产品结构,开发出适合各个消费层次需求的车型,使微型汽车走上高端,走向个性的前沿,摆脱多年来在人们心中"劣质"的地位。从长远的角度考虑,应形成一条系统的销售产业链条,提升产品售后服务水平,提高顾客期望值。目前的售后服务并不完善,服务人员不专业,服务效率低下直接影响到消费者对微型汽车和微型汽车品牌的信任。经销商应该对服务从业人员进行系统的培训,熟悉售后服务的基本规范和流程。对专业维修工应进行专项技能的培训,务必做到技术精湛、工艺细腻,以此提升微型汽车品牌形象。

广告的本质是传播,将产品与广告结合起来进行文化传播,更容易在消费者心中产生共鸣。以前,汽车企业往往只注重对豪华型中高端汽车做广告宣传,认为只有中高端车系才能代表企业形象和品牌。企业在微型汽车广告上投入少,广告制作简陋,缺乏灵感,一味只拿低价格作为诱惑筹码。这样的文化传播方式不但没有得到广大消费者的认同,反而让消费者觉得微型汽车在技术、配置方面均处于劣势,仿佛价格低廉是微型汽车价值的真实体现。而张扬品牌个性、给品牌注入特立独行的元素便成为厂家的唯一选择。例如:奇瑞QQ的销量红火,其广告功不可没。一句年轻的"秀我本色"的广告语,明确表达了QQ与车主个性的相通之处,而且厂家还组织了一系列的市场推广活动,比如车体彩绘大赛、网页制作大赛等,将品牌牢牢地定位于都市年轻一族。QQ的成功不单赢得了市场,也创造了一种年轻独特的奇瑞文化。相对而言,哈飞路宝的"哈飞路宝,路中之宝"与吉利的"造老百姓买得起的好车"显得平淡无味,还略显俗套,没能打造出自己的品牌形象,因而也销量平平。所以,加大广告的投入力度,多做有创意、有特点的广告,营造微型汽车的文化氛围,才能震撼消费者的心灵和最大限度地吸引消费者的眼球。

要扩大市场占有量,就必须根据消费者的需求、动机、购买行为的多元性和差异性,对子市场进行细分。这正是消费者异质需求的表现。以城市销售为例,2009年奇瑞汽车1月12日在北京为旗下微车品牌"开瑞"(Karry)举行了发布仪式,并起用全新标识。"开瑞"中的"开"取"开创"、"开拓"之意,"瑞"有吉利、吉祥之意。这一全新独立品牌的发布,使奇瑞汽车抓住2008年各种灾难后消费者渴望吉利的心理,希望由此赢得更大的市场空间,是其对市场进行细分的明确体现。随着国家政策对不到欧I排放标准的农用车实行淘汰,农用车正面临升级。而广大城乡交界地与农村还是以摩托车代步为主。摩托车安全系数低,交通事故发生频率高;且载货能力差,运营成本高。相对于摩托车,微型汽车在安全性、环保性、舒适性等方面都更胜一筹。例如"长安之星"、"通用五菱之光"无论在人员运输或者货物运输方面都更具优势。在众多利好政策的激励下,农村汽车市场以及二三线城市汽车市场的增长,很快就会迎来新一轮的井喷势头。因此,汽车企业应抓住这一契机,突破城市销售,寻找新空间,开辟新的城乡集散地和农村市场,这必将拉动微型汽车的新一轮销量增长。

讨论题
1. 近年来我国微型车市场营销环境发生了怎样的变化?
2. 各个微型车企业针对变化的市场营销环境采取了怎样的竞争策略?

第四章 市场营销调研和预测

企业的市场营销活动,必须建立在深入全面的市场调研、分析和预测的基础上。也即首先需要系统、客观、全面地收集、整理和分析市场上与产品营销相关的信息,来帮助企业决策者及时发现新的市场机会和需求,制定正确有效的营销策略,开发新的产品去满足这些需求。企业可通过市场调研发现企业现有产品的不足及经营中的问题,及时加以纠正或改进;调研过程中企业还可以及时掌握竞争对手的动态,掌握企业产品在市场上所占份额大小,针对竞争对手的策略,对自己的工作进行调整和改进,做到知己知彼,百战不殆。

市场调研和预测还可以帮助企业了解宏观经济环境对企业发展的影响,推断未来市场可能发生的变化,抓住新的发展机会,并对可能发生的不利情况及时采取应变措施,减少企业的损失,使企业在市场竞争中立于不败之地。

第一节 市场营销调研

企业面对错综复杂、瞬息万变的市场,不仅需要在心理上做好准备,而且要在行动上作出安排。为了使企业在竞争中立于不败之地,必须做好市场营销调研,尽最大可能充分地了解市场、认识市场,分析企业的生产和市场需求之间的内在联系,同时分析研究市场需求的特征及其变化规律,用以指导企业的生产经营活动,提高企业的管理水平和经济效益。

一、市场营销调研的含义和内容

1. 市场营销调研的含义

调研是调查研究的简称,是人们了解情况、认识事物、认识社会的有力武器。市场营销调研也称市场调查、市场研究、市场调研等,狭义的市场营销调研(Market Research)主要是指针对顾客所做的调查,即以购买商品、消费商品的个人或厂商为对象,以了解研究其在商品的购买、消费等方面的各种行为、意见和动机。而广义的市场营销调研(Marketing Research)则包括从认识市场到制定营销决策的全过程。如其中的产品分析,需从商品的使用及消费的角度对产品的形态、大小、重量、外观、色彩、价格等进行分析,同时,对销售的途径、市场营销的方法、销售组织、经销人员培训、广告的作用、促销活动等问题进行分析。

总之,市场营销调研的基本含义是指收集和提供与企业经营决策有关的信息的科学方法,它是一种有目的的活动,也是一个系统过程,通过对信息的判断、收集、记录、整理,最终成为连接企业和消费者、用户间的桥梁。

2. 市场营销调研的基本内容

市场营销调研的基本内容包括以下几个方面:

(1)调查市场需求情况。市场商品需求,是指一定时期内消费者在一定购买力条件下的商品需求量。消费者购买力则是指居民购买消费品的货币支付能力。市场需求调查就是了解一定时期在企业提供的商品或服务的范围内,根据地区人口的变化,居民收入及消费水平的提高,购买力的投向,消费者偏好、习惯、需求等的具体情况,了解消费者对商品、服务、金融、旅游等方面的需求变化以及具体对各类商品在数量、质量、品种、规格、式样、价格等方面的要求及其变化发展趋势等等,分析产品在市场上的占有率和覆盖率;市场潜在需求量有多少;细分市场对某种产品的需求情况;国内外市场的变化和趋势等。

(2)调查产品生产情况。调查产品生产情况就是要摸清社会产品资源及其构成情况,包括生产规模、生产结构、技术水平、新产品试制投产、生产力布局、生产成本、自然条件和自然资源等生产条件的现状和未来规划,并据此测算产品产量和产品结构及其发展变化趋势。通过调查,掌握行业生产现状及其发展变化,同行竞争者的地位和作用、优势和劣势;对市场将要产生什么样的影响,以及影响程度的大小等。

(3)调查市场行情。即具体调查各种商品在市场上的供求情况、库存状况和市场竞争态势,特别是针对影响市场商品价格运动因素的调查。通常供求关系的变动会对商品价格产生直接的影响。供不应求时,商品价格就会上升。供大于求时,价格就会下降。要了解有关地区、有关企业、有关商品之间的差别和具体的供求关系,即要了解、对比有关地区、企业同类商品的生产经营成本、价格、利润以及资金周转、销售情况和发展趋势等重要经济指标。

二、市场营销调研的分类

市场营销调研可以从不同角度进行分类。

1. 按其研究范围分类,可以分为两种

(1)专题性调研。是指为解决某个具体问题而专门作的市场调研。这种调研具有组织实施灵活方便,所需人力、物力、时间等成本相对较低的特点。由于不是全面性的市调研,其提供的信息是有局限性的。但一般来说只要能够满足要求,专题性调研也是可行的选择。

（2）综合性调研。是指为全面了解市场的状况而对市场各个方面进行的全面调查。相对于专题性调研,综合性调研涉及市场的各个方面,提供的信息能反映市场的全貌,有助于准确地了解和把握市场的基本状况。综合性调研涉及面广,需要投入较多的人力物力,花费的成本相对高昂,对调研人员的要求也较高。综合性调研只在必要时采用。

2. 按市场调研的功能来分,分为三种

（1）探索性调研。探索性调研(Exploratory research)用于探索研究企业所面临的问题的一般性质,其目的可以是以下几方面：① 系统地阐述一个市场营销问题；② 识别可供选择的方案；③ 验证某种假设；④ 探询关键的变量和主要线索；⑤ 寻求解决问题的途径等。探索性调研一般处于调研活动的初期,研究的问题和范围规模较大,结论多以定性研究为主。

（2）描述性调研。描述性调研(Descriptive research)是指通过详细的调查和分析,针对调研问题,如市场的特征或功能等各种变量,作出尽可能详尽而准确的描述。描述性调研的结果通常说明事物的表征,并不涉及事物的本质及影响事物发展变化的内在原因,是一种最基本、最常见的市场调研形式。

描述性调研通常用于描述不同消费者群体的特征,并将其进行归类分析；确定各种变量对市场营销问题的相关程度等。

（3）因果性调研。因果性调研(Casual research)目的在于确定有关市场营销问题的因果联系。例如产品产量、产品价格和各项营销费用之间可能存在的因果关系。因果性调研的目的在于确定因果关系中的自变量和因变量,揭示和鉴别某种变量的变化受哪些因素的影响,以及受影响的程度,从而揭示事物发展变化的内在原因。因果性调研是一种重要的、深入的调研形式。

此外,对市场调研还可以从以下不同角度进行分类：比如按市场调研的主体可以分为：企业的市场调研、政府部门的市场调研、社会组织的市场调研、个人的市场调研；按照市场调研的区域范围可以分为：地方性市场调研、区域性市场调研、全国性市场调研、国际市场调研等；按调研对象分为：消费者市场调研、生产者市场调研、广告调研、产品调研、价格调研、分销渠道调研等；按调研的时间,可以分为一次性的市场调研和经常性的市场调研。市场调研的种类不同,其调研的特征、内容、要求和方法都有所不同。

三、市场营销调研的程序

市场营销调研是一项复杂的系统工程,要顺利完成市场营销调研任务,必须依据科学的程序,有计划、有组织、有步骤地进行。一般来说,根据营销调研工作的自然顺序和逻辑关系,营销调研的程序包括以下步骤。

1. 确定调研目的

一个完整的调研方案是从调研目的的确定开始的。在确定调研目的时，要有针对性地选择具有全面意义的问题进行调研，要明确、具体、中心突出、主次分明。

确定调研目的是把企业在实际运作之前需要了解和决定的营销问题转换为有待调查的各种因素，划出范围，明确目的，并形成书面文字。明确调研目的是营销调研的起点，能够保证调研工作有的放矢，卓有成效。

2. 确定调研范围

调研范围是指在进行市场调研时具体应该去调查哪些问题，应该收集哪方面的资料以及从何种渠道去收集资料。

从实践上讲，市场调研的范围可以界定为市场环境、市场动态、营销实务、竞争环境等四大方面。当然，一个企业在进行市场营销调研时是否对上述内容都要作调研，应视具体情况而定，但必须突出重点目标，在考虑经济性、有效性的前提下兼顾全面性。

3. 拟定调研项目

拟定调研项目就是把已确定的调研目的和调研范围具体化。这是市场营销调研过程中较具体的工作；需要调研人员充分把握调研目的尺度，明确调研项目的主次，以求设计出简明扼要，科学合理，满足需要的调研问卷。

4. 确定调研时间

调研时间的确定有两层含义：

（1）规定资料所属的时点或时期。从资料的性质来看，有的资料反映现象在某一时点上的状态，如国家或地区的人口数、企业数、商品库存额等。对它们的调查，要规定统一的时点，如月底的库存额、年末的在册人数等。

有的资料反映现象在一段时期内发展变化的结果，如产品的产量、商品的销售额等。对它们的调查，要明确资料所属时期的长短（如一月、一季度或一年）。所登记的资料指该时期第一天到最后一天的累计数字。明确规定调查资料所属时点或时期，是保证统计资料准确性、可比性的重要条件。

（2）规定调研期间。调研期间是指调查工作进行的起止时间，包括资料收集和整理汇总、分析研究、写出报告的整个工作所需时间，为了保证资料的时效性，应尽可能缩短调研期间。

四、市场营销调研的主要方法和技术

（一）市场营销调研的主要方法

市场营销调研的方法选择合适与否，会直接影响到调查的结果。所以选择调研方法是市场营销调研的重要环节。市场营销调研的方法很多，归纳起来，主要有以下几种。

1. **直接观察法**

直接观察法就是派调查人员亲临现场对调查对象进行观察、计数、登记。如到商品的销售现场、展销会、展览会等场所直接观察消费者喜爱的商品品种牌号、花色、款式、包装、价格等,进行记录登记,以掌握大量的第一手资料;通过对零售企业的商品陈列、橱窗布置、接待顾客的频率和服务态度、顾客流量以及外部装潢等的观察比较,研究分析整个零售市场的现状。另外直接观察法通常还包括对商品库存情况、商品质量,以及广告效果等的观察分析。

直接观察法的优点是能保证资料的准确性,但需花费大量的人力、物力和时间。因此在实际工作中也可利用观察仪器,记录消费者进入现场后的目光、表情以及购买等行为。使用仪器观察可以避免人员观察的诸多不便,可以节省人力,而且取得的资料较为详尽、精确、客观。

2. 访问法

访问法又称采访法、询问法,是收集第一手资料最常用、最基本的一种方法。是由调查人员通过口头、书面或电信等方式向被调查者了解市场情况、消费者的消费需求、消费心理、消费态度、消费习惯、企业经营等信息的实地调查方法。一般具体又分为以下几种形式:

(1) 面谈访问法。亦称派员法或口头询问法,是由调查人员按照事先拟订的调查项目,向调查对象询问,将结果记入表内。可以个别面谈,也可以多人集体面谈即座谈。面谈访问调查简单方便,灵活自由,可根据情况随机应变地提出问题,使被调查者充分发表意见,集体面谈还可以互相启发,深入探讨,有利于获取较深入、广泛的信息。面谈访问可保证调查的质量(内容规范、清楚、完整),回答率亦高,但缺点是花费人力、时间也多,调查成本高。而且,调查的结果还取决于调查者的素质、调查问题的性质以及被调查者的合作态度。所以,准备充分以及提高访问员本身的素质和询问技巧至关重要。

(2) 电话询问法。电话询问法是由调查人员通过电话与被调查者交谈,获取信息的一种方法。电话调查速度快,成本低,询问交谈比较自由。而电话调查的不足是受通讯条件的限制,调查对象的选择可能有局限性,样本结构不一定合理;交谈时间不宜太长;调查员不能看到对方的表情、姿态等形体语言,有时容易遭到被调查者的拒绝。这种方法一般适用于调查者与被调查者之间比较熟悉或者是调查问题比较简单的情况。

(3) 邮寄询问法。邮寄询问法是通过寄发调查表的形式进行市场营销调研,具体可以采用通过邮局寄送、随广告发放、随产品发放等。有些商品或服务的征订单、征询意见表和评比选票等,也具有调查表性质,一般也被认为是邮寄式调查。邮寄询问法具有调查对象和提问范围广泛,调查成本相对较低,也可以给被调查者以较充裕的时间考虑,填写较为灵活、方便的优点,但是邮寄调查的回收周期较长,调查表回复率通常较低,有时得出的结论并无代表性。一般可采用附赠奖券或赠送小礼品的方法争取被调查者的合作,提高回复率。也可利用互联网提问调查,可提高调查效率。

(4) 留置问卷访问法。留置问卷访问法就是由调查人员将调查问卷或调查表当面交给被调查对象,并说明回答问题的要求,留给被调查对象自行填写,以后由调查人员在约定的时间收回。这种方法结合了面谈访问与邮寄访问的优点,回收率较高,调查过程可以避免调查人员的人为影响,时间也比较充裕。缺点是调查进度不易控制,被调查者答卷的态度、答卷的真实性等较难掌握,因此是一种较为中性的方法。

3. 实验法

实验法是指在特定的条件下,对所研究的对象从一个或多个方面进行调查研究,以测定这些因素之间的关系,用于决定企业的市场营销策略。在因果性的调研中,实验法是一种非常重要的工具。实验法源于自然科学中的实验求证方式,通过小规模范围的实验,记录事件的发展和结果,收集和分析第一手信息资料。

采用实验法时,通常选定两个条件基本相同的小组,一个作为实验组,引入实验因素,使其置于有计划的变化条件之下;另一个作为控制组,保持原来的条件不变。然后比较两个小组的结果,以察看实验因素的影响。常用的实验方法具体有:

(1) 实验室实验。实验室实验即在实验室内,利用专门的仪器、设备进行调研。例如为评价各种不同的广告媒体进行促销宣传的优劣,可以通过测试实验对象的差异,选择效果较好的一种广告媒体。

(2) 现场实验。现场实验是在完全真实的环境中,通过对实验变量的严格控制,观察实验变量对实验对象的影响。一般在真实的市场中进行小范围的实验。例如,调研人员想要了解某种产品的价格需求弹性,可以选择一个商店,选择几次不同时间,对同一产品确定几种不同价格进行销售。调研人员通过观察分析顾客购买状况(数量)的变化,得出研究结论。又如,新产品在大规模生产销售之前,先将其少量投放到部分有代表性的市场,进行销售实验,观察市场及消费者的具体反应,以取得第一手资料,制定进一步的生产和营销策略。

(3) 模拟实验。模拟实验是利用计算机编制模型,来模拟市场情况,观察研究对象的发展变化结果。模拟实验必须建立在对市场情况充分了解的前提下,所建立的各种假设与模型,必须以市场的客观实际为前提。采用实验调研的优点是:方法具有客观性和科学性,通常能够获得比较真实的信息资料。但是实验法也存在局限性,主要是大规模的现场实验中,难以控制市场变量,使得实验结果的价值降低;实验调研的周期较长,调研成本较高。

(二) 市场营销调研的技术

市场营销调研不仅需要制定完备的调研方案,选择合适的调研方法,还必须善于运用各种调研技术,才能获得完整、准确的信息资料。市场营销调研的基本技术包括调查问卷设计的技术和抽样设计的技术。

1. 调查问卷的设计

调查问卷设计是市场营销调研中必不可少的关键环节,对调查数据的质量乃至分析结论都有重要的影响。问卷设计中的缺陷不仅会影响市场调研其他环节的顺利展开,甚至可能导致整个调研项目的失败。要设计出一份优秀的问卷,设计者一方面需要具备广博的知识,另一方面还必须遵循一些基本原则,并且掌握问卷设计的基本技巧。

(1) 问卷设计的原则。设计调查问卷(或调查表)的总体要求是简明扼要,科学合理。当然问卷类型、问卷内容各不相同,不同设计者也各有风格,但都需满足问卷设计的基本要求,即在一定成本下获取最低误差的有效数据。具体原则体现在以下四个方面:

第一,功能性原则。功能性原则是问卷设计最基本的原则,即实现满足问卷的基本功能,达到规范设计和满足调查需求的目的。这一原则具体表现为一致性、完整性、准确性和可行性等方面。如在问卷设计时充分考虑方便后续的数据统计和分析工作,题目的设计必须是容易录入的,并且可以进行具体的数据分析,即使是主观性的问题也要进行量化,这样才能与后续的统计计算环节更好地衔接起来。

第二,可靠性原则。可靠性原则是指作为数据收集工具的问卷,应使数据在一定条件下保持稳定性。具体来说,由于调查者、被调查者和调查环境不同,数据会产生波动,而好的问卷应具有一定的稳健型,以减少这些干扰对数据质量的影响。

第三,效率性原则。效率性原则是指在满足调查要求,获得充足信息的前提下,应选择最简捷的调查方式,使问卷的长度、题量和难度最小,以节省调查费用,降低调查成本。即一方面要使问卷尽量获取全面、准确、有效的信息,另一方面又要节省成本,避免浪费,不要询问与调查主题无关的问题或者可问可不问的问题。

第四,可维护性原则。问卷的设计不会一蹴而就,一份优秀的问卷需要经过反复的修改和检验,不断提高,不断完善。便于修正的问卷应当结构清晰,层次分明。当某一问题需要调整时,基本不会影响其他内容。另外,要提高调研数据的价值,应注意问卷要标准化,以使数据口径一致,保证数据在时间和空间上具有可比性。

(2) 问卷提问的方式。调查问卷提问的方式主要有以下两种:

第一,开放式提问。开放式提问又称非限制式、自由回答式提问,是指对调研的问题并不列出所有可能的答案,而是由被调查者自由作答。如:您想买什么样的手机?您对产品有何要求和建议?等等。开放式提问的优点是被调查者可以比较自由地发表意见,内容比较丰富,甚至可以收集到意料之外的信息;但缺点是受提问方式及被调查者本人表达能力的影响和限制,可能会答非所问,也容易产生偏见。同时,由于被调查者提供答案的角度和方式各不相同,故对资料的整理、分类造成困难。

第二,封闭式提问。封闭式提问又称限制式提问,是指在调查问卷(表)中提出的问题,已设计了各种可能的答案,被调查者只要从中选择一个或几个即可。优点是填写方便而且规范,并且便于电子计算机汇总。所以问卷设计时应尽可能采取封闭式提问。

(3) 在调查表或问卷设计中应注意以下方面问题:

第一,要围绕调查目的来设定问题,并注意调研项目的可行性。可问可不问或过于敏感的项目,如关于个人收入和财产、关于政治态度等方面的问题如果不是十分必要,一般尽量避免涉及。

第二,尽量避免需要大量回忆的问题,否则即使得到答案,也是很不可靠的。

第三,问题应明确和精确,应避免会产生歧义的问题。

第四,避免逻辑错误。即问题的备选答案应互相排斥并完全划分。如婚姻状况仅分为"已婚"和"未婚"两项备选答案就是不完全划分。应列出已婚、丧偶、离婚、分居、未婚五种备选答案。

第五,提问的排列顺序一般是先易后难、由浅入深,敏感的问题放在后面。即询问项目应按人们的思维习惯、逻辑顺序排列,或按照被调查者的兴趣、问题的难易程度排列,使被调查者易于回答、有兴趣回答。

第六,避免诱导性提问,即问题应该客观,不应暗示答案。

第七,问卷题目设计必须有针对性,对于不同层次的人群,应该在题目的选择上有的放矢,必须充分考虑受调查人群的文化水平、年龄层次和协调合作的可能性,除了在题目的难度和题目性质的选择上考虑上述因素,在语言措辞上也应该进行相应的调整,比如面对家庭主妇做的调查,在语言上就必须尽量通俗,而对于文化水平较高的城市白领,在题目和语言的选择上就可以提高一定的水准。只有在这样的细节上综合考虑,调研才能够顺利进行。但一般来说除专业性较强的专家咨询调查表以外,询问项目和备选答案应尽量通俗易懂,使各种层次的被调查者都能理解、接受。

第八,调研项目数量(即提问的数目)应适宜。一份问卷中问题不宜定得过多,否则被调查者会产生厌烦情绪,从而影响问题回答的准确性;当然问题也不宜太少,这样机会和资源没有能得到充分的利用,不能满足调研要求。一般中小规模性质的调查问卷中的问题在20个左右,答卷时间在30分钟以内为宜。

第九,问卷中的问题及答案都要编码,便于计算机进行处理。尤其对调查资料中属于品质标志的项目要量化,即需要编制量表以方便汇总计算。

2. 抽样调查设计

抽样调查是市场调研中使用最多的一种调查方式,也是目前国际通行的科学有效的调查方式。尤其是以概率论与数理统计为理论基础的随机抽样调查方式,具有调查周期短、时效性强的特点,能大大降低调查费用,提高调查的质量,还可以用来评价、修正和补充其他调查方式得到的统计资料,合理科学设计的抽样调查有着其他调查方法无法比拟的优势。

在抽样调查时,根据样本抽取方式不同,抽样可以分为随机抽样和非随机抽样两大类。由于随机抽样方式更为严谨、科学,在实践中运用得较多,因此一般情况下提到抽样调查基本上指随机抽样方式。这里,我们先介绍随机抽样。

随机抽样(probability sampling)又称为概率抽样,是按随机原则,从总体中抽取一部分单位进行登记,用这一部分单位的指标数值去推断全部单位的指标数值。所谓随机原则也即机会均等的原则,使每个单位被抽中的机会完全相同。这样使得被抽中的单位具有一定的代表性,能保证抽样推断的准确性。

随机抽样调查的组织形式有以下五种：

（1）简单随机抽样（simple random sampling），又称纯随机抽样，是对总体单位都给予同等抽取机会的抽样技术。

此种形式方法简单，在对调查对象情况了解较少、或者总体单位的排列没有秩序的情况下经常采用。具体做法有：

① 抽签法。对每个单位逐一编号，并作好号签，混合之后随机抽取。

② 随机数字表法。当总体单位较多时，可使用随机数字表，它是按随机原则编排的，使用时可由任意行、列，向任意方向，从任何一个数字开始取号，在总体编号范围内的号码即为所抽样本。

简单随机抽样从理论上说最符合随机原则，是其他抽样方式的基础，也是衡量其他抽样方式效果的标准，但在实际运用中，有两个问题：第一，当总体很大时，编号工作困难；第二，总体各单位标志值差异很大时，采用这种抽样方式不能保证样本的代表性。

简单随机抽样的抽样误差计算公式（以平均数的重复抽样为例）：

$$\mu_{\bar{x}} = \sqrt{\frac{\sigma^2}{n}} = \frac{\sigma}{\sqrt{n}}$$

式中：σ^2 为总体方差，n 为样本单位数。

不重复抽样的平均数抽样误差计算公式为：

$$\mu_{\bar{x}} = \sqrt{\frac{\sigma^2}{n}\left(\frac{N-n}{N-1}\right)}$$

N 是全及总体的单位数，$\frac{N-n}{N-1}$ 为修正系数，在实际工作中，当 N 很大时，常数 1 在 N 中所占比重是微乎其微的，公式可简化为：

$$\mu_{\bar{x}} = \sqrt{\frac{\sigma^2}{n}\left(1-\frac{n}{N}\right)}$$

（2）分层抽样（stratified random sampling），也称类型抽样、分类抽样。是将总体中所有单位按照某种标志分成不同类型的组，然后在各组中随机抽取样本单位。实际上是将分组法和简单随机抽样结合起来。这种做法代表性高，误差较小。

例如在调查某地区居民收入和消费水平时，可以先将总体按职业进行分类（组），再对各类（组）随机抽取样本。由于能够保证样本分布在不同的组，它比纯随机抽样和等距抽样更为准确，能以较少的样本，获得较为准确的推断结论。一般在总体情况较复杂、各组标志值变动大而且总体单位数量多时采用。

分类抽样误差的计算方法和简单随机抽样误差的计算方法的区别是：用平均组内方

差代替总体方差(以平均数的重复抽样为例):

$$\mu_{\bar{x}} = \sqrt{\frac{\overline{\sigma^2}}{n}}$$

式中:$\overline{\sigma^2}$是平均组内方差,是各组组内方差的算术平均数。

(3) 系统抽样(systematic random sampling),也称机械抽样、等距抽样。其做法是先将总体单位按一定顺序排队,根据总体单位数和样本单位数计算出抽选间隔,也即距离,用 d 表示,$d = \frac{N}{n}$,然后按照此距离抽选样本,它是最容易组织的一种方法,并且其抽样误差小于纯随机抽样,故在实际工作中广泛采用。例如,从 10 000 名消费者中抽选 200 名 (2%)进行调查,那么抽选间隔为 $\frac{10\ 000}{200} = 50$(人),即将全体消费者按一定顺序排队以后,每 50 名抽取 1 位进行调查。

按一定顺序排队,可分为无关标志排队法和有关标志排队法。

无关标志排队法就是在将总体单位进行排队的时候,选择与调研项目没有关系的标志排队。如按姓氏笔画排队,按地名笔画排队,按时间顺序排队等等。

无关标志排队法近似于简单随机抽样,因此,可按不重复的简单随机抽样的方法计算抽样误差。

有关标志排队法即在将总体单位进行排队的时候,选用与调研项目有关的标志排队。如对商品销售量抽样调查时按当年预计销售量或最近三年平均销售量等标志排队;进行居民家计调查时,按其平均收入排队。

有关标志排队法实际上是一种特殊的分类抽样,不同的是分类更细、组数更多,而且在每个组内只抽选一个样本单位,因此,一般认为可按分类不重复抽样误差的公式来计算其抽样误差。

另外,在系统抽样中,按样本单位抽选方式不同,分为随机起点、半距起点和对称等距抽样。

① 随机起点等距抽样。即起点是随机决定的。当抽选间隔 d 确定以后,在第一组(抽选间隔)随机抽选一个样本单位,设其顺序号为 a,则第二个样本单位的顺序号为 $d + a$,第三个样本单位是 $2d + a$,第 n 个样本单位是 $(n-1)d + a$。当总体按无关标志排队时,随机起点等距抽样是可以应用的。但是当总体按有关标志排队时,随机起点等距抽样会产生系统性误差。

② 半距起点等距抽样,样本单位都选在各组的中点,即第 1 个样本单位为 $\frac{d}{2}$,第 2 个样本单位为 $d + \frac{d}{2}$,第 n 个样本单位为 $(n-1)d + \frac{d}{2}$。无论按有关标志或无关标志排队都

可以采用这种方法。优点是简单易懂,容易操作,尤其当总体按有关标志排队时,各样本单位都为各组的中位数,能保证样本有充分的代表性。缺点是随机性不明显,当总体排队确定,样本容量确定,则样本单位也随之确定了。而且,只能抽取一个样本,不能进行样本轮换,抽样框的利用率太低。

③ 对称等距抽样,是在第一组随机抽取第一个样本单位,设其为 a,在第二组与第一组对称的位置抽取第二个样本单位,其序号为 $2d-a$,在第三组抽取的样本单位为 $2d+a$,以后分别为 $4d-a,4d+a,6d-a,6d+a,\cdots$ 这种方法保留了半距起点等距抽样的优点,又避免了它的局限性,即具有随机性,样本可轮换,是一种较好的方法。

(4) 整群抽样(cluster sampling),也称群体抽样。做法是先将总体分为若干群或组,然后一群群地抽取,每一群包括若干样本单位。例如,产品质量检验时,每隔一小时抽出 5 分钟内生产的全部产品来检验。又如调查某地居民消费需求时,用系统抽样法抽选居民小区,对抽中小区的所有居民全部进行调查。

根据整群抽样方法的特点,即每一群中包括若干个样本单位,在群内是全面调查,所以其优点是:编制名单和抽选工作较为集中、省力、方便,而且整群抽样都采用不重复抽样。

整群抽样的误差,主要受以下两个因素的影响:

第一,抽取群数的多少,设所有群数为 R,抽取的群数为 r,抽取的 r 越多,则整群抽样误差越小。

第二,受群间方差的影响。群与群之间变异程度越大,抽样误差就越大,样本指标的代表性越小;反之,群间方差反映的变异程度越小,抽样误差也越小。整群抽样不受群内方差的影响,因为对每一群来说,进行的都是全面调查,不发生抽样误差的问题。所以,计算整群抽样的抽样误差时,要用群间方差 δ^2 代替原来的总体方差 σ^2(以平均数的抽样误差为例):

$$\mu_{\bar{x}} = \sqrt{\frac{\delta_{\bar{x}}^2}{r}\left(\frac{R-r}{R-1}\right)}$$

其中群间方差 δ^2 也称组间方差,是各群(组)的平均数与总体平均数计算的方差:

$$\delta_{\bar{x}}^2 = \frac{\sum_{i=1}^{r}(\bar{x}_i - \bar{x})^2}{r}$$

$\bar{X}$ 为总体平均数,$\bar{x}_i$ 为各组的平均数。

(5) 多阶段抽样(multistage sampling),是把抽取样本单位的过程分成两个或更多阶段进行,先从总体抽选若干大的样本单位也称第一阶段单位,然后从被抽中的这些大的单位中抽选较小的样本单位,称第二阶段单位。依此类推,直到最后抽出最终样本单位。如果第二阶段单位是最终样本单位就是二阶段抽样,如果第三阶段单位是最终单位就是三阶段抽样。

前面四种抽样形式都是只经过一次抽选就可确定样本单位,称单阶段抽样,在调查范围较小、调查单位比较集中时可采用单阶段抽样形式。当调查单位很多,分布面很广时,难以从总体中直接抽取样本单位,就必须采用多阶段抽样。如对农民消费水平进行调查,可以按省、(市)县、乡、村、户进行多阶段抽样。

多阶段抽样具有整群抽样简单易行的优点,且由于其样本分布广泛,更具有代表性。在样本含量相同的情况下,比整群抽样的精度高。

多阶段抽样的抽样误差,取决于各阶段的群间方差和最后阶段的群(组)内方差的平均数。如果是二阶段抽样的话,其抽样误差的计算公式为:

$$\mu = \sqrt{\frac{\delta_1^2}{r}\sqrt{\frac{R-r}{R-1}} + \frac{\sigma^2}{rm}\left(\frac{M-m}{M-1}\right)}$$

即第一阶段:由总体 R 组抽选 r 组产生的群间方差;

第二阶段:由抽中的 r 组中,每组 M 个单位中抽取 m 个单位产生的组内方差的平均数。(等于整群抽样加分类抽样)

再来看非随机抽样,非随机抽样是指在抽取样本时不遵循随机原则,而是遵循某种人为的标准抽取样本。采用非随机抽样方式的原因一般是:第一,由于条件限制无法实行随机抽样调查;第二,为尽快取得调查数据,提高时效性;第三,节省调查成本;第四,调查人员具有丰富经验,且总体各单位差异不大。

非随机抽样无法计算抽样误差,不能对估计结果的精确性做出评价,其抽样效果的好坏主要取决于抽样者的主观判断能力和经验。

非随机抽样主要有以下几种形式:

(1) 方便抽样(Convenience Sampling),也称便利抽样、任意抽样或偶遇抽样。常用做法有街头随访或拦截式访问、邮寄调查、杂志内问卷调查等等。它的优点是可以花费较少的经费和时间、抽样单位可以接近、容易测量和合作。缺点是存在选择偏差,如被调查者的自我选择、抽样的主观性偏差等,因而代表性较差。这种抽样一般不能用来推断总体。实际操作中,便利抽样不适用于正式抽样,而适用于正式抽样前的试验抽样。

(2) 判断抽样(Judgment Sampling)。判断抽样是基于调查人员对总体的了解和经验,从总体中抽选有代表性的典型单位作为样本的一种抽样方式,具体做法有两种:

第一,选择最能代表普遍情况的群体作为样本。如采用"平均型"标准,是在调查总体中挑选平均水平的单位作为典型样本;以"多数型"为标准,则是在调查总体中挑选占多数的单位作为样本来推断总体。

第二,利用调查总体的全面统计资料,按照一定标准选择样本。

判断抽样适合于调查总体单位规模较小,单位之间差异也较小,调查者对总体比较了解的情况。但是这种方法受主观因素影响较大,其效果过分依赖于调查者对调查对象的了解程度、判断水平及对结果分析、解释的能力。

(3) 配额抽样(Quota Sampling)。配额抽样是先将总体所有单位按一定的标志分成若干类(组),然后在各个类(组)中用便利抽样或判断抽样方法选取样本单位的抽样方式。也即根据总体的结构特征来给调查人员分派定额,以取得一个与总体结构特征大体相似的样本。配额保证了样本分布较为均匀,样本结构与总体结构一致,样本更具有代表性,是目前非随机抽样方法应用最多的一种。在进行配额抽样时,要特别注意配额与调查结果之间的密切联系。另外,出于可靠性考虑,运用此抽样方法时,要对调查人员和调查过程加强控制。

(4) 雪球抽样(Snowball Sampling)。雪球抽样即通过少量的样本单位以获取更多样本单位的信息。一般先随机选择一组调查对象,访问这些调查对象之后,再请他们提供另外一些属于所调研的目标总体的调查对象,根据所提供的线索,选择此后的调查对象。

如对某地区木材市场调查,已知 A、B、C 三家公司为该产品需求厂商,访问三家公司后请他们提供所了解的该产品的其他需求者名单,依此类推,逐步扩大调查名单。

雪球抽样适用于对总体缺乏了解,没有现成的抽样框的情形。一般在产业调查研究中较为有效。

第二节　市场营销预测

企业从事市场营销活动之前,对复杂多变的市场发展趋势及企业的市场营销行为产生的社会及经济后果,需要做出较为准确的估计和判断。如此,才能合理制定经营决策,提高企业在动态的市场环境中的应变能力,增强企业竞争力,使企业的经营结果符合预期目标,取得经营成功。

一、市场营销预测的含义和分类

(一) 市场营销预测的含义

前面所述市场营销调研主要是收集、分析过去和现在发生的营销信息,而市场营销预测则是在营销调研的基础上,运用科学方法,对未来市场的供求发展趋势以及与企业营销活动相关的各种变化因素进行分析、预期、估计和推断,并做出合乎逻辑的解释说明,为企业制定正确的市场营销决策提供依据。

营销调研与营销预测有着密切关系,调研是了解情况,认识事物的本质;而预测则是在掌握事物本质的基础上对未来的不确定性进行推测。进行营销预测,必须首先做好市场调研,掌握充分的可靠信息,选用科学的方法,进行深入细致的分析研究,如此才能做出科学准确的预测。市场调研是营销预测的基础,而预测则是调研的深入,也可以说是调研的真正目的所在。

(二) 市场营销预测的分类

市场营销预测的种类很多,可以从以下角度进行分类。

1. 按预测期划分

根据预测时期的长短,营销预测可以分为长期预测、中期预测和短期预测。

(1) 长期预测(Long-term Forecast),一般指 5 年或 5 年以上的预测,也称远景预测,由于时间跨度长,不确定因素多,预测的精确度可能较低。通常是企业制定长远规划、发展方向的依据。

(2) 中期预测(Medium-term Forecast),一般指 1~5 年时间长度的预测。中期预测一般用于市场潜力、价格变化、商品供求变动趋势、政府政策措施等的预测,为企业的中期经营决策提供依据。

(3) 短期预测(Short-term Forecast),一般指年度、季度或月度预测,也称近期预测。短期预测目标明确,不确定因素少,资料容易获得,预见性较强,预测结果较为准确。短期预测主要为企业制订年度计划和日常经营决策服务。

2. 按预测范围划分

根据预测范围划分,营销预测可以分为国际营销预测、国内营销预测和地区营销预测。

(1) 国际营销预测,是对国际营销环境的发展趋势及国际市场潜力等进行的预测。

(2) 国内营销预测,是对产品的国内需求及市场竞争状况等的预测。

(3) 地区营销预测,是对企业在某个地区目标市场的预测,包括地区的市场潜力、企业产品的销售趋势等的预测。

3. 按预测性质划分

根据预测性质划分,营销预测可分为定性预测和定量预测。

(1) 定性预测,是对未来市场的发展趋势在性质上或程度进行的预测。

(2) 定量预测,是利用历史统计数据,建立预测模型,用统计方法对未来市场的发展趋势在数量上做出估计。

二、市场营销的定性预测方法

定性预测方法是根据已经掌握的历史资料和当前的材料,运用人们的知识、经验和分析能力,对事物未来发展趋势做出性质和程度上的判断,得出预测结论。定性预测方法更侧重事物发展的趋势、方向、重大转折点的分析,一般适用于宏观经济和国民经济形势发展,各国经济政策的演变,市场总体形势的变化(如买方市场向卖方市场转变),科学技术进步对市场供求关系的影响,新产品开发,新市场开拓,企业经营环境分析和战略决策方向,企业市场营销组合及对市场销售的影响等等。一般而言,定性预测技术需要与定量预测技术配合使用,才能取得良好效果。

常用的定性预测方法主要有经验判断法。经验判断法是指营销管理人员或专家通过收集尽可能详尽的市场信息资料以充分了解客观情况,然后根据营销经验、专业知识和分析判断能力,对市场未来趋势做出一定的判断。是一种比较简单、传统的方法。

运用经验判断法进行预测,需要对历史和客观现实有准确、充分的了解,对市场信息广泛掌握和快速反应,这种方法较多地依靠人的思考、推理、判断和综合分析能力,但也可结合采用一些定量分析技术。

常用的经验判断法有以下几种具体形式:

(1) 个人经验判断法。是由熟悉业务、了解情况且有丰富经验和分析判断能力的个人(如企业家、销售人员或专家学者)单独进行的经验判断预测。由个人进行判断预测时可采用对比类推、相关推断、比例分析或平衡分析等方法。

(2) 集体经验判断法。也称集体意见预测法。是由经过精心挑选的、与预测相关的一组人员共同座谈讨论,交换意见,对预测对象进行充分的分析研究,而后对其发展变化的趋势提出集体的预测结果的预测方法。这种方法能在一定程度上克服个人判断的局限性,提高预测的准确性,但集体讨论有时也可能产生相互影响和干扰的因素。一般采用的具体方法有意见交换法、意见汇总法、消费者意向调查法和意见测验法等。

(3) 德尔菲法。也称专家小组法或专家意见征询法,是以匿名的方式,逐轮征求一组(一般为7~20人)专家各自的预测意见,最后由主持者进行综合分析,得出市场预测结论的方法。是一种被广泛使用的判断分析预测方法。

德尔菲法的特点是:

第一,匿名性。在整个预测过程中,专家之间互不见面,主持者与专家之间采用书信方式联系,专家之间采用背对背的形式,可以避免不必要的心理顾虑和相互干扰,有利于专家独立思考,使个人意见得到充分发表,使讨论比较快速和客观。

第二,反馈性。向专家征询意见不是一次完成,而是采取多次双向反馈。每次征询意见之后,主持者将情况汇总、整理,反馈给每一位专家;通过反馈信息,专家了解到其他专家的意见及理由,可以多次提出和修正自己的意见,有利于相互启发,集思广益,开拓思路,提高预测的准确性和客观性。

三、市场营销的定量预测方法

定量预测方法,是利用已经掌握的比较充分完整的历史统计数据,应用统计方法,寻求有关变量之间的规律和联系,建立数学模型,从而预计和推测市场未来发展变化趋势的预测方法。

在历史数据比较完整、准确,市场发展变化的环境和条件比较稳定,产品处于生命周期的成长期或成熟期,预测对象与某些相关因素之间呈现比较明显的制约关系,或预测对象随时间推移呈现比较明显的趋势等情况下,运用定量预测方法比较适宜。

常用的定量预测方法有。

1. 平均发展速度法

发展速度是反映事物发展变化的动态经济指标,是报告期水平除以基期水平所得商数:

$$发展速度 = \frac{报告期水平}{基期水平}$$

各个时期的发展速度是不同的,为了观察事物在一个较长时期中的平均发展或平均增减变化程度,就需要计算平均发展速度,计算平均发展速度一般采用几何平均法:

$$\bar{x}_G = \sqrt[n]{\prod_{i=1}^{n} x_i} = \sqrt[n]{\frac{a_1}{a_0} \times \frac{a_2}{a_1} \times \frac{a_3}{a_2} \cdots \times \frac{a_n}{a_{n-1}}} = \sqrt[n]{\frac{a_n}{a_0}}$$

式中 n 为项数,a_n 为报告期水平(最末水平),a_0 为最初水平。

由此可见,平均发展速度的快慢,是由各环比发展速度的大小决定的,而且归根到底是由最初水平和最末水平之比即总速度决定的。

例 4-1 根据某企业 2004~2009 年销售总额资料计算平均发展速度:

表 4-1 某企业 2004~2009 年销售总额资料

年　份	2004	2005	2006	2007	2008	2009
销售总额(万元)	181	190	213	345	567	819
环比发展速度(%)	—	105	112	162	164	145

$$\bar{x}_G = \sqrt[n]{\prod_{i=1}^{n} x_i} = \sqrt[5]{1.05 \times 1.12 \times 1.62 \times 1.64 \times 1.45}$$

$$= \sqrt[5]{\frac{819}{181}} \approx 1.3524 \approx 135.24\%$$

即企业销售总额的年平均发展速度是135.23%。再进一步计算平均增长速度:

平均增长速度 = 平均发展速度 - 1(或100%),即:

$$\bar{x}_G - 1 = 135.24\% - 100\% = 35.24\%$$

即企业销售总额的年平均发展速度是135.24%,年平均增长速度为35.24%。

根据平均发展速度进行预测,公式为:

$$a_{n+1} = a_0 \cdot \bar{x}_G^{n+1}$$

预测 2010 年企业销售额为：

$$a_{n+1} = a_0 \cdot \bar{x}_G^{n+1} = 181 \times 1.3524^6 = 1\,107.41（万元）$$

即 2010 年企业销售额预测值为 1 107.41 万元。

2. 移动平均法

移动平均法是根据原有时间数列，确定一定的时距，将每一项指标逐项移动，计算其动态平均数，形成一个新的数列，并用这个新数列来表现事物发展的总趋势。移动平均法考虑了动态数列发展的连续性，能把隐藏在原数列中的规律较为明显地反映出来。现以某企业甲产品销售额资料为例：

表 4-2 某公司甲产品各月销售额移动平均数　　　　单位：万元

月份	销售额	3 项移动平均数	5 项移动平均数
1	220	—	—
2	230	231.0	—
3	243	235.7	235.0
4	234	241.7	239.8
5	248	242.0	243.8
6	244	247.3	246.0
7	250	249.3	251.2
8	254	254.7	257.6
9	260	264.7	267.2
10	280	277.3	280.4
11	292	296.0	—
12	316	—	—

表中先以三月的间隔进行移动计算 3 项序时平均数，将 1、2、3 三月的销售额加总得 693，除以 3，得 231.0；依此类推，得出 10 个移动平均数，形成一个新数列，该数列可比原数列更明显地反映出被研究现象的变动趋势。这是由于经过移动平均以后，一定程度上消除了偶然因素所引起的不规则变动。另外，还可将时距扩大，例如，计算 5 项移动平均数。

用移动平均法进行预测有多种具体方法，这里介绍最简单的一次移动平均法：

如果时间序列数据具有明显的水平变化趋势，可以用一次移动平均法进行预测。

一次移动平均法的基本公式：

$$M_t^{(1)} = \frac{x_t + x_{t-1} + \cdots + x_{t-n+1}}{n}$$

式中:$M_t^{(1)}$ 为第 t 期的移动平均值,x 为各期样本值,n 为移动平均的项数
预测公式:

$$Y_{t+1} = M_t^{(1)}$$

Y_{t+1} 为 $t+1$ 期的预测值。一次移动平均法一般用于近期预测。

3. 季节指数法

季节指数法是通过研究分析季节变动进行预测的一种方法。

季节变动是指某些现象由于受生产条件或自然条件因素的影响,在年度内随季节的更换而发生比较有规律的变动。如农业中的乳类、禽蛋等的产量,工业中以农产品为原料的轧花厂、禽蛋加工厂等的产量,服装市场中毛呢、汗衫等的销售量,交通运输中的客运量等,都是带有不同程度的季节变动的现象。

研究季节变动的主要目的,是预测未来季节变动的动向,以适应季节的波动节奏,合理组织生产,安排销售。

季节指数预测法首先需要根据若干年(至少 3 年以上)的资料,通过计算季节指数(也称季节比率),测定季节变动的规律性,然后根据季节指数和有关的年月预测值计算月(或季)的预测值。其具体步骤为:

(1) 根据各年按月的资料计算出各月的平均数;

(2) 根据全部资料,计算出总的月平均数;

(3) 将各月的平均数与总的月平均数进行对比,计算出各月的季节比率,即季节指数。

(4) 根据季节指数和有关的年月预测值计算月(或季)的预测值。

例 4-2 已知某厂生产的 A 种饮料 2007~2009 年各月的销售额资料如表 4-3 所示,当 2010 年预测销售额为 3 080 万元时,计算其分月预测值。

首先根据月度数据编制季节指数计算表如下:

表 4-3 A 种饮料季节指数计算表 单位:万元

	1	2	3	4	5	6	7	8	9	10	11	12	合计(平均)
2007 年	6	12	15	20	80	200	240	110	50	17	6	4	760
2008 年	10	20	35	35	150	400	640	140	85	32	10	8	1 565
2009 年	30	40	55	70	240	630	720	200	150	47	20	11	2 213
合 计	46	72	105	125	470	1 230	1 600	450	285	96	36	23	4 538
月平均数	15.3	24	35	41.7	156.7	410	533.3	150	95	32	12	7.7	126.1
季节指数%	12.1	19	27.8	33.1	124.3	325.1	422.9	119	75.3	25.4	9.5	6.1	100

预测 2010 年 1 月份销售额:

$$2010 \text{ 年 } 1 \text{ 月份预测销售额} = \frac{3\,080}{12} \times 12.1\% = 31.06(万元)$$

其余各月有关预测值的计算以此类推。

4. 回归预测法

回归分析是指对统计上具有相关关系的现象,根据其关系形态,选择一个合适的数学模型(回归方程),用来近似地表示变量之间的平均变化关系。采用的方法是配合直线或曲线,用这条直线或曲线来代表现象之间的一般数量关系。这条直线或曲线称为回归直线或曲线,它们的方程式叫直线回归方程或曲线回归方程。

回归分析实际就是将两个或两个以上变量间的变动关系加以模型化,其模型就是回归方程。如果是将两个变量之间的关系模型化,称单回归或一元回归,如果回归分析涉及三个及三个以上变量,称复回归或多元回归,经济现象中很多事物之间的关系形态呈直线关系,一元线性回归是回归分析的基础。我们这里主要介绍一元线性回归预测。

一元线性回归预测是指一个因变量与一个自变量有依存关系,在相关分析已确定了变量间存在着直线相关关系的基础上,配合线性回归方程来表达变量之间的平均变化关系。其表达式为:

$$y_c = a + bx$$

式中: x 为自变量, y_c 为因变量 y 的估计值, a 是直线的截距, 即当 $x=0$ 时 y 的估计值, b 为直线的斜率, 即回归系数。a 和 b 为确定回归直线模型的两个待定参数。

运用直线方程式进行回归分析,必须具备两个条件:

(1) 现象之间确实存在显著相关关系(要通过相关分析进行判断);

(2) 变量之间确实存在着直线相关关系(将两种变量的成对数值绘成散点图时近似直线),才能配合简单回归直线模型。

作为最佳的回归直线方程,应满足两个条件:

$$\sum (y - y_c)^2 = 最小值, \quad \sum (y - y_c) = 0$$

根据最小平方法理论,用求偏导数的方法可推导求出 a、b 两个参数的标准方程组:

$$\begin{cases} \sum y = na + b\sum x \\ \sum xy = a\sum x + b\sum x^2 \end{cases}$$

解联立方程得出:

$$b = \frac{\sum xy - n\bar{x}\bar{y}}{\sum x^2 - n\bar{x}^2}$$

$$a = \bar{y} - b\bar{x}$$

例 4-3 为研究某地区居民收入与文娱用品消费之间的关系,调查得到某地区人均月收入与年文娱用品消费数据,编制以下简单相关表,如表 4-4 所示。

表 4-4 某地区人均月收入与年文娱用品消费的相关表

序号	人均月收入(美元)	年文娱用品消费(美元)
1	350	130
2	450	190
3	550	290
4	650	380
5	750	480
6	800	590

试建立人均月收入对年文娱用品消费的回归方程,并预测当人均月收入为 900 美元时,年文娱用品消费额。

下表列出了前述公式计算所需要的中间数值:

表 4-5 回归分析计算表

序号	X	Y	X^2	XY	Y^2
1	350	130	122 500	45 500	16 900
2	450	190	202 500	85 500	36 100
3	550	290	302 500	159 500	84 100
4	650	380	422 500	247 000	144 400
5	750	480	562 500	360 000	230 400
6	800	590	640 000	472 000	348 100
合 计	3 550	2 060	2 252 500	1 369 500	860 000

得:

$$b = \frac{n\sum xy - (\sum x)(\sum y)}{n\sum x^2 - (\sum x)^2} = \frac{6 \times 1\,369\,500 - 3\,550 \times 2\,060}{6 \times 2\,252\,500 - (3\,550)^2} = 0.990\,7$$

$$a = \frac{\sum y}{n} - b \cdot \frac{\sum x}{n} = \frac{2\,060}{6} - 0.990\,7 \times \frac{3\,550}{6} = -242.821\,9$$

回归预测方程为：

$$y_c = -242.821\,9 + 0.990\,7X$$

当人均月收入为 900 美元时，即 $X = 900$，代入预测模型：

$$y_c = -242.821\,9 + 0.990\,7 \times 900 = 648.81(美元)$$

即预测当人均月收入为 900 美元时，年文娱用品消费额将为 648.81 美元。

复习思考题

1. 市场营销调研的含义是什么？
2. 市场营销调研的程序包括哪些步骤？
3. 设计调查问卷要遵循哪些原则？注意什么问题？
4. 随机抽样和非随机抽样的主要区别是什么？哪一种方法更能保证抽样推断的准确性？
5. 随机抽样的组织形式有哪几种？
6. 常用的定量预测方法有哪些？

本章案例

日用消费品市场竞争探秘——洗衣粉市场需求问卷调查

在社会主义市场经济条件下，一个企业求生存、谋发展，首先要解决的是产品的销售问题。怎样在激烈的市场竞争中打开销路，占领市场，是每个生产厂家所面临的现实问题。

1994 年暑假期间，襄樊财税贸易学校根据中国统计教育学会的通知，在财会、统计、商业管理三个专业的学生中开展假期"故乡行"市场调研活动。在这次活动中，对襄樊市的部分县（区）、镇（乡）进行了调查，选择了日用消费品中销量大、销售面广的洗衣粉进行问卷调查，选取了"活力 28"、"七巧板"、"活力 28 新一代"、"一枝花"等几种品牌。调查中发出问卷 400 份，回收 352 份。其中城镇家庭 238 户，农村家庭 114 户，回收率为 88%。在这次调查中，得到如下启示：

启示之一　同类产品看质量

通过对调查资料的分析，我们发现在各种洗涤用品中，城镇与乡村对不同品牌的需求首先注重的就是质量。在我们调查的 352 户中，近期购买"活力 28"的有 132 户，占总调查户数的 37.5%；购买"活力 28 新一代"的有 81 户，占 23.01%；购买"七巧板"的有 114 户，占 32.39%；购买"一枝花"的有 25 户，占 7.10%。"活力 28"和"七巧板"需求水平相近，但前者高出后者 5.11 个百分点。在激烈的市场竞争中，企业产品市场占有率多出其他品牌 5%，这就足以证明该产品所具有的竞争优势。

"活力28"的竞争优势在哪里呢？从表1可以看出，"活力28"在质量的评价上明显优于其他品牌。

表1 襄樊城乡对洗衣粉质量满意程度对比表   （%）

品 牌	非常满意		比较满意		一 般		不 满 意	
	城镇	乡村	城镇	乡村	城镇	乡村	城镇	乡村
活力28	37.82	39.47	43.69	35.09	15.97	21.93	2.52	3.51
活力28新一代	44.12	49.12	31.94	25.44	22.27	21.05	1.67	4.39
七巧板	14.71	19.30	32.77	35.96	40.76	32.46	11.76	12.28
一枝花	14.71	18.42	34.87	33.33	38.24	38.60	12.18	9.65

在城市，人们对"活力28"质量非常满意的有90户，占37.82%；而对于"七巧板"质量非常满意的有35户，占14.71%。城镇居民在对洗衣粉质量的要求上，不仅是考虑洗衣效果，而且还从有无副作用、气味是否清香等方面进行评价。在农村，人们对"活力28"质量非常满意的有45户，占39.47%；而对"七巧板"质量非常满意的则有22户，占19.30%。从数据可以看出，城镇和农村居民对"活力28"的质量都很满意。

对同一企业生产的产品，"活力28新一代"又比"活力28"的质量好。城镇居民对前者非常满意的占44.12%，超出后者6.3个百分点。"活力28新一代"具有用量少、去污强、易漂洗等优势。

启示之二 同等质量看宣传

在调查中，针对企业产品宣传采访了部分居民。相信电视广告的占78.9%。调查资料表明，在农村114户中，比较满意"七巧板"的广告效果的有47户，占41.23%；"一枝花"的满意户数有42户，占36.84%。这表明，"七巧板"虽然在质量上同"一枝花"差不多，非常满意的用户都占19%左右，但对于广告效果，前者高出后者4.39个百分点。人们依然记得，在"七巧板"的广告中，两个活泼可爱的小孩争吵高泡或低泡质量好的情景，这足以影响产品的销售量。可见，企业产品的销售不仅仅靠质量，宣传也同样具有举足轻重的作用。

启示之三 同样宣传看价格

调查中，城镇居民对"活力28"广告宣传满意的占68.49%，对"活力28新一代"广告宣传满意的占72.27%。就宣传而言，两者差别不大，但销售量却有差别：在352户居民中，购买"活力28新一代"的有81户；购买"活力28"的有132户。这其中，价格是不容忽视的影响因素。

表2　襄樊城乡居民对洗衣粉价格满意程度对比表　　　　　　　　（%）

品牌	非常满意		比较满意		一般		不满意	
	城镇	乡村	城镇	乡村	城镇	乡村	城镇	乡村
活力28	10.50	12.28	34.03	18.48	36.55	41.23	18.92	28.07
活力28新一代	8.82	12.81	31.51	30.18	35.29	34.21	24.38	22.80
七巧板	13.87	15.79	32.35	41.23	41.60	31.58	12.13	11.40
一枝花	8.4	13.16	38.66	29.92	40.34	47.37	12.60	9.55

由表2可以看出,城镇居民对价格非常满意和比较满意的,"活力28"户数共有106户,占44.53%;"活力28新一代"共有96户,占40.33%。它们之间相差4.2个百分点,对其销售量有较大影响。"活力28"的销售价格为每袋3.40元,"活力28新一代"的销售价格为每袋4.46元。由于收入水平存在差异,消费者对价格的承受力也不同,从而对产品的销售量也有很大程度的影响,这就启发企业应针对不同的消费对象制定合理的价格。

启示之四　同样价格看包装

价格的制定要依据产品的成本、本身的质量以及供求关系的变化。在市场上出售的洗衣粉中,"活力28"和"一枝花"价格相近。但从市场占有率看,"活力28"占37.5%,而"一枝花"只占7.10%。这种差异与商品的包装也有紧密的联系。

城镇居民对"活力28"包装满意的占65.55%,对"一枝花"包装满意的占47.90%。调查中,一些居民告诉我们,他们对"活力28"的包装很欣赏,包装不仅有袋装,而且还有适合不同消费心理的大小桶装,更加出色的是它具有里外两层防潮的特点。

结合以上启示,我们对日用消费品生产厂家提出如下建议:

一、以质量为中心狠抓广告宣传

在抓好质量的前提下,运用多种媒体广泛宣传,提高产品知名度。这里必须指出的是,产品的载体是企业,在提高产品知名度的同时,企业也应当利用多种形式、多种场合,如举办新闻发布会、赞助公益事业,来提高企业的知名度,树立企业的良好形象。

二、针对不同对象对同一产品实行两种包装

由于城乡之间的收入水平有差异,城镇居民有能力购买质量好且包装精美的产品,农村居民则更重视产品的内在质量,而不太关心包装。为此,生产厂可采取多种包装形式,即精装用于城镇,简装适用于农村。

三、根据不同地区的消费水平制定不同的价格

产品价格是影响产品销售的重要因素,价格的高低关系到企业销售收入的多少。

商品的市场价格往往受供求关系及消费水平的影响。其中,消费水平是由消费者对不同价格的承受能力来决定的。如,同一产品在沿海地区价格高一些,居民可以接受。而在内地价格偏高,居民就难以接受。因此,在销售过程中,可根据当地的消费水平,在确保赢利的前提下适当浮动价格。

(资料来源:谢雨德:《企业统计分析案例》,中国统计出版社1999年版)

讨论题

1. 有关洗衣粉市场的调查对企业产品的生产经营有什么意义和借鉴作用?
2. 试参照上述案例,以某种商品为对象,设计一份市场调查表(问卷表)。

第五章 市场购买行为分析

现代的市场是以"买方市场"为特征的,市场是消费者、购买能力和购买欲望的结合体,所谓市场购买行为分析就是对广义消费者的购买行为进行分析。研究市场购买行为必须研究广义消费者的心理基础、分析购买行为背后的意义,了解不同的购买者的行为模式及决策过程,只有这样才能真正促进市场营销活动的进行。本章首先区分不同的消费市场及其购买者行为的基础,并从普通消费者、生产商、中间商和政府、社团几个角度分析市场购买行为。

第一节 不同市场及购买者行为概述

在现代社会中市场营销活动是以消费者为导向的,但现实中存在着不同的市场和不同意义上的消费者,研究市场购买行为应该首先区分不同的市场,并在此基础上考察不同市场消费者的心理机制和购买取向。

一、不同的消费市场

研究消费市场首先必须明确界定什么是消费者,消费者就其最基本含义而言是指购买商品或服务的个人或团体。消费者有广义和狭义之分,狭义的消费者一般指购买终端产品或服务的个人或群体,广义的消费者除终端消费者外还包括生产者和中间商等通过生产、售卖牟利的群体,因为对于最终的生产、服务组织而言,无论是终端消费者还是生产者或中间商,都是其产品或服务的消费者,都在不断产生市场购买行为,本章所说的消费者是从广义的角度界定的,在此基础上依据不同的角度可以区分出不同购买市场。

1. 消费资料市场和生产资料市场

根据市场购买对象的性质,可以区分出消费资料市场和生产资料市场。消费资料是指具有一定使用价值的终端产品或服务,是被用来直接消耗以满足人们现实需要的东西,其基本特征是可以直接使用,并在消耗中实现价值。消费资料的购买者最基本的是个人或家庭,同时也包括政府、事业团体以及生产者或中间商,因为这些群体为达成自身的目标同样需要消耗消费资料,由个人(家庭)、团体和生产者、中间商对消费品的需求构成了消费资料市场。也称消费品市场或直接称为消费者市场。

生产资料是人们进行再生产的基础,包括土地、设备、原材料以及在现代社会中越来越显示其重要性的技术、信息等一系列要素,生产资料的基本特征在于其非终端性,不能直接作用于人们的现实生活,其价值体现在再生产过程中,它的主要购买者是生产者,生产者通过对各种要素的组合实现新的价值。由于生产者众多,对各类要素的不同需求就构成了生产资料市场。也称工业品市场或直接称为生产者市场。

2. 个体消费者、组织消费者、中间商、生产者市场

依据消费者的身份,可以区分出个体消费者、组织消费者、中间商和生产者市场。个体消费者(包括家庭)是指以满足个人(家庭)生活、学习等需要为指向的市场产品、服务的购买者。他们人数众多,要求纷繁复杂,是市场中绝大多数终端商品尤其是生活必需品的主要消费者,构成了最大的消费资料市场,它是市场体系的基础,是起决定作用的市场。

组织消费者从狭义角度来说一般是指政府、事业团体和其他类似的以群体为特征的单位消费者。单位消费者性质各异,他们也是终端商品或服务的主要对象,同样构成庞大的消费资料市场,不过,由于其市场购买行为主要为了实现其工作目标,因此其购买的对象与个体消费者略有不同,主要着重于公共用品和服务。

中间商是指专门通过转售商品或服务赚取差价而牟利的市场购买者,中间商并非典型的消费者,其市场行为的选择不是基于自身需要的考虑,而是依赖于其对自身所服务对象的需要的判断,由于信息掌握的不确定性和购买技术、环节的复杂性,普通消费者确实需要中间商的服务,由此也构成了庞大的中间商市场,也称为转卖者市场。

生产者是指为了组织再生产,创造新的产品(服务)和价值的购买者,组织生产需要各种要素,由此就构成了生产资料市场,也即所谓产业市场。

3. 其他不同的市场

除了依据购买对象的性质和购买者身份区分市场外,还可以根据不同的标准区分出不同的市场。如根据商品或服务的最终用途可以区分出终端消费资料市场和非终端消费资料市场;根据商品对消费者产生的不同作用,满足不同需求,可以区分出必需品市场、选择品市场和奢侈品市场;根据消费者的购买习惯可以区分出便利品市场、选购品市场和特殊品市场等。

二、市场购买行为的心理机制

依据不同的角度可以区分出不同的消费购买市场,由此形成个体(家庭)、组织、中间商和生产者等几大类购买者,由于性质不同,其购买行为的关注重点和市场购买行为同样

有所不同。市场购买行为就其表现形式而言不外乎买与不买、买多买少、买哪一种的产品、何时何地购买等几种选择,而作为购买行为主体的消费者,其购买选择取决于三个要素:严格意义上的刚性需求、购买能力以及消费心理机制。严格意义上的刚性需求是指保持生存需要的生活必需品的需求,这是消费者无可选择的购买需要;购买能力是指消费者实际消费能力,它受制于消费者的实际收入等因素,也是市场购买行为的物质前提。

刚性需求和购买能力对市场购买行为的意义主要在于确定买与不买这样相对简单的选择,但对于购买量和品质追求,以及购买时机的选择往往取决于消费者的购买心理机制,特别是现代社会属于提倡超前消费的时代,购买的数量、品质与购买时机都没有绝对的界限,因此消费心理机制就显得尤为重要。

消费者的购买心理机制是一个由消费者的认知心理、个性和群体心理、需要与动机等构成的体系,消费者正是从自身的个性和所归属的群体心理,依据对商品或服务的认知、结合自身的生理或心理需要,以及现实的购买能力做出购买选择的,在现代社会,消费心理是市场购买行为最主要的根源之一。

当然,由于市场购买行为的主体身份不同,其影响也有所不同,一般而言心理机制的影响对个体消费者影响较大,但对群体消费者如组织、生产者等同样有影响,因为群体购买决策往往也取决于组织中的领导者或实际使用者的个体选择,不过这种影响不如个体消费者那么明显。

1. 消费者认知心理

消费者购买商品的活动,首先是从对商品的认识开始的,这是购买活动的前提。消费者的认知心理活动是一个包括感觉、知觉、注意、记忆、思维和想象在内的逐渐递进的认识过程。

感觉是消费者认识商品的第一个阶段,消费者通过感觉了解到有关商品的外部表征,如颜色、气味、外形等,引起消费者对商品的初步兴趣及消费冲动;知觉是消费者对商品建立在感觉基础上的整体认识,使消费者对商品形成完整的印象,这是消费者今后实现购买的出发点;注意是指人的心理活动集中指向某一事物的过程,注意的形成能够促进消费者的购买选择;记忆是指过去的认识和经验在消费者头脑中的再现,记忆包括识记、保持、回忆和再认四个环节,记忆对消费者认识商品和实现购买有着非常重要的作用,尤其是对商品的忠诚、信赖以及重复购买行为,记忆作用明显;思维是对感觉、知觉等感性材料的综合判断、推理和概括,通过思维消费者完成对商品的全面认识,这是形成消费购买的现实基础;想象是对原有感性材料进行加工改造形成新形象的过程,消费者通过想象可以拓展对商品的认识,派生出新的价值,对消费者的购买冲动起到引导作用。

依靠感觉、知觉、注意、记忆、思维和想象等一系列心理活动,消费者完成了对商品的由浅入深的认识,其中的每一个环节都可能在消费者的购买选择中起到决定性的作用。当然,消费者的心理认知活动同时还伴随着情绪情感和意志活动,两者同样也对消费选择起到推波助澜的作用。

2. 消费者个性心理与群体心理

消费者的市场购买行为及其选择还取决于消费者自身的个性以及其所从属的群体的共同心理。

(1) 消费者个性心理。消费者的个性心理主要包括气质和性格两个方面。气质是指一个人比较典型、稳定的心理活动的动力特征，如心理活动的强度、速度、灵活性等，气质一般分为多血质、胆汁质、黏液质、抑郁质四种。

多血质、胆汁质的消费者的消费取向相对感性化，表现积极、主动、活跃，会积极提出问题并寻求解答，也容易听取别人的意见。多血质的人富于联想，购买行为中感情色彩较浓，但兴趣转移较快。胆汁质的人喜欢凭自己的兴趣和好恶行事，求新颖、赶时髦，容易受别人宣传的影响而即兴购买，但购买后也常常容易后悔。黏液质、抑郁质的消费者的消费取向相对比较理性化，他们比较相信自己的判断，不易受外界宣传影响，能够在冷静分析的基础上做出慎重的购买选择。

性格是人对客观世界和事物的态度和行为方式中所表现的稳定倾向，是个人的个性风格的集中体现。人的性格一般分为外向型和内向型两类，外向型消费者的消费观念比较积极，愿意尝试新的东西，购买行为比较冲动，购买情绪比较乐观，消费决策比较果断、迅速；内向型的消费者的消费观念相对保守、消极，购买行为比较冷静，购买情绪忧郁，消费决策迟疑、犹豫，有时显得摇摆不定，容易受外界影响。

(2) 消费者群体心理。消费者的群体心理是指在年龄、性别、地域和社会经历等方面有着类似属性的社会群体成员在彼此接触和互动过程中相互影响与学习，形成比较相近的消费观念、态度和行为。例如，不同年龄消费者的消费观念就有明显的不同，年轻人往往追求新颖、时尚，情感上容易冲动，购买行为中感性成分比较多；中年人由于承担着家庭中主要经济负担者的角色，其消费观念更趋向购买实用性、便利性的商品，购买行为中理性成分更多；老年人的消费观念受传统消费影响，则更强调购买的习惯性和低廉的价格。

消费者的购买行为受其所归属的群体心理的制约，任何消费者都生活在其特定的社会群体中，在购买商品时或多或少会受到群体消费心理的影响，这是因为，一方面个体消费心理的产生本来就是源自群体心理，个人是在群体中成长的，群体心理及行为选择给个体心理打下深刻的烙印；另一方面，个人的购买行为还受到群体评价的压力，个人的购买选择一般会尽可能符合其所归属的群体的规范，以避免遭受负面评价而不融于既定的社会群体。

3. 消费者的需要与动机

消费者的需要和动机是决定购买行为的根本因素，消费者对商品的认知及消费心理影响的主要是消费习惯与选择，而需要和动机则决定了更为根本的消费决策。

需要是指行为主体在某些方面的不足和缺失，消费者需要是指消费者在生理、心理和社会方面的匮乏状态。人的一生有着各种不同的缺乏，如维持生存就有基本的食物、衣服、居住等需要，而要提升社会地位就有更时尚的衣饰、珍宝等奢侈品的需要，消费者购买商品、接受服务，本质上都是满足其不同层次的需要。

为了实现自身的需要,就形成了欲望,欲望是人们满足需要的现实表现形式,而欲望与一定的购买能力结合就构成了现实的需求。需求是市场购买行为发生的根本原因,没有需求就没有市场购买行为,需求的多寡又决定了市场购买的不同表现。

动机是指人们在需要、欲望的激发和既定目标驱使下的一种内在行为过程。动机与需要既有区别又有联系,需要是动机的前提,消费者的购买动机取决于其所要满足的各种需要。不过,需要只是一种现实状态,并不必然触发动机,只有当消费者积累了一定的需要并在外界刺激下才有可能引发购物动机。而且需要只是为行为提供总的方向,并不锁定方向和指明实现的路径,消费者的购买选择一般是以动机为基础的,例如消费者解决饥饿问题,进食是基本需要,但其选择吃饭还是吃面包往往取决于个人动机。消费者的购买动机是市场购买行为尤其是具体的购买形式的基点,分析消费者购买动机是研究市场购买行为的出发点之一。

三、不同购买者的行为特征

就市场购买行为的主体而言,可以分为普通消费者,组织消费者、中间商、生产者等几大类,从广义的角度上说,他们都是市场产品或服务提供者的消费者,依据于不同的购买需要和不同的消费心理机制,其购买行为特征也有所不同,主要表现为以下几个方面。

1. 购买动机不同

市场购买行为主体的不同决定了购买行为者的用途不同,普通消费者和一般意义的组织消费者购买商品或服务是为了满足自身现实的需要,其中个人或家庭是为了自用,而组织消费者是为了达成良好工作条件,使工作目标或公共目的能够顺畅地贯彻。中间商和生产者购买广义上的商品或服务是为了借以牟利,商品或服务本身并非其现实需要,其中中间商购买物品是为了转售,生产者购买物品是为了聚合要素,组织再生产,创造新的价值。

市场购买行为者购物用途的不同决定了其购买动机的不同,其中普通消费者和一般组织消费者的动机在于解决自身的问题,中间商和生产者的购买动机则在于将商品或服务当做工具获取商品本身以外的利益。

2. 购买选择制约机制不同

正因为不同市场购买主体的购买动机不同,造成了购买选择的制约机制的不同,从选购商品的评价方式上讲,普通消费者由于将产品或服务自用,其对商品的评价是基于是否能够满足其自身生理或心理的需要,即是否物尽所用,他们的判断往往以自身的认识或相近社会群体的普遍认同作为标准,因此,个人的个性心理及社会认同成为约束个体消费的重要条件。一般的组织消费者由于购买物品主要也是自用,因此同样注重商品的实际效用,不同的是组织是用"公款"实现购买,除非是炫耀式的消费,组织必须考虑社会的压力,所以,组织购买行为的评价方式往往体现在是否符合自身的社会形象和被社会公众认可的基础上。中间商和生产者购买选择的评价方式则不同,由于两者最终的目的是为了牟利,他们实际上并不关注商品的效用,而是关注商品效用所体现的价值与成本间的差距,所以,中间商和生产者购买行为更为理性,其选购商品的评价标准是能否创造更高的利润。商品购买的评价方式不同决定了市场购买选择的理解不同,"好的、有用的"产品或服务,未必能够得到所有消费者的一致认同。

从购买行为的责任承担看,不同的消费者也有所不同。普通个体或家庭消费者,其购买者身份与购买款项的拥有者身份是合一的,在购买商品的同时就承担着相应的支付,以及可能带来不良后果的责任,撇除支付能力,没有其他的忧虑,因此普通消费者的购买选择主要来自自身。组织型消费者、中间商和生产者本质上都是群体消费,其购买者身份与购买款项的拥有者身份往往是分离的,这表现在实际购买人与实际决策者的分离和实际决策者与所有权的分离,这种分离使群体购买的制约因素更为复杂,购买更为慎重,因为一旦造成不良后果谁也不愿意承担责任。因此普通消费者购买观念往往"是我需要的、我喜欢的和适合我的",而群体消费者则更趋近于"我们需要的和不会出问题的"。

3. 对商品购买价格的敏感度不同

市场购买行为中价格因素通常是最为主要的考虑因素,不同的购买主体在此问题上也有所不同。普通消费者对价格最为敏感,商品价格稍微有所不同或变动,就可能导致购买行为发生变化,因为普通消费者是真正意义上的终端消费,其购买行为首先基于自己的可自行支配的收入水平,不同的收入有不同的购买意愿和层次,价格的变化必然引起购买行为的变化。

组织型消费者与中间商、生产者虽然也重视价格因素,但对其敏感性相对而言不如普通消费者,其中组织型消费者与后两者又有不同,政府、事业团体等组织型消费者依赖的是财政资金保证,在选购商品时首先考虑的是符合组织的公众形象,然后才是价格合适与否;而中间商和生产者当然希望价格越低越好,但由于其本身是通过生产或转售来实现利润的,价格的变化能够在动态中找到平衡,因此对于价格的敏感度也不会像普通消费者那么感同身受。

第二节 消费者购买行为分析

市场购买行为的主体既有用于自身用途的狭义消费者,也有为从事牟利活动而购买的广义消费者,其市场购买行为无论在购买特征,还是在购买行为模式或决策方面都存在不同,本节首先考察普通终端消费者的购买行为。

一、消费者市场的含义和特点

普通终端消费者的购买行为有其自身独特之处,要了解普通消费者的购买行为必须先明确消费者市场的含义及其特征。

1. 消费者市场的含义

消费者市场也可称作消费资料市场、生活资料市场或消费品市场。所谓消费者在这里单指普通的、以个人或家庭为基本单位的终端产品或服务的购买者,他们购买商品是为了满足自身未能满足的实际需要,解决个人或家庭实际存在的问题。在现实社会中,个人或家庭购买占据了整个市场购买行为的绝大多数,而以个人或家庭的需要形成的商品购买市场就是典型意义的消费者市场。

2. 消费者市场的特征

与其他市场相比,消费者市场的特征主要表现为以下几个方面:

(1) 消费者数量众多。每一个人或家庭就是一个购买单位,由此形成了一个广阔无垠的市场。

(2) 购买量少而频繁。由于个体消费者单位成员数量少并且购买用途在于自身实际需要,受收入和实际需要的影响,消费者市场的购买表现一般是购买的数量较少并且购买频繁,重复性比较强。

(3) 商品品种多而杂。消费者市场是终端产品市场,需要满足的是消费者从工作、学习到生活的所有方面的需要,既有耐用品又有非耐用品,既有便利品又有选购品,既有普通消费品又有奢侈品,因此消费者市场商品品种涉及各种门类,包罗万象无所不有。

(4) 消费者市场是最终市场。消费者购买的商品直接进入消费过程,对消费者个人及其家庭的基本生活、身心健康等方面产生直接的影响。

二、消费者购买行为的含义、特征及类型

在现代市场中,普通的终端的消费者的购买行为有其自身的含义、特征,并且具有不同的类型。

1. 消费者购买行为的含义

消费者购买行为是指人们为了满足个人或家庭的生活需要,购买产品或服务时所表现出来的包括购买选择、决策等在内的各种行为。购买行为的形成是一个包含着感性和理性因素复杂交织的过程,是人类社会活动最基本的行为方式之一。

2. 消费者购买行为的特征

消费者购买行为特征很多,概括起来表现在以下几个方面:

(1) 消费者购买行为与其心理现象相联系。消费者的购买行为是消费心理的外在表现,消费者的心理特征和心理活动过程一定程度上决定了购买行为及其具体购买方式。

(2) 消费者购买行为具有非营利性。消费者购买商品属于自用性质,没有转售牟利方面的考量,对购买选择的评价着重商品本身与实际需要间的契合度。

(3) 消费者购买行为具有复杂性和多变性。由于消费者个体差异及收入水平等客观因素的差异,在一定的外界环境和发展阶段中,消费者购买行为会显出层次、偏好等的不

同,即使是同一境况下,由于消费者的购买是一个动态过程,也会产生出明显的差异。同时,作为个体消费者,其购买行为中的非理性因素作用导致了大量冲动性购买行为,因此消费者的购买行为显得复杂和多变。

(4) 消费者购买行为具有可诱导性。消费者往往没有与所购商品对应的专业知识,大多数购买者对商品缺乏认识,对商品各方面信息的掌握也不够全面,通常只停留在商品外观方面的认识之上,这就容易受到商家广告、促销等活动的影响,通过诱导性的宣传手段,往往可以使普通消费者购买热情和购买潜力瞬间得以极大提升。

(5) 消费者购买行为具有流行性和便捷性。由于生活节奏的加快和媒体推广、引导的作用,消费者购买商品普遍缺乏深思熟虑,也不愿意花时间在选购上,为使自己不至于显得落伍,喜欢跟着社会热潮走,选择商品强调流行和时尚。

3. 消费者购买行为的类型

在购买过程中,每个消费者的购买行为都有所不同,但按照不同的角度加以归类,消费者的购买行为还是可以归为如下几个不同的类型。

(1) 根据消费者购买目标的选定程度划分。根据消费者购买目标的选定程度,可以将消费者购买类型分为确定型、半确定型和不确定型购买。确定型购买是指消费者已经有明确购买目标,对商品各参考要素了然于心,不需要他人参谋就能够完成购买;半确定型购买是指消费者有了大致目标,但具体要求不甚明确,需要向他人询问方能实现购买;不确定型购买是指消费者只是逛逛商店,并没有明确的需求和购买目标,是否购买需要看购物气氛和消费者当下的心态。

(2) 根据消费者购买态度和要求划分。根据消费者购买态度和要求,可以将消费者购买类型分为习惯型、理智型、经济型、冲动型、感情型、疑虑型和随意型购买。习惯型购买是指消费者依据以往消费经验和消费习惯采取的购买行为,是他们长期购买某一品牌商品或光顾某一商场形成的消费定式造成的;理智型购买是指消费者比较谨慎,购买商品时广泛收集信息,不受外界信息左右,反复观察、比较、分析,权衡利弊;经济型购买是指消费者对价格比较敏感的购买行为,这类消费者走两个极端,要么价格越便宜越好,要么越贵越好;冲动型购买是指消费者对商品了解不够,自我判断能力又较差,容易受商品外观、广告、推销人员影响而产生的购买行为,并且容易反悔;感情型购买是指消费者情感丰富,喜欢联想,易受商品某一特性诱惑而产生购买行为;疑虑型购买是指消费者优柔寡断,犹豫不决,即使购买后还会疑心上当的购买行为;随意型购买则是指消费者缺乏主见,希望别人帮助拿主意,或者随大流购买自己需要或不甚需要的商品的购买。

(3) 根据消费者行为的复杂程度和商品本身的差异划分。根据购买行为的复杂程度及商品本身的差异,可以将消费者购买类型分为复杂型、选择型、简单型和习惯型购买。复杂型购买是指对于价格较昂贵、技术含量高的大件耐用消费品,消费者需要了解更多资讯,谨慎地做出购买选择;选择型购买是指消费者了解了商品的情况,只需挑选合适的品牌、价格等要素的购买;简单型购买是指尽管消费者对商品不了解,但鉴于商品本身低值易耗,抱着"试用"心态的购买;习惯型购买是指消费者对某些低值商品熟门熟路,习惯性地重复购买。

三、消费者购买行为的模式、过程与决策

消费者的购买行为是一个过程,在购买行为方式上表现出一定的行为模式,而购买决策则是消费者购买行为的核心内容。

1. 消费者购买行为模式

由于购买动机、消费观念和方式的不同,各个消费者的购买行为也各有差异,但仍然存在着某种规律性的特征,表现为相类似的购买行为模式。消费者购买行为模式有各种说法,比较常见的是霍华德——谢思模式(如图5-1)。

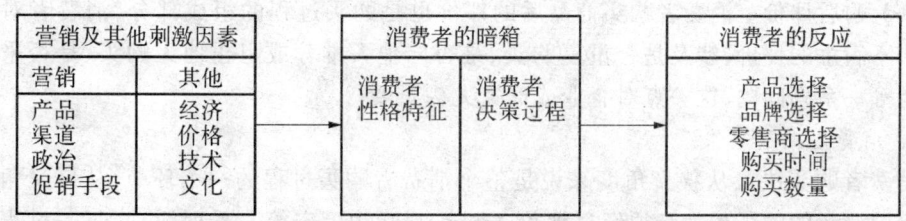

图5-1 消费者购买行为模式

上述刺激——反应模式表明,所有购买行为均由刺激引起的,这种刺激既可能来自社会经济、政治、文化、科技及市场营销策略等外界因素,也可能来自消费者内部生理或心理因素。消费者在各种刺激共同作用下,经过复杂的心理过程产生购买动机并进一步演化为购买决策和购买行为,而复杂的心理过程是消费者内部自我完成的,因此称为消费者"暗箱",即购买行为本质上是消费者暗箱操作的结果。

消费者购买行为模式为企业或商家的市场营销计划和策略提供了依据,市场营销和其他刺激能够推动或改变消费者做出购买决策和购买行为,营销人员应该寻找适当的刺激因素,促使消费者做出有利于本企业的购买行为。

2. 消费者购买行为过程

消费者购买行为的过程表现为两个方面,一方面是心理行为过程,主要表现为三个阶段,即对商品由感性到理性的认知过程,由喜欢到偏好的情绪过程和由做出购买决定到努力实现购买的意志过程。

另一方面,购买心理行为过程的外显就是现实的购买行为过程,也称为购买程序。消费者的购买程序可以分为五个阶段:确定需要、收集信息、评价方案、购买决策和购后评价。

(1)确定需要。确定需要是消费购买决策的起点,消费者依据某种刺激而产生了消费的需要,这种刺激源于消费者现实与理想状态的不平衡或差异性,消费需要可以是内部生理或心理的缺乏引发,也可以是外部环境的刺激。

(2)收集信息。消费者一旦产生了消费需要,就会着手收集有关产品或服务的信息,

信息可以从实地观察、广告宣传、别人介绍等方面获得,消费者要知道的是如何评价商品、选择什么品牌、什么样方式购买商品为好、风险如何控制等一系列问题。

(3) 评价方案。收集了足够的信息后,消费者就要根据自身喜好、购买能力和商品效用对所能够提供的商品进行分析、评估和筛选,剔除某些不信任或不适宜的商品类型或品牌,缩小选择的范围,然后进一步对余下的备选商品进行质量、价格方面的比较,从而确定适合自己购买能力又最令人满意的商品。

(4) 购买决策。消费者进行了评价和选择后就形成了购买意图,如果没有其他因素影响就会操作购买事宜,消费者在这一步要确定:到哪里购买?购买多少?何时购买?购买什么品种、款式?怎样支付?当然,购买意图不等于实际购买,如果消费者本身出现意外事故或者遭受别人评价的影响,也会使购买决策中断。

(5) 购后评价。消费者购买商品后的评价也是购买过程的组成部分,消费者对商品满意和不满意的评价,涉及是否重复购买、是否向他人推荐或阻止他人购买、是否采取投诉行为等一系列问题,这一点对企业或商家尤为重要。

3. 消费者购买决策

消费者购买决策从狭义角度来说是整个消费者购买过程的一个环节,从广义角度来说由于消费者的购买行为必须经过评价、选择、判断和确定等一系列活动,每一过程都需要做出决定,因此消费者的决策及过程就涵盖了整个购买行为过程。购买决策在消费者购买行为中居于核心地位,购买决策的进行决定了购买行为是否发生,购买决策的内容决定了购买行为的方式方法,购买决策的质量决定了购买行为的效用。

消费者购买决策与其他决策活动不同,具有决策主体单一性、决策范围有限性和影响因素复杂性等特点,决策的内容主要包括为什么需要买、买什么商品、买多还是买少、什么时候来买、到哪里去买、怎样去买等诸多问题,解决这些问题就意味着消费者购买行为的达成,因此分析消费者购买行为,推动市场营销活动尤其要关注消费者的购买决策。

四、影响消费者购买行为的因素

消费者购买行为无论在购买意图阶段,还是在实际购买阶段,都会受到各种因素的影响和干扰,各种影响因素按照菲利普·科特勒等的分类可以概括为文化、社会、个人和心理特征四个方面(如图5-2)

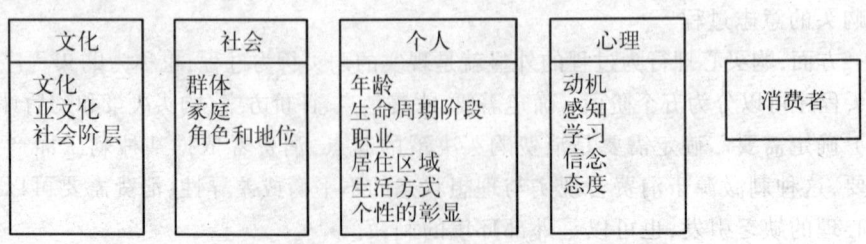

图5-2 科特勒影响消费者购买行为的因素

1. 文化因素

文化是一个人需要和行为的重要动因，每个人的行为都是从学习中得来，其成长过程必然接受不同文化中的价值观、需要和行为方式的熏陶，这就决定了文化背景不同必然影响到其购买行为的选择。

亚文化是包含于文化之内的较小文化，是一群具有共同生活状态和价值体系的人，其因为持有共同的价值观念、生活习俗和行为方式，构成一个相对稳定的群体。亚文化包括国籍、宗教、种族和地理区域等几种，对消费者购买行为产生影响，例如不同宗教对着装就有不同的看法，不同的区域会对饮食口味有不同的选择。

社会阶层是指根据职业、收入、教育和居住区域等对人们的社会身份进行的一种分类，类型相同的消费者往往在价值观念、兴趣爱好及对事物的看法等方面也趋于一致，在购买行为中也体现出相类似的偏好，而不同的社会阶层，其购物选择则会明显地不同。

2. 社会因素

消费者购买行为还会受到群体、家庭、角色和地位的影响。现实生活中每一个人都身处一定的群体之中，由于每一个消费者都希望为自己生活于其中的群体所认同，在购买选择时不免受到相关群体的影响，诸如亲戚朋友、同行同事、邻居乡亲等的看法，或多或少会影响到消费者购买态度、购买心情、购买方式。

家庭是影响购买行为的重要因素，从纵向说父母的购买行为及态度会影响到子女，子女长大后又会将这种影响力传承下去，从横向说配偶间的购买行为和态度也会相互影响，例如夫妻俩一个节约一个奢侈，除非婚姻走向解体，一般购买行为会向对方靠拢。

角色和地位也会影响购买选择，每一个消费者在社会这个大舞台上，均扮演着不同的角色和不同的地位，这会使其在购买选择倾向于符合自己的角色和地位，例如作为一个单位的领导者，为了注意自己的形象，就不能衣着过于寒酸或出挑，尽管其可能并不介意穿着。

3. 个人因素

影响消费者购买行为的因素还包括年龄、生命周期阶段、职业、城市化和生活方式等个人因素。不同年龄层次的消费者购买观念不同，年轻人所喜爱的商品和购买方式未必为老年人接受，反之亦然；不同的生命周期阶段消费者的购买特征也有所不同，例如未婚和已婚的消费者购物取向就不同，前者只要考虑自己，后者还要顾及家庭。不同的职业以及职业稳定性也影响消费者购买抉择，工人和管理人员在衣着选购上就会不同，而对职业稳定性的忧虑则会使消费者做出收紧腰包的选择；住在乡村还是城市自然影响人们的购买行为，作为一个城市人为使自己保持体面，有时必须做出不必要的购买行为；对生活方式的追求和个性的彰显，同样影响消费者购买行为，积极与消极、紧张与率性的不同生活方式，以及个性张扬与否都会导致不同的消费观念和消费选择，会使消费者即使在面对同一商品时也产生不同的购买感受。

4. 心理因素

心理因素是影响消费者购买行为的内在要素,包括动机、感知、学习、信念和态度等方面。动机是购买行为发生的基础,不同的动机对购买需求的紧迫感、购买行为的方式产生重要影响;感知是人们为了形成对对象有意义的认识而选择、整理和理解信息的过程,感知有三个过程:选择性注意、选择性曲解和选择性保留,这种选择性使消费者在购买过程中体现出明显的区别;学习提升了个人的经验,而这会使购买者的行为改变;信念是人们对某个事物所持的描述性想法,而态度是对其在认识上的评价和行为上的意向,消费者一旦对某种商品或服务形成信念和态度,就会在购买行为中表现出来,尽管这种信念和态度所支持的行为可能并不具有相对应的价值。

第三节 生产者购买行为分析

生产与消费是相互联系的,也是相对应的概念,生产同时也意味着消费,从广义的角度审视,生产者同时也是消费者,同样要进行市场购买,不过生产者的市场购买行为与普通消费者不同,其购买过程、特征和影响因素也有所不同。

一、生产者市场的含义和特点

要了解和分析生产者的市场购买行为,首先了解生产者、生产者市场的概念及特点。

1. 生产者市场的含义

所谓生产者是指通过组织生产,将原材料或半成品组合形成有效商品,创造出新的价值的群体。生产者需要购买产品和服务,并用于生产其他产品或服务以供销售或出租,这种需要构成了生产者市场。生产者市场又称为生产资料市场、产业市场或工业品市场等,它通常由所涉及的农业、林业、牧业、渔业、采矿业、制造业、建筑业、运输业、公用事业、通讯业、银行金融业、保险业和服务业等产业构成。

2. 生产者市场的特点

生产者市场的特点,概括起来有以下几个方面。

(1) 购买者数量较少,购买规模较大,购买次数少。生产者本身属于群体,其购买属于群体消费,生产者的数量较普通消费者市场的消费者要少许多,中国有几百万家生产企业,却有着超过十三亿的普通消费者。但是,生产者的购买规模却远较消费者大,例如购买汽车轮胎,普通消费者只购买一个两个,而生产者购买则是成千上万,并且生产者购买相对更有计划性,每次的采购量都十分巨大,减少了购买次数。

(2) 购买者地域上相对集中。普通消费者是遍布各地的,而生产者则相对集中,由于各地对某些产业的支持,往往在某地形成特定的产业基地,因此也形成具有特色的生产者市场。

（3）直接销售和密切的客户关系。生产者的购买量比较大，除了自用的终端消费品，一般不通过中间商进行购买，而是直接向所需购买产品或服务的供应商购买，这样一方面能够降低成本，增强竞争力，另一方面能够享受供应商更为周到的售前和售后服务。同时，直接销售加强了供需双方的密切沟通和联系，使供应商能够服务到位，为建立长期的供求关系提供良好的基础。

（4）专业化购买。生产者购买量大，而且购买的大部分系生产资料，对品种、规格要求更为严格，因此生产者市场购买更为专业化，采购过程一般由经过专门知识培训的专业人员或采购代理商负责，他们有规范的采购标准，不大受广告、宣传等因素影响，这就避免了普通消费者购买中凭喜好购买的随意性。

（5）派生性需求和需求波动。生产者市场购买行为本质上是第二位的购买行为，生产者购买生产资料归根到底是为了生产消费产品，最终出售给消费者以牟利，因此生产者的需求是消费者需求派生的，没有消费需求就没有生产需求，也就没有生产者市场及其购买行为。消费需求制约着生产需求，消费的变化直接影响生产的变化，消费者市场的波动必然引起生产者市场的波动，而且依据经济学上所谓"加速原理"，生产者市场的需求波动远较消费者市场波动为大，这是生产者抢占市场份额、牟取利益最大化的本性所决定的。

（6）市场需求缺乏弹性。生产者市场的需求受价格变化的影响不大，也不大受广告宣传等的影响，因此其需求缺乏弹性，这是因为生产者市场购买行为属于理性购买，购买决策过程复杂，诸多因素均在考虑之内，而且生产者市场购买量大，生产者通常具有一定的存量储备，短期内的价格变化影响不像消费者的刚性需求那么明显，生产者可以在价格上扬时动用储备，在价格下跌时补货，以达成动态的平衡。

（7）租赁现象。生产者市场还具有其特有的租赁现象，对于价格昂贵又不是每日所需的大型设备等生产资料，生产者还可以通过支付一定的使用费的方式予以租赁，租借可以使生产者节省下大量资金，同时也提高了设备的使用频率，这是一般消费者市场所没有的。

二、生产者的购买类型和购买行为过程

生产者的市场购买行为具有不同的类型，购买行为表现为一个由购买决策为主导的复杂过程，相对于消费者购买过程，生产者的购买行为过程更为繁复。

1. 生产者购买行为类型

生产者的购买行为大致可以分为三个类型：直接重购、修正重购和新购。

直接重购是指企业的采购部门根据过去的购买经验，从原有的供应商名单中选择供货单位，并且直接重新订购以前采购过的同类产品的购买行为。直接重购属于惯性决策购买，购买的前提是产品生产没有大的变化与波动。直接重购的长处在于：第一，购买程

序比较简单,省去了繁复的评价、认证过程;第二,保持与供应商长期的稳定关系有利于降低购买成本。

修正重购是指企业采购部门在修改原先所购产品的设计、性能、规格或其他购买条件的情况下再进行的购买,也指企业采购部门为了降低成本,加大供应商的竞争强度,通过改变某些采购条件从而扩大供应商范围的再购买行为。修正重购是生产者市场购买最常见的表现方式,它的前提是对采购标准、条件的改变,修正重购增加了供需双方的决策难度,双方都需要投入更多的人员参与。修正重购的好处在于:第一,使生产者的需求更适应消费者市场的需求;第二,拓展了供应商范围,促进了竞争,生产者的购买选择范围更大;第三,促使原有的供应商提高服务意识和服务质量,争取顾客满意,以维持市场份额。

新购是指生产者因为新的生产需要而首次购买某种产品。新购是最为复杂的购买类型,由于以前没有购买过这种产品,生产者对该类产品不熟悉,对供应商的情况也不够了解,其购买成本和购买风险都较重复购买要大许多,因此新购的决策过程最为复杂,决策时间长环节多,参与决策和咨询的人员也最多,生产者需要收集广泛的信息,找寻合格的供应商,进行专家评议,组织专门的采购队伍,最终形成购买决策。新购对于供应商及其营销人员来说既是机遇也是挑战,如果能够接触并影响新购的关键性决策人员,提供有用的信息和帮助,则对供应商的市场拓展极有裨益。

2. 生产者购买行为决策及过程

生产者市场购买行为比较复杂,参与人员也比较多,但生产者购买行为过程以购买决策为先导,购买决策过程实质上就体现了购买过程,生产者购买决策过程遵循一定的程式。

(1) 生产者购买决策的参与者。生产者购买决策一般是集体决策,很少有一个人说了算的,购买决策参与人员比较多,特别是对于重大的购买决策,往往会由不同部门的人员组成购买中心,各自扮演不同的角色共同参与购买决策,这些人员包括:

发起者,即提出购买建议的人员,通常也是该产品或服务的直接使用者,使用者和发起人是对购买决策最为关心的人。

决策者,即做出最终购买决定的人,决策者一般是生产企业的领导者,但对于重大的决策也可能采用购买委员会的模式,由购买委员会拍板决定购买与否。与此相关的还有批准者,即有权批准购买行为的人,一般情况下他与决策者是合一的,但也有相分离的情况,例如总经理之与董事会或董事长。

影响者,即直接或间接影响购买决策的人,从生产者内部来说,他们通常是企业的工程技术人员,通过提供专业化建议影响购买决策;从外部来说,由于人情关系的因素,与供应商和决策者同时有关的人员也可能成为购买决策的影响者。

购买者,即购买活动的实际操作者,通常是企业采购部门人员,他们执行选择供应商、交易谈判和下订单的任务。

控制者,即主要负责企业信息流向的人,包括代理商、秘书等人员,他们能够推动或阻止供求双方的沟通、交易进程。

以上这些购买决策的参与者在购买决策中分别扮演了不同的角色,有的甚至同时扮演着不同角色,各个角色的作用共同推动了生产者的市场购买决策。

(2) 生产者购买决策过程。生产者购买行为或购买决策完整的过程表现为八个阶段,这八个阶段主要体现在新购方面,对于直接重购和修正重购可能会省去其中的某些环节。

第一,问题识别。是指生产者认识到需要购买某个产品,来解决自身存在的某个问题或某种需要的满足。

第二,确认需要。是指生产者对需要的总体性描述,对于比较复杂的产品购买,生产者必须确定产品的总体特征和数量,并根据使用者和技术人员意见描述其详细要求。

第三,说明需要。是指决定所需购买产品的详尽的技术及性能规格,写出详细的产品技术规格说明书,以作为购买决策的依据。

第四,物色供应商。是指生产者依据产品规格,寻找能够满足其购买条件的一系列备选供应商的过程,这是非常关键的阶段,市场供应商很多,但要找到理想的供应商并非易事,企业应该投入更多的人力和精力,通过各种途径寻找、考察,在充分评估和谈判的基础上确定供应商名单备选。

第五,征求供应建议书。是指企业向备选的供应商提出供货邀请,要求供应商以口头或书面的形式(重大采购一般以书面为准)向购买者提供供货建议,包括产品的价格、规格、服务、交易方式等内容,实质上是一份营销文件,购买者在此基础上来确定究竟选择哪一个供应商。

第六,选择供应商。是指购买者通过对供应建议书的分析、评估,对供应商进行挑选和排序,并对个别比较中意的供应商进行再谈判,修正其供应建议,最终选定一个或几个供应商。

第七,签订合同。是指生产者与选定的供应商签署合约,列明订货的具体细则,如购买数量、价格、技术规格、交货时间、付款方式、退货条件、纠纷处理方式等。

第八,绩效评估。是指生产者对供应商供货的效用的评估,是尔后重新购买的依据。

三、影响生产者购买行为的因素

生产者购买行为比一般消费者购买行为复杂,在购买过程中存在着多种影响因素,主要包括环境因素、组织因素、人际关系因素和个人因素四大方面。

1. 环境因素

环境因素是指生产者所面临的外部环境因素,主要包括消费需求水平、供给状况、经济前景、货币成本、市场竞争程度和技术革新速度等方面,其中消费需求水平和供给状况影响生产者的购买能力,经济前景制约生产者的购买热情,货币成本和市场竞争程度影响生产者投资兴趣并间接影响购买能力,而技术革新速度则促进或阻止生产产品的更新换代,同样影响生产者购买行为。

2. 组织因素

组织因素是指生产者本身的营销目标、采购政策、工作程序、组织结构、管理体制等构成的因素,它对生产者购买行为同样形成影响,其中营销目标和采购政策直接影响生产者购买数量,而工作程序、组织结构、管理体制等则会影响购买决策的正确性和决策效率。

3. 人际关系因素

人际关系因素包括内部和外在两个部分,就内部而言,由于购买行为的参与者众多,发起者、决策者、影响者、购买者和控制者都在其中起到作用,而他们间的职权、资历、说服能力以及彼此的关系紧密度都或多或少影响购买决策;就外在而言,生产者购买决策还要受到供应商、代理商和熟人关系的影响。

4. 个人因素

个人因素是指每个参与购买决策和行为的人都有自己的直觉、动机、偏好和特定的人际关系,这些因素源于自身的年龄、教育、经验等,对个人认识的执著往往使决策参与者将之带入购买决策过程本身,从而影响到购买决策的正确性与稳定性。

第四节 中间商、政府和社团市场购买行为分析

普通消费者和生产者是市场购买行为的主体,但中间商、政府和社团同样是市场购买行为的主体,与生产者一样,中间商、政府和社团本质上属于组织型购买者,分析其市场购买行为是研究整个市场购买行为的重要组成部分。

一、中间商市场购买行为及分析

中间商是生产者与终端消费者之间的桥梁,它通过转售商品的方式将消费者与生产者联系起来,中间商的市场购买行为同时具有生产者和消费者的部分购买属性。

1. 中间商市场的含义及分类

所谓中间商是商品流通领域中承担各种不同商业职能的商业企业及个体商人的总称。中间商是以赢利为目标的社会组织,其赢利方式是通过售卖生产者的商品,为了达成目的,中间商需要批量购买商品,而中间商的购买及其行为就构成了中间商市场,也称为转卖者市场。

中间商一般可以分为两大类:一类是将所购产品或服务转售给零售企业或组织型购买者的批发商,包括经销批发商、代理批发商或销售办事处等;另一类是将产品或服务售给终端消费者的零售商,包括专业商店、传统百货商店、综合性购物中心、连锁经营超市和个体经营商店等。

批发商与零售商购买行为共同的特征是:第一,两者都以转售商品来获取利润,他们

的购买需求是由此派生的;第二,两者贴近消费者,市场需求的灵敏度比较高,善于发现商机,购买转移较快,一定程度上也能够引导生产者的生产和购买;第三,购买产品或服务确定性不强,购买品种繁多,购买程序复杂;第四,比较注重规避风险。

批发商与零售商购买行为也有不同,批发商购买规模较大,购买对象比较稳定,购买频率较均衡也较注重购买时机,购买者经验相对丰富,专业知识强也比较理性。零售商购买次数多、品种多、数量小,注重商品的季节性,比较关注商品的特色,对商品的包装尤其重视,对生产者提供的促销、广告手段等也比较关注。

2. 中间商的购买行为及其影响因素

中间商的购买行为与生产者的购买行为比较类似,但又有其自身特色,而且中间商的购买行为也会受到各种因素的影响。

(1) 中间商购买行为的参与者。中间商购买属于组织型购买,一般由不同的人参与购买决策,参与人数的多寡取决于中间商的性质,如果是小型商店,店主一人就可以决定,而批发商、大型商店或连锁商店则会组成专门的采购部门,人员包括商业企业领导者、商品经理、分店经理和采购委员会等。

(2) 中间商购买行为过程。中间商购买行为过程与生产者购买过程相类似,也是一个由识别需要到物色供应商,再到购买决策及绩效评估的过程,概括起来可以简化为四个阶段。第一,市场定位阶段。中间商与生产者不同,它属于属地化的企业,居于一定的区域之内,需要根据商场特点和所在地消费者需要,确定自己售卖什么样层次、品位的商品和什么品种、规格的商品。第二,供应商物色阶段。中间商售卖的商品门类多,即使同类产品也可以同时售卖多种品牌,此阶段的任务是收集各种资料及供应商信息,发出多种供货建议书,挖掘有市场潜力的商品及其供应商。第三,谈判购买阶段。由于需购商品繁多,艰苦的谈判不可或缺,而且中间商由于占据渠道而带来的地位提升,在购买价格及支付方式上越来越具有主动权,售后、滞期付款方式风行,也增加了谈判的难度。第四,购买绩效评估阶段。这是中间商非常重视的阶段,它能够根据售卖状况评估商品购买的效用,对以后的购买及供应商的筛选有重要影响。

(3) 影响中间商购买的因素。与生产者购买行为一样,中间商购买行为也受到环境、组织、人际关系和个人因素影响。其中人际关系与个人因素的影响相对较小,一般只对个别品种或规格产生影响,而环境与组织因素则影响较大。

环境因素的影响是因为中间商购买受消费者需求驱动,而消费者需求又受区域经济发展的影响比较大,如果某地经济不振,消费者购买力减弱,中间商的购买行为必然也缩减。组织因素是指中间商组织结构、管理体制方面的原因,组织结构越复杂、越分散,则购买行为政出多门,影响购买数量和效率,而管理体制越严谨乃至僵化,同样影响购买质量和效率。

二、政府、社团市场购买行为及分析

政府、社团的市场购买不以赢利为目的,也不像普通消费者用于个人或家庭的生活,它属于群体消费者,其市场购买行为具有自身的特色。

1. 政府、社团市场及购买特点

政府是指各个级别的管理一般社会的经济、文化及公共行政事务的权力机关及其职能部门,社团主要是指有别于政府和以赢利为目的的企业的社会事业团体,包括各种协会、群众组织等互益组织和公立的学校、医院等服务性组织。政府和社团为了达成目标需要购买一定的生产资料和消费资料,由此就构成了政府购买市场和社团购买市场。政府市场与社团市场状况比较相似,但由于两者的组织属性不同,其所服务的对象及要求不同,因而市场特征也有所不同,但总体来讲政府市场范围较广,基本涵盖了社团市场。

政府和社团市场购买具有诸多特点:第一,购买性质属于非营利性质,一般用于终端消费,即使用于建设需要也是公共性质的;第二,购买商品的类别包括常规用品(如办公用品)、公共物品(如免费发放品、公共设施)、特定物品(特定组织专用物品)和政府或特定组织独有的特殊用品(如救灾物资)等四类;第三,购买方式除了常规购买外还通常采取招标的方式进行,尤其是政府市场的购买,招标的购买形式逐渐成为主流购买形式,而且政府和社团的采购对象不仅限于中间商,也更多地趋向通过生产者直接购买;第四,购买属性计划性比较强,一般要事先做出计划,经批准后才能执行,购买效率较其他购买者低;第五,购买价格受总额资金控制较强,一般超额购买情况较少,但是对于购买商品单体价格的敏感度不如普通消费者和赢利性组织。

2. 政府、社团市场购买行为过程及影响因素

政府、社团的购买资金主要是财政性资金,为使财政性资金提高使用效益,政府和社团的市场购买行为越来越受到法律的约束和社会各界的关注,这可以从其参与人员、行为过程和影响因素几方面看到。

(1) 政府、社团市场购买过程的参与者。政府、社团市场购买过程的参与者包括五类:采购人,即货物或服务的需要单位,由其提供资金并进行购买和使用;采购代理机构,即政府(社团一般没有这一类,或委托政府采购)专门设立的采购机构,特别是集中采购一般都由它执行;供应商,即参与政府(社团)采购投标、谈判并在中标后提供货物或服务的企业;采购相关人员,包括采购过程的中介、信息服务提供者等;政府(社团)采购监督管理部门,即依法对政府或社团采购进行监督管理的政府职能部门,由此五方面人的联动,可见其购买行为的约束机制。

(2) 政府、社团市场购买行为过程。政府、社团市场购买行为过程大致可以分为确定需要、信息资料收集及专家咨询、制订采购计划、向上级部门报批、资金筹措、征求供应商及供应意见书、筛选供应商、进行招标、确定中标单位、商讨购买细节(如规格、服务要求、付款方式、期限)、签订合同、购后绩效评估等一系列的阶段,其中确定需要、报批、资金筹措、进行招标、签订合同、购后绩效评估等是政府、社团市场购买行为过程的关键性环节。

(3) 影响政府、社团市场购买行为的因素。影响政府、社团市场购买行为的因素与其他市场购买者的因素相类似,也包括环境、组织、人际关系和个人因素,但其也有自身特

点：政府、社团主要运用财政性资金，其市场购买能力受社会经济发展因素的制约相对较大，而且对于政府往往还会受到国际国内的经济、政治方面变化的影响；政府、社团市场购买行为需要遵循公开、公平、公正的原则进行，受到社会各界的监督，以防止腐败行为的发生，其决策更具客观性和严谨性；政府和某些社团组织的市场购买行为还会受到自然灾害和公共社会危机等突发事件的影响，有时也可能显示出无序化倾向。

总之，无论是普通消费者、生产者，还是中间商、政府、社团的市场购买行为都各具特点，在市场营销中应该对其进行深入的分析，只有这样才能制定出与其购买行为相适应的营销计划和策略。

复习思考题

1. 个体消费者与群体消费者在市场购买行为特征上有何区别？
2. 消费者个体心理、群体心理对市场购买的影响分别体现在什么地方？
3. 何为"消费者暗箱"？营销人员应该如何依据这个理论刺激消费者的需求，促进消费者的市场购买行为？
4. 为什么说购买决策是生产者市场购买行为过程中的决定性因素？
5. 零售商和代理商同样作为中间商，两者的市场购买行为特征有何不同？
6. 试分析影响政府、社团等组织型市场购买行为的因素。

本章案例

天津"狗不理"在杭州受挫

天津"狗不理"包子是闻名中外的中华传统美食，正宗的"狗不理"以其鲜明的特色（薄皮、水馅、滋味鲜美、咬一口汁水横流）而享誉神州。杭州"狗不理"包子店是天津狗不理集团在杭州开设的分店，产品货真价实，店址又处于杭州的商业黄金地段，按说应该生意兴隆。然而，正当杭州南方大酒店创下日销包子万余只的纪录时，杭州的"狗不理"包子店却将楼下三分之一的营业面积租让给服装企业，营业面积大大缩小，但生意依然"门前冷落车马稀"，经营业绩每况愈下。

是什么缘故造成"狗不理"在杭州受挫呢？原因概括起来无非几个：

首先，"狗不理"包子的内馅比较油腻，对于喜爱清淡食物的杭州市民的口味不太适合；其次，"狗不理"包子也不符合杭州人的饮食习惯，杭州市民一般将包子当做便捷快餐，往往边走边吃。而"狗不理"包子由于薄皮、水馅、容易流汁，只能坐下用筷子慢慢享用，似乎成了主食；再次，"狗不理"包子馅多半是大蒜一类的辛辣刺激物，这与杭州这个南方城市的传统口味相悖；最后，"狗不理"一再强调其鲜明的产品特色，但却忽视了消费者是否能够接受这一"特色"。

"狗不理"在杭州"败走麦城"并非产品质量不好、名声不够响亮,"狗不理"从一开始就没有从消费者导向出发,充分考虑杭州消费者的生活方式、饮食口味和购买习惯,而是企图以"名声压人",其在杭州失宠就在所难免了。

讨论题

1. 杭州"狗不理"包子经营失败背后的原因是什么?
2. 按照消费者购买态度和要求的理论来分析经营决策得失。

第六章 目标市场选择

就企业的市场营销活动而言,一种产品的市场是指产品的现实购买者和潜在购买者的总和,因而购买者人数众多,分布广泛,且消费者对一种产品的需求往往是不相同的,甚至差异很大。虽然很多企业希望尽量扩大市场份额,可现实中任何规模的企业都不可能满足所有消费者对某种产品的互有差异的整体需求,而只能满足消费者中间某一类或某几类特定消费者的需求。究竟是为了满足哪一类或哪几类消费者的需求,这是企业的一种经营抉择,关系着企业在市场竞争中的命运,这种抉择就是选择目标市场。

第一节 市场细分

在市场经济环境下,企业的生存和发展离不开市场。但并不是说企业要去或能去满足整个市场的所有需求。企业要更好地在激烈的市场竞争中开展生产经营活动,必须对整个市场进行分类,选择有效供给与有效需求能够最佳匹配的市场部分作为目标市场,在目标市场上为产品确定适当的竞争位置,实行目标市场营销策略。首先要做的就是对消费者进行分类,这个分类过程就是市场细分,这也是企业选择目标市场的前提和基础。

一、市场细分的含义和作用

1. 市场细分的含义

所谓市场细分,也称市场细分化(market segmentation),是指企业根据市场需求的多样性和消费者行为的差异性,把整体市场划分为若干具有某种相似特征的消费者群体,从而确定自己的目标市场的活动过程。在这里,一个需求特点大体相同的消费者群就是一个细分市场,也称"子市场"。显然,分属不同细分市场的消费者对同一产品的需求存在着明显差异,而属同一细分市场的消费者,他们的需求则极为相似。消费者在需求方面所表现出的差异性和相似性,奠定了市场细分的必要基础和可能基础。

市场细分理论是美国市场营销学家温德尔·史密斯(Wendell P. Smith)在总结企业生产经营经验的基础上,于1956年提出的一个重要的市场营销理论。这一理论深化了人们对市场营销观念的认识,是继大批量市场营销(mass marketing)和产品差异性市场营销(product-differentiated-marketing)之后,所产生的目标市场营销(target-marketing)战略思想。这一市场营销战略思想更有助于企业在竞争激烈的买方市场中,发掘那些未得到满足或满足程度较低,竞争者未进入或竞争对手很少的市场机会,集中人力、物力、财力,有针对性地生产经营适销对路的产品,追求在较小的细分市场上占有较大的市场份额,提高经营效益,满足不断变化的、千差万别的消费者需求。

2. 市场细分的作用

市场细分是现代市场营销学的一个新概念,也是营销理论的新发展,对于企业更好地开展市场营销活动起到了很好的作用。

(1) 市场细分有利于企业巩固现有市场阵地。体育界有句话叫做"夺冠军难,保冠军更难",开展市场营销活动也是如此,要保住已有的市场份额是很不容易的。如20世纪60年代开始,美国咖啡销量呈逐年下降趋势,许多生产厂商面临不利局面,而许多专家在经过一番探讨后也认为这一趋势将延续下去。此时美国通用食品公司选派精兵强将对市场进行充分调研后,发现消费者对咖啡的口感存在着不同的需求。他们据此对市场进行了细分,并根据各个细分市场消费者的不同需要,研制开发出多种不同风味的咖啡,采取有针对性的营销策略,使咖啡销量稳中有升,继续保持着市场领先者的地位。

(2) 市场细分有利于企业发现新的市场机会,选择最有效的目标市场。市场机会是已经出现于市场但未能满足的需求,这种需求往往是潜在的,一般不易发现。运用市场细分的手段,就便于发现这类需求,并从中寻找适合本企业开发的需求,从而抓住市场机会,使企业赢得市场主动权。如美国宝洁公司发现它的顾客由于需要洗涤不同质地的织物,要求有性能不同的肥皂,于是改变了原来经营单一品种的做法,推出三种不同性能、不同牌号的洗衣皂,满足了不同消费者的需要,提高了竞争能力,取得了很高的市场占有率。不少经营者面对市场束手无策,无处下手,其原因主要就是不知道市场可以细分或如何细分。

(3) 市场细分有利于企业提高竞争能力。市场细分后,易于看清楚每个细分市场上各个竞争者的优势和弱点,有利于企业避实就虚地选择自己的目标市场,以己之长攻敌之短,确立自己在目标市场的竞争优势。如日本口香糖市场曾长期被"劳特"公司所垄断,其他食品企业很难涉足其间。但"江崎"公司决定打破这种垄断,他们针对口香糖市场作了广泛的调研后发现,"劳特"公司产品的消费对象主要是儿童,且都是条板状,定价也不够合理。针对"劳特"公司产品的不足,"江崎"公司决定开发成人口香糖市场。在对市场作了细分后,推出功能型口香糖:清洁口腔的交际用口香糖;消除困倦的司机用口香糖;用于改良情绪的轻松型口香糖;用于消除疲劳的运动员用口香糖等品种。同时改变原先单一的条板状,采用多种形式的包装,在定价上采用了更宜于为日本消费者所接受的价格。这些功能型口香糖投放市场后,很快便掀起了一股销售狂潮,当年就实现销售额150亿日元,占了25%的市场份额,极大地动摇了"劳特"公司口香糖霸主地位。

(4) 市场细分有利于企业产品的适销对路。一个企业无论其规模多大,实力多强,相对于整个市场而言,其内部资源总是有限的,以有限的资源去迎战整体市场,总是显得力不从心,不可能为消费者提供优质服务。市场细分后,企业可以将有限的人力、物力、财力资源集中使用于一个或几个细分市场,可使营销策略更具有针对性,为目标市场消费者提供更为优质的服务,又可及时地把握市场需求的变化,为企业产品适应消费需求创造前提条件。如香港"李锦记"通过市场细分,在品牌林立、竞争激烈的调味品市场中,发现了进入市场的机会,从而成功地研制和推出蒸鱼豆豉油这一新产品,在开辟了一个新的市场空间的同时,也因为产品适销对路获得了很好的经济效益。

二、市场细分的依据

市场细分的作用能否得到充分的发挥,往往取决于企业依据什么标准对整个市场进行细分。市场细分的标准是否合理有效,标准确定是否得当,对企业的发展十分重要。如果企业进行市场细分时标准确定不当,则很难发现理想的目标市场。由于影响消费者需求的因素有多种,加之不同的企业、不同的营销环境,细分的标准往往有所不同。这里,我们分消费资料市场和生产资料市场来阐述。

(一) 消费资料市场的细分因素

消费资料市场细分因素可以归结为地理因素、人口因素、心理因素和行为因素四个方面。每个方面的因素又包括一系列的具体变量。

1. 地理因素

这是根据消费者生活的地理位置、自然环境来划分市场,具体细分变量有洲际、国家、省区、城乡、气候、地形区别等。我国幅员辽阔,对于销路广阔的消费品,地理细分往往是进行市场细分的第一步。

(1) 地理位置。可以分为内地、沿海、华北、华东、西南、西北等。不同的地理位置,会造成不同区域的人在生活习惯和消费需求等方面的不同。

(2) 行政区划。可以分为省(自治区、直辖市)、市(地)、区(县)等。行政区划大小与人口密度的大小有关,也与市场密度的大小有关。

(3) 城市农村。城市以工商业为主,消费需求基本上或全都通过市场交换来满足;农村以农业为主,消费需求部分通过市场交换来满足,部分自给自足。按工商业与交通的发达与否、人口密度的大小,通常又把城市分为大城市、中小城市、乡镇,这些变量与市场规模、密度的大小有关。

(4) 地形气候。按地形可分为山区、平原、丘陵;按气温又可分为热带、温带、寒带;按湿度分,则有干旱区、多雨区。不同气温带的人需要不同的产品,如热带的人对降温设备需求量大,而寒带的人对取暖设备需求量大。

(5)交通运输。可分为陆运、水运、空运。陆运又可分铁路运、公路运。水运也可分为海运、内河运等等。运输方式的不同,相关的产品需求也有所不同。同时对某些消费品的接受速度也不一样。

按地理变量来细分市场,还有其他的具体标志,这里不再列举。从以上地理变量的典型分类来看,由于处在不同地理环境下的消费者,对于同一类产品往往有着不同的需求与偏好,对企业的产品价格、分销渠道、促销宣传等策略的反应也常常存在差别。比如我国地域辽阔,就饮食习惯而言,各地方的人就存在差别:北方人习惯吃面食,南方人爱吃米饭;西部地区的民众饮食喜爱麻辣,东部地区的民众在饮食方面则偏爱甜味。按地理因素细分市场,有利于企业分别研究不同地区消费者的需求特点、需求总量及其发展变化趋势,有利于开拓不同的区域市场,扩大市场份额。

2. 人口因素

人口细分是根据常用的一些人口统计指标来划分市场。这些指标主要包括性别、年龄、民族、家庭、生命周期、职业、收入等多个方面。由于消费者的需求和欲望与人口因素存在着因果关系,而且人口因素比其他因素更易衡量,因此,人口因素一直是细分市场的重要依据。

(1)性别。只分为男性、女性两类。许多产品,如服饰、化妆品及理发用品等产品历来是按性别来细分市场的。

(2)年龄。按我国习惯,年龄大致可分为学龄前儿童、小学生、中学生、大学生、青年、中年和老年几个阶段,相应地,市场可以细分为儿童市场、少年市场、青年市场、中年市场和老年市场。例如,儿童市场主要需求玩具、儿童读物等;青年市场主要需求服装、文体用品等;老年市场主要需求营养品、医疗品、保健品等。

(3)民族。我国有56个民族,各民族的生活、风俗习惯存在着差异,形成各具特色的民族消费市场。

(4)家庭。可以分为父母亲、子女构成的核心家庭与祖父母、父母亲和子女构成的扩大家庭。我国实行独生子女政策,核心家庭越来越多,家庭小,数量多,市场规模就大。

(5)生命周期。可以分为单身、已婚、已婚有子女、已婚子女独立几个阶段。处于不同生命周期,人的消费重点、消费水平和消费决策是有差别的。

(6)职业。可以分为工人、农民、学生、教师、职员等不同职业者,他们对消费品的需求存在层次差异。

(7)收入。可以分为高收入、中等收入和低收入三大类,大类之下还可细分成不同的收入档次。收入变量直接影响消费档次。

按人口因素细分市场,主要目的是为企业选择和确定具体的服务对象。例如,对玩具和化妆品的需求与年龄和性别有很大关系;家具和家用电器又与消费者的家庭规模和收人紧密相关。但是,消费者的需求与欲望并非单纯取决于人口因素,往往还受到其他因素,特别是心理因素的影响。

3. 心理因素

心理因素是指按照消费者的心理特征来细分市场。消费者的心理因素十分复杂,主要包括消费者的生活方式、个性、购买动机、消费习俗等,它们与市场需求及企业的促销策略有着密切关系,尤其是在经济发展水平较高的地区,心理因素对消费者行为的影响更加突出。

(1) 生活方式。生活方式是指人们在工作、消费、娱乐等方面特定的习惯和倾向,如工作狂与谋生者、勤劳与享乐、追求时髦或顽固守旧等等。生活方式不同的消费者,他们的消费欲望和需求不一样,对企业市场营销策略的反应也各不相同。企业可以通过市场调查研究,了解消费者的活动、兴趣、意见,据此划分不同生活方式的消费者群体,如"时尚型"、"传统型"、"朴素型"、"享乐型"、"事业型"、"追求社会地位型"等等。显然,这种细分方法往往能够显示出不同消费者群体对同种产品在心理需求方面的差异性。

(2) 个性。它是指一个人特有的心理特征。一个个性成熟的人对其所处的环境会作出相对一致和稳定的反应。消费者之间个性的差别可以从他们对产品的偏好中表现出来。一位美国学者曾发现,在购买汽车的消费者中,有三种不同的个性群体,分别是喜欢冒险和刺激的群体、追求安全和宽敞的群体以及寻求奢华和品牌的群体。通过对消费者个性的分析与了解,企业可以更好地赋予其产品与目标顾客个性相一致的品牌个性,激发顾客的购买欲望,促进销售。

(3) 购买动机。这是引起消费者购买行为的内在推动力。购买动机不同会产生不同的需求偏好和消费行为。消费者购买动机中普遍存在的求实、求廉、求名、求新、求美、求异心理,都可以作为细分市场的变量。企业针对不同购买动机的顾客,在营销措施中突出能够满足消费者某种心理需要的特性,往往能取得较好的效果。

4. 行为因素

行为因素是根据消费者不同的消费行为来细分市场。用于市场细分的消费行为变量主要有消费者对特定产品所处的购买阶段、购买时机、使用状况、使用数量与使用频率、品牌忠诚度、产品利益、态度等。

(1) 购买阶段。一般可分为不知晓、知晓、有意愿、已购买、重复购买等阶段。了解消费者处在何种购买阶段,企业就可以采用有针对性的营销措施。如对不知晓者,企业可以着重强化对产品的介绍;对有意愿者,企业则可以着重宣传产品的功能、利益、经销商店等,以促使他们购买产品。

(2) 购买时机。指常规日购买或休假日购买。通过对常规日消费者购买行为的分析,可以找到一些带有规律性的时段。据对我国几座大城市消费者购买时机的分析统计,在一周的星期一至星期五的18点到21点,商店的营业额较其他时段要高出许多,被称作"日班下班回家时段"。而在星期六和星期日的"双休日",商店的营业额是星期一至星期五平均值的1.6倍左右。一般情况下,休假日特别是在春节、中秋节、国庆节等节日,消费者的购买行为会大大增加。所以,现在很多企业会紧紧抓住节假日大搞优惠促销活动,以促进产品的销售。

（3）使用状况。可分为从未使用、准备使用、过去使用、初次使用、经常使用等。企业可以通过赠送样品来吸引潜在使用者,采取折扣等奖励方式来鼓励经常使用者等。

（4）使用数量与使用频率。可分为大量使用、中量使用、少量使用,或经常使用、不常使用等。实践证明,大量使用者所占的人数比例并不大,但他们所消费的产品数量却占消费量很大的比重。因此,不少企业往往把抓住大量使用者作为营销的主要目标顾客。例如美国的啤酒商通过对啤酒饮用者的调查分析,发现某品牌啤酒的大量饮用者多数是劳工阶层,年龄约在25～50岁之间（少量饮用者则在25岁以下或50岁以上）,每天看电视约3.5个小时以上（少量饮用者则少于2小时）,较常看体育节目。这些资料有助于营销者制定价格,作出广告宣传及媒体选择等决策。

（5）品牌忠诚度。分为专一忠诚、多元忠诚、转移忠诚、犹豫忠诚等。每个市场都程度不同地同时存在着这四类消费者,企业对自己产品市场上的消费者类型进行分析,可发现营销中存在的问题,便于及时采取相应的措施。例如,研究专一忠诚者的特征,可较清晰地知道自己的目标市场是些什么人;分析多元忠诚者,可发现哪些品牌是主要竞争者,从而设法改善自己的市场定位,或采取比较式的广告,突出本企业产品的优点;研究转移忠诚者,可了解自己营销工作中的弱点,以便及时克服和弥补;至于犹豫忠诚者,则可考虑用特殊的促销奖励办法来吸引他们。

（6）产品利益。指消费者购买产品获得的利益。企业可依据消费者所追求的产品利益来细分市场,调查了解哪些消费者购买某种产品所寻求的主要利益是什么,市场上的竞争品牌各自适合哪些利益,以及哪些利益还没有得到满足,然后推出具有某种利益的产品,并通过适当的方式进行推销。不少企业的实践证明,这是一种比较有效的细分方法。美国学者哈雷（Haley）对牙膏市场的分析,是运用利益细分法取得成功的一个范例。他发现牙膏使用者寻求的利益主要有四类：价廉物美、防治牙病、洁齿美容、口味清爽。通过对牙膏市场的利益细分,生产牙膏的企业可明确自己将为之服务的目标市场及其特征是什么？主要的竞争者是什么品牌？市场现有品牌缺少什么利益？从而决定改进自己现有的产品,或再推出某种新产品,以适应牙膏市场上未满足的需要。

表6-1 牙膏市场的利益细分

利益细分	人口特征	心理特征	行为特征	符合利益的品牌
价廉物美	男性	高度自主	大量使用者	出售中的品牌
防治牙齿	大家庭	忧郁保守	一般使用者	大减价的品牌
洁齿美容	青少年	爱好交际	吸烟者	品牌A
口味清爽	儿童	自由享乐	薄荷爱好者	品牌B

(7)态度。通常按消费者对产品或企业的态度热情与否,分为热情的、肯定的、不感兴趣的、否定的和敌对的。消费者对产品或企业的态度会直接影响他们的购买行为,企业应利用适当的媒体来影响消费者的态度。

根据对消费资料市场的细分因素的分析,企业可依据具体情况灵活运用,以便获得最好的市场营销机会。

(二)生产资料市场的细分因素

生产资料市场的购买者一般是生产企业或集团,购买的目的主要是用于再生产。生产资料市场的细分因素与消费资料市场的细分因素大多相同,如地理因素、心理因素等,但也有具有生产资料市场特征的某些细分变量。

1. 用户地理位置细分变量

每一个国家和地区,大都由于自然资源、气候条件、历史传统及生产内在的相关性对产业布局的要求而形成若干产业地区,这就决定了生产资料市场比消费资料市场在地域上更为集中,地理位置因此成为细分生产资料市场的重要变量。例如,美国的汽车制造业主要集中在底特律一带,我国的出口加工工业主要集中在东南沿海地区。企业按照用户地理位置细分市场,选择客户较为集中的地区作为目标市场,不仅联系方便,信息反馈较快,而且可以合理规划运输路线,节省运力与运费,同时,也能更加充分地利用销售力量,降低营销成本。

2. 最终用户细分变量

产品最终用户的要求是细分生产资料市场最通用的变量。对于生产资料市场而言,不同用户采购某一产品的目的往往互不相同。例如,同是木材,购买者中有的用于建筑房屋,有的用于生产家具,有的可能用以制作工艺品。基于不同的使用目的,不同的最终用户必定会对产品的规格、性能、价格、售后服务等提出不同的要求。据此来细分市场,把要求大体相同的用户集合成群,便于企业开展针对性经营,制定适宜的营销组合策略。

3. 用户规模细分变量

用户规模也是细分生产资料市场的重要变量。在市场上,大量购买者、一般购买者、少量购买者的区别,要比消费资料市场更为普遍,也更为明显。大客户虽少,但采购额很大,他们的采购量往往会占到营销企业销售额的50%,有的甚至高达80%以上;小客户则相反,数量虽多,采购量并不大。用户的规模不同,企业的营销组合方案也有所不同。

4. 用户购买方式细分变量

用户购买方式对于细分生产资料市场而言也不容忽视。在生产资料市场上,购买者的购买方式主要有直接重购、修正重购和新购,三种购买方式有着不同的购买指导思想,了解购买方式的区别,进而加强对生产资料市场的重视,加强与企业的联系,显得很重要。针对用户生产方向方面的某些变化,调整营销组合方案,对营销企业开展好营销活动有很大的帮助。

以上从消费资料市场和生产资料市场两个方面介绍了具体细分变量,在实际市场细分过程中,既可采用单一标准划分,也可采用多种变量相结合的办法进行综合划分。

三、市场细分的原则和步骤

1. 市场细分的原则

为了保证细分后的市场能成为企业制定有效的营销策略的基础,企业在进行市场细分时,必须遵循以下原则。

(1) 可衡量性。这是指细分的市场必须是可以识别和可以衡量的,企业可以利用市场细分变量,从消费者或用户那里得到确切的、重要的信息,以便进行定量分析,也就是说,经过细分后的市场范围、容量、潜力等必须是明晰的和可以测量的,各细分市场之间要有明显的区别。凡是企业难以识别和测量的因素都不能作为细分的变量,否则,细分后的子市场将因无法界定和度量而难以评估,市场细分也就失去意义了。

(2) 可进入性。这是指细分出来的市场必须与企业的经营目标和自身资源条件相适应的,是企业可以进入并有所作为的,而不是可望而不可即的。也就是说,企业通过自身的营销努力,诸如产品设计、促销宣传等可以达到被选定的细分市场,而被确定的细分市场的消费者能有效地了解企业的产品,并能通过各种销售渠道购买到产品。如果细分的市场是现有企业无法进入或难以进入的,这种细分便是不值得的。

(3) 效益性。这是指企业细分后的市场具备一定的规模和发展的空间,能适应企业发展的要求,不仅保证企业短期内获利,还必须使企业保持较长时期的经营效益和发展潜力。不致遭受市场突然变化带来的巨大经营风险。如果细分后的市场规模很小,发展的余地不大,不能给企业带来足够的经营效益和发展潜力。那么,就不值得细分了。

(4) 稳定性。这是指市场细分后必须在一定的时间内保持相对稳定,这样才能有利于企业营销策略的实施。如果市场变化太快,企业的营销组合策略也必须随之改变,而每一次变化都需要企业投入大量的人力、物力和财力,这样的市场是不值得去投入的。

2. 市场细分的步骤

市场细分作为一个比较与分类的过程,通常要按以下步骤进行。

(1) 选定需要细分的产品市场范围。市场细分是在企业总体经营方向和经营目标确定后,对顾客需求深入了解而开展的活动。因此,进行市场细分时,首先必须根据企业产品可能适用的范围,确定需要深入研究的消费对象,即哪些消费者或用户可能是企业的潜在购买者。这是市场细分的前提。

(2) 选择市场细分的标准和变量。企业可从地理、人口、心理和行为因素等各个方面,尽可能全面地对潜在顾客的要求进行分析,在此基础上进一步选择最有可能导致顾客需求出现差异的因素作为市场细分的变量。

(3) 选择细分因素中的具体细分变量进行专项调研,初步划分市场。通过组织专门调研,收集、整理细分市场时曾考察分析的市场情报与顾客背景资料,然后根据选定的细分变量,由粗到细地初步进行市场分类。

(4)评价和调整初步结果。在初步细分市场的基础上,了解各细分市场之间是否存在明显的差别,分析判断原来的细分标准是否合适;各细分市场的特征哪些已明确,哪些需要进一步考察;市场是否分得过细或过粗,各细分市场是否需要再度细分或合并。

(5)分析和估计各细分市场的规模和性质。通过评价和调整,各个细分市场的类型已基本确定,接下来就需要考察各细分市场的销售潜力、竞争状况、赢利能力和市场变化趋势等,为企业选择目标市场提供决策依据。

(6)选择细分市场。通过对细分市场的分析、评价和调整,去除各个细分市场中对本企业而言无利可图的子市场,对于其他的各细分市场进行深度的评估和筛选,最终筛选出最适合本企业经营、赢利程度最高的细分市场作为目标市场。

第二节 选择目标市场

进行市场细分的目的就是为了选择合适的目标市场,对于企业开展营销活动而言,根据自身的实力可以是在一个细分市场开展营销活动,也可以是在几个细分市场开展营销活动。一般情况下,只有与企业的任务、目标、资源能力相符合、并且比竞争对手有更大的优势,能获得最大利益差别的细分市场,才能成为企业的目标市场。

一、目标市场的含义和评估要求

所谓目标市场,就是企业最有能力或相对优势参与营销活动以达到营销目标所选定的细分市场。选择目标市场就是把企业具有优势的资源能力、营销特长与现有需求容量大、潜在需求也大的细分市场相互匹配的决策过程。并不是任何细分市场都可作为企业的最佳营销对象,这需要通过对各细分市场现行的、潜在的需求容量大小,与本企业的资源能力、营销特长强弱作出全面的评估,才能作出最优化选择。

企业选择目标市场要按照一定的要求进行,并不是任何企业都能适合于在现有的、潜在的需求容量大的细分市场上成功开展市场营销的。这还得看企业的资源能力、营销特长能否匹配。如果一个细分市场现有的需求容量很大,但对商品的技术质量要求很高,而企业的技术水平低,难以适应这种高要求,那么,这一细分市场就不适合作为该企业的营销目标市场。然而,如果一个细分市场现有的需求容量不大,却有一定潜在的需求可挖,尽管竞争者容易进入,但企业的营销能力能适应它,又有利于企业的营销特长发挥,在市场竞争中占有相对优势,那么,这一细分市场也可以成为企业选择的目标市场。

通常企业在选择目标市场时,需要依据一定的要求或标准对细分市场进行评估。

(1)细分市场的规模和增长潜力。细分市场的规模,必须要与企业自身的规模和实力相接近。对于大企业而言,细分市场的规模过小的话,将无利可图。而对于小企业而言,要想进入较大的市场,竞争实力往往不够。应以规模小的市场为主,这正是小企业的用武之地。

细分市场的增长潜力关系着企业销售和利润在将来的增长趋势。增长潜力大的市场,是各厂商必争之地,导致竞争加剧,使该市场赢利机会减少,但若能在竞争中立于不败之地,则能为企业长久地占领市场创造有利的条件。

(2) 细分市场要有一定的购买力。企业选择目标市场就是为了销售自己的产品,实现自己的赢利目标。若某一个市场对某种产品有强烈的购买欲望,但支付能力很低,或几乎没有购买力,就形成不了现实的市场,不能实现产品的销售,企业利润也就无从谈起,这样的市场就失去了进入的价值。如一些贫困国家和地区,温饱问题尚未得到解决,经济十分落后,居民收入水平极低,中、高档商品在这些国家和地区就很少有市场或根本没有市场。因此,有需求的市场,若没有购买力,也不能选作目标市场。

(3) 市场竞争状况。一个好的目标市场,不仅要存在着未满足的市场需求,有一定的购买力和市场规模,还要竞争对手少,市场尚未被竞争者完全控制,且企业进入后具有相对的竞争优势。否则,企业一旦进入后,将会使自己陷于进退两难的境地。进入这一市场,企业没有能力赶上和超过竞争者,又没有很好的获利手段,长此下去,企业必将被拖垮。而退出这一市场,前期已经耗费了大量的人力、物力、财力,有些弃之可惜,更何况退出以后是否会有更适合的目标市场还需论证。

(4) 企业开拓市场的能力。企业是否具备开拓某一市场的能力,是选择目标市场必备的主观条件。而开拓能力与企业的人力、物力、财力资源以及经营管理水平密切相关。如某个主要从事普通低端服装生产和销售的企业,要想进军化工类高科技产业领域是不适宜的,因其根本不具备进军该领域的内部资源条件,其产品在市场竞争中肯定会处于劣势。

二、目标市场的营销策略

企业在确定目标市场后,就要考虑在目标市场上如何来开展营销活动,也就是要选择目标市场营销策略,以使本企业产品更加与消费者的需求相接近,更宜于为消费者所接受。一般有三种营销策略可供选择,即无差异营销、差异营销和集中营销(见图6-1)。

1. 无差异营销

无差异营销也称整一营销,就是把目标市场视为一个整体,生产单一的产品,采用单一的营销策略,去满足全体消费者的需要。采用无差异营销有两种情况,一种是某种产品的需求本来就不存在差异,无须采取差异营销策略;另一种是在大多数情况下需求存在着差异,但企业舍弃这些差异,只抓住各个细分市场中的共同需求,为之生产单一的产品,面向各个细分市场开展营销活动。例如,美国的可口可乐公司,在相当长的时间里就采用过这种策略,生产同一种口味,相同的包装、品牌和广告内容的产品,运用最广泛的销售渠

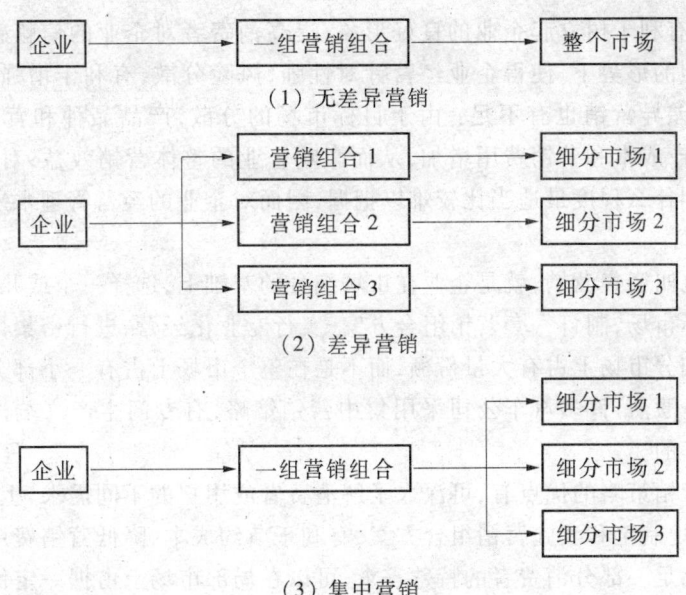

图 6-1 目标市场的营销策略类型

道,使可口可乐统治着世界饮料市场,取得了很大的成功。

无差异营销策略的优点是:产品品种单一,有利于大规模生产,从而降低生产的成本,获取规模经济效益;可以减少储运成本、销售成本,提高利润率;不需要市场细分,市场调研费用可以节省;不需要研制新产品,科研费用也很低;等等。但它也有缺点:由于企业产品单一,适应不了消费者的多样化需求,对长期占有市场不利;而忽视了市场需求客观上存在的差别,会给众多的竞争者以可乘之机,会造成整体市场竞争激烈。如美国可乐型饮料市场,当百事可乐公司等产品相继投入市场,市场竞争加剧,使可口可乐公司独霸市场的局面被打破了。在这种情况下,可口可乐公司不得不改变这种无差异的市场营销策略。

2. 差异营销

差异营销,是指企业把整体市场划分成若干个细分子市场,并选择其中两个或两个以上的细分市场作为自己的目标市场,针对不同目标市场的需求特点,设计和生产不同产品,制定不同的营销方案,以满足不同细分市场的需求。目前,世界上越来越多的大企业,如美国的通用汽车、日本的松下电器等,都采用了差异营销策略,取得了营销上的成功。在我国也有不少企业实行差异营销策略,并取得了很好的业绩。如四川五粮液酒厂以生产高档白酒著称,可因其价格较高,不能适应市场上对白酒多层次的需求,市场较为狭小。后来该企业改变观念,积极实行差异营销,推出了各种不同包装、不同品牌、不同价格的产品投放市场,迎合了不同消费者的需要,也取得了良好的经营业绩。

采用差异营销的优点是:满足不同消费者群体的多种需求,有利于扩大产品销售,提高市场占有率;有利于树立起企业的良好形象,提高消费者对企业的信赖感和购买频率;在市场竞争激烈的形势下,使得企业经营针对性强,风险分散,有利于增强企业的竞争能力。但是,实行差异营销也有不足:由于目标市场的分散,产品品种和营销组合的多样化,容易导致生产成本和营销费用增加,从而影响企业的整体营销效益;对于企业的生产经营究竟差异到什么程度最适当比较难以把握,因而对企业的经营管理水平要求较高。

3. 集中营销

集中营销也叫密集营销,就是企业在市场细分的基础上,选择一个或几个很相似的细分市场作为目标市场,制订一套营销组合方案,实行专业化经营,进行密集性开发,集中力量争取在这些细分市场上占有大量份额,而不是在整个市场上占有一小部分份额。例如,小汽车市场竞争激烈,许多汽车公司采用集中营销策略,有专门生产高端汽车的,也有专门生产普通汽车的。

采用集中营销策略的优点有,可深入了解消费者或用户的不同需求,生产专业化程度高,可有针对性地制定和实施营销组合方案,有利于节约成本,降低营销费用,能够在较小的市场上切实满足一部分消费者的特殊需求,可以在局部市场上占据一定优势地位,提高企业的市场占有率和知名度。但是,集中营销也有不足,主要是企业面对的市场范围狭窄,营销风险较大。由于企业的全部资源与力量均集中在一个或极少的几个子市场上,一旦目标市场风云突变,就可能出现经营危机,使企业陷入困境。早在 20 世纪 30 年代,皇冠公司是美国仅次于可口可乐公司的第二大软饮料公司,但是,皇冠公司只经营可乐饮料,而可口可乐和百事可乐等公司的产品线较宽。皇冠公司集中营销没能取得相对竞争优势,而可口可乐公司和百事可乐公司则取得系列产品共同价值活动的大量好处。皇冠公司在美国软饮料行业的排名由第二位沦为第三位,到1966年,当皇冠公司想重整旗鼓时,已力不从心,最后以失败告终。所以,采用集中营销,企业要注意市场环境变化。

一般而言,集中营销策略主要适用于资源力量有限的中小企业。这些企业无力在整个市场或多个细分市场上与大企业抗衡,转而寻求那些不为大企业所注意或大企业不屑一顾的市场夹缝作为自己的目标市场,集中力量为之服务,往往会取得经营上的成功。

三、目标市场营销策略的选择因素

上述三种目标市场营销策略各有长短。一个企业究竟采用哪种目标市场营销策略比较有利,必须根据企业的具体情况进行通盘考虑,权衡利弊,才能作出最佳的选择。一般地讲,企业在选择目标市场营销策略时,必须综合考虑以下因素。

1. 企业实力

企业的实力主要包括生产规模、技术力量、财务能力、经营管理能力等。企业实力的强弱,直接影响目标市场营销策略类型的选择。采用无差异营销或差异营销的企业一般具有大规模的单一的生产线,拥有广泛的或大众化的分销渠道,并能开展强有力的促销活动,能做大量的广告和进行统一的宣传,因而往往能在消费者或用户心目中建立起"超级产品"的印象。如果企业力量有限,无法覆盖整个市场,则应扬长避短,以采用集中营销策略为宜。

2. 产品性质

这是指产品在性能、特点等方面的同质性或差异性大小。性质相似,或需求差异较小,使用面广的,能够大量生产和销售的产品,如大部分农副产品和基础工业原材料,可采用无差异营销。性质差异较大、通用性差的产品,如家用电器、服装、化妆品等,则宜采用差异营销或集中营销。

3. 市场特点

如果市场上所有顾客对产品偏好大致相同,每一时期的购买数量相同,对促销活动的反应也类似,则宜实行无差异营销。相反,如果顾客的需求偏好、态度、购买行为等差异较大,则宜采用差异营销或集中营销。

4. 产品生命周期

根据产品处于导入期、成长期、成熟期和衰退期各个阶段的特点,可采取不同的目标市场营销策略。一般地讲,在导入期,市场产品少,竞争者亦少,此时可采用无差异营销,以引发和巩固消费者的偏好,树立产品的形象。而针对某一特定细分市场则可采用集中营销。在成长期和成熟期,进入市场的产品增多,竞争者亦趋增多,此时,应采用差异营销。进入衰退期后,为保持原有市场,延长产品生命周期,则应以集中营销为主。

5. 竞争状况

当竞争者较少或竞争对手较弱时,企业可采用无差异营销;反之,则应选择差异营销或集中营销。当然,如果企业实力较强,也可与竞争对手采取相同的营销策略,凭借实力击败对手。

以上所述,只是一般原则,并无固定模式,企业应在实践中根据竞争形势和市场具体情况,灵活运用。

第三节 市场定位

企业一旦选定了目标市场,就要在目标市场上进行产品的市场定位。市场定位是企业整体营销策略的一个重要组成部分,关系到产品及其企业形象,进而关系到企业的长期生存与发展。

一、市场定位的含义

市场定位是 20 世纪 70 年代美国学者阿尔·赖斯提出的一个重要的市场营销学概念。所谓市场定位,就是指企业根据市场竞争状况和自身资源条件,建立和发展差异化竞争优势,以使自己的产品在消费者或用户心中形成区别并优越于竞争者产品的独特形象。市场定位的实质是使本企业与其他企业严格区分开来,使顾客明显感觉和认识到这种差别,从而使企业及其产品在顾客心目中占有特殊的位置。

市场定位与产品差异化密切相关。在营销过程中,市场定位是通过为自己的产品创立鲜明的个性,从而塑造出独特的市场形象来实现的。产品形象是多个因素的综合反映,其中包括性能、质量、包装等。市场定位就是要强化或放大某些产品因素,从而形成与众不同的独特形象。因此,产品差异化是实现市场定位的手段。但是,产品差异化并不是市场定位的全部内容,市场定位不仅强调产品差异,而且要通过产品差异建立独特的市场形象,赢得顾客的认同。

在市场营销过程中,市场定位离不开产品和竞争,因此市场定位、产品定位与竞争定位三个概念经常交替使用。市场定位强调的是企业在满足市场需要方面,与竞争者比较,应当处于什么位置,使顾客产生何种印象和认识;产品定位是指就产品属性而言,企业与竞争对手的现有产品,应在目标市场上各自处于什么位置;竞争定位则突出在目标市场上,与竞争者的产品比较,企业应提供何种特色的产品。

二、市场定位的步骤

企业进行市场定位,需要了解竞争对手的定位策略,调查消费者或用户对产品的评价和要求,在深入分析本企业竞争能力后,选择企业在目标市场上的竞争优势和定位策略。

1. 调查影响定位的因素

恰当的市场定位必须建立在准确的市场营销调研的基础上,这就要求企业在对其产品定位前对影响定位的各项因素作深入的研究,这些因素主要包括:

(1) 竞争者的定位状况。主要包括:竞争者的产品在市场上是如何定位的?其产品在顾客心目中的形象如何?竞争者的实力怎样?有无潜在的竞争优势?其产品成本大致是多少?经营状况如何?等等。要对这些因素作准确的预测和判断。

(2) 目标顾客对产品的评价标准。主要包括:目标顾客究竟需要什么样的产品?他们对产品优劣的评价标准是什么?借助此分析,可以知道,哪些特色对顾客更具吸引力,使企业能够对症下药,让自己产品的特色尽量向顾客的需求靠拢,以有利于企业产品的销售。

(3) 企业在目标市场的潜在竞争优势。主要包括:通过对目标市场上诸多竞争对手的分析和自我对照,企业要确认自己在目标市场上是否具备潜在的竞争优势,而后才能根据市场竞争趋势、消费者的需求合理地选择竞争优势。

2. 选择竞争优势和定位策略

企业通过对顾客喜好和偏爱的分析,以及与竞争者在产品、成本、促销、服务等方面的对比,就可准确判断企业的竞争优势所在,进行恰当的市场定位。例如,某企业 M 准备进入笔记本电脑市场,通过市场调研发现,消费者最关注的是质量水平和价格高低。同时又发现该市场已有 A、B、C、D 四个主要生产厂家,其市场位置如图 6-2 所示(图中圆圈大小代表销售量的大小)。

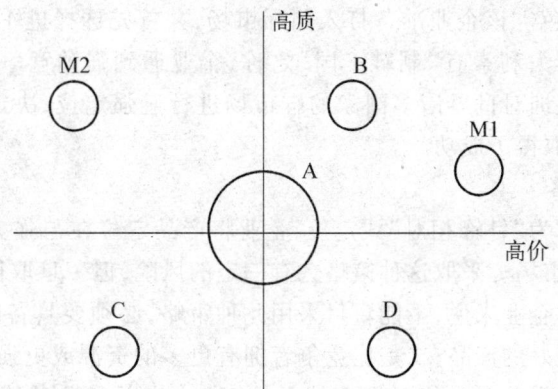

图 6-2 企业市场定位示意图

在此情况下,该企业应如何定位呢?根据调研结果,有两种方案可供选择:

第一,如果市场上对优质高价笔记本电脑需求量较大,且本企业比 B 企业实力更强,能开发出更好的产品,则可选择 M1 方案。

第二,如果本企业能以较低的成本,生产出高质量的产品,且在此市场上无竞争对手,企业成功可能性很大,则可以采用 M2 方案。

由此可见,定位优势和定位策略两者是相辅相成的,定位优势决定了定位策略,而恰当的定位策略则更能发挥企业的定位优势。

3. 准确地传播企业定位观念

企业在做出定位决策后,还必须花大力气开展广告宣传,把企业的定位观念准确地传播给目标顾客和社会公众。但要做到准确传播并非易事,必须采取适当的宣传方式,既要确保传播到绝大多数乃至所有目标顾客,又要为目标顾客所乐意接受。同时要避免因宣传不当而使目标顾客造成误解。若宣传定位太低,不能体现自己的特色。如企业以高质量来定位,却在宣传中片面强调价格低廉,或在一些信誉不高的小报上做宣传,结果使顾客对产品质量产生不信任感。若宣传定位太高,不符合企业实际情况,使公众认为企业经营的是高档产品,结果造成高档产品的需求者看不上,中低档产品的需求者不敢问津,反而失去了目标顾客。若宣传上混淆不清,在顾客心目中没有明确的形象,有人认为是高档的,又有人认为是低档的,其结果也将失去目标顾客。

三、市场定位策略

市场定位策略在具体实践中有多种多样,但主要有以下四种。

1. 避强定位策略

图 6-2 中的 M2 方案就是一种避强定位策略的运用,所选择的市场没有强大的竞争

对手,从而避免了激烈的竞争,可以较小的代价,迅速在市场上站稳脚跟,树立形象。由于这种定位策略风险小、成功率高,常为企业所采用。如江苏某制鞋企业生产的工艺鞋价廉物美,且很有中国特色。该企业准备打入国际市场,并首先选择进军意大利市场,结果碰了钉子。原因在于意大利素有"制鞋王国"之称,企业遇到强劲竞争对手。后来,这家制鞋企业总结失败的教训对世界诸多国家的鞋市场进行避强定位,决定选择当时制鞋工业不发达的泰国,结果取得了成功。

2. 迎头定位策略

这种策略也可称为"针锋相对"式定位,企业将产品定位在与强大竞争对手相似的位置上,争夺同一细分市场。采取这种策略会有一定的风险,但一旦取得成功则会取得巨大的市场优势。不过对企业来说,不能盲目采用此种策略,必须要具备以下三个条件:一是能比竞争者生产出更好的产品;二是比竞争者拥有更多的资源或更强的实力;三是该市场容量足够吸纳这两个竞争者的产品。上例中的 M1 方案就是这种策略的运用。再比如,美国可口可乐与百事可乐是两家以生产销售碳酸型饮料为主的大型企业。可口可乐公司自 1886 年创建以来以其味道独特扬名全球,使其"同胞兄弟"百事可乐在二战前仍难望其项背。二战以后,百事可乐采用迎头定位策略,专门与可口可乐竞争。半个多世纪以来,这两家公司为争夺市场而展开了激烈竞争,1988 年,百事可乐荣登全美十大顶尖企业榜,成为可口可乐强有力的竞争者。

3. 重新定位策略

通常是指对销路少,市场反映差的产品进行二次定位,这种重新定位旨在摆脱目前的困境,重新获得增长的活力。之所以出现这种状况,大致由两方面原因造成:一是原产品定位不当;二是定位虽正确,但环境发生了变化。在图 6-2 中,如果企业采用 M1 方案未获成功,转而采用 M2 方案,就是重新定位。如某化妆品企业最初将自己的产品定为高端产品,但一直未能取得良好业绩,后来企业将其定为中端产品,并以质量和价格作为主要宣传重点,结果大获成功。

4. 反向定位策略

在激烈的市场竞争中,有时竞争对手的形象和自己差不多,或者比自己要好些。在这种情况下,反向定位不失为一种较理想的定位策略。比如 Avis 公司在美国汽车租赁业排名第二,它提出的口号是"Avis 现在只是汽车租赁业的老二。为什么选择我们呢?因为我们更努力。"在提出这一口号前的连续 13 年时间里,Avis 一直处于亏损状况,但承认自己是本行业的第二后,每年都赢利。

四、市场定位后的营销方式选择

市场上原有产品通常已经在顾客心目中形成了一定的印象,占有了一定的地位,如可口可乐被视为全世界首屈一指的软饮料,等等。在这些竞争产品市场上,企业要想参与,争得立足之地,难度很大。即使在竞争小的市场上,企业要树起自己的形象,也非轻而易举。因此,企业在市场定位后,必须选择适当的营销方式。

企业选择合适的营销方式,关键还是就进入目标市场的方式进行选择,通常有如下三种:

(1) 企业依靠自身的力量。采取这种方式进入目标市场的企业,须自身实力强大,方可通过调查研究,设计、制造并推销符合目标市场需要的产品。尽管采取这种方式进入目标市场,企业承担的风险较大,但是,这有利于巩固该企业的市场地位。

(2) 收购已入市场的企业。利用这一方式进入目标市场的企业,往往是对于这一行业的知识还很不足,仅仅依靠自身力量进入新市场,将遭到种种阻碍,如专利权、经济规模、原料及其他所需物资供应的限制等等,会贻误尽快进入新市场获利的好处。但是,利用这一方式进入目标市场,也可能存在没有适当的企业可供收购,或者收购的对象要价过高,或者其他各种收购障碍的问题。

(3) 同其他企业合作。采用这种方式进入目标市场的企业,通过企业合作,可以互相取长补短,发挥协作的作用,形成大于单个企业经营能力总和的新的能力,从而使单个企业无力开拓的市场成为可以利用的机会,并使风险由于合作分担而降低。由于有这些好处,同其他企业合作进入目标市场,已被企业界广泛接受。企业间的合作可以是生产企业合作,也可以是生产企业与销售企业合作。这两种合作方式在我国已渐趋普遍,且已扩大到与外资的合作,前者如各种形式的中外合资经营企业,后者如与外国的进口商、经销商的合作。合作方式的选择要根据销售量、成本、利润的分析,选用对企业最有利的合作方式。

复习思考题

1. 什么是市场细分？它对开展市场营销有什么作用？
2. 消费资料市场细分的因素是什么？
3. 生产资料市场细分的因素是什么？
4. 市场细分的原则是什么？
5. 什么是目标市场？对目标市场的评估要求有哪些？
6. 企业在市场细分的基础上,有哪些不同的目标市场营销策略？
7. 什么是市场定位？它的策略有哪些？

本章案例

抢占市场制高点的科龙集团

创业于1984年的广东科龙公司,当年是一个仅有300多人的乡镇企业,经过10多年的艰苦创业,从一个作坊式的乡镇小厂发展成为具有国际化、现代化规模的中国家电企业之一,1999年销售冰箱260万台,空调70万台,冷柜16万台,销售收入为81.73亿元。冰箱和空调的市场占有率分别为25%和9%。1997年荣获亚洲货币杂志颁发的"中国最佳管理公司"和"中国最佳投资者关系"奖项,创造了中国家电史上的神话。循着科龙公司的成功之路,人们不难发现,"抢占市场制高点"在科龙公司得到完美的体现。

一、高技术、高起点的产品定位

"要干就要干最好的"是科龙公司产品定位的主要目标。其创业初期正是我国冰箱生产大量扩张,而产品质量却逐年下滑的阶段。当时科龙公司经过认真的市场调研和分析后,决定将产品定型在技术领先、产品先进、适合中国家庭使用的双门双温BCD-103冰箱。当容声冰箱第一代产品投放市场后,由于产品技术先进,质量稳定,价格适中,受到消费者的欢迎。随着冰箱市场的竞争逐步加剧,科龙公司在原有产品的基础上不断推出新产品,使科龙公司的产品始终走在市场的前列。如电子除臭技术的应用、绿色环保冰箱等,都是在国内首先推向市场的。1992年针对空调耗电量大的情况,科龙公司决定生产一种让消费者买得起也用得起的空调,为此科龙公司选择了技术领先、能效比达到3以上(能效比是指耗电量与实际制冷量的比率,能效比越高,表明越省电,我国标准为2.32)的空调产品。经与日本夏普公司合作,设计出第一代空调产品,能效比为3.3,远远高出国家标准。产品设计的高标准、高起点,奠定了科龙产品市场份额不断扩大的基础。

二、加大技术投资,保证产品的领先地位

科龙公司不断进行技术改造,引进最先进的加工设备、精密的检测装置和先进工艺以保证其产品的质量。在创业初期,企业有了一定效益后,公司投资8000万元进行第二期工程建设,从美国、意大利、日本等国引进当时较先进的加工设备和精密的检测设备,保证了质量的稳定性。1991年投资2亿元建成一座具有80年代末90年代初世界冰箱生产水平的冰箱城,达到年产100万台的生产能力,使产品在保证质量的前提下扩大生产规模。2000年,投资近亿元在北京中关村建立"中美科龙智能控制联合研发中心",以制冷产业为核心,以智能化控制研发为切入点,进入新的高新技术产业,并将其与传统产业相结合,提升现有产品档次,拉开与对手的技术实力距离,向信息产业化方向发展。

三、利用资产重组,实现规模经营

1996年,科龙公司收购成都发动机公司,投资2.7亿元成立成都科龙冰箱有限公司。在东北又兼并了辽宁营口冰箱厂,投资2.4亿元成立营口科龙冰箱厂。短时间内,科龙公司在西南和东北建立了生产能力达100万台冰箱的工厂,从而在中国形成了三角形的生产基地。1997年,科龙、华宝两大空调企业合并,极大地提高了空调生产的规模效益。1998年,科龙集团与丹麦丹佛斯压缩机有限公司、华意压缩机有限公司三方投资9 980万美元筹建年产300万台无氟压缩机项目,与日本三洋电器公司合资生产三洋-科龙冷柜,与美国惠而浦公司采用定牌生产的方式生产科龙牌洗衣机。与新伙伴的合作,为科龙实现资本跨国流动,在更广泛的领域和深度参与国际经济分工提供了现实的可能。

四、应用信息技术,开展电子商务

为了加快电子商务的步伐,科龙聘请了以原罗兰·贝格国际管理咨询公司中国总经理宋新宇博士为首的专业团队从事电子商务的开发和管理。科龙以BtoB商务为主,建构自己的和可以与行业共享的电子平台。2000年4月开始内部试操作,6月正式推出。预计2年之内全面完成BtoB的网络建立及运行,以充分利用科龙现有的庞大的销售网点以及超过1 000万户的客户数据。其经营目标是在3~5年的时间内,使科龙电子商务业务达到传统业务用15年才达到的总产值。

[案例分析]

科龙公司的营销策略在于始终把握产品质量、抢占市场制高点、通过规模经营及发挥信息技术的作用来实现企业经济效益。特别是正确的市场定位策略使企业的产品在市场上给人印象鲜明的个性或形象,从而使产品在市场上确定适当的位置。正是由于科龙公司在创业初期,正确选择了产品定位,生产高质量、高档次的冰箱推向市场,在赢得市场的同时,使自己的品牌在消费者心中有了好的形象。

(资料来源:曹刚等主编:《国内外市场营销案例集》,武汉大学出版社2002年,第195~198页。本书引用时有所修改。)

讨论题

1. 请分析科龙公司进行市场定位时的指导理念。
2. 科龙公司进行市场细分的步骤是什么?
3. 科龙公司对目标市场进行选择的基石是什么?
4. 通过本案例的学习,你认为对待家电产品应如何进行市场定位和市场细分?

第七章 市场营销战略

随着商品经济的发展,市场体系不断完善,竞争机制的作用日益加强,要求企业进行着眼于长期发展的战略规划与管理。在激烈的"商战"中,企业面临众多竞争对手的挑战,有"战争"必有"战略"。正确的战略使企业在竞争中勇往直前立于不败之地,而错误的战略将导致企业失利。没有战略的企业犹如无舵之舟,不可能沿着正确方向前进。以满足消费者需求为宗旨的企业营销活动,为适应现代社会市场需求的复杂化、分散化、多样化、新奇化和个性化的倾向,必须进行战略规划,从而更好地识别消费需求的发展趋向,并在此基础上把握企业的市场机会。因而制定企业的市场营销战略意义重大,作为企业的市场营销战略,内容十分丰富,本章主要介绍市场营销战略的基本要点,以及市场发展战略和市场竞争战略。

第一节 市场营销战略概述

市场营销战略是企业市场营销管理中的重要内容,制定适应市场环境变化,有利于企业市场营销活动顺利开展,并且能够使市场营销策略得以很好地执行的战略,可以说是企业生死攸关的大事。因此,有必要要在对市场营销学有了初步认识的基础上,进一步探究企业市场营销战略规划的制定,以及它与营销管理过程之间的联系。

一、市场营销战略的含义与特点

1. 市场营销战略的含义

战略(strategy)一词源于希腊语,其原意是"将军的艺术"。"战略"这一词最初用于军事方面事关全局的重大部署,属于军事用语。后来,"战略"一词被广泛地应用,如应用到政治领域就有了"政治战略",应用到国民经济管理中,就有了"国民经济发展战略",把

"战略"一词应用到处于竞争中的市场营销活动中去,便是"市场营销战略"。按"战略"的一般意义分析,市场营销战略就是指企业开展市场营销活动带有全局性和决定性的计谋。具体地讲,就是企业选择在一个以上国家或地区的市场开展营销活动而制定的战略,也是企业在较长期间有关营销目标实施的原则意见,它对于较长的时间段尤其是中长期的营销活动具有指导意义。

人们把"战略"一词与企业的市场营销活动联系在一起使用的时间并不很长,因而对此有多种理解和解释,一般情况下,人们更多的是使用企业战略这一术语,认为企业战略是决策的基础。如《企业战略论》的作者安索夫(H. I. Ansoff)强调把确定企业战略作为决策的出发点。他提出,战略为企业确定一个经营的概念;战略为企业提供了特定的准则;战略能弥补企业目标的不足,提供必要的决策规划,使企业在选择最有利的营销机会时的选择范围缩小。他还提出了战略的各种构成要素。也有学者认为企业战略是企业谋求生存的方法。法国著名学者H.塔威尔指出,企业战略确定了企业的未来,并与风险紧紧相连。企业战略首先确定战略目标,然后使达到目标的机会最大化。他还明确了企业战略的组成:一是长期目标的确定;二是选择达到目标的方法;三是对每一个目标规定重点并决定所需人力、财力、物力的数量。

从市场营销学的角度讲,市场营销战略的实质是通过对企业资源的总体配置和对企业竞争性、创新性行动的总体部署,使整个企业的组织、经营结构、资源条件和经营目标等因素在可以接受的风险限度内,与企业外部环境提供的各种机会相匹配,以取得长期持续的动态平衡。

2. 市场营销战略的特点

市场营销的基本原则和理念具有普遍适用性,但由于营销的环境不同,企业在开展市场营销活动过程中,需要根据具体的实际情况与变化对营销策略进行必要的调整,而由于市场营销战略是有着全局性的性质,因而也有着它自己的特点。

(1)长期性。市场营销战略属于中长期发展规划,着眼点是企业长远发展。市场营销战略所规定的是一种中长期的发展方向和目标,以及实现这种目标的途径和方法。不过,市场营销战略虽着眼于未来,但没有抛弃现在。它既从现实出发,又不为现实所限,而是在科学分析、预测的基础上,对不确定的未来做准备,规划和创造未来。

(2)稳定性。市场营销战略作为总的行动方向和方式是相对不变的,也即在它所规定的时间内是处于稳定状态的。市场营销战略是以未来为主导的,它是在充分认识企业的营销环境、估价企业自身的经营资源及能力的基础上制定的,是既体现企业目标又切实可行的发展规划。这样,从事市场营销的企业人员在开展活动时才会有一个明确的方向,大家对企业营销目标的实现才会树立起坚定的信念。当然,市场营销战略具有稳定性的特征并不意味着一成不变,也不排斥根据客观需要和情况而对战略要求作必要的修正与调整。

(3)广泛性。市场营销战略是具有指导意义的,一旦确定下来,就必须由企业的员工来贯彻执行。所以市场营销应当为企业中的所有管理人员理解。市场营销战略不是企业少数人想法的汇集,而应当具有广泛的思想基础。没有来自企业员工的广泛的了解、领会和努力贯彻执行,市场营销战略就很难实施。因而,市场营销战略从开始酝酿阶段就需要广泛听取意见和建议,使其尽可能的吸收群体的意见。

(4)指导性。市场营销战略是对未来一段时期企业发展起指导作用的,它不是仅仅规划三到五年或更长一段时间的一系列数字,也不是对预算中的数字进行合理的解释,而是透过表象研究实质性的问题,解决企业在发展中的主要矛盾,确定企业的发展方向与基本趋势,规定企业具体营销活动的基调。所以,市场营销战略的指导作用十分突出。

(5)适应性。市场营销战略要求企业的资源、生产能力和不断变化着的市场环境保持协调,因为营销战略的实施和评价主要是通过企业内部和外部公众来实现的,所以营销战略必须被他们理解并符合他们的利益。但是,不同的利益集团有着不同的甚至是相互冲突的目标,因此,企业在制定市场营销战略时一定要注意协调好各方面的利益关系,尽可能符合宏观环境发展的需要。

(6)差异性。市场营销战略是在市场环境与企业能力的平衡下制定的,但构成战略的因素是不相同的,尤其表现在营销目标和任务、营销措施和方法等方面是存在着差别的。加之市场营销所面临的内外部环境也在不断地运动变化着,所以企业的市场营销战略必须要考虑市场营销内外部环境的实际情况制定营销目标、策略和措施。

以上6个方面构成了市场营销战略的基本特征,但这不是绝对的唯一的表述。也有专家学者提出市场营销战略应从7个方面来把握,从时间方面是长远性,从控制对象方面是全局性,从发挥作用方面是指导性,从性质方面是抗争性,从内容方面是客观性,从市场反应方面是可调性,从范围方面是广泛性。只有具备了这7个基本方面,才能被称为比较完善的市场营销战略。

二、市场营销战略管理过程

企业市场营销战略管理过程是市场营销管理的内容和程序的体现,是指企业为达成自身的目标辨别、分析、选择和发展市场营销机会,规划、执行和控制企业营销活动的全过程。通过这个过程使企业的活动与外界环境的发展变化相适应,在不断的调节中发展壮大。

通过对市场结构、消费者、购买者行为的分析和对市场营销环境的监测、研究来识别、评价和选择企业的市场机会,这是企业营销人员的首要任务,也是企业市场营销管理过程基本的和首要的任务。

1. 分析市场机会

寻找并分析市场机会是具体落实市场营销战略的主要任务,也是市场营销管理的首要步骤。企业营销人员通过对市场机会的分析、评估,包括对市场结构的分析、对消费者行为的认识和对市场营销环境的研究。除此之外,还需要对企业自身能力、市场竞争地位、企业的优势与劣势等进行全面、客观的评价。

(1) 寻找市场机会。企业从事生产经营就一定要以市场需求为出发点,所以寻找市场机会很重要。企业寻找市场机会,需要有合适的途径和方法,以提高确定市场机会的准确性。

首先,通过收集市场信息的方式来寻找市场机会。营销人员可以通过各种传播媒体所登载的有关信息,或者是参加产品的展示会或研讨会等方式了解有关情况,分析判断有关信息是否寻找出市场机会的蛛丝马迹。而直接参与市场调研活动,更有助于寻找、发现和识别市场机会。

其次,是采用产品—市场矩阵图来分析寻找市场机会。所谓产品—市场矩阵图是以产品发展和市场发展的二维模型所构成的企业发展模式(见图7-1)。

	现有产品	新产品
原有市场	市场渗透	产品开发
新市场	市场开发	多角化经营

图 7-1 产品—市场矩阵图

产品—市场矩阵图展现出了四种模式,通过这四种模式,企业也能够有相应的四种途径来发现市场机会。第一,市场渗透。是在现有市场就现有产品的销售加强促销力度,从中来寻找是否存在市场机会。第二,市场开发。是针对现有产品在新市场上进行销售,从中寻找是否有市场机会的存在。第三,产品开发。是在现有市场上进行新产品的销售,从中寻找和发现市场机会。第四,多角化经营。是以新产品在新市场上进行销售,由于全是新的,所以需要开展多角化经营,以寻找更多的市场机会。

(2) 评估市场机会。市场营销人员提出只要顾客方面还有没被满足的需求,则市场机会就存在。而顾客方面的需求是不太可能完全被满足的,所以从市场营销学的角度分析,市场机会是随处可见的。但并非所有的市场机会都能成为企业发展的机会,由于企业本身具备某种或多种特殊条件或专长,使其在利用某个市场机会时比其他竞争者更具有优势或劣势,因而企业的营销人员不但应该善于通过发现消费者现实的和潜在的需求,寻找各种市场机会,而且应当具备通过对各种市场机会的评估,确定本企业最适当的机会。

首先,要评估市场机会是否同企业目标和任务相符合。企业目标是指企业在一定时期内所要达到的目标,如利润率目标、市场占有率目标、投资回报率目标等。企业任务是指它所参与的经营领域,为哪些顾客提供产品或服务。如果评估得出的结论是市场机会与企业目标和任务相吻合,企业就应该采取积极的措施,利用自身资源把握市场机会。

其次,要评估企业是否具备利用市场机会的能力。市场机会虽然很多,但能否成为企业发展的机会,还需要分析企业是否拥有利用市场机会的能力,即在资金、技术、人力资源等要素方面的实力状况。有些企业虽拥有雄心壮志,可资金、规模等方面实力不够,心有余而力不足,无法利用某些市场机会。所以,企业自身的实力因素是决定企业能否利用市场机会的重要内容。

最后,要评估企业能否获得最大的差别利益。获得最大的差别利益是指企业在利用某个市场机会时,应当比现实的和潜在的竞争者有更大的优势,并能够获取比竞争者更大的利益,这样的市场机会才能成为企业发展的机会。

2. 选择目标市场

选择目标市场是市场营销战略管理的第二阶段,目标市场就是企业决定要进入的那个市场部分。企业开展市场营销活动,首先需要决定经营范围和把产品投入到哪一个市场,为哪一类消费者群体服务。在选择目标市场之前先要进行市场细分,再按照市场细分的结果确定目标市场以及所采取的相应营销战略。

3. 策划营销战略

企业在进行了市场的选择和定位之后,就需要对有关的营销战略问题做出安排,从而使自己在市场营销活动中有明确的指导理念。

(1) 目标市场范围选择。在进行了市场细分之后,企业会面对不同的目标市场,此时企业需要确定与自身实力和发展目标相对应的目标市场范围。企业可采取的目标市场范围战略有五种。

第一,市场集中化。即选择单一细分市场,这是一种比较简单的市场战略,即企业只生产一种产品,服务于一个顾客群(如图 7-2a)。规模较小的企业一般会选择市场集中化战略,采取这种战略使得企业能够深入地了解这一细分市场的需求特点,进而采用有针对性的生产经营方向,从而获得强有力的市场地位和良好的声誉。不过市场和产品单一,也隐含着较大的生产经营风险。

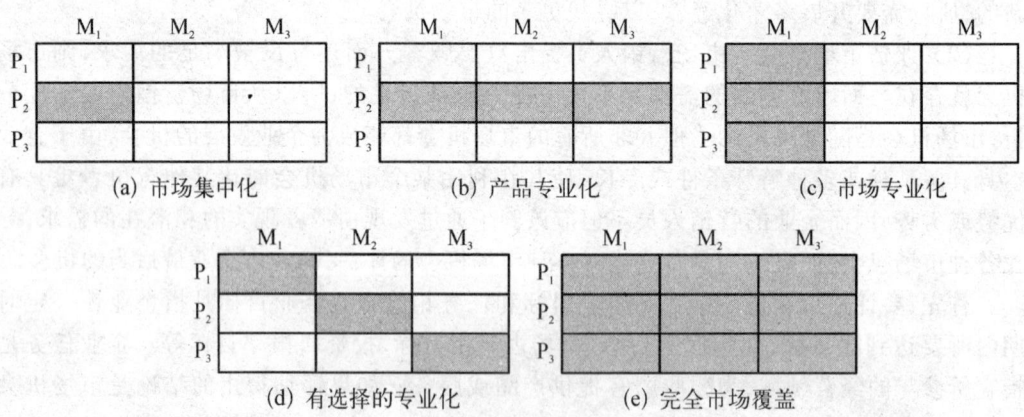

图 7-2 目标市场范围选择战略图

第二,产品专业化。是指企业为多个细分市场提供同一种产品,采取这种战略所生产经营的产品专业性突出,质量能够显示出来,企业声誉也便于树立。(如图 7-2b)但品种单一也孕育着一定的风险。

第三,市场专业化。是指企业为某一细分市场同时生产多种性能的产品,以满足该市场顾客的不同需求。(如图7-2c)这一战略注重某一特定的顾客群体,尽力满足他们的需求,因而有利于企业专业特色和市场声誉的树立。不过一旦特定顾客需求发生变化,则企业会承担较大的风险。

第四,有选择的专业化。是指企业同时进入几个细分市场,为各个市场提供所需要的不同产品。(如图7-2d)由于这几个细分市场是经过选择的,并且对企业而言都有吸引力,因而有利于拓宽企业的发展面,分散企业的生产经营风险。不过,各个细分市场之间关联度不强甚至根本没有联系,因而采用有选择的专业化战略,需要有一定的生产经营规模。

第五,完全市场覆盖。是指企业为所有的细分市场提供所需要的各种产品,也就是所有的细分市场都是目标市场。(如图7-2e)一般只有实力强大的企业才能采取此战略。

(2)目标市场定位。目标市场范围确定后,企业就要在目标市场上进行定位。这时候的营销战略选择必须从企业实际的市场地位和竞争实力出发,以争取更大的利益。在进行目标市场定位时不能离开产品和竞争两个要素,需要进行产品定位和竞争性定位,并将两种定位交替使用。产品定位是指本企业的产品与竞争对手的现有产品在目标市场上各自所处的位置,或者说产品的市场覆盖面如何。竞争性定位是指企业在与竞争对手的现有产品进行比较后,决定在目标市场上应当提供的产品。

第二节 市场发展战略

企业开展生产经营很重要的是开拓市场,作为市场营销战略的基本内容之一是市场发展战略,这是以扩大市场范围,增加市场销量,提高市场覆盖率和占有率,加强企业的市场地位为重点的长期战略。

一、市场发展范围战略

市场发展范围战略是指企业选择在原有市场范围内发展还是在新市场范围内发展的战略。所谓原有市场范围指的是某产品已经拥有一定销售份额的市场,包括本企业占有的市场和其他企业占有的市场。而新市场范围指的是未被企业所开发过的全新市场,以及已开发但未实现、未满足的市场。就市场营销而言的市场范围,包括产品种类、顾客类别、销售区域和场所等。

企业要扩大市场范围主要有两种发展战略。第一是在原有市场上拓展,即争夺其他企业已占有的市场;第二是在新市场上发展,即占领未开发的市场或开发新市场。究竟应采取何种战略,则要依据企业自身的实力和市场的状况来定。所以,对市场状况进行必要的评估,就显得十分重要。对市场状况进行评估的方法有许多,影响较大的主要有波士顿咨询公司评估法(BCG 评估法)和通用电器公司评估法(GE 评估法)。波士顿咨询公司评估法参见第八章,这里简单介绍通用电器公司评估法。

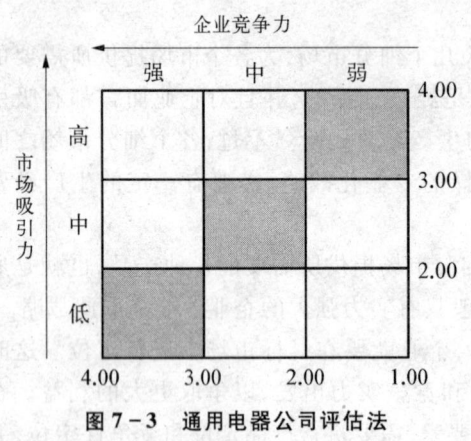

图7-3 通用电器公司评估法

通用电器公司评估法是把影响企业发展的诸多因素综合起来进行分析,采用"市场吸引力—企业竞争力"两维向量、三个等级、九个方格来评估企业的发展状况(见图7-3)。图中纵坐标为市场吸引力,用来评估企业的市场机会,内容包括市场规模、市场增长率、销售利润、竞争强度、技术要求、通货膨胀率、能源要求、环境影响等因素,评分等级为高、中、低三等。图中横坐标为企业竞争力,用来评估企业某项业务的市场竞争力,内容包括市场规模、市场份额、产品质量、品牌信誉、分销渠道、促销效果、生产能力、生产效率、单位成本、物资供应、研究与开发实绩及管理水平等因素,经评估打分,分为强、中、弱三种。

通用电器公司评估法把九个方格分为三个等级,左上角三个方格表现为最强的区域,市场吸引力和企业竞争力都较好,企业应采取增加投资、积极扩展的战略。左下角到右上角的对角线占据的方格是中等区域,这三个方格的市场吸引力和企业竞争力表现为中等,企业一般应采取维持投资、保持赢利的战略。右下角三个方格是最弱区域,市场吸引力和企业竞争力都表现为最弱,企业一般应采取收缩和放弃的战略。

二、市场发展方向战略

市场发展方向包括正向发展(正增长)、反向发展(负增长)和不发展(零增长)。在三种发展方向中正向发展是企业主要的选择。企业可以根据自身具体情况在生产经营的不同时期交替采用这三种战略,也可以在同一时期混合使用三种战略。

市场正增长也称为企业成长战略,是指通过扩大企业生产经营规模来扩大市场份额的战略。市场正增长战略可分为开拓型和赶超型两种形式。开拓型是指处于行业领先地位的企业以自身为对手,不断创新,超越自我,开拓市场的战略。但是企业在实施开拓型战略时要注意市场的饱和度,避免在趋于饱和的市场上投入过多的人、财、物力。赶超型是指相对落后的企业通过努力,向先进企业看齐,逐步缩小差距,争取超越竞争对手,提高企业在市场上的地位的战略。这种企业成长战略应根据自身的条件和能力灵活采用。

市场负增长也称为企业紧缩战略,是指缩小企业生产经营规模从而缩小市场份额的战略。这是在企业出现严重不利的内外环境的情况而短期内又无法扭转时,不得已而采用的方法。它通过资产重组、抽回资金、出售和出租部分资产、业务分拆、企业分立等途径,把企业有限的资源力量集中起来,克服困难,保存实力,为企业今后发展准备条件。

市场零增长也称为企业稳定战略,是指保持企业生产经营规模基本不变从而巩固现有市场份额的战略,属于短期休整过渡性质的战略。该战略适用于市场环境和企业经营状况都良好,但其发展受限制的情况下采用。

三、市场发展方式战略

市场发展方式战略是指企业选择用什么方式使市场扩展和企业发展的战略。通常情况下,有三种市场发展方式战略可供企业选择,主要是集约化发展、一体化发展和多角化发展战略(见表7-1)。

表7-1 市场发展方式战略

集约化发展战略	一体化发展战略	多角化发展战略
市场渗透	后向一体化	同心多角化
市场开发	前向一体化	水平多角化
产品开发	水平一体化	综合多角化

1. 集约化发展战略

集约化发展战略是企业在原生产经营领域内,集中力量挖掘市场潜力、改进产品、扩展市场。它是在企业所面对的市场还有潜力可挖的情况下所采取的战略,具体有市场渗透、市场开发和产品开发三种形式。

(1)市场渗透。是在现有的市场上采取更积极的措施,如提高质量、加强服务、降低价格、增加广告等,设法使老顾客增加购买数量和购买频率,吸引竞争对手的顾客购买和刺激潜在顾客购买。

(2)市场开发。是在现有的产品基础上,努力开拓新的市场。即把企业现有的产品推广到新的目标市场,扩大产品的销路。不过采取这种方式时,需要做大量的市场调研工作,分销和促销费用较大。

(3)产品开发。是企业开发新的产品来维持和提高市场占有率。企业可以通过增加产品的品种、规格、款式、功能和用途等方法,也可以通过提高质量、加强服务甚至改进包装等方法,来吸引并满足顾客的需求。这一战略适用于现有市场已饱和、产品已老化的市场状况。但新产品会挤占现有产品的市场,研发费用和促销费用大,因而风险也比较大。

2. 一体化发展战略

在竞争激烈的市场环境中,企业与企业联合是企业生存发展的一种选择,通过企业的联合实行一体化的发展战略是市场发展战略的趋势之一。一体化发展战略主要包括后向一体化、前向一体化和水平一体化三种形式。

(1)后向一体化。是企业通过投资、并购或联营等形式,对原材料等供给来源取得控制权或所有权,实行供产一体化的战略。如某家渔庄(饭店)过去一直向供应商购买水产品,现在自办渔场,自行养殖。后向一体化的主要作用是企业能够拥有和控制供应系统,既降低了原料成本,更提高了企业的赢利水平。

(2)前向一体化。是企业通过一定形式对其产品的加工或销售单位取得控制权或拥有权,从而拥有和控制其分销系统,实行产销一体化的战略。如某鞋厂原来只为皮鞋店提供皮鞋,现在自己开办了皮鞋店直接向顾客供应皮鞋。

(3)水平一体化。是指企业间的兼并联合战略,既可以是一家企业接管或兼并它的竞争对手,也可以是企业与同行业内相类似企业间进行收购、兼并和重组。如某家电子产品企业通过接管或兼并其竞争对手,或者与同类企业合资经营,来寻求增长的机会。这种方式可以扩大产品和服务市场,提高规模经济效益,风险较小。

3. 多角化发展战略

多角化发展战略是指企业向本行业以外发展,扩大业务范围,向其他行业投资,实行跨行业经营和扩张市场空间的战略。实行多角化发展战略的前提是企业所属行业缺乏有利的营销机会或其他行业更具有吸引力。实行多角化发展战略可以减少风险,增强企业势力。其具体有三种形式:

(1)同心多角化。是企业利用原有的技术、特长和营销力量等,开发与现有产品有协同关系的新产品,由同一圆心向外扩大经营业务范围的战略。实施同心多角化战略能使企业的产品进入多种市场,以吸引更多的顾客。如原来以生产经营电视机为专长的企业,以屏幕图像清晰技术为中心向外扩展业务范围,陆续开发生产出 DVD、数码相机、手机等产品。

(2)水平多角化。是企业在原有市场上发展横向的多种经营业务的战略,如大型百货公司在继续经营百货业务的同时,开设餐厅酒吧搞餐饮业,开设影剧场搞文化业,还开设儿童游乐场、健身房等,以此来稳定老顾客、吸引新顾客,来达到扩大营销的目的。

(3)综合多角化。是企业开发与现有技术、产品、市场完全无关的新业务、新产品的战略,如生产经营家用电器的企业投资经营旅游业、从事餐饮的企业开办居家装潢公司等,这样可减少因行业不景气带来的威胁。实施综合多角化战略可以发挥企业的多种特长,使企业的人力、物力和财力资源得到充分的利用,增强企业的应变能力,保证企业的长期稳定发展。

第三节 市场竞争战略

市场竞争是市场经济的一般特征,企业开展市场营销活动必然会面临竞争对手的挑战,特别是会遇到经验更为丰富、实力更为强劲、眼界更为宽广的竞争者。因此,企业开展市场营销活动,必须识别竞争对手的特点,分析其战略、目标、优势与劣势,有针对性地制定竞争性的营销战略。

一、识别竞争对手

任何企业在市场竞争中都会有自己的相对优势和劣势,要获得竞争的胜利,必须以一定的竞争优势为基础,也就是要以自己的优势作为制定竞争战略的出发点。这就要求企业对自己在本行业中所处的地位有一个正确的评估,并以此作为制定经营战略和策略的依据。企业在市场竞争中所处的地位与行业发展有着密切的联系,在行业处于高速发展时期,由于每个企业都可以随着行业的发展而获得一定程度的发展,并在发展中获得收益,因而企业对竞争对手的研究会相对少一些。而在行业发展缓慢时,竞争加剧,企业就特别注重对竞争对手的研究,并经常向竞争对手的弱点发起冲击,以改变企业的竞争地位。在一个特定的行业中,企业的竞争地位可以用不同的指标来表示,比如,可以用相对市场占有率和企业的实力等来表示,也可以用不同方式表现出企业所处的竞争地位。

美国著名管理咨询公司的阿瑟·D·利特尔把企业的竞争地位分为六种,每家企业可以在其行业的六种竞争地位中占有一种。第一,统治地位。该企业控制着其他竞争者的行为,并且在经营战略上有广泛的选择权。第二,强壮地位。该企业可以采取不危及自己长期地位的独立行动,而且它的长期地位也不受竞争者行动的影响。第三,有利地位。该企业有力量来利用一些特定的战略,并且在改进它的竞争地位上有超过一般企业的机会。第四,防守地位。该企业在足够令人满意的水平上继续经营,但是它的存在要得到占统治地位企业的容许,在改进其地位的机会上少于一般的企业。第五,虚弱地位。该企业的经营业绩令人不满意,但还存在着一个改进机会,它必须考虑是否要退出原市场。第六,无活力地位。该企业的经营业绩太差,并且已经没有改善机会了。

每个企业都可以认识到自己所处的竞争地位,这将有助于企业在市场上所决定采取的战略。

二、市场竞争的基本战略

从市场竞争的普遍规律而言,企业为增强竞争能力,争取竞争优势的基本市场竞争战略主要有三种:低成本战略、产品差异化战略和目标聚焦战略。

1. 低成本竞争战略

低成本竞争战略,是通过将产品的生产与经营成本降低到比所有的竞争对手更低的水平,以获得竞争优势的一种竞争战略。低成本竞争战略要求企业努力规划,并建立起一定规模的生产或服务设施,利用追求规模经济、原材料的优惠等途径,形成企业的低成本优势。

一般而言,企业如果处在低成本的地位,采用低成本竞争战略会使企业拥有较大的优势。首先,是获得高于同行业平均水平的收益。因为低成本意味着当其他竞争对手已无利可图时,本企业仍然可以获得相当部分的利润。其次,受顾客和供应商的砍价威胁小。因为低成本地位有利于企业在买方强大的讨价还价下,能够较好地维护自身的利益。作为买方在砍价时一般有一个下限,就是把价格压低到居于其次的竞争对手的水平。此外,低成本也容易形成对强大的供应商砍价威胁的防卫,因为低成本使企业在对付卖方产品涨价时有较高的灵活性。最后,抬高了市场准入门槛。因为低成本地位使企业产品在价格方面具有较强的竞争力,准备介入这一市场的企业必须在规模效率相当高时才可能获得预期的利润。这无形中给潜在的竞争对手筑起了一道比较高的市场准入门槛,使潜在的竞争对手望而却步。

不过,低成本竞争战略也存在着不少弊病。因为企业为获得低成本的地位,往往会忽视技术进步或技术革新,这样会使得企业在服务质量方面缩水,使顾客失去对企业产品和服务的信任。另外,过分强调低成本,也容易使企业走进过分追求规模经济和市场占有率的路径,反而会增加管理成本。

2. 产品差异化战略

产品差异化战略,是指在市场上使本企业的产品在质量、功能、品种、样式、档次、商标、包装等某一个或几个方面具有显著的特色,或与其他竞争对手的同类产品有着显著的差异,并以此为手段与竞争对手进行竞争的战略。产品差异化战略是企业保持其市场地位和获得超过平均水平回报率的较为有效的一种方式,如果企业能够取得并保持自己的产品差别化特色,并使顾客乐意接受自己产品或服务的较高价格,这会给企业带来较好的收益。

能够成功采取产品差异化战略的企业可以获得不少益处:第一,避免与竞争对手发生正面的冲突,降低了竞争成本。第二,增加产品对顾客的吸引力,从而增加产品的销售量。第三,在产品价格的制定上可以获得较大的空间,以适应不同市场的需要。第四,降低替代品的威胁程度和降低潜在竞争对手的威胁程度等。当然,产品差异化战略的实行对企业而言,也存在着弊病。比如企业在实行产品差异化战略时,会与争取更大的市场份额相矛盾,因为企业实行产品差异化的成本是比较高的,这样一来产品的市场价格就无法低下来,不利于市场的拓展。另一方面,竞争对手的模仿缩小了本企业产品差异化的突出之处,现在市场上销售的各种产品往往在内在功能和外在造型等方面有着很大的相似,使顾客在选择时可能无法准确地辨别出不同产品间的差异。

3. 目标聚焦战略

目标聚焦战略,是指由于企业资源的有限性或企业所具备的竞争优势只能在市场的一定范围内发挥作用,致使企业很难在目标市场开展全面的竞争,因而要在市场进行细分的基础上集中力量,或主攻某一特定的消费者群体,或主攻某个产品系列的某一品种,或主攻某一国别或地区市场,从而取得比竞争对手更高的效率和收益的战略。

目标聚焦战略要求企业对产品或服务进行详细的市场细分,如根据民族、收入、家庭规模、顾客生活方式、兴趣、个性特征,以及顾客对产品或服务的需求等标准来进行细分,并且要求企业的决策层要具备敏锐的市场洞察能力,能够深入分析各个细分市场的需求规模和获利能力,研究现有的市场竞争对手的性质和特点,把握竞争环境的变化趋势,善于发现市场的空白点,合理地选择企业所期望的目标市场。由于目标聚焦战略只集中精力于局部市场,所需投资资本较小并且经营成本也较低,因此,目标聚焦战略受到了广大中小企业的青睐。当然,采用目标聚焦战略的企业所选定的目标市场如果和其他部分市场没有任何差异的话,那么这种竞争战略就无法获得成功。在一般的市场范围中,都会存在部分未能得到满足的消费需求,目标聚焦战略就是帮助企业专门致力于为这部分市场提供产品和服务,从而在与竞争对手目标市场的差异中获取竞争优势。

三、不同地位企业的市场竞争战略

美国著名的营销学家菲利普·科特勒根据各企业在行业中所处的地位,把它们分成四类,即市场领先者、市场挑战者、市场追随者和市场补缺者。这种分类方法被世界许多国家和学者所接受。如图7-4所示。

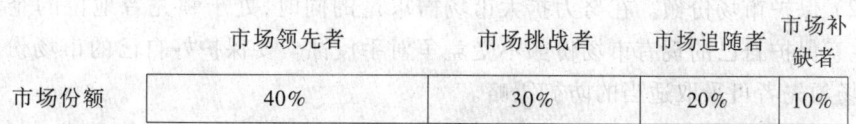

图7-4 企业在市场竞争中的地位

1. 市场领先者的竞争战略

市场领先者是指其产品在相关市场中占有40%以上的市场份额,并且在价格变化、新产品开发、分散覆盖和促销手段上,对其他企业起着领导作用。绝大多数行业都存在一个公认的市场领先者,其他企业都承认它的统治地位。在美国,汽车行业的通用公司、饮料行业的可口可乐公司、快餐行业的麦当劳公司等就是本行业的市场领先者。在我国,从事电脑业的联想公司、生产电冰箱的海尔公司等,也是业界认同的市场领先者。

作为市场领先者在生产经营活动中并不轻松,其他企业通常会抓住机会向它挑战,或者试图利用它的弱点。因此,市场领先者必须时刻保持警惕,不断地进行自我改造,使企业充满活力,否则很容易错过良机而下降到第二位或第三位。

正因为市场领先者时刻会受到其他企业的挑战,所以其也必须参与市场竞争。市场领先者参与竞争的目的主要是为了保持自己在市场上的领先地位和既得利益,通常是采取以下三种战略:

(1) 扩大市场需求量。在市场上产品结构不变的情况下,市场需求的扩大,得益最多的就是处于领先地位的企业。因为市场领先者已有的影响力、品牌的知名度和广泛的分销渠道,使新增加的市场份额中有很大一部分比例仍属于市场领先者持有。要有效地扩大市场需求大致有三种途径:

第一,发掘新的使用者。也就是不断开发并激起潜在顾客的购买和使用本企业产品的欲望，具体的方式有：一是市场渗透策略，是在原有市场上，借助营销努力，使潜在顾客变为现实顾客。比如说服那些很少或不饮用袋泡茶的消费者饮用该产品。二是开发新市场策略，是指开发新的细分市场，改变促销策略，将原先的非促销对象变为现在的促销对象，争取他们的购买。比如原先主要在大中城市市场销售的化妆品，现在进入到乡镇一级的市场销售。三是地理扩张策略，是将产品打入本产品尚未涉足的市场，特别是销往国际市场。比如国产的电器产品销往欧美国家市场。

第二，开辟新用途。企业通过发现和推广产品的新用途来扩大市场规模，伴随着产品用途的不断被开发，使用的领域会扩大，使用量也越来越大。如美国杜邦公司最初研制的尼龙纤维主要用于制作降落伞绳，后不断开发出新用途，如用于制作尼龙丝袜、衬衫面料、沙发椅套、轮胎和地毯等，使产品用途不断增加，市场规模也随之扩大。

第三，增加使用量。是在原有顾客总量不变的情况下，当每个顾客的使用量增加后，产品总的销量也将随之增加。比如某食品公司将盛有调味品的小瓶盖打了许多小孔，使之不仅方便了消费者，又使人们在不知不觉中增加了消费量。

(2) 保护市场份额。在努力扩大市场需求量的同时，处于领先者地位的企业还必须时刻注意保护自己的现有市场份额不受竞争对手侵蚀。要保护好自己的市场份额不受侵蚀，市场领先者可采取适当的防御策略。

第一，阵地防御。就是在现有的市场阵地周围建立防线，防止竞争者的入侵。这是一种静态的消极防御，是防御的基本形式，但不能作为唯一的形式。如果把所有的力量都投入到阵地防御中去，很可能导致失败。对于市场营销者来讲，单纯阵地防御会患"营销近视症"。典型的例子是美国福特汽车公司当年一味死守"T型车"，结果付出沉重的代价，使得年赢利10亿美元的公司从顶峰跌到濒临破产的边缘。

第二，侧翼防御。是指市场领先者在保卫自己的市场阵地外，还应该在侧翼或易受攻击处建立防御阵地，特别是要注意保卫自己较弱的侧翼，不给竞争对手以可乘之机。如20世纪70年代美国的汽车公司就因为没有注意侧翼防御，遭到日本生产的小型汽车的进攻，失去了大片的市场阵地。

第三，先发防御。也称以守为攻，是在竞争对手尚未进攻之前，先发制人抢先攻击。这种策略主张预防胜于治疗。具体做法是，当竞争者的市场占有率达到某一高度时，就对它发动攻击。或者对市场上的所有竞争者全面攻击，以使竞争者无隙发起攻击。如日本精工手表厂把它的2 000多种款式的手表分销世界各地，不给竞争者以可乘之机。

第四，反攻防御。是在市场领先者遭到竞争对手发动促销或降价攻势，或改进产品占领市场等进攻时，不能只是被动应战，而应主动反击侵蚀者的主要市场阵地，以切断侵蚀者的后路。一个有效的反攻策略是进攻到竞争者的市场阵地防守，如日本某公司抽调一批精兵强将向美国在东欧地区的市场发起进攻，美国人由于力量分散，在防守中节节败退，为确保市场份额不致受损，美国公司也抽调了一批具有丰富国际营销经验的人员，向日本公司的主市场即日本国内市场作战略性的反攻。由于国内市场人才匮乏，日本某公司大有抵挡不住美国人进攻之势,不得不急招在东欧市场的人员回国,使东欧市场重又回到美国人手中。

第五,运动防御。这一策略要求市场领先者不但要积极防卫现有的市场地位,而且要伸展到可作为未来防卫及攻击基地的新市场。这一策略可以使企业在竞争上有较多的回旋余地。如美国的雷诺和菲利普·莫里斯等烟草公司意识到社会对吸烟的限制正在加强,于是纷纷转入酒类、软饮料和冷冻食品等新行业中去,实行多角化经营。

第六,收缩防御。是指市场领先者因为自己的业务范围太广泛,而使得自己的力量过于分散,面对竞争者的进攻,应该实行战略收缩即收缩防御,放弃某些市场阵地,把力量集中到主要的市场阵地上去。如春兰集团原来主要生产经营空调器产品,后来又相继开发了电冰箱、彩电等产品,甚至还开发了汽车、摩托车等产品,由于生产经营范围太过庞大,拖累企业的整体收益,结果造成重大亏损,以致上市股票被停牌。后来春兰集团采取收缩防御策略,把重心放到空调器产业方面,情况始有好转。

(3) 提高市场占有率。市场领先者一般都十分乐意通过提高市场占有率来增加收益,因为市场占有率越高,利润率也越大。市场领先者在提高市场占有率时,主要采取的策略:第一,产品创新策略。市场领先者通过产品创新,可以有效地提高市场占有率。第二,提高质量策略。市场领先者不断向市场提供质量超过一般标准的产品,使企业获得质量溢价。第三,系列品牌策略。通过扩大企业同种产品的品牌系列,采用多品牌营销,以抓住各类型的顾客。第四,大量广告策略。企业通过高强度、高频率的广告来促使顾客经常保持对本企业品牌的印象。

不过,市场领先者在提高市场占有率时,还需要注意三个问题:一是引起反垄断的可能性;二是为提高市场占有率所付出的代价;三是单位产品成本是否会随市场份额增加而减少。

2. 市场挑战者的竞争战略

市场挑战者通常掌握了 30% 的市场份额,在市场占有率方面名列第二,而且该类企业正在为获得更大的市场份额而努力。因此市场挑战者是在市场上居于次要地位但对市场领先者构成最大威胁的企业。如百事可乐公司之于可口可乐公司,福特汽车公司之于通用汽车公司,这些企业通常具有攻击性,以一种积极的姿态参与市场竞争,向市场领先者和其他竞争者发动攻击,争取获取更多的市场份额,甚至想取代市场领先者的地位。

市场挑战者在确定竞争战略时,首先是要确定挑战对象。一般有三种目标可供选择:一是攻击市场领先者。多数情况下,市场挑战者可以在市场领先者的领域里仔细寻找那些未被发现的需求和消费者的不满,也可依据产品创新向领先者发动进攻。二是攻击与自己实力相当的企业。这类企业往往是市场经营不好又缺乏资源,市场挑战者可看准机会夺取其市场份额来壮大自己。三是攻击地方性小企业。市场挑战者可以通过收购兼并等夺取它们的市场份额,扩充自己的实力。

市场挑战者在确定竞争对象以后,还必须采用恰当的竞争战略,才能取得最终胜利。挑战者的进攻是多种多样的,主要有:

第一,正面进攻,就是市场挑战者集中全力向对手的主要市场阵地发动进攻,攻击的目标是对手的强项而不是弱点。主要是在产品品种、质量、价格和广告等方面展开竞争。

第二,侧翼进攻,就是挑战者通过寻找竞争者的产品还没有覆盖到的市场空区或对手产品线留下的市场空缺,迅速用自己的产品加以填补。

第三,迂回进攻,是当竞争对手的实力较强,正面的防御阵线非常严密时,市场挑战者可以采用迂回进攻的策略,特别是集中自己的优势力量攻击对手的薄弱环节。

第四,包围进攻,这是一种全面的大规模的进攻策略,市场挑战者要是拥有优于对手的资源,并确信自己的实力足以击垮对手时,可以采用这种策略。

第五,游击进攻,如果挑战者自身暂时规模较小,力量较弱的话,可以采用游击进攻策略。挑战者可根据自己的实力针对竞争对手的不同侧面,进行小规模的、时断时续的攻势。

市场挑战者不管采用哪种进攻战略,一般情况下,主要是围绕价格、产品、服务、渠道、广告等方面来展开的。

3. 市场追随者的竞争战略

市场追随者掌握了 20% 的市场份额,该类企业只图维持现有市场阵地,并不希望打破现有的市场结构。事实上,并非所有的屈居次席的企业都会向市场领先者发起挑战,市场领先者也绝不会坐视自己的市场份额被抢占而不闻不问。在领先者应战以后,一场恶战在所难免,很有可能会造成两败俱伤。除非市场挑战者确有制胜的把握,否则,这些屈居次席的企业采取追随领先者而非攻击领先者的策略,仍不失为一个较好的选择。效仿领先者,为顾客提供相似的产品,原则是在努力扩大市场份额的同时不致招来市场领先者的报复。

一般来说,市场追随者有三种可供选择的追随战略。

第一,紧密跟随。市场追随者在进行营销活动的各个细分市场和采取的营销组合策略等方面,尽可能仿效市场领先者,亦步亦趋,以借助市场领先者的优势打开市场,在市场领先者获利时也能分得一定份额,但不从根本上去妨碍和侵犯领先者。

第二,有距离的跟随。市场追随者进行营销活动时,在目标、产品创新、价格水平和分销渠道等主要方面不是完全仿效,而是与市场领先者保持一定的距离。在某些方面保有自己产品的特色,争取与市场领先者保持一定的差异化。

第三,有选择的跟随。市场追随者根据自己企业的特点,为充分发挥自己的能力,在对市场领先者作全面的分析之后,有选择地进行跟随。这样做既避免了与市场领先者之间直接的竞争,又能保持自己的特色。

4. 市场补缺者的竞争战略

市场补缺者掌握了剩余的 10% 的市场份额,这部分市场是大企业所不感兴趣的小细分市场。每个行业中都有一些实力弱小的企业，如同小船在大海中远航一样。这些小企业也很难在大市场中维持长久，他们生存和发展的途径主要是寻求市场缝隙，拾遗补缺。市场补缺者主要是充分利用自身的特长来寻找市场中的缝隙并努力去填平补缺，夹缝中求生存。

市场补缺者主要是通过专业化营销来占领市场缝隙，采用市场补缺者竞争战略的企业，主要采取的专业化策略有：按最终用户专业化、按垂直层次专业化、按顾客规模专业化、按特定顾客专业化、按地理区域专业化、按产品或产品线专业化、按顾客订单专业化、按质量与价格专业化、按服务项目专业化和按分销渠道专业化等。

复习思考题

1. 市场营销战略的基本特征有哪些？
2. 简述市场营销战略管理的过程。
3. 如何策划营销战略？
4. 简述市场发展方向战略的基本内容。
5. 简述市场发展方式战略的基本内容。
6. 简述市场竞争的基本战略。
7. 根据企业的竞争地位不同，各有什么竞争战略？

本章案例

"凤凰"退出"傻瓜"市场竞争

江西凤凰光学仪器（集团）公司的前身是江西光学仪器总厂。它是我国少数几家技术实力雄厚的照相机生产厂家之一，其生产的凤凰系列相机，因镜头质量优良、机械性能卓越而备受消费者青睐，是少数叫得响的国产相机之一。尤其是"江光"在20世纪80年代开发生产的凤凰205相机，曾经风靡全国。尽管当时的最高年产量达到了23万架，但产品仍然供不应求，销售商要排队等候提货。

改革开放后，"江光"更是步入了一个快速发展的"黄金时期"。由于城乡居民收入水平和消费水平的大幅度增加，照相机作为"新五件"（彩色电视机、电冰箱、洗衣机、收录机和照相机）之一，取代"老五件"（自行车、手表、收音机、缝纫机和黑白电视机），而成为城镇居民生活水平提高的象征。据统计，在20世纪80年代，照相机的社会拥有量提高了3.61倍，从1980年的577万架提高到1989年的2 085万架；城镇居民家庭照相机的普及率由1983年的7.28%提高到1989年17.27%。这样一个庞大的市场为"江光"提供了发展的大好时机，使其一跃成为利税超千万元的利税大户。

"傻瓜"冲击波

然而,好景不长,20世纪80年代末,一种来自境外的塑料壳全自动照相机(俗称"傻瓜"相机),洪水般地涌入我国。大量走私相机的涌入,使我国相机行业面临灭顶之灾。因为"傻瓜"相机不仅操作简单,而且价格也低廉,正好迎合了中国消费者的口味。结果,全国37家照相机厂,绝大多数停产转产,少数几家勉强维持的企业也纷纷引进国外设备及散件,组装生产"傻瓜"相机。与此同时,精明的国内厂商也抓住时机,在沿海地区通过合资、独资方式,兴建了一批照相机组装厂,大批量生产"傻瓜"相机。在这股汹涌的"傻瓜"洪水冲击下,国产相机几乎全军覆没,几家幸存的也是苟延残喘。

"江光"自然也未能幸免。在短短几年的时间内,凤凰205相机由最高年产销售量23万架跌至7万架,"江光"由年创利税过千万元变为年亏损超300万元。

面对这样的环境和形势,"江光"也顺应潮流,向市场推出了自己的"傻瓜"相机——凤凰602、6040;但是由于产品的内在质量和外观设计都无法与国外或合资的同类产品相媲美,产品销售不出去,大批凤凰"傻瓜"相机积压。"江光"不仅没有借着"傻瓜"走出困境,反而陷入了更深的困境。

另辟蹊径,"凤凰"重又腾飞

凤凰在"傻瓜"相机市场上受挫,使"江光"面临着新的选择,目标市场定位被重新提到了议事日程上:到底是集中力量在竞争日益激烈的"傻瓜"相机市场抢一口饭吃,还是重新寻找目标顾客,并开发新产品来满足他们的需求?

经过对市场和企业自身条件认真的分析和比较,"江光"公司明智的决定退出"傻瓜"相机市场的竞争,另辟蹊径。从当时的市场环境来看,尽管"傻瓜"相机的目标市场是需求量巨大的普通消费者(非专业的相机使用者),但这个市场的竞争也日趋白热化。尤为重要的是,在"傻瓜"相机的竞争中,国内相机生产厂家处于明显劣势。因为全自动相机需要高质量的电子元件和塑料配件,换句话说,需要相关产业较高水平的支撑,而我国在这方面与国外尚有一定的差距;因此生产出来的"傻瓜"相机很难与国外同类产品相抗衡。而从"江光"自身的条件来看,它的光学镜头和机械制造技术有其独到之处。例如,"江光"生产的镜头,其质量完全可以同代表国际最高水准的德国蔡斯镜头媲美;"江光"生产的纵走式钢片快门,也曾令日本一家大公司眼红,主动要求与"江光"合作;另外,内地的劳动力成本也较低。就凭借镜头、快门及廉价劳动力这3条,"江光"在生产基础相机上就比国外厂家占有优势。

综合分析各种利弊之后,"江光"公司毅然决定退出"傻瓜"相机市场,以自己的技术优势来为专业摄影人员和一些具有一定专业知识的摄影爱好者服务。这个目标市场虽然不大,但相对稳定,而且随着人们生活水平提高呈不断扩大之势。他们最为关注的是相机质量(镜头和机械性能)和性能价格比,这也正是"江光"的优势所在,"江光"决定以此为突破口,打入国际专业市场。

市场定位明确、产品策略确定之后，"江光"凭借着自身的技术优势，仅用半年多的时间就研制、生产出了样机，并很快形成批量生产。这种凤凰DC-303单镜头反光照相机，采用高精度纵走式钢片快门，最短曝光速度为1/2 000秒，闪光同步为1/125秒。采用SPD/TTL中央重点测光，测光精确度高。另外，曝光动态范围大，标准镜头分辨率高，加之体积小巧，外形美观，价格合理，一上市就受到消费者的欢迎，并且很快畅销欧美市场。英国一家推销商自己花钱在报刊上为凤凰DC-303相机做广告，称它是"来自东方的一颗星"。德国权威的《摄影杂志》也载文，评述凤凰DC-303相机与外国同类产品相比，有几项指标更优。《世界摄影》、照相行业最高水平的1994科隆博览会对该相机进行了图文并茂的推荐。在国内，从1992年起，凤凰DC-303连续3年获得最畅销产品"金桥奖"。

结　语

凤凰DC-303相机的开发成功，使"江光"迅速走出了困境。1991年，全厂亏损308万元，而到1994年，销售收入达1.82亿元，出口创汇674万元，赢利1 205万元。1992~1994年，"江光"实际销售收入年平均递增80.8%，出口创汇递增99.4%，利税年平均递增108.9%，几乎是一年翻一番的水平。1994年，"江光"自营出口凤凰DC-303相机4万架，远远满足不了外商的需求。1995年，"江光"与世界52个商家建立联系，力争出口8万架，创汇1 000万美元。同时，销售收入计划达2.6亿元，赢利达1 600万元。

经过重新市场定位后，"江光"找准了自己的目标顾客，而且成功地开发了新产品，结果一炮打响，由此走出困境，迅速崛起并成为大型集团有限公司。

（资料来源：吕一林，《市场营销学案例精选》，上海：复旦大学出版社1998年。转引自：王慧彦主编：《市场营销案例新编》，北京：清华大学出版社、北京交通大学出版社2004年，第77~79页。本书引用时有所修改）

讨论题

1. 企业在选择目标市场时应当考虑哪些因素？
2. 若作为"江光"决策人，你认为应该怎样让"凤凰"从困境中飞出来？
3. "江光"开始步入了辉煌，但你是否发现了其中的隐患，应该如何未雨绸缪？

第八章 产品策略

市场营销以满足消费者或用户的需要为出发点,而满足消费者或用户的需要是以提供产品或服务来实现的。产品策略是市场营销 4P's 组合的核心,是企业市场营销活动的支柱和基石。因此,产品策略是市场营销策略的基础,其他各种策略是以产品策略为核心来制定的。

第一节 产品整体概念

一般认为,产品是看得见、摸得着的具有某种特定物质形状和用途的物品。从市场营销的角度分析,产品是指能够提供给市场供人们使用或消费,且能满足某种欲望或需要的任何事物。从广义上说,产品包括实物、服务、场所、组织、构思等,如音乐会、旅游度假、汽车、律师的咨询意见等都是产品。

一、产品的整体概念

企业营销人员应该从三个层次来研究产品,即核心产品、有形产品和外延产品,如图 8-1 所示。这三个层次的融合称为产品的整体概念。

1. 核心产品

所谓核心产品,是指消费者购买某种产品时所追求的利益,是顾客真正要购买的东西。消费者或用户购买产品不是为了占有或获得产品本身,而是为了获得能满足某种需要的效用或利益。因此,在营销活动中,营销人员必须明确消费者购买某一产品时所追求的基本效用和核心利益是什么。

2. 有形产品

有形产品也称形式产品。产品的核心利益是依靠有形产品来实现的。有形产品是围

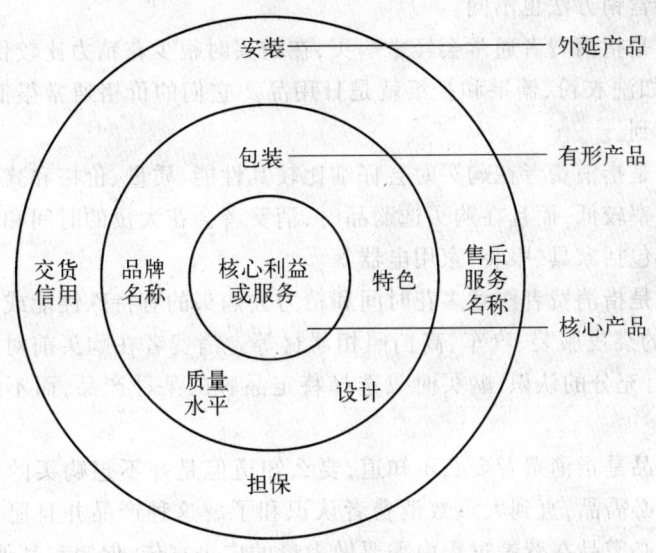

图 8-1 整体产品概念示意图

绕核心产品制造出来的实体物品,主要通过五大特征来体现:质量水平、设计、特色、品牌名称及包装。因此,有形产品实质上是核心产品的形式和外壳,是核心产品的外在表现。

3. 外延产品

外延产品也称附加产品,是指消费者或用户在购买某一特定有形产品时所得到的全部附加利益的总和。产品营销者必须围绕核心产品和有形产品,通过附加产品为消费者服务和利益来建立外延产品。从营销角度来看,外延产品包括咨询服务、产品介绍、提供信贷、送货服务、安装调试、技术培训、产品保证、售后服务和技术支持,等等。

产品整体概念是建立在满足消费者或用户需求的基础上,将产品看作是能满足消费者或用户需要的各种利益的集合。在市场营销活动中,营销人员首先必须了解消费者要满足的核心需求,然后设计和生产能满足各种需要的实际产品,在市场营销中通过向消费者或用户提供各种附加利益以扩大产品的外延,最大限度地满足其需求,使企业在竞争中取胜。

二、产品分类

产品分类的方法各种各样,根据不同的分类方法可划分出许多不同的产品类别。在这里只介绍根据消费者或用户购买产品的目的不同而对产品进行的分类,即消费品和工业品。

1. 消费品

消费品指那些由最终消费者购买并用于个人消费的产品。消费品可以进一步细分为日用品、选购品、特殊品和非必需品。由于消费者购买这些产品的方式不同,因而营销人员对产品采取的营销方法也不同。

（1）日用品是指消费者通常会经常购买，在购买时很少花精力比较价格、质量等因素的产品和服务，如洗衣粉、糖果和报纸就是日用品。它们的价格通常很低，并且在许多营销网点可随时买到。

（2）选购品是指消费者在购买时会仔细比较其性能、质量、价格和式样的消费品。这类消费品购买频率较低，而且在购买选购品时，消费者会花大量的时间和精力收集信息进行比较。选购品包括家具、服装、家用电器等。

（3）特殊品是指消费者愿意多花时间和精力去购买的有特殊性能或品牌识别的消费品，如特殊品牌的裘皮服装、汽车、高档照相器材等。消费者在购买前对要购买的特殊品的特点、品牌等有充分的认识，购买时只选择特定品牌的某种产品，而不购买其他品牌的某种产品。

（4）非必需品是指消费者要么不知道，要么知道但是并不想购买的消费品。绝大多数新产品都是非必需品，直到大多数消费者认识和了解这种产品并且愿意消费时就不再是非必需品。非必需品在营销过程中需要做大量的广告宣传、促销和其他营销努力。

2. 工业品

工业品是指那些为进一步用于再生产而购买的产品和服务。因此，消费品和工业品的不同之处在于消费者购买产品的目的不同。如果某个消费者购买电吹风是为自己使用，那么该电吹风就是消费品；如果购买电吹风是为了在美发厅从事美发服务，则该吹风机就是工业品。工业品包括材料和零部件、资本项目、物资和服务三个部分的内容。

（1）材料和零部件包括原材料、加工材料和零部件。原材料指农产品和自然资源。加工材料和零部件包括合成材料和合成零部件。绝大多数加工材料和零部件是直接卖给工业使用者的，其营销策略主要包括价格和服务，而建立品牌声誉和进行广告宣传则是相对次要的选择。

（2）资本项目是指用于帮助购买者生产或管理的工业产品，包括安装设备和附属设备。安装设备是主要的购买品，例如建筑物和固定设备。附属设备包括可移动的工厂设备、工具和办公设备，使用寿命比安装设备短，并且只用于生产过程。

（3）物资和服务中物资包括经营物资和维修物资。物资是工业领域中的日用品，顾客在购买时一般不花太多精力做比较。服务包括维修服务和行业建设服务，这些服务项目通常在合同中加以规定。

第二节　产品生命周期

随着科学技术的飞速发展和人们生活水平的不断提高，产品的生命周期呈现缩短的趋势。为此，企业管理者有必要深入研究产品生命周期理论，认识产品开发的规律，制定长远的产品开发战略，最大限度地延长产品生命周期。

一、产品生命周期概述

产品生命周期理论认为，如同动物的生命从出生到死亡有一个周期一样，产品在市场上的变化也要经历一个导入、成长、成熟和衰退的周期性过程。由于各国和各地区之间的经济水平和消费水平、生产结构、技术条件、管理水平及市场因素等方面的差异，同一产品在不同国家和地区存在着产品生命周期发展的不同阶段。一般情况下，新产品首先在母国市场商业化，然后再逐步向其他国家的市场进行扩散。在这一过程中，产品商品化程度最高的国家处于最高级阶段，其他工业国家次之，发展中国家处于初级阶段，经济特别落后的国家其产品可能还未进入其市场。产品生命周期概念可以被借助用来确定某种产品同一时期在不同国家或地区市场上的相应阶段。

任何一种产品被人们接受都需要有一个过程，同样，产品在市场上所占的销售份额和对企业的赢利贡献也是不断变化的，而且产品最终会被市场淘汰。产品生命周期是指产品从研制成功开始到进入市场销售，最后到被市场淘汰而退出市场的全过程。

图 8-2 所示是典型的产品生命周期曲线，即体现了产品销售量和利润在整个产品生命周期的变化过程。产品生命周期一般可分为 4 个不同的阶段。

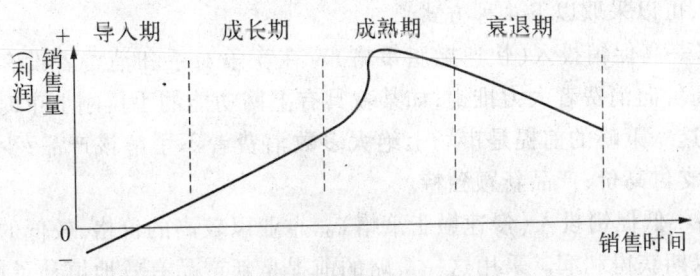

图 8-2 产品生命周期销售量及利润曲线图

（1）导入期，亦称投入期。即研究和开发的新产品投入市场。这一时期，由于产品尚未被更多的消费者认知，因此在产品投入市场后，销售量缓慢增长，此时产品导入费用（如广告促销费用等）很高，故处于微利、保本甚至亏本状态。当生产发展到一定阶段后，才可能扩大市场份额。

（2）成长期。即市场快速接受新产品和利润快速增长时期。此时，产品技术日益成熟，生产工艺日趋完善，生产规模迅速扩大，市场销量开始不断增大，同时有越来越多的企业加入竞争。此时，为增强企业竞争力，企业应不断寻求改善产品性能和增加产品的新功能，增加投资，降低成本，保持和扩大市场份额。

（3）成熟期。在这一时期，生产技术和产品都已标准化，新的竞争者和同类产品大量出现，产品已被绝大多数消费者接受和购买，销售量增长速度减慢。随着众多企业生产技术的提高和生产规模的扩大,其竞争能力逐步增强,市场开始进入激烈的竞争阶段,销售量和利润在后期均呈下降趋势。

(4)衰退期。在这一时期,销售量急剧下降,利润跌落。一种或多种更新的产品投放到市场,生产老产品的企业逐渐失去竞争优势,逐步退出市场,老产品处于被淘汰的境地。

二、产品生命周期各阶段的营销策略

产品处在不同的生命周期阶段,企业应采取相应的营销策略,以使产品尽快打入目标市场,尽早为顾客所接受,从而缩短产品的市场导入期,尽可能保持和延长产品的成长期和成熟期,并使产品以较慢的速度被市场淘汰。

1. 导入期

当新产品进入市场时,导入期就开始了。在导入期,人们还不太了解产品,所以产品导入需要较长时间,此时销售量增长缓慢;产品生产数量少、生产成本高、在促销方面需要高投入,因此利润很低甚至亏本;在市场上的竞争对手较少。导入期的营销策略可以分为3个方面的内容。

(1)在产品形式方面,只需生产产品的最基本样式,集中力量向那些最有可能购买的消费者或用户进行销售。

(2)在准确的产品定位基础上制定恰当的价格——促销组合策略。企业在产品导入期制定价格时,可以采取以下4种方式。

① 高价格—高促销投入(快速撇脂策略)。在竞争对手和消费者没有正确估计出产品成本时,以高价向消费者大力推销,如某款具有上网功能的手机刚上市时就可以采取这一策略。采用这一策略的前提是市场上绝大多数消费者不了解该产品;少数了解该产品的消费者愿意支付高价;产品新颖独特。

② 高价格—低促销投入(慢速撇脂策略)。企业以较高的价格、较低的促销费用将产品推向市场,以期获得利润。采用这一策略的前提是新产品有效地填补了市场空白;没有现实竞争对手且市场规模有限;购买者愿意支付高价拥有产品。

③ 低价格—高促销投入(快速渗透策略)。企业以低价格、高促销投入将产品在市场上销售,以期获得较多的市场份额和着眼于长期利润。采取这一策略的前提是市场规模大;消费者处于对产品不知晓状态;产品需求价格弹性较高;生产产品的技术易于被竞争者仿效,在较短时间内会出现激烈的市场竞争。

④ 低价格—低促销投入(慢速渗透策略)。企业以较低的价格销售产品是为了扩大市场占有率,以较低的费用促销产品是为了减少成本并获得较高的利润。采取这一策略的前提是产品的市场容量大;消费者如果接触到产品就会较深度地进行了解;消费者对产品价格敏感;市场上存在着潜在竞争对手。

(3)从企业的长远利益出发,选择正确的产品初始战略。对市场先导型企业来说,在产品的导入期必须选择一种与企业设定的产品定位一致的产品初始战略。这个战略是将来更复杂的产品生命周期营销策略中的第一步,必须从企业长远利益的角度考虑问题,不能为了短期的高利而丧失长期的市场,以确立和保持先导企业在市场中的领先地位。

2. 成长期

在这一时期,产品已为更多消费者知晓、认可,需求量的增加使得销售量迅速增长,市场占有率开始扩大;产品基本定型并进入批量生产阶段,规模效益出现;产品的市场声誉不断提高,由于生产成本降低和促销费用的不再大量增加,利润大幅增长;竞争对手逐渐增多,竞争程度日趋激烈。成长期的营销策略有4个方面的内容。

(1) 改善产品质量并增加新的产品特色和式样。在产品成长期,企业要对产品的质量、性能、式样、包装等加以改进,增加产品的特色,以增加竞争力。

(2) 进入新的细分市场及扩大销售渠道。通过市场细分占领新的细分市场,从而扩大销售量。在新的市场上建立营销渠道系统。

(3) 促销宣传的重点在培育市场方面。广告宣传的内容由产品认知改变为产品销售和促进购买,在适当时机降低价格以吸引更多的消费者。

(4) 选择适合企业长期目标的决策。在成长期,企业面临的是选择占有高市场份额还是获取高利润的问题。如果企业要获得市场领先地位,就应在改进产品和促销宣传方面加大投入,并适当降价,放弃目前的可能是偏高的利润。企业要结合自身实力和市场竞争状况做出正确选择。

3. 成熟期

产品在成熟期已被广大消费者所接受,产品销售的增长达到饱和点后就会缓慢下滑;市场潜力逐渐变小,市场竞争更加激烈——由于销售增长速度减缓导致产品的生产过剩,从而使市场进入更激烈的竞争。企业成熟期的营销策略有3个方面的内容。

(1) 调整市场。在现有市场上寻找新的使用者和产品的新用途来扩大销售,此外还可采取对产品品牌重新定位或开辟新市场等策略,如娃哈哈产品的最初定位和目标购买者是儿童,现在其购买对象却包括所有年龄段消费者。

(2) 调整产品。企业可以改变产品的特征(如质量、特色和式样)来扩大产品的销售,吸引更多的使用者,如增加产品的耐用性、可靠性等。企业还可以通过增加产品的新用途,来扩展产品的有用性和便利性,如爱国者公司不断将新功能增加到其移动存储U盘中,最初U盘只有存储功能,后经不断扩展增加了播放 MP3 功能,进而又发展到 MP4 功能等,从而大大增加了产品的销售。

(3) 调整市场营销组合。通过调整营销组合的一个或多个因素来增加销售,保持市场占有率,如可以通过减价来吸引新的使用者或竞争产品的使用者,或采用更猛烈的促销手段,如赠奖、折扣、举办竞赛活动等。

4. 衰退期

产品进入衰退期,销售量和利润额都会迅速下降,消费者的购买兴趣开始转向其他产品;产品价格不断下降,使得产品利润降低甚至亏本;部分竞争对手退出市场,留下的企业处于维持状态。

经营衰退期的产品对企业来说风险大、代价高,其损失不仅仅在利润方面,还有许多隐含成本,如分散销售部门的精力,企业不断地调整价格和库存,消费者认为企业没有实力,而最重要的是保持现有产品会延迟对替代产品的研发,从而造成不平衡的产品组合,降低企业利润。衰退期的营销策略主要包括3个方面的内容。

(1) 维持策略。企业或对产品不做任何改动,沿用以往的营销策略,等待竞争对手退出市场;或决定对产品进行重新定位,遏制下滑,销售另起"蓬头"的状况,亦有可能出现。

(2) 收获策略。企业尽可能减少各种成本,如厂房、设备、维修、调研和开发及促销措施等,利用目前市场上消费者或用户对产品已有的了解继续销售,如果销售成功,则会增加企业的短期利润。

(3) 放弃策略。企业将衰退迅速的产品从企业产品系统中清除而放弃经营,或把产品出售给其他公司,或以其他形式处理库存。

第三节 产品组合策略

企业在进行市场营销活动时,首先要确定生产和销售何种产品,即在消费者需要、企业资源状况及企业技术条件的基础上,制定相应的产品组合策略。

一、产品组合的含义

营销企业一般拥有多种产品,为保证产品的竞争力,企业需要根据目标市场的实际情况,对所有产品进行有机地组合,以适应消费者的需要。

所谓产品组合,是指企业生产经营的全部产品的结构或全部产品的构成,它包括企业所有的产品线和产品项目。产品线指密切相关的一组产品,它们或是以类似的方式发挥作用,通过同一类型的渠道销售给同类顾客;或是售价在一定的幅度内变动。产品项目指产品线中不同规格、型号、款式、档次、特色、价格水平的具体产品,每个产品线可以包括几个产品项目。如雅芳的产品组合包括四条主要产品线,即化妆品、珠宝首饰、时装和日常用品,每个产品线又有许多单独的产品项目,如化妆品产品线拥有口红、眼线笔、粉饼等产品项目。

产品组合的构成因素是产品组合的宽度、深度和相关性。产品组合的宽度指一个企业生产经营的产品线的多少。企业生产经营的产品线越多,产品组合就越宽,反之产品组合就越窄。产品组合的深度指某一产品线中共有多少产品项目。产品项目越多,产品组合越深,反之就越浅。产品组合的相关性指一个企业所生产经营的各大类产品在资源供应、生产条件、资源利用、分销渠道、最终用途等方面相互关联的程度。

二、改变产品线策略

在市场营销过程中，企业面临改变产品线宽度的问题。如果企业增加产品项目能增加利润，则显示企业现有的产品线过窄；如果减少产品项目的结果是能增加利润，则显示企业现有的产品线过宽。在市场竞争中，产品线有不断扩展的趋势，原因是许多企业的生产能力过剩，使得产品线不断增加新产品，营销部门也会促使企业进一步完善产品线以满足顾客的要求。但是，增加产品线的同时也增加了相应的费用，如设计、仓储、运输、促销等费用会上升。因此，企业应认真研究如何改变其产品线的宽度，以增加赢利水平。企业增加产品线宽度的策略有两种，即产品线延伸和产品线填补。

1. 产品线延伸策略

企业对产品线的延伸有三种方式，即向下延伸、向上延伸和双向延伸。

(1) 向下延伸。是指企业将原来定位于高端市场的产品线向下延伸，增加中低档产品项目。最初定位于市场较高端的企业可以选择将产品线向下延伸的策略。如果市场上低于本企业产品档次定位的产品销售良好，市场增长较快，企业增加低端产品的生产和销售就是产品线向下延伸策略。其目的是增加利润，防止竞争对手的侵入，抵抗竞争对手在较高端市场的进攻，如施乐在20世纪80年代末以前一直没有生产小型复印机，但当佳能等在复印机末端市场有统治地位的公司与施乐公司在中型复印机市场展开竞争时，为了打败竞争对手的进攻，施乐也开始生产小型复印机系列来进军小型复印机市场。又如五粮液酒厂在高端产品的基础上又逐渐向下开发了五粮醇、五粮春、金六福等产品。企业在采取向下延伸策略时，会遇到一些风险，比如企业原先生产高端产品，后来增加低端产品，这样有可能使名牌产品的质量形象受损。所以，低端产品最好采用新的商标。

(2) 向上延伸。是指企业将原来定位于低端市场的产品线向上延伸，增加中高档的产品项目。企业选择向上延伸可能出于如下考虑：被较高端市场的快增长率和高利润所吸引；企业欲成为全线制造商；用新的较高端的产品增加现有较低端产品的信誉。采取向上延伸策略，也要冒一定风险，如可能引起生产高端产品的竞争者进入低端产品市场进行反攻；未来的顾客可能对企业是否有能力生产高端产品持怀疑态度；企业可能需要培训或物色新的销售代理商和经销商。

(3) 双向延伸。是指企业将原来定位于中端市场的产品线同时向上、向下延伸，即同时增加高档与低档的产品项目。如马里奥特饭店产品线就是运用这种方法：普通的马里奥特饭店通过增加以"马里奥特侯爵"命名的饭店来吸引和满足高层管理人员，以原有的"马里奥特"命名的饭店来服务于中层管理人员，以"庭院"命名的饭店服务于推销人员，以"美丽之所"命名的饭店来服务于度假者和经济收入较低的顾客。

2. 产品线填补策略

产品线填补是在现有的产品线范围内增加同档次、同一市场定位的产品项目，如宝洁公司在洗发产品上就有潘婷、飘柔、海飞丝等产品。采用产品线填补策略的目的是取得超额利润,尽力满足经销商和消费者需要,利用过剩生产能力,成为全线领先企业,堵塞市场漏洞以排挤竞争对手。

(1) 产品组合策略。企业为满足目标市场需要,必须对产品组合决策做出调整,具体做法有以下3个方面:

第一,企业扩展产品组合的宽度。企业开发和经营市场潜力大的新产品线,扩大生产经营范围以至实现跨行业的多角化经营。扩大产品组合宽度有利于发挥企业的资源潜力,开拓新的市场,减少经营风险,增强竞争能力。如海尔集团将原先的产品线组合从冰箱、空调等家用电器扩展到信息产品、厨房用品、建筑材料和生物制药等方面。

第二,企业缩小产品组合的宽度。企业剔除那些获利小、发展前景不好的产品线,缩小经营范围,集中资源来生产经营那些效益高、发展前景好的产品线,从而促进生产经营专业化程度的提高,向市场的纵深发展,提高市场竞争能力。

第三,调整产品组合的相关性。企业对产品组合的相关性进行调整,一种方法是加强现有产品线的相互关联性,这样可以提高企业在有关专业上的能力,从而提高企业在某一行业、某一市场上的核心竞争力,巩固和增强企业的市场地位;另一种方法是减弱企业产品线的相互关联性,实行多角化经营,争取在多个领域占有市场份额,取得良好声誉。如春兰集团就从电器扩展到汽车制造等行业,这样做的好处在于:一是如果企业在某个产品线取得了良好的声誉,其后开发的产品线可以借势尽早进入市场并得到市场认可;二是在市场需求多变的环境下,多角化经营可以使企业降低风险。

(2) 产品组合的优化分析与管理。产品组合策略只能决定产品组合的基本形态,而随着市场需求和竞争状况的变化,产品组合中的产品项目在市场中的地位必然发生分化,有的产品在市场上会不断成长、发展,有的产品则会趋于衰退。为此,企业必须经常分析产品组合中各个产品项目的销售与赢利情况,并采取措施促成产品的优化组合。产品组合的分析管理方法很多,但常用的主要有以下两种。

第一,波士顿咨询公司评估法。是由美国波士顿咨询公司所发明并且被广泛采用,波士顿咨询公司评估法也称 BCG 法或矩阵图分析法。该方法是将企业的各种产品项目按照市场占有率和销售增长率的高低进行矩阵分类分析的一种方法。

销售增长率也叫市场增长率,是指产品销售增加量(额)与原销售量(额)的比率。分析中采用的市场占有率指标可以是绝对市场占有率,也可以是相对市场占有率。绝对市场占有率是指企业的某种产品在某一市场的销售量(额)占该市场同种产品销售量(额)的百分比。相对市场占有率是本企业的绝对市场占有率与该市场上最大的或主要的竞争对手的绝对市场占有率之间的比率。

按照销售增长率和市场占有率高低进行矩阵分类,可将产品分为猫类(也称问题类)、明星类、金牛类和狗类四大类,如图8-3所示。

销售增长率高且市场占有率高的产品是明星产品。这类产品在市场上畅销,而且很有前途,应当投入较多的资金,促进其迅速发展。

销售增长率高但市场占有率低的产品是猫类产品。该类产品不稳定,它可能变好,也可能变坏,因此对其应采取扶持发展的策略。

销售增长率低但市场占有率高的产品为金牛产品。这是企业利润的最大来源,对待金牛产品,企业应通过提高质量、增加花色品种和功能、降低成本等措施来延长其产品生命周期,使企业获得尽可能多的利润。

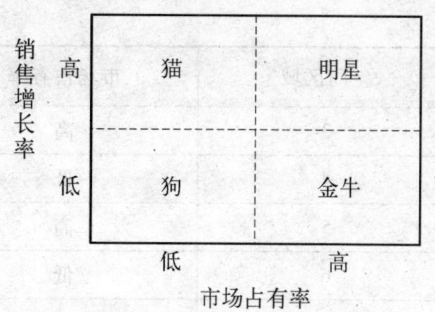

图 8-3 波士顿咨询公司评估法

销售增长率和市场占有率低的产品是狗类产品。狗类产品已无利可图,如无改善的可能,就应及早予以淘汰。

第二,三维分析法。三维分析法如图 8-4 所示。

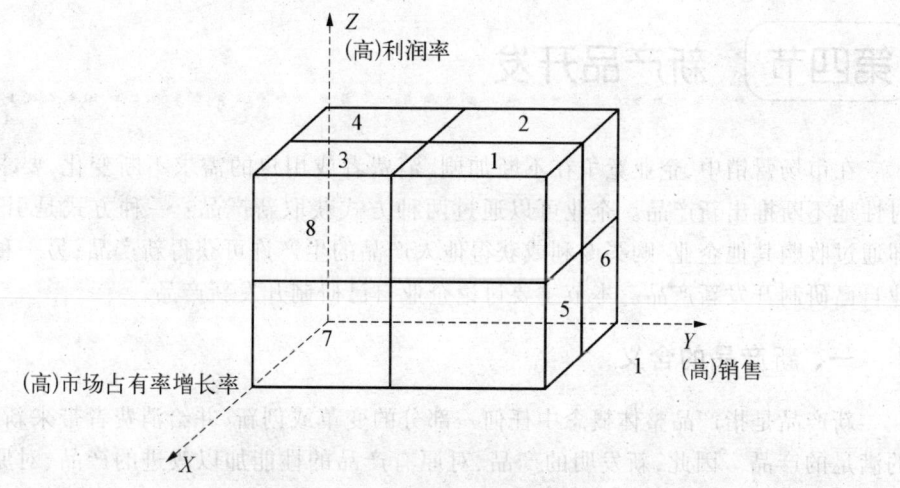

图 8-4 三维分析图

在三维分析图上,X 轴代表市场占有率,Y 轴代表销售增长率,Z 轴代表利润率,这样就把企业产品划分为 8 个区域。处于这 8 个不同区域的产品,它们的市场占有率、销售增长率和利润率的情况如表 8-1 所示。

表 8-1 产品组合分类表

空间区域	市场占有率	销售增长率	利润率
1	高	高	高
2	低	高	高

(续表)

空间区域	市场占有率	销售增长率	利润率
3	高	低	高
4	低	低	高
5	高	高	低
6	低	高	低
7	高	低	低
8	低	低	低

可以看出，企业最佳的产品组合在1区内，因为产品的市场占有率、销售增长率和利润率都高。如果企业的产品处在第8区，这是最不利的情况，企业应决定将该产品淘汰。

第四节 新产品开发

在市场营销中，企业竞争在不断加剧，消费者或用户的需求不断变化，要求企业有针对性地不断推出新产品。企业可以通过两种方式获取新产品：一种方式是引进新产品，即通过收购其他企业、购买专利或获得他人产品的生产许可获得新产品；另一种方式是企业自己研制开发新产品。本节主要讨论企业自己研制开发新产品。

一、新产品的含义

新产品是指产品整体概念中任何一部分的变革或创新，并给消费者带来新的利益、新的满足的产品。因此，新发明的产品、对原有产品的性能加以改进的产品、对原有产品的形态加以改进的产品及新品牌产品等都是新产品。

(1) 全新产品。即采用新原理、新结构、新技术、新材料制成的全新产品，如第一次出现的电话、火车、飞机、电子计算机、移动电话、航天飞机等产品都是新发明的全新产品。全新产品的发明一般要经过较长时间和投入巨大的人力、财力，因此只有少数在某一行业居领先地位的企业能进行这种发明。一种耗资巨大的全新产品的问世往往是多行业、多部门、多企业联合投资开发的结果。全新产品在市场上被消费者接受需要一定的时间。

(2) 革新产品。是指为了满足消费者新的需求，在原有产品的基础上利用最新科技成果和新工艺创造出来的产品，即在原有产品的基础上，部分采用新技术、新材料制成的性能有显著提高的新产品。航空发动机在20世纪40年代以前是活塞式发动机，40年代以后出现了涡轮喷气式发动机，60年代以后则发展成涡轮风扇式发动机，这些就属革新产品。

(3) 改进新产品。是指在原有产品的基础上采用各种改进技术,在性能、功能、结构、包装或款式等方面做出改进的新产品。如将模拟信号电话机改成数字信号电话机、平板电视机由 LCD 电视改为 LED 电视等。这类产品与原有产品相比在某些方面有所改进,进入市场后容易被消费者接受。

(4) 新品牌产品。这种产品对市场而言已有同类产品存在,但对企业来说是新产品。企业仿制产品,可以缩短开发时间,降低开发成本,加速产品制造过程。但企业掌握不了产品的核心技术,会受制于人,并需支付一定的购买专利技术、生产技术、管理技术等的费用。企业对已有产品进行重新定位,改进包装、重新设计品牌和注册商标,也称为新品牌产品。

二、新产品开发程序

新产品开发从形成创意到正式上市是一个艰难的过程,投入高、风险大、不确定因素多,因此需要开发人员认真制订新产品开发计划,并建立起系统的、科学的新产品开发程序。新产品开发的主要阶段如图 8-5 所示。

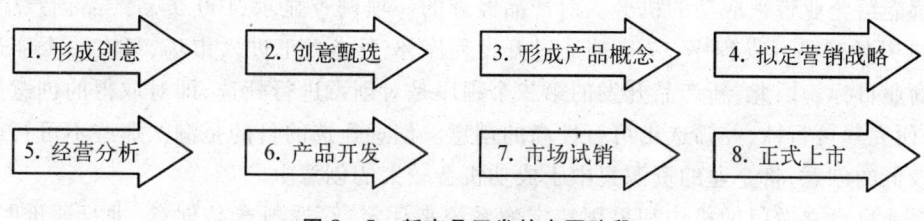

图 8-5 新产品开发的主要阶段

1. 形成创意

新产品开发始于创意,没有好的创意,便不可能有好的产品,因此新产品开发的第一阶段就是形成创意阶段。形成创意,即有组织地、系统地搜寻新产品的设想。新产品创意可以从以下几个方面获得。

(1) 企业内部工作人员。这是新产品创意的最主要源泉。企业可以通过正规的调研安排发动职工出谋划策,也可通过非正规途径从企业内部人员中得到灵感。如 3M 公司鼓励公司员工积极提出自己的创意,并建立了 15% 规则,即允许每个技术人员至多可用 15% 的时间来搞个人感兴趣的工作方案,不管这些方案是否直接有利于本公司。当一个有希望的创意产生后,3M 公司组织一个由该创意的发起者及来自生产、销售、营销和法律部门的志愿者组成的冒险队负责培育产品。新产品创意可以来自企业内部的各方人员,如产品制造部门的工程师、工人,管理部门的经理和一般人员,以及销售部门的人员等。如丰田公司的职员每年提出 200 万项创意,平均每个职员提出大约 35 条建议。

(2) 消费者或用户。消费者和用户是新产品的最终使用者,也是新产品创意的重要来源。企业可以通过如下途径从消费者或用户那里获得创意:分析消费者和用户的提问及投诉来发现新思路;由销售人员与顾客面谈听取顾客建议;通过调查或开座谈会的形式了解顾客需求;通过组织竞赛鼓励消费者或用户发现产品的新用途等。

(3)销售商和供应商。销售商最接近消费者和用户,因此最了解消费者和用户的需求变化情况,企业可以从销售商处发掘到有关市场上同类产品及新产品创意的信息。供应商能够传递给企业可用来开发新产品的新概念、新技术和新材料等信息。

(4)竞争对手。企业竞争对手是新产品创意的一个非常好的来源,通过观察、借鉴对手的产品、广告等,可以从中获得启迪,激发关于新产品的灵感。许多企业在开发新产品时,都购买竞争对手的新产品,通过对这些产品的分解、研究和分析,获得企业开发新产品应借鉴和改善的地方。如福特公司在设计其捷豹牌汽车时,就购买并拆开分析了50多种竞争品牌的汽车,从中得到了有益帮助和启迪。

除以上4个创意来源外,企业还可从其他方面得到有关新产品的创意,如展览会和研讨会、政府机构、行业杂志、广告商、专业调查公司、学校和实验室等等。

2. 创意甄选

企业通过多种途径取得新产品开发的创意,这些创意通常数量较多,事实上不是所有创意都能给企业带来成功的机会。对产品经理的一项调查显示,100个新产品创意中,有39个能开始产品开发程序,17个能通过开发程序,8个能真正进入市场,只有一个能最终实现商业目标。因此,新产品开发的第二个程序是对创意进行甄选,即对取得的创意进行评估,研究其可行性,并筛选出可行性高的创意。创意甄选的目的是淘汰那些不可行或可行性较低的创意,将企业的资源集中于成功机会较大的创意上。

企业可设立专门的机构和采用特定的系统来评定、筛选新产品创意,进行评价时,要考虑如下因素:产品是否真正符合社会或消费者的需求;产品能否为本企业带来收益;产品的市场前景如何;与法律和政策规定是否相符;产品开发是否符合企业的长远目标;企业是否有成功实现这个创意所需的人员、技术和资金等资源;该创意产品的竞争对手如何;等等。在创意甄选过程中,企业要力求避免"误舍"与"误用"。误舍是将有发展前途、符合市场需要的新产品创意舍弃;误用则是将没有实际价值的创意付诸实施。这两者都会给企业带来重大损失。

3. 形成产品概念

一个富有吸引力的创意必须发展成为一个产品概念。产品创意和产品概念的内涵是不同的,产品创意是指企业考虑可能向市场提供的一种可能的、不很具体的有关产品的主意,是一个构思。而产品概念则是企业从消费者的角度对特定构思用消费者术语所做的详尽、具体的描述。

从产品创意到产品概念要经过两个步骤:第一个步骤是概念形成,即将一个产品创意演变成几个可供选择的产品概念,再从中分析每种概念对消费者的吸引程度,然后选择最佳的一个;第二个步骤是概念测试,即通过产品概念的市场实验,让消费者来回答哪个概念最符合他们的需要,对他们最有吸引力,通过了解消费者的反应来进一步完善产品概念。

4. 拟定初步的营销战略

产品概念确定后,企业就要拟定一份初步的营销战略规划。初步的营销战略要包括三部分内容:第一部分描述目标市场的规模和结构等,计划开发的新产品的市场定位,未来几年内的销售额、市场份额和目标利润。第二部分概述计划开发的新产品第一年的价格、分销渠道、促销方式和营销预算;第三部分是预测新产品的长期销售额、利润目标及营销组合策略等。

5. 经营分析

企业对产品概念及营销战略做出决策后,就应该在初步的营销战略规划基础上,对计划开发产品的预计销售情况、经营成本和利润进行进一步的深入评估,分析是否能满足企业的目标。

经营分析包括三个方面的内容:一是分析产品的销售情况,即参照市场上类似产品的历史销售数据及竞争因素和市场条件,预测出新产品的最大和最小销售量,推测出企业将面临的风险;二是分析和预测新产品的成本和利润,即在预计出销售量之后,企业应对新产品的开发费用、生产制造成本、市场营销费用及财务成本等进行预算,核算出新产品开发、生产制造、销售的总成本;三是企业可用这些销售和成本数据来分析新产品的利润情况,以研究新产品将会给企业带来的利润贡献。

6. 产品开发

在经营分析之后,产品研究开发部门、工程技术部门就可以进入产品研究试制阶段。此时,产品概念会发展成实体产品模型或样品。

在产品概念转化为产品模型或样品后,还要对其进行严格的"功能试验"和"消费者试验"。功能试验是在实验室和现场进行的,主要测试新产品的功能与安全性。消费者试验是把一些样品交给消费者试用以征求他们对新产品的意见,目的是发现新产品在使用中的问题并进行必要的改进。这一过程可以测验产品概念在技术和商业上是否可行。

7. 市场试销

如果新产品通过了功能测试及消费者测试,接下来便是市场试销过程。市场试销是营销商在进行大量资金投入和全面推广产品之前,通过试销产品来获得经验。在这一阶段,产品及营销方案被放入到真实的市场环境中,企业以此来测试产品和整个营销方案——市场定位战略、广告、销售、定价、品牌和包装、预算标准等是否切实可行。

市场试销的规模主要取决于两个方面。一是投资费用和风险的高低。新产品的投资费用大、风险高,试验的规模就应大一些,如美国利华公司就曾把一种型号的肥皂在向市场推广之前,在亚特兰大试销了两年。二是市场试验费用的多少和时间的长短。新产品的市场试验费用越多、时间越长,市场试验的规模就应越小一些,反之就可以大一些。一般说来,市场试验费用不宜在新产品开发费用总额中占太大的比例。

应当注意的是,不是在所有情况下都要进行市场试销。当开发和推出一种新产品的成本很低时,或当企业对一种新产品极有信心时,企业可能很少或不进行市场试销。例如,在中国市场上,许多手机生产厂商推出新机型就根本不进行市场试销。

8. 正式上市

新产品试销成功后,就可以进入批量生产,全面推向市场。这时,企业要做出两方面的决策。一是在什么时机推出新产品。如果新产品会影响本企业在市场上处于成长期的其他产品的销售量,则该产品应当延迟推出。二是在什么地区推出新产品。是在一个地区、全国市场还是在国际市场上推出。企业一般的选择是新产品一次只进入一个地区或一个国家的市场,只有少数大企业会选择迅速把新产品推向几个国家市场。一些大公司经常采用"领头国家"战略,先在几个国家推出新产品,然后迅速推向全球。

第五节 品牌和包装策略

品牌、商标和包装作为产品中的形式产品,象征着企业和产品的信誉,其在市场竞争中,作为重要的竞争手段,发挥着积极的和不可替代的作用。研究品牌、商标和包装策略是企业开展市场营销的一项重要工作。

一、品牌和商标含义

品牌是企业为自己的产品或服务确定的一个名称、术语、标记、符号、图案,或者是这些因素的组合,目的是让消费者识别产品的制造商和销售商或识别服务的提供者。品牌的要点是销售者向消费者提供的一组特定的特点、利益和服务。最好的品牌传达了质量和良好的信誉保证,也意味着巨大的价值。

品牌是由品牌名称和品牌标志组成。前者是指品牌中可以用言语称呼的部分,如"长虹"、"欧莱雅"等;后者是品牌中可以被识别,但不能用言语称呼的部分,如符号、图案、色彩等。

商标是企业在政府有关主管部门注册登记的品牌或品牌的一部分。企业注册成功便获得商标专有权,受法律保护,其他任何组织和个人都不得仿效使用。因此,商标是一个法律名词,是经过合法注册的产品名称、标志、图案和设计等;而品牌则是一个商业术语,没有经过合法注册,不受法律保护。

1. 品牌的价值

品牌的实质是品牌的使用者向产品或服务的购买者提供的一系列关于产品特点、利益和服务的承诺。市场上大部分产品都有品牌,如粮油产品、食糖食盐等,以前不太讲究品牌的产品如水果蔬菜等也有了品牌。有影响力的品牌名称能给消费者留下美好的印象,引起消费者强烈的偏好。企业为使自己的品牌成为世界知名品牌,都不惜花费巨资宣传、维护自己的品牌形象。一个有影响力的品牌往往有很高的品牌价值。品牌价值的高低取决于消费者对品牌的忠诚度、品牌知名度、品牌所代表的质量、品牌辐射力的强弱等多个方面。对企业来说，价值高的品牌是一项极为可观的资产。在2002年世界知名品牌中，可口可乐位于第一位，其品牌价值为696亿美元，微软为641亿美元，IBM为512亿美元，通用电器为413亿美元。

2. 品牌名称的确定

在市场上开展营销活动，品牌是否被人们接受并留下深刻印象，品牌名称是至关重要的。一个好的品牌名称能极大地促进产品的成功。确定品牌名称要考虑以下几个方面的因素。

（1）品牌能反映出产品的质量和利益。品牌要显示出产品在品质、特性、用途方面的优点，容易使顾客联想到产品能带给他们的利益，如"雪碧"、"可口可乐"等。

（2）品牌应易读、易认、易记，越简洁越好。如"柯达"让人联想到拍照时按快门的声音。

（3）品牌名称应尽力做到独一无二。品牌代表着产品的特性、质量和企业的信誉，因而应有自己的特点，与其他品牌有显著的区别，给人留下鲜明的印象，如瑞士的"雀巢"咖啡，法国的"香奈尔"香水等。

（4）品牌应容易被译成外语，并符合当地市场的风俗习惯。品牌在被译成外语时应能在各种语言环境中被准确地发音读出，且不会产生歧义，还要符合当地的风俗习惯。如埃克森这个耗资1亿美元取出的品牌就是在世界上任何一种语言中都能准确发音，却没有什么歧义；新泽西标准石油公司曾在国外150多个市场上用54种语言试用了好几种品牌，结果发现叫"安科"的品牌在日语中的发音意思是坏引擎。在国际市场上，各国的风俗习惯存在着巨大差异，因此品牌应符合当地的风俗习惯。

（5）品牌名称应符合相关法律规定。品牌名称应符合国家有关的法律规定，并及时注册为商标以寻求法律保护。在设计产品品牌时应注意其名称和标志不能与国家的名称、国旗、国徽、军旗、勋章相同或者近似；不能与国际组织的旗帜、徽记、名称相同或者近似；不能使用产品的通用名称和图形；不能直接表示产品的质量、主要原料、功能、用途、重量、数量及其他特点；不能含有带有民族歧视性及夸大宣传并带有欺骗性的文字、图形、图案等。

二、品牌策略

品牌策略涉及的方面较多，企业在制定品牌策略时可侧重在以下几个方面做出策略选择。

1. 品牌化策略

即企业使用品牌与否的策略，包括使用品牌还是不使用品牌，以及品牌是否注册为商标。尽管品牌具有相当重要的作用，但是有些产品可以采取不使用品牌的策略，如直接供应给厂家的原料型产品,进入消费领域的低价值的普通产品,生产简单且差异性、选择性不大的产品,消费者习惯上不以品牌为购买依据的产品等。20世纪70年代以后,一些企业对某些价值低的普通产品实行了"非品牌化"策略,即企业对某些产品不规定品牌名称和品牌标志,直接将产品在市场上销售,从而节省品牌化业务等方面的费用,降低经营成本和价格,提高市场竞争能力,扩大产品销售。

当企业做出使用品牌的决策后,要进一步确定是否将品牌向有关机构注册登记,使品牌成为注册商标。企业的品牌注册成为商标后,便可以受到相应的法律保护,还可以以许可贸易的形式出售或转让商标的使用权,为企业带来更多的利润。

2. 品牌归属策略

企业在决定使用品牌后,应对使用谁的品牌问题做出决策,在品牌的选择与使用上可以有4种选择。

(1) 使用生产者的品牌。生产者的品牌也叫制造商品牌、工业品牌。使用生产者品牌是品牌策略中应用最广泛的一种选择,制造商品牌一直在零售行业中占统治地位,绝大多数制造商都创立了自己的品牌。生产者采用自己的品牌出售产品可建立企业的信誉和实施名牌战略,销售商使用生产者的品牌可节省宣传费用,便利地为消费者提供售后服务和保障。

(2) 使用经销商的品牌。使用经销商的品牌是指产品在销售过程中不使用生产商的品牌,而采用经销商的品牌。经销商品牌也叫中间商品牌、商业品牌、私人品牌。在目前的国际市场上,一些实力超群的中间商都建立了自己的品牌,以树立良好的企业形象,利用顾客的信任和良好的商誉,增强对供货企业的控制,从而降低进货成本,提高市场竞争能力。

生产企业在进行品牌决策时是选择使用自己的品牌,还是选择使用经销商的品牌,取决于企业的实际情况。一般而言,如果企业生产技术先进,具备良好的市场声誉,综合实力强,市场占有率高,甚至是市场上的领先者,就应该使用自己的品牌;如果企业规模小,产品没有知名度,企业开拓市场能力不足,则可以考虑采用经销商品牌,借用经销商良好的商誉和完善的销售系统来销售自己的产品。

(3) 使用特许品牌。对于实力较弱、产品的市场占有率较低和企业声誉尚待建立的生产企业来说,可以考虑利用特许形式使用其他制造商的品牌,以促进企业的产品销售,提高市场占有率。生产者同其他品牌制造商签订品牌使用许可协议,在一定期限内支付给对方使用许可费,在自己生产的产品上使用对方已经创立的品牌名称或符号。特许产品的年销售量在全世界约为1 020亿美元,如华纳兄弟公司已将唐老鸭等角色转变成世界上最受人喜爱的卡通品牌。

(4) 使用共同品牌。共同品牌是指将两个已经创立的不同企业的品牌名称共同用在同一个产品上,如一汽—捷达汽车、索尼—爱立信手机,等等。绝大多数共同建立品牌的情况是,由一个企业将获得特许的一家企业的著名品牌与自己的品牌合并后共同使用。

3. 品牌名称策略

如果企业决定其大部分或全部产品都使用自己的品牌,就要进一步决定其产品是分别使用不同的品牌,还是统一使用一个或几个品牌。企业可供选择的品牌策略主要有以下4种。

(1) 个别品牌策略。即企业决定其生产经营的各种不同产品分别使用不同的品牌。当企业的产品品种较多,生产条件、技术专长等在各种产品上又有较大差别时,采用这一策略较为有利。采用这种策略的优点在于企业可以分散风险。由于企业的品牌较多,当某种品牌的产品出现问题时,本企业的其他品牌产品不易受到牵连。这种策略的缺点主要是品牌业务的工作量较大,相关的费用较高,创立名牌需要付出更多的努力和较长的时间。

(2) 对所有产品使用不同类别的家族品牌策略。如果企业生产经营多个不同种类的产品,各产品之间的相关性很低,可以采取对一类产品使用一个品牌的策略。这种策略可以避免不同大类的产品相互混淆,兼有个别品牌策略的优点,同时又在一定程度上弥补了个别品牌策略的不足。

(3) 统一品牌策略。即企业将生产经营的所有产品都使用一个品牌的策略。当企业现有产品在市场上具有较高声誉和知名度,市场占有率高,且本企业所有产品都具有相同的性质和质量时,可以采用这一策略。这种策略的优势在于企业可以节省品牌业务的管理费用,尤其是在新产品促销宣传方面,可以利用原有产品在人们心目中的品牌形象来节省促销费用,从而有利于建立顾客对新产品的忠诚和信任,借助原有品牌的声誉可以使新产品迅速占领市场,而且有利于扩大企业声誉,树立知名品牌的市场形象。

(4) 企业名称和单个产品名称相结合的策略。采用企业名称可以使企业新产品与原有产品保持一致,壮大企业产品的声势,而单个品牌名称又使企业新产品显露个性。

4. 品牌选择策略

当企业处于品牌战略选择阶段时,通常有以下几种选择。

(1) 产品线扩展。产品线扩展是指企业在同样的品牌名称下,在相同的产品种类中引进、增加新的项目内容,如新形式、新口味、新成分和新包装等。这种做法成功率高,也有利于品牌的宣传和扩张,但是产品线扩展也有一定的风险,容易使品牌失去原有的含义和意义。

(2) 品牌延伸。品牌延伸是指企业利用现有的品牌名称来推出新的项目,如日本本田公司利用其品牌的知名度,相继推出了摩托车、海上发动机、助动车、割草机等产品。品牌延伸可以使新产品很快被消费者认识和接受,促使新产品尽快进入新的市场,同时也节约了新产品的市场推介费用。品牌延伸策略的风险在于,如果新产品质量不能保证或不符合消费者的需要,则有可能损坏企业其他产品的信任度。

(3) 合作品牌。合作品牌是指两个或更多的品牌在一个产品上联合起来的一种策略。每一种品牌的发起人都希望与另一个品牌结合,以强化消费者对其产品的偏好或购买欲望,达到双赢的目的。如英特尔公司对消费者开展品牌宣传活动,使消费者逐渐认同了英特尔芯片的高品质特征,最终使一些主要电脑制造商如 IBM、康柏和戴尔等为了促进本公司个人电脑的销售,而对消费者进行宣传时特别强调本品牌内置英特尔芯片。

(4)多品牌策略。多品牌策略是指企业在同一类产品中建立两种或两种以上品牌的策略,目的是建立不同的产品特色,以迎合不同消费者的购买动机。这样,企业可以使产品向各个不同的市场部分渗透,促进企业销售总额的增长,例如宝洁公司在市场销售 9 种不同品牌的洗衣粉。有时,企业在收购某一竞争企业的过程中,继承了不同的品牌名称,因为原竞争对手的品牌有一大批忠诚的使用者,所以企业不想失去这些消费者或用户。例如惠普收购了康柏公司,但继续生产和销售康柏笔记本电脑;宝马公司兼并了劳斯莱斯公司,同样保留了劳斯莱斯这一高贵的品牌。

5. 品牌再定位策略

当企业在现有品牌影响力逐渐丧失的情况下,可以创立一种新的品牌,进行重新定位;企业也可以通过收购来获取新产品种类中的新品牌。在做出重新定位选择时,企业必须考虑将品牌转移到另外一个细分市场的费用,包括产品广告宣传费用、包装费用、品牌管理费用,以及定位于新位置的获得能力等。如美国七喜公司进行的"非可乐"饮料重新定位宣传,使企业获得了非可乐饮料市场的领先地位。

三、包装策略

包装指为产品设计和生产容器或包扎物的行为。包装可分为 3 种类型。第一种是产品的直接包装(产品的基本容器),如牙膏的软管。第二种是中层包装或次要包装,这种包装是消费者使用时才会丢弃的包装物。产品的直接包装和中层包装也被称为内包装和销售包装,在设计上不仅要考虑保护产品,而且要考虑介绍产品、便于使用、指导消费及美化产品、塑造产品形象、提高企业声誉、促进产品销售、增加产品附加值等问题。第三种是装运包装,这是产品在储存、识别和运输时所必需的包装。

1. 类似包装策略

类似包装是企业所有产品在图案、色彩、形状、风格等方面,均采用相同或相似的包装形式。此策略可以降低包装成本,扩大企业影响,特别是在推出新产品时,可以利用企业的声誉,使顾客首先从包装上辨识出产品的生产经营企业,从而使产品迅速占领市场。

2. 组合包装策略

组合包装是企业将若干有关联的产品,放在同一包装物中。如化妆品的组合包装、节日礼品盒包装等,都属于此种包装策略。组合包装有利于企业推销产品,能促进消费者的购买,特别是在推销新产品时,企业可将其与老产品组合出售,创造条件使消费者接受、试用。

3. 附赠品包装策略

附赠品包装是企业在产品的包装物中附赠一些能引起消费者购买兴趣的物品,从而诱发顾客重复或多次购买,如在包装中附赠玩具、优惠券、小礼品,等等。

4. 再使用包装策略

再使用包装是企业将包装物制作得比较精美,除包装产品的功能外,当产品使用完毕后,包装还可另做他用。如设计精美的酒瓶,可用做花瓶。这样,购买者可以得到一种额外的满足,从而激发其购买欲望。包装物在继续使用过程中,还起到广告宣传的作用,增加顾客重复购买的可能性。

5. 分组包装策略

分组包装是企业对同一种产品根据顾客的不同需要,采用不同级别的包装。若消费者购买的目的是用做礼品,则采用精致包装,若自己使用则只需简单包装。对不同等级的产品,也可采用不同包装。高档产品包装精细、高贵,体现产品的品质与高档的定位;中低档产品包装简略些,以减少产品成本。

6. 改变包装策略

改变包装则是企业在产品销量下降、市场声誉跌落时采取的改变产品包装的策略。首先改进产品的质量,同时适时地改变产品的包装形式,从而以新的产品形象出现在市场上,扭转产品在消费者心目中的不良影响,以高质量的产品、全新的包装恢复企业的声誉,重新占领市场。

7. 防篡改包装策略

在市场营销中,一些生产厂商面临着产品被侵权、仿冒、篡改的风险,这在药品、食品和文化产品等方面尤为严重。这种情况迫使企业设计制作防伪包装、防篡改包装和当产品被一次性使用后不能恢复原来形状的包装,从而在产品的包装方面打击仿冒者、篡改者,保护企业和消费者的利益。

复习思考题

1. 在营销市场上应如何理解产品整体概念?
2. 试述产品生命周期与销量、利润和成本之间的关系。
3. 分析产品生命周期各阶段的特征和相应的营销策略。
4. 分析新产品开发的意义和风险。
5. 简述确定品牌名称时应考虑哪些因素。
6. 如何理解品牌对企业的意义?品牌策略有哪些?
7. 在市场营销中,产品包装能起到哪些作用?

本章案例

海尔的名牌战略

中国最大的综合家电企业海尔集团(以下简称海尔)成立于1991年,它的前身是青岛冰箱总厂,创立于1984年,同年销售收入348万元,赤字147万元。2001年海尔的全球销售额达602亿元。年平均增长率为78%。2004年,海尔全球营业额突破1 016亿元,2008年达到1 190亿元。1984年,海尔只能生产一个型号(BCD-212)的冰箱,但是到了2004年,海尔拥有包括白色家电、黑色家电、米色家电在内的96大门类15 100多个规格品种的产品群。海尔的无形资产从无到有,2004年海尔品牌价值评估为616亿元,2009年,海尔品牌价值高达812亿元。自2002年以来,海尔品牌价值连续8年蝉联中国最有价值品牌榜首。海尔品牌旗下冰箱、空调、洗衣机、电视机、热水器、电脑、手机、家居集成等19个产品被评为中国名牌,其中海尔冰箱、洗衣机还被国家质检总局评为首批中国世界名牌。

据世界著名消费市场研究机构欧洲透视(Euromonitor)发布最新数据显示,海尔在世界白色家电品牌中排名第一,全球市场占有率5.1%。这是中国白色家电首次成为全球第一品牌。同时,海尔冰箱、海尔洗衣机分别以10.4%与8.4%的全球市场占有率,在行业中均排名第一。在智能家居集成、网络家电、数字化、大规模集成电路、新材料等技术领域,海尔也处于世界领先水平。海尔在全球建立了29个制造基地,8个综合研发中心,19个海外贸易公司,全球员工总数超过6万人,已发展成为大规模的跨国企业集团。海尔已成为世界白色家电第一品牌、中国最具价值品牌。

海尔的名牌培育遵循着循序渐进和逐步提高的原则,经历了确立名牌、多元化战略、国际化经营和全球化品牌战略四个发展阶段(见下图)。

发展战略创新的四个阶段

1984～1991年为确立名牌阶段。发生在1985年的"用大锤砸了76台质量不合格冰箱"事件是这个阶段开始的标志,而1991年获得驰名商标是这个阶段结束的标志。1985年的砸冰箱事件,最奥妙之处并不在于一般理解的严格要求,目的在于用有形造无形。所谓无形有两个方面:一是职工的质量意识,让职工切身感悟"质量就是企业的生命"的含义,二是在消费者中造自己的信誉——海尔是一丝不苟的!从有形的角度看,砸冰箱是不能理解的,因为那些都是本来可以修理后再出售的产品,但从用有形造无形的角度看,则是相当高明的。76台冰箱被大锤砸烂了,但是海尔品牌的形象却在消费者心目中树立起来了。在这一阶段,海尔逐步成长为国内著名的企业和驰名的品牌。

1992～1998年为多元化战略(迅速扩张)阶段。此期间,海尔先后以"激活休克鱼"为理论依据,兼并了18家亏损企业,使海尔的规模得到了空前的扩张。哈佛大学商学院以"The Haier Group — Capture the stunned fish, not the dead ones"为题,描写海尔如何运用企业文化、经营管理等无形资产兼并和盘活红星电器。所谓"休克鱼",是指硬件条件很好、管理却滞后的企业,由于经营不善落到了市场后面,一旦有一套行之有效的管理制度,把握住市场,就能重新站起来。在国内现行体制下,活鱼不让吃死鱼会闹肚子,因此只有吃休克鱼。而海尔擅长的正是管理,还有手中的"王牌"——海尔品牌,这样就找到了海尔与休克鱼的结合点。从1992年起海尔就在实施资产扩张战略,先后"激活"了原青岛空调器厂、冰柜厂、红星电器公司等18家大中型企业,并纳入自己麾下,盘活存量资产达15亿元之多,迅速成长为中国第一家家电特大型企业。由于实力的扩展,海尔品牌的名声进一步提高,海尔集团成了本行业的主导企业之一。

1999～2005年为国际化经营阶段。在这一阶段,海尔产品批量销往全球主要经济区域市场,有自己的海外经销商网络与售后服务网络,海尔品牌已经有了一定知名度、信誉度与美誉度。国际化战略阶段主要是以中国为基地,向全世界辐射。

2006年至今海尔由"品牌国际化"提升为"国际化品牌"。这个阶段主要特点是不仅把自己的产品打到世界市场上去,而且要在世界各地建立自己的经销和生产机构,实现海尔提出的三分之一国内生产国内销售,三分之一国内生产国外销售,三分之一国外生产国外销售的目标。值得一提的是,海尔在进军国际市场时采用"先难后易"的战略,并基于以下3个方面考虑。首先,无论哪个国家的消费者购买家电产品时都愿意买可信赖品牌,在发达国家畅销的家电品牌容易获得全世界消费者的信任。其次,发达国家的品牌易于在发展中国家传播,相反,在发展中国家很难树立起世界品牌。再者,企业为了开拓发达国家的市场,必须制订世界最高的质量标准,并为之全力以赴。按照"先难后易"战略,海尔先致力开拓发达国家的市场,并成功开拓了德国的冰箱市场、美国的小型冰柜市场等等。

2010年,海尔实施全球化品牌战略进入第五年。海尔继续发扬"创造资源、美誉全球"的企业精神和"人单合一、速决速胜"的工作作风,深入推进信息化流程再造,以人单合一的自主经营体为支点,通过"虚实网结合的零库存下的即需即供"商业模式创新,努力打造满足用户动态需求的体系,一如既往地为用户不断创新,创出中华民族自

第八章 产品策略

己的世界名牌!

（资料来源：海尔网站）

讨论题

1. 品牌与名牌的关系是什么？
2. 海尔是如何进行品牌建设的？
3. 如何理解海尔的名牌战略？有何启示？

第九章 价格策略

价格是市场营销组合中最为敏感而又难以控制的因素。从市场营销学的角度审视，产品定价是一门艺术。所以，定价和价格竞争历来都是管理和营销人员所面临的重大问题。这一章将着重探讨这一问题。在商品经济环境下，任何产品或服务都必须具有价格，这样供需双方才能进行交易。

事实上，买卖双方的交易是否成功往往取决于价格的高低。价格策略是市场营销组合中非常重要的策略，是影响商品交易的关键因素，同时又是市场营销中较活跃的因素。企业定价是为了获得利润，扩大产品销售，这就要求企业的价格策略既要考虑产品成本的补偿，又要考虑能为消费者所接受。因此，制定合理的价格策略，对于增强企业竞争力，提高市场占有率，增加赢利都有十分重要的意义。

第一节 影响企业定价的因素

价格的变动直接影响消费者的购买行为，也关系到生产经营者赢利目标的实现。价格策略是市场营销系统中最活跃的因素，也是企业可控制的市场营销因素中最难把握的因素之一。所以，价格问题是市场的核心问题，选择价格策略是市场营销的重要步骤。在现在的市场环境下，重视价格以及价格策略，是企业实现良好发展的关键。影响企业定价的因素也是多方面的，包括定价目标、产品成本、需求因素、消费者心理、市场竞争、环境因素等。企业定价时要对这些影响因素进行全面考虑和综合分析。

一、定价目标

定价目标是描述企业希望通过定价达到的总体目标。定价目标不同，其价格水平与价格策略也就不同。定价目标的影响包括金融、财务、生产等许多基础领域的决策，因此，它必须与企业的总体使命和目标相吻合。营销者可同时使用短期和长期定价目标,也可采用一个或多个定价目标。例如,一家企业可以希望其市场份额比过去3年提高15%,同时达到20%的投资报酬率,并在市场上提升其质量形象。

企业的定价目标可分为利润导向目标(目标利润率、利润最大化)、销售导向目标(销售金额或数量增长、市场份额增长)、对等定价导向目标(应付价格竞争、稳定价格、非价格竞争)3个导向目标。

1. 利润导向目标

(1) 以一定的利润率水平为目标,是将一种特定的利润水平作为目标。这种方法经常以一种销售百分比或投资百分比的形式出现。一家大的生产商可能瞄准20%的投资利润率,而便民超市或其他食品杂货连锁店的目标可能仅是5%的销售利润率。

(2) 以利润最大化为目标,是追求尽可能大的利润。它表达了一种获取快速投资利润率的欲望。某些人相信任何追求利润最大化的人的目标将促使他制定高价。然而,获取利润最大化的定价并不一定是高价格,低价也可能扩展了市场份额,并由此导致大量的销售和利润。这是因为利润额 = 销量 × (单价 − 单位产品成本)。

2. 销售导向目标

(1) 以实现销售增长率为目标。销售增长率高,意味着产品的竞争能力强。尤其是新产品进入市场后的一段时期内,销售额的增长会对企业产生积极的影响,因此,有些企业也常把追求销售额的增长作为新产品的定价目标。有些管理者较多关注销售增长而非利润,认为销售增长总会产生更多的利润。其实,当企业的成本增长高于销售增长时,这种想法就会引起问题。因而,许多大企业已经倾向于过问利润而不过问销售增长情况了。

(2) 以提高市场占有率为目标。市场占有率是企业竞争能力和市场地位的综合反映。市场占有率高,反映企业的市场地位稳固、产品竞争力强,有利于企业控制市场,扩大产品销售。一些非营利组织的管理者为增加市场份额而制定价格,准确地说,他们并非没法获取利润。例如,许多城市制定低票价让它们的公共汽车满员,当它们满员时,即使总收入不算太大,也有较多益处。许多企业追寻获取某一市场的特定的占有率。如果一家企业有一个巨大的市场份额,它可能比其竞争对手具有更好的经济规模。此外,衡量一家企业的市场份额,通常比决定是否利润最大化更加容易。

在总体市场不断发展的时期,一家有长期经营意向的企业,决定增加市场份额是一种明智的目标选择。当然,目标瞄准增加市场份额,像直接追求销售增长目标一样,具有同样的缺陷。在占有比较巨大的市场份额时,如果价格太低,可能导致无赢利的"成功"。这种再简单不过的观点,却被许多主管人员忽视了。

3. 对等定价导向目标

(1) 以应付价格竞争为目标。价格竞争是市场竞争的重要方面。因此,企业在定价前,要广泛收集竞争者的有关资料进行分析比较,然后根据自身实力确定价格。实力强就利用价格竞争排挤其他竞争者,实力弱则追随竞争者的价格。

（2）以稳定价格为目标。满足其目前的市场份额和利润的管理人员，往往以稳定价格为定价目标。管理人员可能会说其目的是想稳定价格或应对竞争，甚至回避竞争。当总体市场不再发展、扩大时，这种不扰乱价格的做法最为普通。保持稳定的价格可能阻碍了价格竞争并避免了决策的难度。

（3）以非价格竞争为目标。这是另一种对等定价目标，可能是集中于非价格竞争的进攻性的总体营销战略的一部分，营销集中属于除价格外的一种或多种其他策略方面。快餐连锁店麦当劳和汉堡王通过坚持多年的非价格竞争，实现了巨大的效益增长。

二、成本因素

价格是产品价值的货币表现。以货币来表示产品或服务的价格就称为该产品或服务的价格。产品成本是价格的最低限度。一般来说，产品价格必须能够补偿产品生产及市场营销的所有支出，补偿产品的经营者为其所承担的风险支出，并有赢利。成本的高低是影响定价的一个重要因素。根据定价策略的不同需要，对成本可以从不同的角度作以下分类。

（1）固定成本。固定成本指在固定生产经营范围内，不随产品种类和数量变化而变动的成本费用，如机械设备的折旧、借贷利息、照明、空调、市场调研、产品设计等费用。这种成本费用常常在实际生产过程中就得支付。

（2）变动成本。变动成本指随产品种类和数量的变化而相应变动的成本费用，如企业原材料、燃料、储运等方面的支出，以及支付给员工的工资等。这种成本费用常常在实际生产过程开始后才需支付。

（3）边际成本。边际成本指产品在原有数量基础上增加或减少一个单位所引起的总成本的变动量。如果是针对增加产品数量而言，边际成本又称新增成本。除非加以特殊说明，边际成本与平均变动成本在概念上和数值上都是不同的。例如，某企业生产某种产品的固定成本为9 000元，生产一个单位产品的变动成本是1 000元，生产两个单位产品的平均变动成本是900元，则第二个新增产品的边际成本不是900元，按定义它等于生产这第二个产品的总成本的增加额，即（9 000 + 2 × 900）- （9 000 + 1 × 1 000）= 800（元）。

（4）机会成本。机会成本指企业为从事某项经营活动而放弃另一项经营活动的机会，或利用一定资源获得某种收入时所放弃的另一种收入。另一项经营活动应取得的收益或另一种收入即为正在从事的经营活动的机会成本。通过对机会成本的分析，要求企业在经营中正确选择经营项目，其依据是实际收益必须大于机会成本，从而使有限的资源得到最佳配置。

三、需求因素

在价格与需求的关系方面，营销者需要了解需求的价格弹性，即产品价格变动对市场需求量的影响。不同产品的市场需求量对价格变动的反应不同，也就是弹性大小不同。

一般情况下，企业每制定一种产品价格，该产品的需求量都会发生不同程度的变化。通常价格与需求量成反比，即价格越高需求量越少。

$$需求价格弹性(E) = -\frac{需求量变动的百分比}{价格变动的百分比}$$

按上述公式计算出来的具体数值称为需求弹性系数。价格高，买的人少；而价格低，买的人多。价格与需求是呈反方向变动的，所以通常需求价格弹性 E 为负值。为应用方便，在上述公式中引入一个负号，使 E 成为正数。需求价格弹性的大小，一般以 E 的值大于1或小于1来表示。如果 $E>1$，称为需求价格弹性大或称富于弹性的需求；如果需求量变化的幅度小于价格变化的幅度，即 $E<1$，称为需求价格弹性小或称缺乏弹性。

需求价格弹性在企业决定某一产品是提价或降价时特别有用。如果该产品的需求价格弹性系数大于1，也就是价格只要稍微上升或下降，需求量就会大幅度下降或增加，因此企业往往可采取降价策略，这时产品的单位利润虽有所下降，但产品的销售总收入和总利润却会大大增加；如果该产品的需求价格弹性系数小于1，也就是即使价格大大提高或下降，需求量也不会显著减少或增加，因此企业可采取提价策略，这时需求量虽有减少，但由于价格大大提高，产品的销售总收入和利润总量仍会增加。当然，不论提价或降价都是有一定限度的。

通常影响需求价格弹性大小的因素主要有：商品的可替代性；商品的供求状况；商品在消费支出中所占的比重等。

四、消费者心理

消费者的消费活动和购买行为是在一定的消费心理的指导下进行的，企业的定价必须考虑消费者的价格心理。

1. 预期心理

消费者预期是消费者对未来一定时期市场供求状况和价格变动趋势的估计。不同的消费预期会对消费者的购买行为产生不同的影响。如果预计未来商品价格将下跌，消费者就会采取等待观望的态度，持币待购；反之，消费者就会争相抢购。消费者的预期心理及由此产生的消费行为，势必对企业定价产生影响。充分研究消费者的预期心理，并据此确定有针对性的价格策略对企业进行科学的定价决策具有重要意义。

2. 认知价值和其他消费心理

认知价值是消费者心理上对商品价值的一种估计和认同，它与消费者的商品知识、购物经验、对市场行情了解的程度有关，同时受到消费者的兴趣爱好的影响。消费者在购买商品时常常把商品的价格与自己心目中所形成的对该种商品的认知价值进行比较，将一种商品的价值与另一种商品的认知价值相比较，当确认价格合理、物有所值时，才会做出购买决策，产生购买行为。此外，消费者还存在求实、求新、求质、求美、求廉、求名等多种心理,这些心理都会对消费者的认知价值产生影响,进而影响消费者的购买行为。企业只有准确把握消费者的消费心理,才能制定出既能适应消费者的需要,又有利于扩大商品销售和提高企业经济效益的价格策略。

五、竞争因素

价格竞争是企业经营竞争的重要手段和内容。现实的和潜在的竞争对手的多少及竞争的激烈程度对产品定价的影响很大。竞争越激烈,对价格的影响就越大,特别是那些对资源依赖不强,或技术和设备要求不高,容易经营的产品,企业面对的潜在威胁就更大。一般情况下,如果企业不是居于竞争主导地位,就不能忽视竞争对手的价格。

在市场需求为价格规定了最高限,而成本为价格规定了最低限的时候,还应该考虑竞争对手的价格。竞争对手的价格以及这些对手对本企业价格变动所做出的反应,也是企业定价时需要考虑的一个重要因素。企业应对每一个竞争者提供的产品价格及其产品质量情况有所了解,这可以有几种做法:企业可以派专门人员打听行情,比较价格和竞争者所提供的产品;企业可以通过购买竞争者的产品得到竞争者的价格表,然后拆开看,仔细研究;企业还可以询问购买者对于企业竞争者所提供的产品价格和质量的看法。

企业只要了解到竞争者的价格和产品情况,就能把它作为自己定价的基点。如果企业的产品与主要竞争者的产品类似,那么企业制定的价格也必须与竞争者差不多,否则就失去了市场。如果企业的产品次于竞争者的产品,就不能和竞争者制定相同的价格。如果企业的产品优于竞争者的产品,价格则不妨高于竞争者。而且,企业还必须清楚竞争者对自己的价格会做出什么样的反应。企业就是这样运用价格来给自己的产品定位、同竞争者博弈的。

另外还要考虑潜在竞争对手加入市场的可能性,并推测其加入市场的时间和竞争实力,从而适当改变本企业的定价策略。应当指出的是,同类产品竞争包括产品功能、质量、规格、花色、成本费用、促销措施、渠道选择、价格水平等方面的竞争。因此,考虑价格竞争因素时,应当看到定价与其他形式竞争的紧密联系,特别要看到价格的变动引起的消费者或用户对产品质量和整体效用做出的新评价,从而使定价对潜在顾客未来的购买行为产生深刻的影响。

六、环境因素

企业定价时还必须全面考虑环境因素,如国内或国际的经济状况,经济是繁荣还是萧条,是通货膨胀还是需求不足,当前利息率是高是低等。这些情况都会影响价格策略,因为这些因素影响生产成本和顾客对产品价格和价值的理解。此外,政府的有关政策法规也是影响企业定价的一个重要因素。如 2007 年,我国房地产投资过热导致了消费过热、房价上涨,为控制房地产过热的现象,国家出台了多项抑制房价过快上涨的政策,尤其是对购买第二套住房的信贷政策的调整,使主要城市的房屋销售由热转冷,开发商纷纷采取让利、打折、赠送等降价措施。

第二节 企业定价的程序和定价方法

定价方法是企业为实现其定价目标所采用的具体方法。根据企业定价时对产品成本、市场需求和竞争状况等定价影响因素程度的不同,可将企业的定价方法大体分为成本导向定价法、需求导向定价法和竞争导向定价法3种主要类型。

一、企业定价的程序

1. 明确定价目标

企业在制定价格之前必须明确定价目标,即明确定价的指导思想。企业应根据不同的市场状况、不同的产品选择不同的定价目标,从而采用不同的定价方法和技巧。

2. 测定需求

需求的测定主要是调查了解市场容量,即调查该产品有多少现实和潜在的顾客;分析产品价格变动对市场需求的影响;掌握不同价格水平上的需求量,即测定需求价格弹性。

3. 估算成本

成本是制定产品价格的最低限度,是定价的基础。一般情况下,价格不能低于成本,否则企业将出现亏损,这里主要是指估算平均成本和平均变动成本。

4. 掌握竞争者的产品和价格

企业定价必然要受到竞争者同类产品价格的制约。要想在市场竞争中取胜,企业就必须"知己知彼",掌握并认真分析竞争者的产品价格和特色,经过比质比价,为自己的产品制定出具有竞争力的价格。

5. 选择定价方法

企业定价方法主要有3种,即成本导向定价法、需求导向定价法和竞争导向定价法。在每一种方法中又有许多种具体的方法,企业应根据自己的定价目标选择不同的定价方法。

6. 确定最终价格

企业运用一定的方法制定出基本价格后,还要定性地考虑一些因素的变化,采用定价技巧对基本价格进行适当的调整,确定出最终的价格。例如,制定的价格是否符合国家有关政策法规,是否适应消费者的心理,是否维护了企业形象,竞争者对这一价格将做出如何反应等。

二、企业定价方法

1. 成本导向定价法

成本导向定价法就是以产品的总成本为中心来制定价格,这一定价法主要包括以下几种。

（1）成本加成定价。成本加成定价是以收回经营成本为基础的一种定价方法。这种方法先确定赢利率，然后用顺算法定价，即单位产品成本加上按一定赢利率确定的销售利润。其计算公式为：

$$产品单价 = 单位产品成本 \times (1 + 成本加成率)$$

例如，已知某产品单位产品成本为 20 元，成本加成率为 20%，则该产品单价为：

$$20 \times (1 + 20\%) = 24(元)$$

此外，有些企业是有出口任务的，它认为固定成本在国内销售时已赚回，出口主要是赚取边际利润，这时可采用变动成本加成定价方法。例如，已知某产品的变动成本是 1 000 000 元，企业期望相对于变动成本的利润率是 20%，预计产量是 100 000 单位，则：

$$单位价格 = \frac{变动成本 + (变动成本 \times 利润率)}{产量}$$

$$= \frac{1\,000\,000 + 1\,000\,000 \times 20\%}{100\,000}$$

$$= 12(元)$$

对于商业企业可按如下公式确定产品的售价：

$$单位产品售价 = \frac{进价}{1 - 毛利率}$$

例如，某产品进价为每件 8 元，期望毛利率为 20%，则该产品售价为：

$$\frac{8}{1 - 20\%} = 10(元)$$

（2）盈亏平衡定价。盈亏平衡定价是以总成本和总销售收入保持平衡为定价原则的。总销售收入等于总成本，此时利润为零，企业不盈不亏，收支平衡。盈亏平衡法的优点是计算简便，可使企业明确在不盈不亏时的产品价格和产品的最低销售量。其计算公式为：

$$单位产品价格 = \frac{固定成本}{预计销售数量} + 产品单位变动成本$$

例如，某产品的固定成本为 50 万元，单位变动成本为 20 元，预计销售量为 10 万件，则该产品在收支平衡时的价格为：

$$\frac{50}{10} + 20 = 25(元)$$

(3) 投资报酬额定价。投资报酬额定价是以总成本和目标利润作为定价原则的。使用时先估计未来可能达到的销售量和总成本,在收支平衡的基础上,加上预期的投资报酬额,然后再计算出具体的价格。这种方法简便易行,可提供获得预期利润时最低的可能接受价格和最低的销售量。它常被一些大型企业和公用事业单位所采用。其计算公式如下:

$$投资报酬额 = \frac{总投资额}{投资回收期}$$

$$单位产品价格 = \frac{总成本 + 投资报酬额}{预期销售量}$$

例如,某产品预计销售量为10万件,总成本为30万元,该产品的总投资额为40万元,要求5年回收投资,投资回收率为20%,则该产品的售价为:

$$投资报酬额 = \frac{40}{5} = 8(万元)$$

$$单位产品价格 = \frac{30 + 8}{10} = 3.8(元)$$

(4) 边际贡献定价。边际贡献是指产品售价高于变动成本的差额。边际贡献定价是一种只计算变动成本,而暂不计算固定成本,也就是按变动成本加预期的边际贡献来定价的方法。其计算公式为:

$$单位产品售价 = 单位变动成本 + 单位产品贡献额$$

当市场价格低于产品总成本,企业又拿不出别的对策时,只能按边际贡献定价法定价。只要变动成本低于市场价格,企业即可获得一定的边际贡献来弥补企业的固定成本,这样做总比不做好,因为不管做不做,固定成本总是要如数支付的。边际贡献等于零是极限,如果边际贡献小于零,则做得越多就赔得越多,那就毫无经济意义了。

例如,某企业生产某产品固定成本为10 000元,单位变动成本为0.6元,预计销售量为10 000件,根据市场条件,只能定价为1元/件,则边际贡献为4 000(10 000 - 6 000)元。这样虽不能全部补偿固定成本,但可减少企业的亏损额。

在实践中,由于边际贡献定价往往能刺激产品销售量的增加,所以边际贡献就有可能弥补固定成本甚至带来赢利。

2. 需求导向定价法

需求导向定价法即把市场需要状况及消费者对商品价值的理解作为定价的主要因素和依据。一般可采用认知价值定价法、差别定价法、反向定价法3种方法。

(1) 认知价值定价法。认知价值定价法,是根据顾客对商品价值的感受和理解程度,而不是以商品成本为依据来制定商品价格的。顾客购买商品总是选择那些既能满足其需要,又符合其支付标准的商品的。当顾客对某种商品的理解程度高于或至少不低于其支付的价值标准时,就会顺利接受这种价格,否则就不会接受这一价格,商品也就难以销售出去。因此,根据认知价值定价法,某种商品的价格,一定程度上取决于该商品对顾客的影响程度,或者说取决于顾客对商品价值的认知程度。顾客对商品价值的认知程度越高,其愿意支付的价格限度也越大。

为了加深顾客对商品价值的认知程度,提高其愿意支付的价格限度,企业定价时,应首先搞好市场定位,突出产品特色,并综合运用各种营销手段,不断加深顾客对商品的印象,使顾客感到购买某商品能带来更多的利益和好处。

有效的市场营销活动可以提高产品可认知的价值。例如,将狗粪加草木灰搅拌而成的一堆东西表述成:"通过平衡膳食的良种狗所产生的优质有机氮肥,配之以天然生成无污染草木高温处理之精华钾肥,经过同一性均质化复合工艺所生产的高级自然绿色复合氮钾肥,能给您的土地以全面均衡之营养,以利于各种农作物的生长。"又是什么感觉?

对名牌产品的定价主要依据其认知价值。名牌货,特别是世界名牌,与普通大路货的价格相差悬殊,其价格往往高出普通大路货数倍甚至十余倍。比如市场上一件法国名牌男衬衫售价约 500 元,中外合资名牌男衬衫约 150 元,而无名的普通衬衫只能卖十几元。这样大的差价并不是来自成本和质量的差别,而是根据消费者所理解和认可的价值来确定的。

再比如,某品牌冰箱,其成本与竞争产品的成本差不多,竞争产品每台定价 2 600 元,而该产品却定价 3 000 元,其结果是其销量反而比竞争产品高,原来是下面的这张清单起了作用。

① 2 600 元仅仅是相当于竞争者的冰箱价格;
② 300 元是产品优越的耐用性增收的溢价;
③ 200 元是因为产品更省电增收的溢价;
④ 200 元是为产品优越的服务增收的溢价;
⑤ 100 元是为产品造型更美观、颜色更漂亮增收的溢价;
⑥ 以上 5 项合计为 3 400 元;
⑦ 400 元是给予顾客的折扣;
⑧ 3 000 元是最终价格。

这张清单实际上是在帮助消费者理解和认知该产品的价值,花 3 000 元买到 3 400 元的产品,消费者当然是满意的,所以愿意购买。

如今,认知价值定价法不仅应用于品牌产品,许多商家也开始在其商店中应用。其中最著名的就是美国的沃尔玛公司,它利用相当低的价格出售高质量的产品,然后通过内部管理降低产品经营成本,最终大规模地销售产品使企业获得发展。认知价值定价法代表了向消费者提供可以认知的高价值的思路。

企业按照认知价值定价法所制定的某种商品价格只是一个初始价格,还应估算在初始价格水平下商品的成本、销售量和赢利状况,最后确定实际价格。

(2) 差别定价法。差别定价法,是指对于同一种产品,企业可根据不同的顾客、不同的时间、不同的地点、不同的式样制定不同的价格。

① 对不同顾客采用不同价格。即根据顾客不同的需求强度,制定不同的价格。如电力工业对工业用户定价低,对娱乐用户定价高。

② 对同一品种不同式样的产品采用不同的价格。如同等规格和质量但花色款式陈旧的产品,价格可定得低些;而花色款式新颖的,其价格可定得高些。

③ 同一产品在不同的时间采用不同的价格。如市场上出售的新鲜蔬菜,当天卖与隔日卖的价格应有所区别;节假日的应节商品,与平时相比价格也有明显差异。

④ 同一产品在不同空间采用不同的价格。典型的例子如影剧院、体育场因座位不同,票价也不同。

实行差别定价法要具备一定条件:第一,市场能够细分,而且不同细分市场有不同程度的需求;第二,注意防止低价细分市场的买主将产品向高价细分市场转售;第三,差别定价不会引起顾客反感。

(3) 反向定价法。这是根据市场需求、购买力情况及消费者愿意支付的价格来定价。其具体的做法是:企业先进行市场调研并征求中间商的意见,拟定出可能的销售量和一个适合顾客心理需求的零售价,在此基础上,扣除各中间商的加成,倒算出出厂价。

例如,某产品零售价为15元,零售商加成20%,批发商加成15%,该产品出厂价推算如下:

零售价 15 元

零售商加成 20%(按售价计)   3 元

批发商售价   12 元

批发商加成   15%(按售价计)   1.80 元

出厂价   10.20 元或:

$$批发价 = 零售价 \times (1 - 零售商加成率) = 15 \times (1 - 20\%) = 12(元)$$

$$出厂价 = 批发价 \times (1 - 批发商加成率) = 12 \times (1 - 15\%) = 10.20(元)$$

3. 竞争导向定价

竞争导向定价是以市场上同类竞争产品的价格为定价依据,并随竞争状况的变化不断调整价格水平的定价方法。其主要有通行价格定价法、主动竞争定价法和投标定价法3种。

(1) 通行价格定价法。通行价格定价法即企业制定的产品价格与竞争产品的平均价格保持一致。这种定价方法的优点是:平均价格水平往往被消费者认为是"合理价格",定价容易被市场接受;企业与竞争者能和平相处,避免价格竞争,能为企业带来合理的利润。企业一般在下列情形下采用这种定价方法:难以估算成本;企业打算与同行和平相处;如果另行定价,很难了解消费者和竞争者对产品价格的反应。这种定价法主要适用于竞争激烈的均质产品,如面粉、钢铁及某些原材料的价格确定。

(2) 主动竞争定价法。与通行价格定价法相反,主动竞争定价法不是追随竞争者的价格水平,而是根据企业产品的特征和其他营销手段,将产品以高于、低于或与竞争者产品价格一致的价格出售。企业首先对本企业产品的性能、质量、功能、款式、成本等及营销手段与竞争者的同类产品及营销手段进行比较,分析形成价格差异的原因,然后结合本企业产品的特点及营销手段的优劣势,确定价格水平。如果企业产品特征及其营销手段占优势,则确定的价格高于通行价格,否则确定的价格低于通行价格或与通行价格保持一致。

(3) 投标定价法。在建筑工程和政府采购时往往采用密封投标交易方式。投标价格是投标者根据竞争者的报价估计而不是按自己的成本费用来确定的。一般来说,投标者的报价高,利润就大,但中标的机会小;相反,投标者的报价低,中标机会就大,但利润也低。因此,报价既要结合竞争状况考虑中标概率也要考虑企业利润目标。参加投标的企业往往要计算期望利润,然后根据最高的期望利润递价。期望利润可以根据估计的中标率和利润计算。

第三节 企业定价的基本策略

价格策略是在制定价格和调整价格的过程中,为了达到企业的营销目标而采取的适合企业自身的定价艺术和定价技巧。它对企业营销战略的实施和价格竞争力的提高有着十分重要的意义。企业在利用各种定价方法确定了基本价格以后,应根据产品特点、消费心理、销售条件,运用灵活的定价策略对基本价格进行修改,以保证企业的价格策略取得成功。

一、新产品定价策略

新产品定价策略是企业定价策略的一个关键环节,对于新产品能否及时打开销路、占领市场和取得满意的效益有很大关系。新产品定价策略一般有撇脂定价策略、渗透定价策略和满意定价策略 3 种。

1. 撇脂定价策略

撇脂定价策略是企业在追求最大利润目标指导下,在新产品上市初期,利用顾客的求新心理,将产品的价格定得较高的策略。其目的在于力求短期内补偿全部固定成本,并迅速获取赢利。这是对市场的一种榨取,就像从牛奶中撇取奶油一样。例如,美国宝丽来公司开始推出它的一次成像新式相机时,就是运用这种定价策略的。这种相机在导入期以高价上市,由于其特有的一次成像功能,目标市场上许多顾客都争相选购。但当销售量开始减少时,企业便降低价格,将目标市场转向对价格敏感的另一些顾客。撇脂定价在高价仍有需求的情况下能帮助企业赚大钱。这种策略的优点是使企业能迅速实现预期赢利目标,掌握市场竞争的主动权,为以后价格的调整留有充分余地;缺点是在高价抑制下,销路不易扩大,同时,丰厚的利润必然诱发竞争,也极易招致公众的反对。因此在以下条件下,企业才可以采用撇脂定价策略。

(1) 市场上有相当数量的收入水平较高的、具有求新动机的消费者,产品价格需求缺乏弹性,即使价格定得较高,市场需求也减少不大。

(2) 在高价情况下,市场上没有强有力的竞争者,企业仍能独家经营。

2. 渗透定价策略

渗透定价策略即在新产品刚上市时,利用顾客的求廉心理,采用低价政策,使产品在市场上广泛渗透,从而提高市场占有率,然后随市场份额的增加调整价格,降低成本,实现企业赢利目标。这种策略的优点是能迅速打开新产品的销路,提高市场占有率,树立企业的良好形象,同时低价不易诱发竞争,能有效排斥竞争者;缺点是投资回收期长,价格调整余地小。因此,渗透定价策略适合于以下情况。

(1) 产品价格需求弹性大,低价能迅速扩大销量,提高市场占有率。

(2) 产品市场已为他人先占领,为了挤进市场,只好采用低价渗透策略。

(3) 潜在市场大,对竞争者有吸引力,实行低价能有效排斥竞争者,便于企业长期占领市场。

3. 满意定价策略

满意定价策略也称温和价格策略,是介于撇脂定价和渗透定价之间的定价策略。其价格水平适中,同时兼顾生产者、中间商及消费者的利益,使各方面都感到满意。即使当生产企业处于优势地位、本可采用高价时,但为了博得顾客的好感和长期合作,也仍然可选择温和价格策略。这样既能赢得各方尊重,又能使各方都感到满意。这种策略的优点是价格比较稳定,在正常情况下能实现企业赢利目标,赢得中间商和消费者的广泛合作;缺点是这种价格策略应变能力差,不适合复杂多变和竞争激烈的市场环境。运用这一策略的具体定价一般采用反向定价法,即企业先通过调查或征询拟定出消费者易于接受的零售价格,然后反向推算出出厂价格。

二、心理定价策略

这种定价策略是根据顾客的购买心理制定价格的,通常被零售商所采用,主要有以下几种。

1. 尾数定价

这种定价策略又称奇数定价、非整数定价。对于多数日用品或低价商品,顾客购买时比较注意价格的细微差别。对这些商品定价时,常采用尾数定价,使价格水平保留在较低档次,如一支牙膏定价为8.98元,而不是9.00元。尾数定价跟整数定价相比,实际上相差无几,但给人以便宜感,另外尾数比整数准确,把价格定成尾数,似乎是企业精心计算得出的,给人以信赖感。尾数定价策略的对象主要是求实心理的消费者,使之感到物美价廉。

2. 整数定价

一些高档耐用消费品,特别是一些消费者不太熟悉的产品,消费者往往以价格高低来衡量产品质量的优劣,存有"一分价钱一分货"的心理。对于这些商品,企业可采用整数定价,使价格上升到较高档次。如将价格定为10元,而不是9.8元,借以迎合人们的高消费心理,提高了产品形象,也更有利于这类产品的销售。

3. 声望定价

这种定价策略是把消费者心目中有极高声望的名牌产品定以较高的价格。这种定价策略能显示出商品的档次和企业的声望,又能迎合消费者的求名心理,满足较高层次消费者的需要,如我国的名烟、名酒定价都很高。

4. 习惯定价

某种商品,由于在市场上销售已久,在消费者心目中已形成一种习惯性价格标准,符合其标准的价格能被顺利接受,偏离其标准的价格则易引起疑虑。因此,当生产者对这种产品定价时,通常应顺应这种习惯价格水平,不轻易涨价也不轻易降价。因为涨价会引起消费者的不满,而降价又会导致消费者对产品质量产生怀疑。

当这类产品因成本升高或其他原因维持原价已无利可图时,企业应通过改进生产工艺、提高劳动生产率等途径降低成本解决问题。在必须变价时,应同时改变包装和品牌,以避开习惯价格对新价格的影响,引导消费者逐步形成新的习惯价格。

5. 招徕定价

招徕定价也称特价品定价,是指企业利用消费者的求廉心理,在一定时期内,有意识地对企业经营的部分产品以低价销售,招徕顾客,借以带动和扩大其他正常价格的产品的销售。有些商店在节假日或季节更替时实行"减价"销售,这就是这种策略的运用。采用招徕定价应注意以下几点。

(1)招徕顾客的特价品必须是大多数消费者都需要的,且市场价格为大多数消费者所熟悉。招徕商品应货真价实,不得欺骗消费者,否则会弄巧成拙。

(2)特价品的特价要有足够的吸引力。降价幅度太小,难以引起消费者的注意和兴趣;降价幅度太大,会造成误会,使顾客误以为是质量低劣的残次品。

(3)特价品的供应数量要适当,太多会影响企业利润,太少又会使顾客失望,起不到招徕顾客的作用。

三、折扣与让价策略

企业价格一般有基本价格和成交价格之分。基本价格是价目表中标明的价格;成交价格则是在基本价格基础上根据交易数量、方式和条件,通过一定折扣和让价所形成的实际交易价格。运用折扣和让价策略有助于企业争取更多的顾客,扩大产品销售。折扣与让价策略主要有以下几种方式。

1. 数量折扣

数量折扣是根据顾客购买数量的多少,分别给予不同的折扣,购买数量越多,折扣越大。其目的在于鼓励顾客大量购买。数量折扣又可分为累计数量折扣和非累计数量折扣。

(1) 累计数量折扣。累计数量折扣适用于长期性的交易活动,即在一定时期内(如一月、一季、一年等),按照顾客购买商品累计达到的数量和金额的大小,分别给予不同的折扣。例如,某企业为促进某商品销售采用累计折扣定价,规定凡在一个季度内,对购买某商品5万元以上的中间商,给予5%的折扣,累计购买达10万元的,给予10%的折扣,达15万元的,给予12%的折扣。累计折扣有利于买方企业拉住中间商,扩大销售。对中间商而言,既可保证货源,又能获得折扣,减少费用,降低成本。

(2) 非累计数量折扣。非累计数量折扣是指按顾客每次购买商品的数量和金额的多少,给予不同的折扣。其目的在于鼓励顾客增加每次购买的数量和金额,便于卖方企业组织大批量商品销售。

2. 现金折扣

这是指在分期付款销售商品的条件下,企业对按期付款和提前付款的顾客给予一定的价格折扣。其目的在于鼓励顾客尽早付款,加速资金周转,减少呆账风险。折扣的大小一般根据付款期间的利息和风险成本等因素确定。如制造商向在特定的时间内购买企业产品的顾客给予现金回扣,以清理存货。美国的汽车生产厂商曾多次使用现金折扣来促进汽车销售,在最初阶段比较有效,后来便失效了。因为它只可能给那些准备买的顾客以优惠,但并不能刺激其他人来买车。

3. 季节折扣

这是指生产季节性产品的企业对在消费淡季购买产品的中间商提供一定的价格优惠。其目的在于鼓励中间商淡季采购,以减少生产企业的仓储费用和资金占用。零售商也可采用季节折扣鼓励消费者淡季购买,以减少库存、调节供求。例如,旅馆、旅游景点、航空公司在他们的经营淡季会提供季节折扣,服装商场对反季节购买服装的顾客也会提供季节折扣。

4. 交易折扣

也可以称为功能折扣,就是根据各类中间商在市场营销中承担的不同职能给予不同的价格折扣,如给予批发商的折扣较大,给予零售商的折扣较小。其目的是利用价格折扣刺激各类中间商更充分地发挥其市场营销活动的功能。例如,一家制造商可能允许零售商从建议的零售清单价格中提一个30%的商业折扣以抵消零售功能成本并获取利润。同样,制造商可能允许批发商给出一种低于建议零售价30%和10%的连锁折扣即

100/30/10。在这个例子中,零售价100元,零售商拿到的价格是70元,批发商拿到的价格是60元。

5. 折价券

折价券是一种给予使用产品人的削减价格。折价券给了营销人员一种不通过降低价目表价格来降低价格影响力的方法。合适的折价券交易在销售耐用品时是重要的。许多生产商和零售商通过分装在包装、邮件、印刷广告内或商店内的折价券提供折扣。通过现有的给零售商的折价券,消费者获得了低于价格清单的折扣,这在消费包装商品交易中特别常见。

6. 临时性的推销价格

这是一种价目表价格中的临时折扣。推销价格折扣鼓励顾客立即购买。换句话说,为了获得推销价格,顾客放弃了他们原想购买的商品,而买了卖主想要出售的商品。一位零售商可能运用一种帮助清理存货清单或者应付竞争商品的推销价格,而一位生产商可能为一个中间商提供一份特殊协定,增加正常商业折扣以外的折扣,使中间商在推销产品时获取更多利润。近些年来,推销价格和协定已经屡见不鲜,看起来好像消费者从中获益了,可实际上经常变动的价格也会让消费者困惑,而且容易侵蚀其品牌忠诚度。

7. 促销让价

这是指生产企业和中间商为促进产品销售所进行的各种活动,如刊登地方性广告、布置专门橱窗等,给予一定让利作为报酬,以鼓励中间商宣传产品,扩大产品销售。这种方法尤其适用于新产品的导入期。

8. 刺激主动性购买的补贴

补贴是由制造商或批发商传递给零售商并给予其营销人员用于主动地销售某种商品的费用。补贴一般用于新项目、周转较慢的项目或较高毛利差额的产品。它们经常被用来推动家具、服装、家用电器和化妆品的销售。

(1) 广告补贴。广告补贴是通过价格削减给予渠道中间公司的优惠,鼓励它们做广告或促销其供应商在当地的产品。例如,电器公司给予它的家用电器批发商一种补贴(销售额的5%)作为回报,期待他们把这补贴花在当地的广告中。

(2) 仓储补贴。仓储补贴是给予中间商获取某种商品的货架空间的补贴。例如,一位生产商可能为零售商存放新产品提供现金补贴或免费商品。仓储补贴主要用于获取连锁超市经营新产品的目的,因为超市没有足够的货架位置经营所有可获得的新产品。他们比较乐意为降低他们交易成本的供应商的新产品提供空间——腾出仓库空间,增加计算机系统的信息量和重新设计商店货架,等等。

关于仓储补贴有所争执。有人说零售商需要大量的进货仓储补贴,延缓了新产品的导入,而且它也使小的生产商竞争困难;一些生产商觉得零售商的需求是不道德的,它是一种敲诈。另外,零售商认为从生产商那里得到费用,只是想要推动越来越多的同类的产品进入他们的货架。对于生产商应付这种问题的最好的方法可能是开发新的能真正提供给消费者卓越价值的产品。那样，它让渠道中的每一成员都能获益，包括零售商把产品导入目标市场。

四、产品组合定价策略

当某种产品成为产品组合的一部分时，对这种产品的定价必须加以修订。在这种情况下，企业试图通过相关产品的组合定价从而获得最佳的销售业绩与利润。

1. 产品线定价

产品线定价是指企业以产品线为依据进行定价而不是按照单件产品单列定价。例如，松下电器公司向市场提供了多种不同功能的摄影机，从一个简单摄影机到一个带有自动聚焦并具有感光控制器和两种速度的变焦镜头的复杂摄影机，其价格从低到高形成一条线，以满足不同层次人们的需要。

2. 产品群定价

产品群定价是为了方便顾客，有时营销者不是卖单一产品，而是将有连带关系的产品组成一个群体一并销售。例如，中国足球超级联赛有时不单卖一场比赛的票，而是将一年的全部主场比赛合在一起售票；饭店不单独出租客房，而是将客房、膳食和娱乐一并出售收费。采用这种策略时，必须使价格足够的低廉，否则顾客不会购买。

3. 附带产品定价

附带产品定价中所必需的附带产品是指那些与主要产品密不可分的产品，如刀片、计算机软件等。对这类产品通常采用的价格策略是将载体产品的价格定得较低而附带产品的价格定得较高，以弥补主要产品低价所损失的利润。如电子游戏机卖得很便宜，但其游戏软件卖得很贵，就是一个典型的例子。

五、价格调整策略

企业处在一个不断变化的环境之中，为了生存和发展，有时候需要主动提高价格，有时又需要主动降低价格。

1. 提高价格

提价的原因是多方面的，按理想状态来说，当一个企业的产品质量提高之时可以进行提价，这样顾客也不会有太大意见，企业也能获得可观收入，而且企业产品质量与价格相匹配是营销时普遍使用的一种方法。但问题是，由于消费者对提价需要一个心理调整的过程，所以企业应在提价前告之消费者，以提高其心理承受力。另外还存在一些提价原因，如原材料价格上涨、企业生产产品的成本增加。在这种情况下，有的企业采用提价策略，把成本摊到消费者头上，有些企业甚至使提价幅度高于涨幅。从短期看，也许能获得一些利润，但从长期看，频繁调价或调价过高只会导致消费者的不信任，从而减少企业赢利。因此有些企业往往采取保持原价的策略，而着重抓好企业内部管理，修炼内功以降低成本，总体上仍能赢利，从而在竞争中取胜。

还有，就提价时间的选取而言，一种是在竞争者调高价格之后再进行调整，这一般在市场对价格较为敏感的情况下进行；另一种便是在竞争者之前率先提价，以获取额外的利润，当然，这必须在价格敏感度不高的情况下才能进行。而且，对于不同的企业可供其选择的调价策略是不一样的。一个处于市场领先地位的企业一般有足够的实力进行提价，而一般小企业是作为提价的追随者，若想与大企业对抗而不提价，对大企业是不能造成太大影响的。当然，一个小企业也可出于其具体情况的考虑而率先提价，若其他企业跟随则整个行业也许都能获利，若其他企业不跟随，尤其是大企业，则此次提价策略有可能失败。对于价格灵敏度较高的产品而言，提价时一定要三思。

这里要补充说明的是还有其他方法可以不必提价而弥补高额成本或满足大量需求。企业可以有以下选择。

（1）压缩单位产品的分量，价格不变。

（2）使用便宜的材料或配件做代用品。

（3）减少或改变产品的某些含量与成分，降低成本。

（4）改变或减少服务项目。例如，取消安装、免费送货、长期保修等售后服务。

（5）使用价格较低廉的包装材料，推出更大包装的产品，以降低包装的相对成本。

（6）创造新的经济品牌或者生产非注册品牌的产品。例如，一些食品店向那些重视价格的顾客推出上百种未经注册的食品，价格比注册商标的产品低 10%～30%。

2. 降低价格

降价策略是价格调整的又一策略。当情况突然变化时，企业可以作临时性降价；当企业的成本长期下降时，则较长期降价也是值得考虑的。但是对于市场营销人员来说，降价策略并非是随时都可采用的策略。顾客并非都对价格低的产品感兴趣，因此营销人员需要考虑的问题是很多的。诸如：人们会如何看待这次降价？消费者的反应如何？竞争者的反应如何？人们会在临时性降价时期进行大量采购，然后在下一时期就几乎不买东西吗？人们会认为这还只是初步降价，从而等待观望，等进一步降价时才购买吗？这一系列问题归结起来无外乎是顾客怎么想怎么做，竞争者怎么想怎么做的问题。从顾客方面来说，降得太少可能对他们起不了什么作用；从竞争者来说，降得太多，又会引起他们的强烈反击。

这里从两方面对其看法及反应做一个归纳。

（1）顾客可能对降价有如下看法。

① 这类产品将要过时，新产品将会出现，企业降价是为尽快减少库存。对此，有些顾客只在乎产品实用性，而不在乎产品的新样式、新款式，他们可能会购买降价产品。

② 企业降价也许是因为产品滞销、卖不出去，那么产品肯定具有某些缺陷。在这种情况下，哪怕质量较好的产品，顾客也会停步不买，敢于购买的顾客不是贪图便宜者，就是对产品质量、性能的辨认能力较强者。

③ 企业资金缺乏，故降价销售以解燃眉之急。这种情况下，有些产品人们可能会竞相购买；而有些产品，若需要该企业配套生产，则人们便会考虑企业是否会由于资金缺乏

而转产,由于这种担心,其购买热情也就无法提高。

④ 产品质量有所下降,从而降价与降质相匹配。这相当于企业的定价战略方向由高质高价区转向中质中价区或低质低价区,这时的产品销售情况很难预测,因为目标市场发生了较大的变化。

当然,就不同产品而言,降价在顾客心目中的影响是不一样的,这还涉及产品本身的需求价格弹性问题。人们对费用高的产品和经常买的产品价格较敏感,降价则能刺激需求;而非经常购买的小商品价格人们则不是太了解,降价的影响也不会太大;另外高档商品降价则有可能减少其需求,因为许多人购买商品是冲着高价而去的,把购买高价商品视作有钱、有地位的一种象征。

(2) 另外来看一下竞争者对降价的看法和反应。

① 企业降价是为了渗透扩张以占领更大的市场。这种情况下,该企业一般应在这个行业具有一定的竞争实力才会受到竞争者的注意。

② 企业降价是因为经营不善、销售不佳。这时企业可能不受竞争者的关注。

③ 企业降价是因为生产成本大幅度下降。这对竞争者来说是一个较大的威胁,也是一个较大的挑战。

④ 企业降价是要带动整个行业降价以刺激需求的增长。

⑤ 企业是想大幅度降价,销售出库存产品,最终退出该行业。

竞争者不同的考虑会做出不同的反应,而企业本身在降价前也应对降价目的有个明确定义,并充分考虑到竞争者会做出的反应。企业与竞争者可能做出的反应及对策有赖于企业在市场竞争中的地位和作用。一个领先企业率先降价,其他企业一般只能跟从,除非其产品与领先企业的产品有不同之处,产品差异性能使其确信有一部分忠实的顾客会继续购买其产品;一个普通企业率先降价,应先发出一定的价格信号,即使只是临时性的不得以降价,也应把这种信息表达出来,以免竞争者采取强烈的反击措施。当然,一个小企业降价也许不会引起大企业的重视。

就降价所导致的竞争者的反应来说,最坏的结果就是引起一场空前的价格战,最终是两败俱伤,无人得利。因此,无论是企业还是竞争者,在采取降价策略时都必须作长远考虑。

企业会主动降低价格,同样,竞争对手有时也会主动降低价格。面对竞争对手的降价行为,企业如何应对呢?一般有以下三种选择:

第一,降价,与对手较劲。

第二,维持,提高产品和服务的直觉质量。

第三,推出一个低价的"竞争品牌"。

复习思考题

1. 影响产品定价的因素主要有哪些?

2. 企业的定价目标主要有哪些？
3. 影响产品定价的成本主要有哪几种？
4. 试分析需求价格弹性对定价的影响。
5. 定价的基本方法有哪些？简要阐述各种方法。
6. 阐述渗透定价策略和撇脂定价策略的不同。
7. 定价的基本策略有哪些？简要阐述各种策略。

本章案例

产品定价：iPhone 的教训

制定更好的价格策略不只有助于企业提升销售收入，更让企业有更多的时间专注与客户构建良好的商务关系。iPhone 刚刚上市两个月之后价格就降低了 1/3，即使是最忠诚的消费者也变得怨声载道，首席执行官史蒂夫·乔布斯不得不尴尬地道歉，承诺部分退还差价款。沃顿商学院的教授和分析家认为，iPhone 现象揭示了价格策略失当的危险。"产品的生命周期很短，市场环境变化迅速。你没有多少从错误中汲取教训的时间，你必须从一开始就给产品确定恰当的价格。"市场营销学教授杰戈莫汉·雷朱认为，苹果公司对 iPhone 的降价行为是"时间性的差别定价"（也称为"暂时价格歧视"）策略的典型代表。

企业要增加收入，过去一直把注意力放在裁员和削减成本上，如今管理层更多地开始关注产品定价。"价格策略是最后一个要塞。"埃森哲公司定价和利润优化业务管理合伙人格雷格·卡达依说，那些引入定价战略并密切监督相关数据的企业，每年的收入可提升 1%～2%，单就企业的收入而言，这可是个不小的变化。制定更好的价格策略不只有助于企业提升销售收入，更让企业有更多的时间专注与客户构建良好的商务关系。"价格策略不只是试图让购物者多掏钱。"卡达依说，"价格策略还能当作发现消费者真正需求的检测机制。它是表明供需关系的根本，是弄清消费者是否愿意以某个价格购买自己需要的产品的最有效方式。"

尽管价格策略至关重要，但实施起来困难重重。企业经理对全新的价格策略避之唯恐不及，这不只是因为价格策略很复杂，而且还因为这些策略非同小可。对于新产品，尤其是精巧的技术产品定价的另一个障碍在于，企业无法不牺牲产品秘密而进行大范围的市场测试，产品保密对防范产品被人抄袭、模仿是必不可少的。苹果公司 iPhone 的价格变化所引发的抗议之所以如此具有戏剧性，是因为公司在市场中已经将自己定位于消费者友好型企业。如果产品承载着附加的情感或者已经成为产品所有者自我感觉的象征时，产品的价格策略往往有悖于传统定价模式。

"人们对苹果公司怀有强烈的归属感，他们认为，自己就是苹果公司大家庭的一员。当史蒂夫·乔布斯宣布其产品降价时，人们觉得自己被出卖了。我不知道他们是不是应该有这种感觉,他们的反应似乎是首次遭遇技术公司降低产品售价。"营销教授斯蒂芬·霍奇说。但苹果公司并没有遇到销量低于预期而受到提高销量的压力。iPhone 在两个月多一点儿的时间内卖出了 100 万部,提前一个月完成了预订目标。与此形成对照的是,公司售出 100 万个 iPod 音乐播放器则用了整整两年的时间。尽管 iPod 在市场自成体系,不过,iPhone 在市场发育完善、竞争激烈的手机市场却是"新兵"。

针对 iPhone 价格策略的争论表明,即使是像苹果公司这类市场营销经验老到的企业,也可能在定价决策的复杂性和隐形效应面前摔倒。"苹果公司似乎犯了一个错误,很多人认为苹果公司确实犯了一个错误,但是这个事情里面有许多不确定因素。"价格咨询顾问公司 SKP(Simon-Kucher & Partners) 波士顿机构合伙人弗兰克·鲁比说,他希望苹果的批评者能够制定一个模型用来评估这些不确定因素并制定出正确的价格。"我希望看到他们评论背后的逻辑。"据技术市场研究机构 Isuppli 的估算,8G 的 iPhone 手机成本是 265.83 美元。

(资料来源:新浪财经网)

讨论题

1. iPhone 手机犯了什么样的定价错误?
2. 从 iPhone 手机的定价错误中我们应该吸取什么样的教训?

第十章 分销渠道策略

分销渠道在整个市场营销中具有重要的意义,其理由有四:一是分销渠道是最基本的市场营销组合因素 4P's 之一,是不可分割的一部分。二是它会较大程度地影响产品、价格、促销等其他市场营销组合因素,甚至决定一个产品在市场上能否获得成功,因为它担负着将产品及时转移到市场,并引导顾客购买产品的重要功能。三是分销渠道的性质决定了它与整个市场营销处于一种长期关系,不能轻易变动,因为它的决策意味着对其他企业的一种比较长期的承诺。当一个汽车制造商和独立的经销商签订合同,由后者经销前者的汽车以后,汽车制造商从合同规定之日起就必须尊重其经销权,不得以本企业的销售网点取而代之。可以说,一个分销系统是一项关键性的外部资源,它的建立通常需要若干年,并且不是轻易可以改变的,它的重要性不亚于其他关键性的内部资源。四是分销渠道具有运输、贮藏等提高产品价值的功能,并通过其功能的发挥在适当的时候、适当的场所,将适当数量的产品提供给批发、零售业者和消费者。

第一节 分销渠道的模式

产品从生产者手中转移至终极消费者手中,可能要经过一个或多个中间环节,从而产生多种分销渠道模式,出口产品生产厂家是直接出口还是间接出口?间接出口过程中,各中间环节之间的相互关系如何协调?分销渠道模式的发展趋势如何?怎样选择恰当的分销渠道模式?这些问题都需要展开探讨。

一、分销渠道的含义与职能

1. 分销渠道的概念

在商品经济中,产品必须通过交换发生价值形式的运动,才能使产品从一个所有者转移到另一个所有者直至消费者手中,同时伴随着产品实体的空间移动。分销渠道,是指为促使产品或服务能顺利通过市场交换,转移给消费者或用户消费的一整套相互依存的组织。它是独立于生产和消费之外的流通环节,同时又是连接生产与消费的桥梁。可以从广义与狭义两个方面理解分销渠道。

广义的分销渠道是对厂商销售的产品以及生产产品所需要的原料零件进行运输、仓储、分送、调剂的通路及相应为之服务的组织与环节。

狭义的分销渠道是指顾客购买商品的起点与场所,即商品所有权从厂家向商家、顾客转移的过程,期间经历了批发与代理等各种经销商、零售商等,也有不少商品不经过经销与零售等中间环节,直接销售给顾客。

分销渠道具有以下一些特征:

(1) 分销渠道是一个流通体系。它一端连接生产,另一端连接消费,是实现产品从生产企业不断流向消费者或用户的整个流通过程。

(2) 分销渠道由一群相互依存的组织或个人组成,其成员通常包括生产者、中间商(批发商、代理商、零售商)和消费者,他们共同为解决产品流通问题发挥各自不同的营销功能,形成合作关系;同时也会因不同的利益和其他原因发生矛盾和冲突,需要协调和管理。

(3) 分销渠道的实体是购销环节。产品在渠道中通过购销活动转移所有权,流向消费者。

(4) 分销渠道是一个多功能系统。它不仅要通过在适当的地点,以适当的质量、数量和价格供应产品和服务以满足需求,而且要通过各成员的促销活动来刺激需求。分销渠道通过完成其系统功能,为最终消费者创造价值。

以某企业的分销渠道为例,如图10-1所示能够更直观地帮助我们理解分销渠道的内涵。

2. 分销渠道的职能

在经济社会发展复杂化的今天,必然会出现各种经济上的不一致现象,在生产和消费之间,在产品、服务和其使用者之间,会出现时间、数量、地点和持有权等的缺口。分销渠道将承担起除去、调整经济上的不一致现象和弥补各种缺口的重要职能。分销渠道的主要职能有如下几种:

(1) 市场调研。即收集整理现实与潜在顾客、竞争对手及营销环境的有关信息,并及时向分销渠道其他成员传递。

(2) 促进销售。通过各种促销手段,以顾客易于接受的、富有吸引力的形式,把商品和服务的有关信息传播给顾客,帮助企业进行关于所供应的货物的说服性沟通,如周末假期购物中心举办的各种促销活动,现场演示、展演、打折销售等。

(3) 联系业务。寻找潜在的顾客,针对不同细分市场的特点,为不同的顾客提供不同的分销服务。

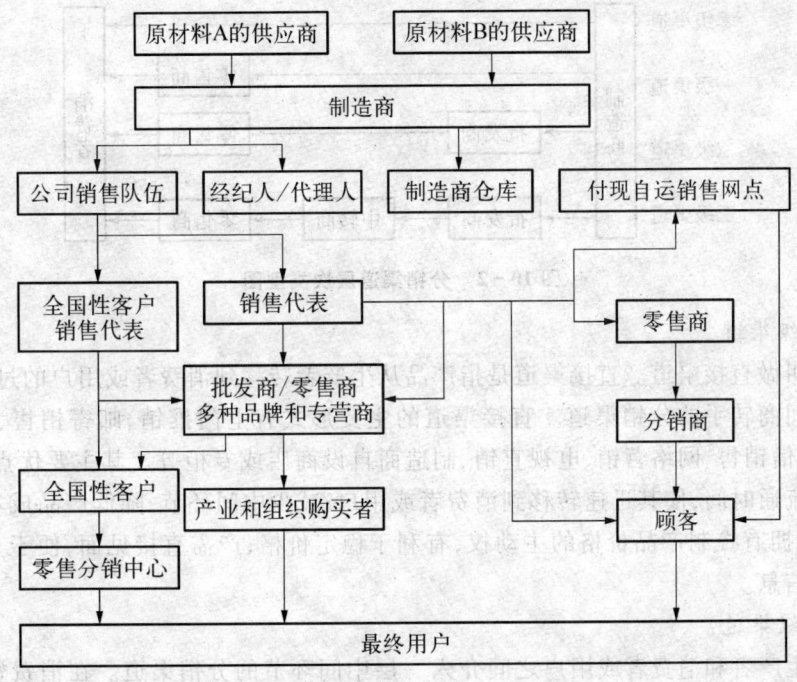

图 10-1　某企业分销渠道图

（4）编配分装。想办法使制造商所供应的货物符合顾客的需要,包括制造、装配、包装等活动,如按产品相关性分类组合,改变包装的大小、分级等。

（5）洽谈生意。在分销渠道成员之间按照互利互惠的原则,彼此协商,达成有关商品的价格和其他条件的最终协议,实现所有权的转移。

（6）实体储运(物流)。从商品离开生产线起,就进入了分销过程,分销渠道承担着商品实体的运输和储存职能。

（7）资金融通。就是为补偿渠道工作的成本费用而对资金的取得与使用。

（8）风险承担。分销渠道成员通过分工分享利益的同时,还应承担与渠道工作有关的全部风险。

二、分销渠道的基本形式

分销渠道的基本形式如图 10-1 所示。根据其渠道在产品从生产者转移到消费者的过程中,任何一个拥有产品所有权或负有推销责任的机构,就成为一个渠道层次。由于生产者和消费者都参与了将产品及其所有权转移到消费地点的工作,因此它们也都被列入渠道中。

分销渠道可以按其长度的不同分为 4 种基本类型(图 10-2)。

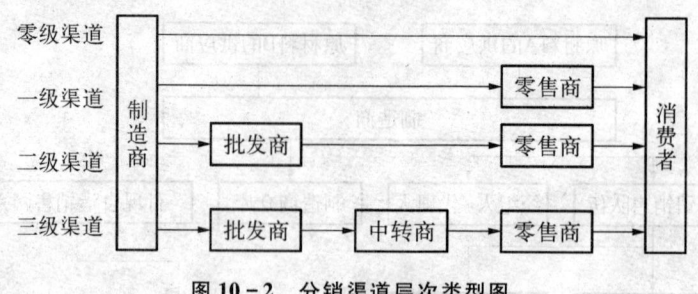

图 10-2 分销渠道层次类型图

1. 零级渠道

通常叫做直接渠道。直接渠道是指产品从生产者转移到消费者或用户的过程中不经过任何中间商转手的分销渠道。直接渠道的主要形式有上门推销、邮寄销售、家庭展示会、电子通信销售、网络营销、电视直销、制造商自设商店或专柜等。其主要优点是：能缩短产品的流通时间，使其迅速转移到消费者或用户；减少中间环节，降低产品成本，减少损耗；制造商拥有控制产品价格的主动权，有利于稳定价格；产需直接见面，便于了解市场，掌握市场信息。

2. 一级渠道

是指生产者和消费者或用户之间介入一层中间环节的分销渠道。在消费资料市场，其中间环节通常是零售商；在生产资料市场，大多是代理商或经纪人。

3. 二级渠道

是指生产者和消费者或用户之间介入两层中间环节的分销渠道。在消费资料市场，通常是批发商和零售商；在生产资料市场则通常是代理商和批发商。

4. 三级渠道

是指在生产者和消费者或用户之间介入三层中间环节的分销渠道。通常由一个批发商、一个中转商（专业批发商）和一个零售商组成。

级数更高的营销渠道也有，但是不多。从生产者的观点来看，渠道层数越高，控制也越成问题，制造厂商一般总是和最近的一级中间商打交道。

渠道的长度策略即是指企业根据产品特点、市场状况和企业自身条件等因素来决定渠道的级数。一般来说，技术性强的产品，需要较多的售前、售后服务水平，保鲜要求高的产品都需要较短的渠道；而单价低、标准化的日用品需要长渠道。从市场状况来看，顾客数量少，而且在地理上比较集中时，宜用短渠道；反之，则宜用长渠道。如果企业自身的规模较大，拥有一定的推销力量，则可以使用较短的渠道；反之，如果企业的规模较小，就有必要使用较多的中间商，则渠道就会较长。此外，企业渠道级数的多少还取决于企业的经营意图、业务人员素质、国家政策法规的限制等因素。例如，美国施乐公司在全世界销售复印机都是采用直接销售形式，但是在中国行不通，只能通过经销商分销。

由于消费资料市场和生产资料市场具有不同的特点，消费资料和生产资料分销渠道的结构也有所不同。一般情况下,消费资料分销渠道的基本形式主要是 4 种,即零级渠道、一级渠道、二级渠道和三级渠道。生产资料分销渠道的基本形式主要是 3 种,即零级渠道、一级渠道和二级渠道。

三、分销渠道的联合化

在传统的分销渠道中,渠道成员之间的关系是分散的、独立的,而且为了满足各自的利益,相互之间甚至是对立的关系。随着市场竞争的加剧,渠道成员越来越意识到各自的力量有限,需要加强合作。于是渠道成员之间开始趋向联合,并建立相应的营销系统。

1. 垂直分销系统

垂直分销系统即垂直一体化分销,是指制造商、批发商和零售商等形成一个统一体,它们服从于一个领导者,或是制造商,或是批发商,或是零售商,取决于其能量和实力的大小。垂直分销系统有 3 种主要类型,分别是公司型、管理型与合同型,具体情况和下一节所介绍的新型渠道类似。

2. 水平分销系统

水平分销系统,是指在分销过程中履行同一渠道职能的两个或两个以上企业联合起来共同开发和利用市场机会的系统,如某零售店可以通过同其他零售店合并或增加店铺来实行水平一体化。水平一体化能在采购、市场调研、广告、人事等多方面获得规模效益,但并不是改善渠道的最佳方法。

3. 多渠道分销系统

多渠道分销系统,是指一个企业建立两条或两条以上的分销渠道,向一个或更多的细分市场分销其产品的系统,如某制造商一方面通过中间商分销产品;另一方面又利用互联网销售其产品。采用多渠道分销系统,企业可以获得 3 个方面的好处:一是扩大市场覆盖面;二是降低渠道成本;三是增加销售特征,使其更适合顾客的要求。

第二节 分销渠道的类型

对产品能进入市场的渠道类型可以进行多种选择,概言之,主要可围绕渠道的长度、宽度,直接性或间接性,传统渠道或现代渠道这几个维度进行选择。

一、长渠道和短渠道

按照流通环节或层次的多少,可以将分销渠道分为长渠道和短渠道。

1. 长渠道

长渠道是指产品从制造商向顾客转移的过程中,通过一个以上中间环节的渠道。

2. 短渠道

短渠道是指产品从制造商向顾客转移的过程中,只通过一个中间环节的渠道。一般来说,消费资料市场的分销渠道较长,生产资料市场的分销渠道较短;当地市场的渠道较短,外地市场的渠道较长。在市场距离、商品、顾客相同的条件下,短渠道比长渠道更有效、更有利。

二、直接渠道和间接渠道

按照企业的分销活动是否有中间商参与,可以将分销渠道分为直接渠道和间接渠道。

1. 直接渠道

直接渠道是指没有任何中间商的分销渠道。它是商品流通的简单形式,它没有中间商,制造商直接与顾客见面,进行产品交易。具体说,制造商根据供货合同直接将产品提供给顾客,或者制造商直接向顾客销售,如工业企业自设门市部;"前店后厂";派人上门推销;参加联营销售;通过订货会、展销会直接销售等。农副产品在市场上的直接买卖,也属于直接销售渠道。

在一定条件下,直接销售与间接销售相比较,直接销售具有很多优点,主要是:① 销售及时;② 节约费用;③ 了解市场;④ 提供服务;⑤ 控制价格,增加利润。

2. 间接渠道

间接渠道是指产品从制造商流向最后顾客过程中经过若干中间商转手的分销渠道。

间接渠道是两个层次(环节)以上的分销渠道,同直接渠道相比,是较长的分销渠道。大多数消费资料从制造商流向最后顾客的过程中都要经过若干中间商转手,也就是说,间接渠道是消费资料分销途径的主要类型。此外,部分生产资料(如单价较低的次要设备、零件、原材料等)也要通过若干中间商转卖给产业用户。

在以下情况下适合采取间接式的销售策略:第一,市场分散,销售范围广,如大部分消费品;第二,非技术性或者制造成本和售价差异小的商品,以及不易变质及非易碎商品、日用品、标准品等;第三,企业自身缺乏市场营销的技术和经验,管理能力较差,财力薄弱,对其商品和市场营销的控制要求不高。

三、宽渠道和窄渠道

按照渠道中每个层次的同类中间商数目的多少,可以将分销渠道分为宽渠道和窄渠道。

1. 宽渠道

宽渠道是指制造商同时选择两个以上的同类中间商销售产品的分销渠道。分销渠道的"宽度"取决于渠道的每一个层次中使用同种类型中间商数目的多少。例如,牙膏厂通过许多批发商、零售商将其生产的牙膏推销到广大地区和广大消费者手中,这种产品分销渠道就较宽。

宽渠道的优点主要表现在以下几个方面：第一，可以使产品迅速转入流通领域，使再生产得以顺利进行；第二，通过多家中间商使商品迅速转入消费领域，满足消费者的需求；第三，生产者同时使用多家中间商，利于对其工作效率进行综合评价，优胜劣汰，利于中间商之间展开竞争，迅速实现商品的价值。

宽渠道也有缺点。由于生产者选用多家中间商，因此生产者与中间商之间的关系松散，一旦外部环境发生变化，这种关系就会破裂，因此，在宽渠道情况下，生产者所选用的中间商是在不断变化的，对生产者与消费者之间形成长期稳定关系显然是不利的。

2. 窄渠道

窄渠道是指制造商在某一地区或某一产品门类中只选择一个中间商为自己销售产品的分销渠道。例如，摩托车生产企业只通过少数批发商或零售商推销其产品，或在某一地区只授权某一批发企业或零售企业经销其产品，这种分销渠道就比较窄。

窄渠道的特点是：分销渠道使用范围较窄，适用于销售技术性强、生产批量小的商品，生产企业只选择那些熟悉本企业产品技术性能的中间商经销自己的产品。窄渠道最大的优点是生产者与中间商之间的关系非常密切，两者互相依赖。生产者依赖自己所选定的中间商销售自己的产品，如果这家中间商的经营不利，则直接影响到生产者的生产；中间商依赖于生产者，如果中间商所经营的商品质量好，符合消费者的需求，中间商的经营效益就越好。所以，选用窄渠道有利于生产者与中间商通力合作，互相支持。对生产者来说，又能加强对市场的控制，节约销售费用，提高销售效率。

同样，窄渠道也有缺点：第一，生产者对某一中间商的依赖性太强，使生产者在一定时期内失掉灵活选择的自由。如果中间商不再经营生产者的商品，生产者就会失掉所占领的市场。第二，如果生产者产量增加，只限于某一中间商销售自己的商品，势必会因销售力量不足而无法将产品销售出去，影响再生产的顺利进行。第三，窄渠道不利于形成中间商的竞争压力；第四，市场覆盖面狭小，不利于消费者选择。

四、传统渠道和新型渠道

按照渠道内成员之间相互关系的状况，可以将分销渠道分为传统渠道和新型渠道。

1. 传统渠道

20世纪70年代以前，在流通领域中占统治地位的是传统渠道。传统渠道是一种分离度很高的组织网，渠道上的各个成员之间彼此独立、各自为政、各行其是，购销交易是建立在自身利益、讨价还价、相互竞争基础上的，因此联系松散、交易关系很不稳定。这样虽然保持了各企业的独立性，但由于缺乏共同目标，因而影响了局部与整体运行效率和经营效益。70年代以后，随着市场经济的不断发展，市场竞争愈演愈烈，传统渠道的弊病日益显露出来。西方国家的大企业为了控制和占领市场，实现集中和垄断，在商品流通方面首先采取了工商一体化的联合经营方式；广大中小制造商、批发商、零售商为了与大企业相抗衡，在激烈的竞争中求得生存和发展，也纷纷组织起来通过建立工商联营走上了联合经营的道路。传统渠道与新型渠道在组织结构、运行方式等方面有着明显不同。

2. 新型渠道

新型渠道按主导企业对渠道的控制程度可以分为以下3种类型:

(1) 公司型。公司型分销渠道是指一家公司拥有并统一管理若干生产企业、批发机构和零售机构,综合经营生产、批发和零售业务,以此控制分销渠道的若干层次甚至控制整体分销渠道的垂直渠道系统。实际上,当一条分销渠道中两个或两个以上环节存在着共同所有权,或者一个层次的职能被另一个层次的成员所取代时,也就形成了公司型渠道。

公司型渠道有两种形成方式或经营方式:一种是由生产企业拥有和统一管理的若干生产单位、商业机构所形成的工商一体化的经营方式;另一种是由商业企业主导形成的有若干生产单位、商业机构所形成的商工一体化经营方式。

尽管建立公司型渠道需要较大的投资,但由于公司型渠道将不同所有权各类企业的松散合作,变为同一所有权企业的内部分工,因而可以使渠道内部各种职能的协调性和管理工作得到改善,减少工商之间、批零之间的利益冲突,节约经营费用,大大提高整体运作效率和经营效益,最重要的是公司型渠道可以有效地增强企业的环境适应力、竞争力和控制市场的能力。

(2) 管理型。在西方国家采用公司型分销渠道的企业只是少数,因为大多数企业没有财力这样做,而且在一些情况下也没有必要这样做。为了获得纵向联合销售系统的好处,一些享有盛誉的大制造商往往采用在管理上处于支配地位而不改变渠道内成员所有权关系的方式,建立管理型的垂直分销渠道系统。在管理型渠道的运行中,通常都有一个由制造商与批发商、零售商共同商定的全面的商品交易计划;制造商需要建立一个统一的管理中心,通过该中心与分销渠道上的有关成员在促销策略、库存管理、定价与成本控制、商品展示、购销活动等方面,协调关系或给予帮助和指导;为了加强分销渠道内各成员之间的联系,建立长期稳定的合作关系,在资金融通、技术咨询、管理协调等方面,制造商通常给渠道上的成员提供一定的优惠条件。由于管理型系统不是通过所有权与合同,而是在有关成员自愿加入、互利合作的基础上,通过相互尊重、相互支持来协调与维持系统的存在与运行,因而在制造商拥有深受广大顾客欢迎、赢得顾客依赖的产品或品牌,各方面利益都有所保障的情况下,管理型系统才易于成功。

(3) 合同型。合同型分销渠道系统是指不同层次的生产企业和销售企业,以合同(契约)为基础,建立的一种关系较为紧密的联营分销系统。合同型分销渠道系统一般有3种形式:

第一,特许经营。一些大的生产企业或服务公司,为了控制其产品在某一地区的销售,与一些批发商和零售商签订合同,授予他们对其产品的经销特许权。被授予经销特许权的批发商或零售商,在经销这些生产企业的产品时,可以使用这些生产企业的商标或标志,但必须遵守合同中的对销售、服务、特许权使用费等方面的规定。采用这种形式,批发商或零售商可以依靠生产企业较高的商业信誉以较少的资金投入迅速发展起来,生产企业也可以迅速打开市场,同时又可以保持对产品经销商的控制和监督。

第二,自愿连锁。自愿连锁是一种由批发商倡办,若干独立的中小零售商为了竞争和生存自愿加入,以合同为基础的联营组织。在自愿连锁的形式下,联营各方仍是独立的经济实体,但都承担着合同规定的权利和义务,在共同的批发采购中心的统一管理下实行"联购分销"制。自愿连锁与零售商业的一般连锁商店不同,一般的连锁店通常都隶属于一些大的零售商企业,是这些大商家的分店或联号。

第三,零售店合作社。一些独立经营的中小零售企业,为了同大零售企业竞争,经常采用零售店合作社的形式联合起来。参加零售店合作社的企业要缴纳一定的股金,成立联合经营的批发机构,形成联营组织。零售店合作社将以共同名义为各零售商统一采购货物、统一进行广告宣传、统一培训职工。

企业选择恰当的分销渠道模式,可以使企业获得更强的竞争能力,但一个企业的分销渠道模式也不是一成不变的,必须根据产品特性,销售地域经济与文化等因素,以及企业发展的战略,特别是要结合企业的生命周期进行适当的渠道变革,这样,企业往往可以获得更长久的竞争力。

五、分销渠道的决策

企业在开展市场营销活动时,要根据市场内外环境具体情况的不同,在不同地区针对不同的商品采取不同的分销渠道策略。

1. 分销渠道的标准化与差异化选择

(1) 分销渠道的标准化。分销渠道的标准化是指企业在不同地区的市场上直接采用相同的分销模式。采用标准化分销模式的优点主要是可以实现规模经济效益。因为企业在不同的地区采用了相同的分销模式,营销人员更容易利用自己的经验提高营销效率。

(2) 分销渠道的差异化。分销渠道的差异化是指企业根据不同地区的具体情况,采用不同的分销模式。在市场营销中,由于各地区的分销结构可能存在不同,可供利用的中间商不同,消费的特点和竞争的格局不同,大多数企业采用了差异化分销模式。

2. 分销渠道的长短和宽窄选择

(1) 分销渠道的长短选择。一般来说,利用长渠道分销产品的主要优点是市场覆盖面广,而缺点是对市场的控制与管理难度大。而利用短渠道分销产品则有利于加强对市场及产品的控制,有利于产品以更快的速度、更低的成本到达消费者手中,但由于渠道覆盖面有限,有时不能满足需要。

(2) 分销渠道的宽窄选择。企业在进行分销渠道选择时,是采用宽渠道还是短渠道会面临以下3种状况:

第一,广泛分销,即制造商尽可能地通过许多负责任的、适当的批发商和零售商推销其产品。消费品中的便利品(如香烟、糖果、洗涤用品)和集团用品中的供应品(如企业办公用的文具等)等,通常都采取广泛分销,使广大顾客都能随时随地买到这些便利品。

第二,选择分销,即制造商在某一市场仅通过少数几个经过精心挑选的最合适的中间商推销其产品。从这个意义上说,选择分销适用于所有产品。相对而言,消费品中的选购品(如服装、鞋帽等)和特殊品(如电冰箱、照相机、手表等)最适宜于采取选择分销。

第三,独家分销,即制造商在某一地区仅选择一家中间商推销其产品,通常双方协商签订独家经销合同,规定经销商不得经营竞争对手的产品,以便经销商的业务经营,调动其积极性,占领市场。

产品分销渠道的宽窄各有利弊。产品的分销渠道宽,有利于产品打开销路,扩大销售,分散风险;但宽渠道分销可能出现使产品形象受损、企业对中间商控制的难度加大等问题。

(3) 分销渠道长短与宽窄决策应考虑的因素。企业在进行分销渠道的长短和宽窄决策时应考虑产品因素、市场特点、企业条件等三方面的因素:

第一,产品因素。产品因素包括产品的价值、自然属性、体积与重量、技术含量与销售服务要求、定制品与标准品、产品所处的生命周期阶段等。

产品的价值。一般来讲,产品的单价越低,分销渠道可以越长;反之,产品单价越高,分销渠道短一些会更经济。因此,普通的日用消费品和工业品中标准件的销售,一般都要经过一个或一个以上的批发商,再经零售商转至消费者手中;而一些价格较高的耐用消费品和工业品中的专用设备,则不宜经过较多的中间商转卖。

产品的自然属性。一般来讲,对于自然属性比较稳定的产品可以考虑使用中间商或相对较长的渠道;而对易腐烂、易毁损或易过时的产品,应尽可能采用直接渠道或相对较短的渠道。如新奇玩具、时装、新鲜食品、各种陶器、玻璃、精制的工艺品等尽可能采用短渠道。

产品的体积与重量。体积庞大和笨重的产品应尽可能采取较短的分销渠道,以节省运输和保管方面的人力、物力,如大型设备、机械设备等;体积小或重量轻的产品,则可采取较长的渠道。

产品的技术性质与销售服务要求。对于技术性不十分强的耐用消费品,一般可以通过中间商出售,为加强销售服务,企业应对中间商进行必要的培训和指导;对于技术性很强的工业品,企业应采取直接渠道销售,以加强销售服务工作。

定制品与标准品。定制品有特殊的规格要求,一般需生产者与消费者或用户直接面议规格、质量和式样等,不宜经过中间商;标准品因具有一定品质规格和样式,分销渠道可长可短;对于那些标准化、系列化、通用化程度很高的产品可以选用宽渠道和长渠道。

产品所处的生命周期阶段。企业为了尽快打开新产品销路,往往不惜花费大量资金,组成分销队伍直接向消费者销售;当产品在市场上已经形成高的知名度与美誉度时,为拓展市场,可以考虑逐步利用间接渠道分销产品。有许多企业在创立品牌初期走的是直接销售的路子,等创立品牌后,就采取多种方式进行间接销售。

第二,市场特点。市场特点因素包括潜在顾客的数量及销售量的大小、潜在顾客的地域分布情况、消费者的购买习惯、市场竞争状况等。

潜在顾客的数量及销售量的大小。如果潜在顾客数量较少,企业可以考虑使用推销员或邮寄直接向消费者或客户推销;反之,潜在顾客数量多,则应采取间接分销。市场销售量的大小也是决定分销渠道模式的重要因素。商品销量大,可采取较短的渠道;对分散的、个别的零售商,则需采取较长的渠道。

潜在顾客的地域分布情况。如果顾客集中分布在一个或少数几个地区,则可以考虑采用直接销售的方式,或者生产企业直接卖给零售商;顾客分布很分散,则应选择间接销售和宽渠道销售。

消费者的购买习惯。消费习惯不同,也会影响到分销渠道。首先,顾客购买数量越大、单位分销成本越低的产品,尽可能将批量性产品直接出售给顾客。其次,顾客购买频率高,每次购买数量很少,而且是价值低的产品,则需要利用中间商进行分销,即采用长渠道与宽渠道;反之,则采用短渠道与窄渠道。例如,消费者几年才买一次的家具,厂家就可以向他们直销。对于消费者购买行为投入程度较高的产品,即购买之前需要充分比较研究,购买过程中需要投入较多精力与时间的产品,选用短渠道与窄渠道效果会更好;反之,则可以采用长渠道与宽渠道。对于日常生活用品,人们在购买之前,较少进行分析比较,在购买时也不愿意花费很多时间、跑很远的路途,希望在家或工作地点附近完成购买,因此适合较长与较宽的渠道;而对于时装、电器、家具等产品,人们在购买之前,要跑许多地方、看许多广告,进行比较选择,并在购买时不惜花费时间和跑较远的路途,因此可选择较短与较窄的渠道。

市场竞争状况。市场竞争对分销渠道模式选择的影响应考虑两种情形:一是跟竞争对手采取同样的分销渠道,但必须要做到优于竞争对手;二是采取与竞争对手完全不同的分销渠道。出于市场竞争的需要,企业有时选择与竞争者相同的渠道、相似的地点;有时则故意避开竞争者常用的渠道,别出心裁,一反常规,开辟新的渠道。

第三,企业条件。企业条件因素包括企业实力、管理能力、控制渠道的愿望、企业的声誉及提供服务的能力、企业经济效益的考虑等。

企业实力。对于资金雄厚、信誉好的企业,可以自己组织分销队伍进行销售,采取直接分销渠道,也可采取间接渠道销售;而资金缺乏,财力较弱的企业,只能依靠中间商,分销渠道势必要长些。

管理能力。企业渠道管理水平也会影响企业渠道的长度与宽度。一般来说,假如制造商在销售管理、储运安排、零售运作等方面缺乏经验,人员素质也不适合自己从事广告、推销、运输和储存等方面的工作,最好选择较长渠道与宽渠道。如果制造商熟悉分销运作,具有一定的产品分销经验,并具有较强销售力量、储运能力,则不必依赖中间商,选择短渠道与窄渠道。

控制渠道的愿望。如果企业希望对分销渠道进行高强度控制,同时自身又有控制能力,一般采取较短较窄渠道的做法。如果采用中间商分销,一方面会使制造商的渠道控制力削弱,并且诸如市场调研、储存、运输、广告、零售的功能又大多是由中间商完成,极有可能导致制造商受制于中间商;另一方面会使制造商分销受限制。

企业的声誉及提供服务的能力。如果制造商声誉好,能承担大量的促销费用和提供展销、维修等广泛的售后服务,中间商就乐于代其销售;反之,中间商的积极性不高,企业只好自己进行销售。

企业经济效益的考虑。在选择分销渠道模式时,应比较各种渠道给企业带来经济效益的大小。当预期直接销售的收支相抵后所得的利润大大超过间接销售所取得的利润时,则应采取直接渠道销售,否则应采取间接渠道销售。

3. 新建渠道与利用原有渠道

(1) 新建渠道。新建渠道是指企业为了产品分销建立专门的通路或网络。这种策略往往适合于规模大、实力强的企业,其优点是:第一,有利于建立市场知名度,扩大产品的销量;第二,有利于加强对产品线、产品质量及产品价格的控制;第三,有利于提供完善的服务;第四,有利于企业积累营销经验。但是企业在不同的市场上自设分销机构,新建分销网络的投入大、成本高、风险也大。

(2) 利用原有渠道。利用原有渠道是指企业在目标市场上委托原有的中间商分销产品。其优点有:一是成本低;二是进入市场快;三是利用现有的分销网络,风险小。当然,利用原有的中间商也会面临企业对市场的控制较弱,服务难以跟上的问题。一般企业在下列情况下可以考虑利用中间商分销产品:

第一,厂商无足够的资金、人力从事直接销售工作;

第二,资金虽有,但机会成本过大;

第三,缺乏在当地分销和市场管理经验;

第四,产品线单一,无法获得足够的销售量和利润;

第五,顾客分散;

第六,订单规模的大小不一。

(3) 企业的选择决策。企业是选择新渠道还是利用原有渠道,主要根据以下因素决定:

第一,市场分销条件。如果目标市场原有的市场体系完善、分销网络健全、分销商的条件较好,企业就没有必要自己重新建立相应的分销渠道;反之,若目标市场的市场体系不完善,无法找到合适的分销商,企业就得自己建立分销渠道,否则无法打开市场。

第二,政策或文化环境特点。在某些国家或地区,政府强行规定,或是由于文化习俗要求产品必须通过的中间商进行分销,企业在进入市场时,就不能自己建立相应的分销渠道。

第三,市场竞争的特点。在目标市场上,由于竞争者较多,且大多占据了有利的分销渠道,企业为了与竞争者抗衡,可考虑建立自己的分销渠道。如果市场竞争不激烈,企业可选择合适的地方分销商。

第四,企业的条件。因为重建渠道需要大量的投入,因此,只有资金实力充裕的企业才可能考虑自设分销机构;反之,则只能利用当地原有的分销网络。

第五,产品特点。新建渠道对于那些产品线多、产品的技术性较强的企业是有利的;反之,若企业生产的产品品种较少、技术性不强,则只能利用当地原有的分销渠道。

第六,成本和利益比较。重建新渠道和利用原有渠道各有利弊,企业在进行抉择时,必须通过成本和利益比较,权衡二者的利弊,择优而从。

第三节 分销渠道的管理

分销渠道管理,从广义上讲包括制定渠道目标和选择渠道策略,选择、激励、评价、控制渠道成员,以及渠道改进等。当分销不经过目标市场的中间商而将产品或服务直接销售给最终消费者时,制造商将不需要考虑中间商的管理问题,这时分销相对来说比较简单。但当分销需要利用中间商来履行部分营销职能时,营销者则必须关注从制造商到最终消费者的整个分销过程,考虑对中间商的控制和管理问题。因为在此情况下,产品在从生产者向最终消费者转移过程中的每一个环节的效率都会影响整个分销渠道的效率,因此其管理是富有挑战性的,也应引起企业的充分重视。

一、分销渠道成员的选择和培训

1. 分销渠道成员的选择

根据渠道设计方案要求招募合适的中间商是渠道管理的重要环节。通常,企业需要具体框定可供选择的中间商的类型和范围,综合考察、比较它们的开业年限、经营商品的特征、赢利、发展状况、财务、信誉、协作愿望与能力等。对代理商,还要进一步考核其经营产品的数量与特征,销售人员的规模、素质和业务水平,对零售商则要重点评估其店址位置、布局、经营商品结构、顾客类型和发展潜力。

渠道成员的选择是双向互动行为。不同企业对中间商的吸引力有很大差异,在不同区域,市场的选择难度也不尽相同。渠道管理者应当根据本企业及当地市场的具体情况,把握和考核选择伙伴的上述标准,做出最合理的选择。当企业同意以渠道关系来共同经营时,它们就形成了渠道伙伴并承担长期责任。对于制造商和中间商来说,精心挑选渠道成员是很重要的。在评价中间商方面,制造商会考虑以下几个问题:渠道成员能带来实质性的利润率吗?渠道成员有能力为顾客提供所需服务吗?潜在中间商对渠道控制有什么影响?中小型企业一般都愿意让零售巨头如美国的沃尔玛、上海的百联等来分销它们的产品,把这类大型企业作为分销渠道的伙伴,中小型企业的产品销量将会成倍增长。

2. 渠道成员培训

选定的中间商通常以合同或协议方式,明确双方的合作内容、权利与义务。为使渠道顺利运作和更有效率,需要对代理商或经销商提供训练方案并作必要的培训。

二、激励渠道成员

1. 了解中间商的需要

渠道管理者必须以对待其最终使用者的方式看待中间商,加强沟通,提供支持,激励各成员达到最佳绩效。一般来说,独立的中间商往往首先从自身利益出发,视自己为顾客的采购代理人,向供应商讨价还价,然后才考虑供应商的期望。中间商十分重视依据已形成最佳销售业绩的商品组合,个别商品(品牌)项目订单只有在利于其整个商品组合时才会得到额外重视。对此,供应商必须了解并给予有效和足够的激励。

激励中间商的基本要求是:站在对方的立场上了解现状,设身处地为对方着想,采取适当的激励方式,防止激励过度与激励不足的情况发生。

2. 激励方式

当然,渠道成员关系并不总是和谐,没有矛盾的。因为每个成员都有各自的目标与利益,渠道冲突可能威胁到制造商的分销战略。渠道冲突经常会出现在同一分销渠道上不同层次的企业之间。目标不协调、缺乏沟通、责任和作用不一致导致了渠道冲突。例如,生产商可能觉得如果中间商仅经营它的一种品牌,企业能取得更大成功和获得更多利润率,但是,许多中间商认为如果它们经营多种品牌将会更有利。

激励的基本点是了解中间商的需要,并据此采取相应的激励措施或手段。

(1)开展促销活动:主要包括广告宣传、商品陈列、产品展览和操作表演、新产品信息发布会等。

(2)资金支持:给中间商在付款上的优惠措施,以弥补中间商资金的不足,如分期付款、延期付款等。

(3)管理支持:协助中间商进行经营管理,培训营销人员,提高营销效果。

(4)提供信息:生产商将市场信息及时传递给中间商,将生产与营销的规划向中间商通报,为中间商合理安排销售计划提供依据。

(5)与中间商结成长期的伙伴关系:分销商的动力来源于获利,它所做出的每一项承诺都出于制造商为它做了多少。经验丰富的企业都设法与分销商建立长期的合伙关系。

三、评价渠道成员

制造商必须定期评估中间商的业绩,其标准有销售配额完成情况、平均存货水平、送货时间、对次品与丢失品的处理情况、在促销和培养方面的合作、为消费者提供的服务等。

有时,制造商会发现对某一中间商支付的报酬与其实际做的相比过多了;有时它为中间商提供补贴,鼓励在它的仓库里保持一定水平的存货,而事实上存货却被放在了货栈,而且费用也由自己支付了。制造商应建立类似的制度:完成协议的任务,支付一定的报酬;如果中间商完不成任务就需要予以建议、重新培训或重新激励,如仍无法达标,就应考虑终止合作关系。

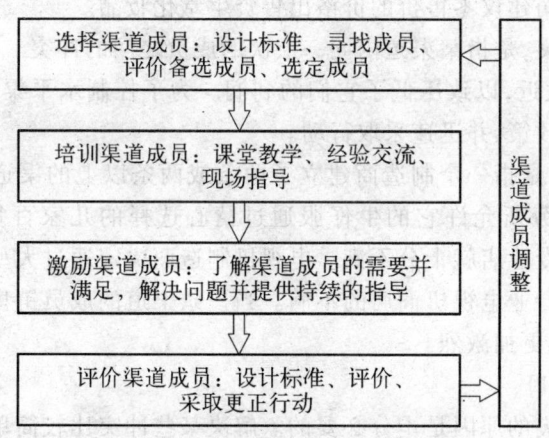

图 10-3　渠道成员管理的流程图

四、调整分销渠道

1. 增减渠道成员

根据企业的整体战略规划和对中间商的评估,对那些不能完成制造商的分销定额,并且不积极合作,影响制造商的市场形象的个别中间商,应终止与他们的购销关系。

2. 增减销售渠道

销售渠道有许多种方式,随着形势的发展和变化,原有的销售渠道会在很多方面表现出不适应,而仅仅增减个别的渠道成员已经不能解决问题。此时,往往需要对渠道进行大的调整,如增加一些新的渠道,或减掉一些老的不适应形势要求的渠道。随着市场环境的变化,制造商要对渠道的结构进行调整,以提高产品的竞争力。调整分销渠道是企业市场营销组合与市场政策的重大变革,要十分谨慎。

五、渠道的合作、冲突与竞争

不管渠道设计如何地道,渠道成员如何优秀,总会存在冲突,因为存在着利益不同的主体。解决渠道冲突问题是渠道管理的重要内容。

1. 渠道冲突与竞争的类型

假设一个制造商建立了由批发商和零售商组成的垂直渠道,它总希望它们之间互相合作,因为合作能使整个渠道获得比各行其是更多的利润。通过合作,渠道成员对目标市场有更好的了解,能提供更好的服务,能更好地满足需求。

但是垂直、水平和多渠道市场营销系统的冲突总会发生。因此,渠道冲突按渠道类型可以分为以下3种类型。

(1) 垂直渠道冲突,是指同一条渠道中不同层次之间的冲突。一家企业要求其经销商执行它制定的服务、价格和广告策略时,就可能产生冲突。例如,日本的折扣商店就以低于资生堂化妆品公司建议零售价的价格出售资生堂化妆品。

(2) 水平渠道冲突,是指某渠道内同一层次的成员之间的冲突。例如,某公司的特许经销商太多,距离又太近,以致压低了它们的利润。为了控制水平渠道冲突,渠道领导者必须建立明确有力的政策,并迅速采取行动。

(3) 多渠道冲突,是指一个制造商建立了两条或两条以上的渠道向同一市场出售其产品。当列维·施特劳斯允许它的牛仔服通过精心选择的几家百货店销售时,经营列维·施特劳斯品牌的专业店就十分不满。电视机制造商决定通过大型综合商店出售其产品也总会招致独立的专业电视机商店的不满。当一条渠道的成员销售额较大而利润较少时,多渠道冲突将变得更加激烈。

2. 渠道冲突的起因

区分引起渠道冲突的原因是十分必要的。解决某些冲突比较简单,但某些则很困难,一个主要的原因是目标不同。例如,一家制造商希望通过低价政策获得调整增长,而零售商则希望获取高利润,追求短期利益,这种冲突就很难解决。有时冲突来自目标和权力的差异,例如,IBM利用自己的销售人员把微机销售给大客户,同时它的特许经销商也在努力向大客户推销。另外,地区划分权、销售信用也是产生冲突的起因,冲突也可能起源于对预期的形势判断存在差异,比如,制造商预测近期经济形势比较乐观,希望经销商经营高档商品,但经销商对经济形势的预期并不乐观。冲突还可能源于中间商的对制造商的过度依赖,特许经销商(汽车经销商等)的经营状况受制造商的产品设计和价格策略的直接影响,这些都很可能产生冲突。

3. 管理渠道冲突

某项渠道冲突是结构性的,这些冲突刺激渠道随着环境的改变而改变。但许多冲突是因为功能失调,问题在于如何管理而不是消除冲突。下面有几种有效地管理冲突的结构。

(1) 确立共同目标。有时渠道成员发现它们有共同的目标,如生存、市场份额、高品质、消费者满意度,这种情况通常发生在渠道面临外来威胁时,比如出现了强有力的竞争渠道、立法的改变或消费者需求的改变。在这种情况下紧密合作则能够战胜威胁,也可能使各渠道成员明白紧密合作追求共同的最终目标的价值。

(2) 在两个或两个以上的渠道成员之间交换人员。例如,本田公司的经理就可能会在其经销商那里工作一段时间,经销商会在本田的经销商政策部门工作一段时间。这样,当他们回到自己的工作岗位上之后,彼此之间有了更好的了解,更容易从对方的角度考虑问题。

（3）合作。这里的合作指的是一个组织为赢得另一个组织的领导者的支持所做的努力，包括邀请他们参加咨询会议、列席董事会等，使他们感到他们的建议被倾听，受到重视。只要发起者认真对待其他组织的领导人总能减少冲突。但为了获得其他组织的支持，该组织不得不对其政策、计划进行修改、调整。

（4）鼓励在贸易协会内部和贸易协会与贸易协会之间建立成员关系。例如新加坡的家具设计中心就是家具公司和设计中心成立的协会，目的是使家具公司更好地了解公众，提高本地的家具设计水平。

复习思考题

1. 什么是分销渠道？与市场营销渠道有什么区别？
2. 分销渠道有哪些主要职能？
3. 选择分销渠道应考虑哪些因素？
4. 如何对分销渠道进行分类？可以分为哪些类型？
5. 分销渠道的管理主要包括哪些内容？

本章案例

"奥普浴霸"的渠道策略

澳大利亚奥普卫浴电器（杭州）有限公司是专业从事卫浴电器研发、生产和营销的国际化现代企业。其代表产品"奥普浴霸"在国内外颇受欢迎，仅此一项奥普公司在中国地区的年销售额便超过2亿元。"奥普浴霸"的成功得益于其整体的营销方案的执行，这里对其渠道策略予以总结分析。

奥普的代理商制度是奥普公司在行业中领先的一大法宝。奥普公司认为，代理商是奥普公司的自家人，市场的繁荣、品牌的构建是厂商共同努力的结果。奥普在与代理商的合作过程中，不仅给了他们合理的利润空间，同时也将他们视为企业的一员。奥普与代理商的合作过程，是一方吸纳另一方融入的过程，建立彼此信任、理解、同舟共济的关系，奥普选择代理商有其独到方法，他们把志向一致、目标相通、条件相仿的代理商纳入到奥普的利益共同体系中来。

目前有这样一种现象：一些企业选择代理商销售，是因为市场拓展难，所以难做的事情让别人去做，自己放弃营销工作，等到网点铺开了，市场做大了，就以各种形式取缔代理商。而奥普公司在市场导入初期总是自己先去拓展市场，从最基础的工作做起，等到市场已经打开，产品销路畅通时，就把市场交给合适的代理商操作，公司则已在当地开设办事处来协助代理商做好产品销售和品牌维护。在工作中,办事处会主动协助代理商做好通路建设、导购培训等基础管理工作。在新产品的信息、存货情况、企业经营动向、广告诉求方向等方面都会定期主动与他们沟通,使他们感到:"我就是奥普的一员",产生了这种归属感之后,代理商就下定了决心,放开手脚去拓展市场、铺货等工作了。奥普的许多"合作伙伴"都是与奥普一起发展壮大起来的。奥普公司为了搞好当地售前、售中、售后服务和工作细致化,设定所有代理均为城市代理,以服务半径作为市场划分的标准,不搞以行政区域为标准的"圈地",也就是在奥普公司没有所谓的省级、地市级代理,这样就避免了代理商专注于搞大批发而忽视了终端管理、售后服务、品牌维护等基础工作。同时,奥普建立了代理商模型,每个模型都设计了发展的方向。对于不同特点的代理商,公司在模型中设定了不同的工作侧重点,以便工作的有效开展,统一执行。

  公司对代理商的科学管理也是奥普成功的原因之一。奥普公司有一整套建立商务代理的文件,其中《代理商素质描述文件》中全面约定了代理商应具备的素质条件,把《代理合同》作为双方的工作说明书。《代理商素质描述文件》中有这样一段话:"区域营销代理商是奥普公司持久发展的战略伙伴,是奥普营销系统的最重要的组成部分,奥普公司与代理商是利益共同体。奥普公司与代理商的统一利益应通过双方最大程度在代理区域共同构建奥普品牌的影响力和扩大奥普市场容量后公平获取。任何一方的短期行为都会成为双方合作的羁绊。合作双方均应具备:现代的诚信理念、科学的营销理念、发展的市场理念、朴素的双赢理念、良好的沟通理念、相互学习的理念。双方应达成这样的共识:双方追求的均是利润最大化。实现追求的唯一合理方式是塑造强势品牌。成为奥普品牌的区域营销代理商的前提是对奥普理念的认可和赞同。奥普公司通过良好的企业文化和科学的管理技术思想影响合作者,并从对方汲取所长,共同进步。"

讨论题

1. 奥普公司采取了什么样的分销渠道策略?
2. 从奥普公司的分销渠道策略中我们可以学习到哪些经验?

第十一章 促销策略

现代市场营销不仅要求企业发展适销对路的产品,制定具有吸引力的价格,选择理想的分销渠道,而且要求企业善于与其目标顾客沟通,开展促销活动。

市场促销组合策略包括广告、人员推销、公共关系、营业推广四种策略。它们之间相互制约、相互促进。企业要根据这四种策略的特点,综合选择、组合并加以运用。企业在促销时必须明确促销目标,选择促销工具,制订、预试、执行和控制促销方案,并评估促销结果。

第一节 促销组合策略

市场营销中的促销是为了扩大企业产品的市场占有率。在选择促销组合策略时,企业应根据产品的性质、产品所处的生命周期阶段、目标市场的特点、促销预算费用和"推"、"拉"方式的选择以及广告、人员推销、公共关系、营业推广各自的特点,有针对性地设计本企业的市场促销组合策略。

一、促销的含义和性质

1. 促销的含义

促销是促进产品销售的简称,是指企业为了扩大销售,运用各种宣传手段,说服和吸引顾客采取购买行为,实现商品和劳务价值的活动总称。

促销是生产者和消费者双向沟通的一种方式。生产者向消费者传递商品的积极信息,激发消费者的兴趣和购买欲望;消费者也向生产者传递商品是否适用、怎样进一步改进商品的信息,最终使商品满足消费者的需要,同时使产品和企业的声誉得到提高。

2. 促销的性质

(1) 促销是信息的沟通。市场促销是在企业和消费者之间起到传递信息的作用。信息传播包括信息源、编码、信息渠道、解码、接收、反馈六个部分,其中每个传播阶段都存在干扰和妨碍的问题。其过程见图 11-1。

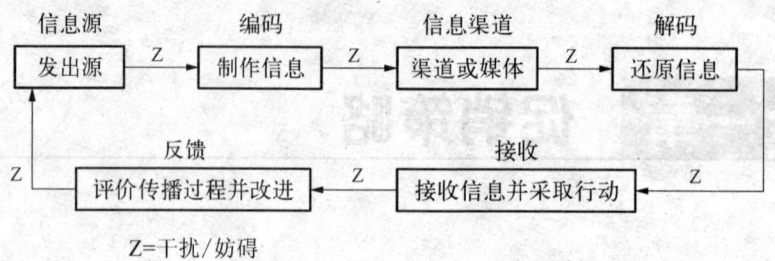

图 11-1　信息的传播过程

(2) 市场促销是一种跨文化的信息交流。市场促销会跨越地区甚至国家,存在文化差异在所难免。文化差异很容易导致信息传播的失误。这些失误表现在:第一,要传播的信息没有反映目标市场的需要,信息本身存在失误。第二,编码不当,使信息失去原有的意义。首先,同一语汇在不同地区含义不同;其次,不同地区的人们审美情趣不同。第三,媒体选择不当,信息不能到达接收人那里。第四,解码与接收不当,信息被误解。

二、促销的作用

促销之所以成为现代营销的重要组成部分,在企业营销中占有重要地位,是因为促销具有以下几个方面的重要作用。

1. 提供信息

促销作为信息沟通的重要方式,对消费者来说,信息起着引起注意和激发购买欲望的作用。企业把产品特点、价格、服务方式、信誉、交易方式和交易条件等信息传递给消费者,以此可以诱导消费者对产品和服务产生需求欲望并产生购买行为;对经销商来说,信息为他们的采购决策提供了依据,能够调动他们的经营积极性。

2. 扩大产品需求,加速流通

有效的促销活动可以充分起到诱导和激发需求的作用。对于那些容易在冲动情绪下购买商品的消费者来说,促销创造需求的作用更加明显。即使对于耐用消费品,促销也可以起到很好的作用。

3. 突出产品特点,建立产品形象

在竞争市场环境下,同类产品差异越来越小,消费者自己很难辨别,所以企业正好可以通过促销活动开展宣传,说明本企业产品有别于其他同类竞争产品,从而激发消费者的需求欲望,进而也使企业在市场上建立起本企业产品的良好形象。

4. 形成偏好,稳定销售

如前所述,促销可以借助商标、产品特征、价格和效能消除消费者在购买产品时的疑虑,使消费者对本企业产品形成心理偏好,从而在消费者心目中树立本企业产品与众不同

的形象,并对产品滋生偏爱。鉴于市场的销售量波动较大,有针对性的促销活动有助于抵消市场的不利变化,保持销售量的平稳增长。

在当今市场竞争中,促销具有举足轻重的作用。如今人们的生活方式和消费方式日益朝着多样化、个性化方向发展,对商品价格的灵敏度降低。而且,现代科技的应用使得不同企业产品之间的差异趋向减小。这些变化对企业营销产生了重大影响,非价格竞争逐渐取代了价格竞争并成为市场竞争的主要手段。促销在非价格竞争中占有重要地位。通过促销,企业可以树立自己独特的品牌形象,获得消费者的青睐。

三、促销组合策略

促销组合,是指企业根据产品的特点和营销目标,综合各种促销方式的选择、组合与运用。促销组合是促销策略的前提,在促销组合的基础上,才能制定相应的促销策略。因此,促销策略也称促销组合策略。

1. 促销的方式

促销组合策略主要包括广告、人员推销、公共关系、营业推广4种策略。4种策略进一步细分又可以派生以下诸多促销方式:媒体广告、户外广告、张贴横幅、店招展示、货架冰柜、生动陈列、零点陈列、优惠销售、捆绑销售、免费赠饮、店员推荐、树立好口碑、渠道促销、超市促销、广场促销、活动促销等。

上述方式之间相互制约、相互促进。企业要根据这4种策略的特点,综合选择、组合与运用。例如,企业用电话推销和广告宣传代替现场的营业推广活动,或者人员上门推销、广告、营业推广、公关手段合并运用,造成宏大的促销阵势,可迅速增加销售量,提高企业知名度。

4种促销策略特点的比较:

(1) 广告的特点是可以运用各种传播媒体,深入大众,触及面广,其色彩艳丽、生动形象的画面和造型易引起广泛的注意,加深大众印象。但广告的作用不易测定,说服力较小,不易使人们作出立刻购买的决定。

(2) 人员推销的特点是利用人与人的正面接触造成融洽的气氛,激发顾客的购物兴趣,及时成交,且推销方式灵活,服务周到。但人员推销的费用较大,且不易招聘到优秀人才。

(3) 公共关系的特点是利用人际关系和宣传媒体进行信息的双向交流,达到内求团结、外求发展的目的,影响面比较广,作用持久,但其促销效果不如其他形式来得快而直接。

(4) 营业推广的特点是在短期内造成极强的促销氛围,吸引个人消费者和集团购买者采取购买行动和重复购买,但营业推广的短期行为可能引起顾客的疑虑。

2. 确定促销组合策略时应考虑的因素

企业在设计促销组合策略时要考虑许多因素,因为在现实中各企业经营商品不尽相同,不同时期的经营目标及不同场合的需要都不尽相同。

(1) 产品的特性。消费品种类繁多,购买者众多,消费者在购买时的消费心理、购买习惯、偏好和要求、技术服务等方面差异较大,运用广告和营业推广策略,比较符合消费者选择性强、购买频率高、需求广泛的消费要求。而工业品的技术、质量要求高,计划性强,讲究服务,采用人员推销、公关手段比较容易达到理想效果。

(2) 产品生命周期。企业针对产品处在不同的产品生命周期阶段,可采用不同的促销策略或组合策略。例如,在产品导入期着重使用广告和人员推销方式,或用公关策略,建立产品的形象,使产品为更多的人所知晓;在产品成长期,运用广告重点宣传产品的商标、厂牌,并配以人员推销,使产品的知名度大增;在成熟期,运用广告重点宣传产品的新特点和新改进,树立名牌效应,并配以营业推广和人员推销策略,提高市场占有率;在衰退期,采用提示性广告,配以营业推广手段,使顾客产生消费偏好。

在整个产品生命周期中,都可用公共关系策略来树立企业形象,促进、纠正和改变广大公众对企业的认识和看法,只有这样,才能保持企业和产品在市场上的信誉,实现企业的长期目标。

(3) 目标市场的特点。当目标市场中顾客面窄、产品技术专用性强时,宜用人员推销、公关策略为好。当目标市场中潜在顾客比较多且分散,消费层次复杂时,用广告和营业推广策略效果会更明显一些,能较快提高销售量。

(4) 促销预算费用。广告、人员推销、公共关系、营业推广4种策略的费用预算可大可小。一般来说,投入越大,促销效果越明显,但有时也不尽然。因而,营销人员应根据企业的经济实力来精心策划、组织、安排各种促销方案,使之达到事半功倍的效果。

(5) "推"、"拉"促销方式选择。企业把产品信息"推"向批发商和其他中间商,由中间商再推荐给消费者的促销策略称为"推"式策略。这时企业采用人员推销、公共关系等手段,向中间商做好促销工作,借助他们的力量吸引消费者。

如果企业首先在传播媒体上宣传产品,诱导消费者购买,零售商为满足消费者的要求,向批发商订购产品,批发商再向制造商订购产品,这种策略称为"拉"式策略。

企业对于众多消费品的促销适合用"拉"式策略,工业品的促销则适用"推"式策略,也可以"推"和"拉"式策略合并采用。

四、促销策略的制定程序

市场促销是一项成本较高的活动,企业必须依照科学的程序作出促销决策。

1. 决定促销在市场营销中的强度

一般来说,营销强度对产品需求水平有着重大影响,行业的营销总费用影响市场总需求,企业营销费用影响消费者对企业产品的需求。决定促销强度要考虑促销费用与促销成果之间的对比,具体来说必须考虑消费者的购买习惯和方式、需求强度、目标市场潜力大小、产品生命周期的阶段特征、行业竞争情况、企业促销模式等方面的情况。

2. 识别/估测目标受众

某一促销活动的目标受众也就是这一促销活动的目标顾客。只有确定了目标受众，才能够决定促销主题和促销组合。识别和估测目标受众的过程也就是一个对市场进行细分和选择的过程。

3. 提出购买建议

提出购买建议就是根据目标受众的特点和购买心理传达有针对性的信息，吸引、劝说和说服消费者购买商品。在确定促销主题时，除了对市场供给与需求以及竞争形势进行深入细致的分析外，还必须对目标受众的消费心理和文化特质进行分析，结合时尚潮流提出促销主题，这样不仅容易为单个消费者接受，而且容易形成时尚潮流，扩大促销效果。

4. 决定最优促销组合

促销的形式主要有 4 种，即人员推销、广告、公共关系和营业推广。4 种促销手段各有其利弊，必须有目的、有计划地配合起来综合运用，形成一个完整的促销体系。企业在选择促销组合决策时必须充分考虑其促销目标、市场特点、产品性质、产品生命周期、促销策略（"拉引"或"推动"策略）等。

5. 促销信息有效表达

促销信息的有效表达就是在准确了解目标市场的需求特点和文化心理背景的基础上，制作既能为目标顾客所正确接受又能刺激其消费需求的促销信息，并通过适当的渠道送达消费者的过程。如果企业不能有效表达促销信息，往往会导致促销失败。

第二节 人员推销策略

人员推销是一种古老的促销形式，现代化大生产的崛起和发展，其他销售技术的日益成熟和创新，并没有废弃人员推销这一古老而有效的方法。相反，人员推销作为整个企业营销促进活动中的重要一环，正发挥着比以往更强的作用。人员推销的关键在择人、用人，因此必须搞好推销人员的招聘、培训、激励、评估等工作。

一、人员推销的特点

1. 人员推销的功能及任务

人员推销（Personal Selling），又称派员推销和直接推销，是一种古老的但很重要的促销形式。它是指企业运用推销人员直接向顾客推销商品和劳务的一种促销活动。其基本要素是推销人员、顾客和推销品。通过推销人员与顾客之间的接触、洽谈，将推销品推销给顾客，从而达成交易。

人员推销的功能和主要任务是：

（1）推销人员必须具有一定的开拓能力，能够发现市场机会，发掘市场潜在需求，培养市场新顾客。

（2）善于接近顾客，推荐商品，说服顾客，接受订货，洽谈交易。

（3）搞好销售服务。主要包括：免费送货上门安装，提供咨询服务，开展技术协助，及时办理交货事宜，必要时帮助顾客和中间商解决财务问题，搞好产品维修等。

（4）传递产品信息，让现有顾客和潜在顾客了解企业的产品和服务，树立形象，提高信誉。

（5）进行市场调研，收集情报、信息，反馈市场信息，制定营销策略。

2. 人员推销的特点

人员推销的最大特点在于推销人员与潜在顾客可以面对面地接触。通过当面交谈，推销人员可以针对顾客的疑问，直接说明、解释，增进顾客对产品或劳务的进一步了解。在交流过程中，推销人员可及时调整信息，实现信息的直接交流。

企业在进行人员推销时，往往利用中间商去做。企业则向中间商提供技术、销售培训和辅助销售等方面的支援。采用人员推销方式，主要有以下优点：

（1）人员推销形式最直接，也最灵活。

（2）推销人员可当场对产品进行示范性使用，消除顾客由于对商品规格、性能、用途等不了解而产生的各种疑虑。

（3）人员推销可以促进买卖双方的良好关系，进而建立深厚的友谊，通过友谊又可以争取更多的顾客。

（4）由于推销人员亲临市场，及时了解顾客的反应和竞争者的情况，可以迅速反馈信息，提出有价值的意见，为企业研究市场、开发新产品创造良好的条件。

当然，在市场上开展人员推销，也有不足之处。首先，推销人员不可能遍布各地市场，推销范围也不可能太大，往往只能作选择性和试点性的推销，有的效果不如非人员推销方式好。其次，人员推销的费用一般比较高，增加了销售成本，导致价格上升，显然不利于企业在市场上开展竞争。最后，对市场推销人员的素质要求颇高。人员推销是一个综合的复杂过程，它既是信息沟通过程，也是商品交接过程，又是技术服务过程。可以说，推销人员的素质决定了人员推销活动的成败，而高素质的推销人员有时又较难得到，不易培养。

二、人员推销的形式

一般而言，人员推销通常有以下3种基本形式。

1. 柜台推销

由营业员接待进入商店的顾客，推销商品。商店的营业员成为推销员，这是一种"等客上门"式的营销方法。

2. 会议推销

利用各种会议的形式宣传和介绍产品，开展推销活动，比如各种展销会、订货会、厂商联谊会和新闻发布会等。这种形式具有群体推销、接触面广、集中成交、交易额大等特点。

3. 上门推销

由推销员携带推销品、说明书和订货单等走访顾客,推销商品。这是一种推销员向顾客靠拢的积极主动的"蜜蜂经营法",是企业广泛认可的形式。这一形式推销人员与顾客直接接触,要注意给顾客留下良好的印象,包括仪表、礼仪、自信等。在交谈的过程中应更关注顾客的心理,善于启发和引导,激发顾客的好奇心。

三、人员推销结构

人员推销结构,指推销人员在各地市场的分布和内部构成。它一般包括4种类型。

1. 地区结构型

每个推销员负责一两个地区内本企业各种产品的推销业务。这种结构较常用,也比较简单(见图11-2),因为划定销售地区,目标明确,容易考核推销人员的工作业绩,发挥推销人员的综合能力,也有利于企业节约推销费用。但是,当产品或市场差异性较大时,推销人员不易了解众多的产品和顾客,会直接影响推销效果。

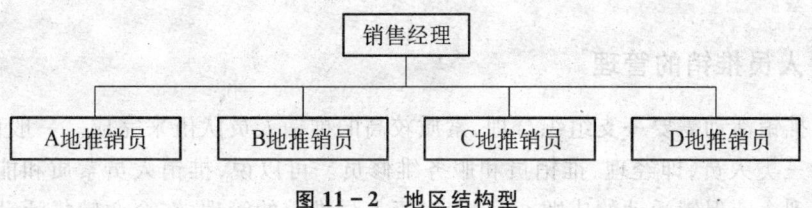

图11-2 地区结构型

2. 产品结构型

每个推销人员专门推销一种或几种产品,而不受地区的限制(见图11-3)。如果企业的产品种类多,分布范围广,差异性大,技术性能和技术结构复杂,采用这种形式效果较好。但这种结构的最大缺点是,不同产品的推销员可能同时到一个地区(甚至一个单位)推销,这既不利于节约推销费用,也不利于制定市场促销策略。

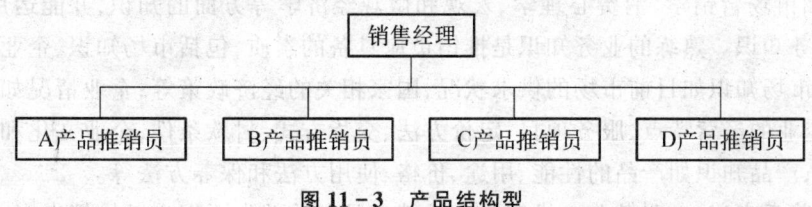

图11-3 产品结构型

3. 顾客结构型

按不同的顾客类型来组织推销人员结构(见图11-4)。由于顾客类型众多,因而顾客结构形式也有多种。比如,按服务的产业区分,可以对机电系统、纺织系统、手工业系统等派出不同的推销员;按服务的企业区分,可以让甲推销员负责对A、B、C企业推销的任务,而让乙推销员负责对 D、E、F 企业销售产品;按销售渠道区分,批发商、零售商、代理商等,由不同的推销人员管理与协调;按顾客的经营规模及其与企业关系区分,可以对大客户和小客户、主要客户和次要客户、现有客户和潜在客户等,分配不同比例的推销员。采用这种形式的突出优点是,企业与顾客之间的关系密切而又牢固,因而有着良好的公共关系,但若顾客分布地区较分散或销售路线过长时,往往使推销费用过大。

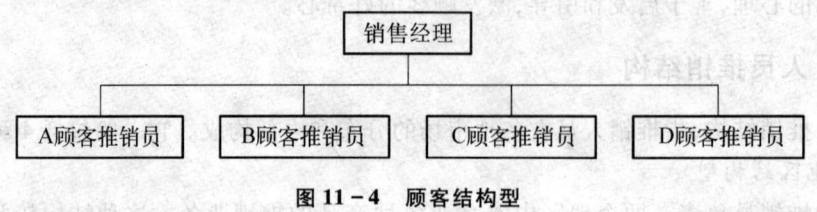

图 11-4 顾客结构型

4. 综合结构型

综合地采用上述三种结构形式来组织市场推销人员。在企业规模大、产品多、市场范围广和顾客分散的条件下,上述三种单一的形式都无法有效地提高推销效率,则可以采取综合结构型。

四、人员推销的管理

人员推销活动需要一支组织合理、素质较高的推销人员队伍来完成。一般而言,推销人员包括三类人员,即经理、推销员和服务维修员。可以说,推销人员素质和能力的高低直接关系到企业促销活动的成败。因此,对于人员推销的管理,在企业销售活动过程中就显得非常重要。市场推销人员的管理主要包括招聘、培训、激励、评估各环节。

1. 推销人员的素质要求

(1) 态度热忱,勇于进取。推销人员必须具有一定的开拓能力,能够发现市场机会,发掘市场潜在需求;培养市场新顾客。

(2) 勤于学习,知识广博。首先是文化知识。作为推销人员,必须具备一定的文化基础知识,如市场营销学、消费心理学、宏观和微观经济学等方面的知识,并能运用于实践;其次是业务知识。熟练的业务知识是推销员应具备的素质,包括市场知识、企业情况和产品知识。市场知识如目前市场的供求状况,国家相关的经济政策等;企业情况如企业的发展现状,企业的经营特点、服务项目、定价方法、交货方式、付款条件,企业文化和企业的发展方向等;产品知识如产品的性能、用途、价格、使用方法和保养方法等。

(3) 善于表达,文明敬业。推销员在推销产品之前首先要把自己推销出去,这就需要推销员注意自己的言行举止。讲究文明礼貌,仪表端庄,举止适度,口齿伶俐,诙谐幽默。推销员自信而友好的态度为取得推销成功创造了良好的形象条件。

(4) 富于应变,技巧娴熟。市场环境因素复杂多变,这就要求推销人员必须反应灵敏,能够娴熟地应对各种突发事件,善于把握易被忽视或不易发现的机会。

2. 推销人员的招聘

了解了推销人员应具备的素质后,就要从众多的应聘者中挑选出最合适的人选。招聘选拔的方式很多,一般来说首先通过报名表来了解应聘者的基本情况,再通过简单的非正式会谈到费时的笔试和面试来考核应聘者的分析、组织能力,销售能力,个性特点等。

推销人员的来源主要有两种:一是来自企业内部,把本企业内有能力、热爱并适合推销工作的人员选拔到推销部门工作;二是从企业外部招聘,即从社会人群中物色合适人选。

推销人员的外部招聘多数是在目标市场所在地进行。因为当地人对本土的风俗习惯、消费行为和商业惯例更加了解,并与当地政府及工商界人士,或者与顾客或潜在顾客有着各种各样的联系。

3. 推销人员的培训

现今,大多数企业不会再盲目让新推销人员直接上岗。如今的销售人员通常会接受为期数周或数月甚至于一年或更长时间的培训,使他们学习和掌握有关的知识和技能。具体如下:

(1) 培训的地点与培训内容。推销人员的培训既可在目标市场所在地进行,也可安排在企业所在地或者企业地区培训中心进行,跨国公司的推销人员培训多数是安排在目标市场所在国。培训内容主要包括产品知识、企业情况、市场知识和推销技巧等方面。若在当地招聘推销人员,培训的重点应是产品知识、企业概况与推销技巧。若从企业现有职员中选派推销人员,培训重点应为派驻所在地市场营销环境和当地商业习惯等。

(2) 对推销高科技产品推销人员的培训。对于高科技产品,可以把推销人员集中起来,在企业培训中心或者地区培训中心进行培训。因为高科技产品市场具有较高的相似性,培训的任务与技术要求也更加复杂,需要聘请有关专家或富有经验的业务人员任教。

(3) 对推销人员的短期培训。对于这类性质的培训,企业既可采取组织巡回培训组到各地现场培训的方法,也可将推销人员集中到地区培训中心进行短期集训。

(4) 对海外经销商推销员的培训。这些培训工作包括两部分:一部分是对分支机构当地人员的培训;另一部分是对子公司外派人员的培训。对海外经销商推销人员的培训通常是免费的,因为经销商推销人员素质与技能的提高必然会带来海外市场销量的增加,生产厂家与经销商均可从中受益。为了节省费用,并使尽可能多的人员接收培训,有些企业也采取派遣专家到各国进行流动培训的方式。

4. 推销人员的激励

对推销人员的激励,可分为物质奖励与精神鼓励两个方面。物质奖励通常指薪金、佣金或者奖金等直接报酬形式,精神鼓励可有进修培训、晋级提升或特权授予等多种方式。企业对推销人员的激励,应综合运用物质奖励和精神鼓励等手段,调动推销人员的积极性,提高他们的推销业绩。

对海外推销人员的激励,更要考虑到不同社会文化因素的影响。海外推销人员可能来自不同的国家或地区,有着不同的社会文化背景、行为准则与价值观念,因而对同样的激励措施可能会做出不同的反应。

5. 推销人员业绩的评估

对于推销人员的激励,建立在对他们推销成绩进行考核与评估的基础上。但是企业对推销人员的考核与评估,不仅是为了表彰先进,而且还要发现推销效果不佳的市场与人员,分析原因,找出问题,加以改进。

人员推销效果的考核评估指标可分为两个方面:一种是直接的推销效果,如推销的产品数量与价值、推销的成本费用、新顾客销量比率等;另一种是间接的推销效果,如访问的顾客人数与频率、产品与企业知名度的增加程度、顾客服务与市场调研任务的完成情况等。

企业在对人员推销效果进行考核与评估时,还应考虑到当地市场的特点以及不同社会文化因素的影响。比如,产品在某些地区可能难以销售,则要相应地降低推销限额或者提高酬金。若企业同时在多个区域市场上进行推销,可按市场特征进行分组,规定小组考核指标,从而更好地分析比较不同市场条件下推销员的推销业绩。

第三节 营业推广策略

营业推广是指不属于广告、人员推销和公共关系的那些销售推广活动。一般情况下,企业开展营业推广的刺激对象是现有的和潜在的顾客,营业推广能在短期内收到明显成效,且费用较低,是企业可以灵活掌握的一个非定期性的促销工具。

一、营业推广的含义

1. 营业推广的含义与作用

营业推广(Sales Promotion),是指能够迅速刺激需求,鼓励购买的各种促销活动。换言之,营业推广是除了人员推销、广告和公共关系等手段以外,在一个目标市场上,企业为了刺激需求,扩大销售而采取的能迅速产生激励作用的促销措施。

营业推广的目的通常有两个:诱发消费者尝试一种新产品或新品牌,尤其是刚进入市场的产品;增加现有产品销量或减少库存。

营业推广的作用有:

(1) 有利于吸引新顾客和新用户。

(2) 有利于回报忠诚于企业的老顾客。

(3) 有利于企业与中间商建立稳固的合作关系。

(4) 有利于企业制定有效的营销计划,实现营销目标。

2. 营业推广的分类

不同企业在不同时期的促销目标各不相同,为实现不同的促销目标,营业推广一般可分为三类:一是直接对消费者的营业推广。主要是为了鼓励老顾客重复购买、使用本企业产品,同时吸引新顾客试用本企业产品,不断改变顾客的购买习惯,培养顾客的品牌忠诚度。其方法主要有赠送样品、有奖销售、发放优惠券、现场示范和组织展销等;二是直接对中间商的营业推广。这是为了鼓励中间商更积极地经销本企业产品,增强中间商的品牌忠诚度,开辟或拓宽企业的销售渠道。其方式主要有购买折扣、资助和经销奖励等;三是企业内部的营销推广。此类营业推广通常采用奖金或佣金及销售竞赛等办法来激励销售人员在某产品、某段时间的工作中取得优异的表现,以及培养他们的竞争意识。

3. 营业推广的特点

(1) 针对性强、见效快。作为一种促销策略和促销方式,营业推广见效快,可以在短期内刺激目标市场需求,使之大幅度地增长,特别是对一些优质名牌和具有民族风格的产品效果更佳。这种促销方式向市场消费者提供了一个特殊的购买机会,它能够唤起消费者的广泛注意,具体、实在、针对性强、灵活多样,对想购买便宜东西和低收入阶层的顾客等颇具吸引力。但是,开展营业推广,必须在适宜的条件下,以适宜的方式进行,否则,会降低产品的身价,影响产品在市场上的声誉,使消费者感到卖主急于出售,甚至会使顾客担心产品的质量不好,或者价格定得过高。开展营业推广,除了考虑市场供求和产品性质以外,还应考虑消费者的购买动机和购买习惯、产品在市场上的生命周期、竞争状况,以及目标市场的人口、自然、政治、经济、法律、文化和科技发展等环境因素,并进行适当的选择。

(2) 灵活性。由于营业推广属于一种短期行为,运用的是各种短期诱因。因此,相对来说可供选择的方式具有一定的灵活性。

(3) 时效性。运用短期诱因采取的短期行为,必然会受到时间限制,具有时效性。

(4) 辅助性。因为营业推广只能在短期内取得明显效果,不属于常规性的促销方式。所以,一般不能单独使用,总是配合着其他促销方式一起使用。

二、营业推广策略的制定

企业要制定一套良好的营业推广策略,不只是选择一种或几种推广方式,还要结合产品、市场等方面的情况,慎重确定营业推广的地区范围、鼓励的规模、参加人的条件、推广的途径、推广的期限、推广的时机、推广的目标和推广的预算,在营业推广实施过程中和实施结束以后,企业还有必要不断地进行营业推广效果评价,以调整企业的营业推广策略。

1. 营业推广鼓励的规模

营业推广面并非越大越好,鼓励的规模必须适当。通常情况下,选择单位推广费用效率最高时的规模,低于这个规模,营业推广不能充分发挥作用;高于这个规模,或许会促使营业额上升,但其效率会递减。

2. 营业推广鼓励对象的条件

在市场上,营业推广鼓励对象可以是任何消费者,也可以是部分消费者,通常是鼓励商品的购买者。但企业有时可以有意识地限制那些不可能成为长期顾客的购买者或购买量太少的购买者参加。

3. 营业推广的途径

企业在确定了上面两个问题以后,还要研究通过什么途径向顾客开展营业推广,推广的途径和方式不同,推广费用和效益也不一样,企业必须结合自身内部条件、市场状况、竞争动态、消费者需求动机和购买动机等进行综合分析,选择最有利的营业推广途径和方式。

4. 营业推广的时机和期限

不同的商品,在不同的市场、不同的条件下,营业推广的时机是不同的。市场竞争激烈的产品,质量差异不大的同类产品,老产品,刚进入市场的产品,滞销产品等,多在销售淡季或其他特殊条件下运用营业推广策略。至于推广期限,企业应考虑消费的季节性、产品的供求状况及产品生命周期、商业习惯等适当确定。

5. 营业推广的目标

营业推广目标主要是指企业开展营业推广所要达到的目的和期望。推广目标必须依据企业的市场营销战略和促销策略来制定。营业推广的目标不同,其推广方式、推广期限等都不一样。

营业推广介于广告和人员推销之间,用来补充广告和人员推销。与经常性有计划地进行广告和人员推销不同,营业推广主要是针对目标市场上的某一时期或某一任务,为了某种目标而采取的短期的特殊的推销方法和措施,如为了打开产品出口的销路,刺激消费者购买,促销新产品,处理滞销产品,提高销售量,击败竞争者等,往往使用这种促销方法来配合广告和人员推销,使三者相互呼应,相互补充,相得益彰。比如,我国青岛啤酒为了打开香港市场的销路,在开展人员推销和广告促销的同时,曾经采用过用一个啤酒瓶盖(必须带铁盖内的橡皮)换取一元港币现金的方法。于是,香港众多饭店的服务员都热心以青岛啤酒为顾客服务,成为青岛啤酒的推销员,大大提高了销量,使青岛啤酒在香港这个竞争激烈的啤酒市场上占有了一定的地位。但是,营业推广在国际市场上不宜经常使用,否则,会引起顾客的观望和怀疑,反而影响产品销售。

三、影响营业推广的因素

营业推广是一种有效的促销方法。但使用不当将适得其反。因此,企业在国际市场采用营业推广这一促销手段时,应特别注意不同国家或地区对营业推广活动的限制、经销商等的合作态度,以及当地市场的竞争程度等因素的影响。

1. 当地政府的限制

许多国家对营业推广方式在当地市场上的应用加以限制。例如,有的国家规定,企业在当地市场上进行营业推广活动要事先征得政府有关部门的同意;有的国家则限制企业营业推广活动的规模;还有的国家对营业推广的形式进行限制,规定赠送的物品必须与推销的商品有关。

2. 经销商的合作态度

企业要使开展营业推广活动取得成功,需要得到当地经销商或者中间商的支持与协助。例如,由经销商代为分发赠品或优惠券,由零售商来负责分销工作,进行现场示范或者商店陈列,等等。对于那些零售商数量多、规模小的地区,企业在当地市场的营业推广活动要想得到零售商的有效支持与合作就要困难得多了,因为零售商数量多,分布散,不容易联系,商场规模小,无法提供必要的营业面积或者示范表演场地,加上营业推广经验缺乏,难以收到满意的促销效果。

3. 市场的竞争程度

目标市场的竞争程度,以及竞争对手在促销方面的动向或措施,将会直接影响到企业的营业推广活动。比如,竞争对手推出新的促销举措来吸引顾客争夺市场,企业若不采取相应的对策,就有失去顾客而丧失市场的危险。同样的,企业在海外目标市场的营业推广活动,也可能遭到当地竞争者的反对或阻挠,甚至通过当地商会或政府部门利用法律或法规加以禁止。

复习思考题

1. 何谓促销?促销有哪些作用?
2. 你认为合格推销员应具备怎样的素质?
3. 营业推广有何特点?
4. 确定促销组合策略时应考虑哪些因素?
5. 比较分析各种促销方式的优缺点,如何选择这些促销方式?
6. 家用电器和商品房适宜采用何种促销策略?说明理由。
7. 参加一次促销活动,谈谈亲历的感受。

本章案例

屈臣氏促销案例剖析

屈臣氏的促销活动每次都能让令顾客获得惊喜,在白领丽人的一片"好优惠啊"、"好得意啊"、"好可爱啊"声中,商品被"洗劫"一空,积累了屈臣氏单店平均年营业额高达2 000万的战绩。在屈臣氏工作过的人应该都知道,屈臣氏的促销活动算得上是零售界最复杂的,不但次数频繁,而且流程复杂,内容繁多,每进行一次促销活动更是需要花很多的时间去策划与准备。策划部门、采购部门、行政部门、配送部门、营运部门都围绕着这个主题运作。为超越顾客期望,屈臣氏所有员工都乐此不疲。屈臣氏在促销活动方面的造诣可以说值得零售连锁企业借鉴。

2004年6月16日,屈臣氏中国区提出"我敢发誓,保证低价"承诺,并开始了以此为主题的促销活动。屈臣氏的促销活动发展大致分为三个阶段:2004年6月以前为第一阶段,在这段时间里,屈臣氏主要以传统节日促销活动为主,屈臣氏非常重视情人节、万圣节、圣诞节、春节等节日,促销主题多式多样,例如"说吧说你爱我吧"的情人节促销,"圣诞全攻略"、"真情圣诞真低价"的圣诞节促销,"劲爆礼闹新春"的春节促销,还有以"春之缤纷"、"秋之野性"、"冬日减价"、"10元促销"、"SALE周年庆"、"加1元多一件"、"全线八折"、"买一送一"、"自有品牌商品免费加量33%不加价"、"60秒疯狂抢购"、"买就送"等为主题的促销活动;第二阶段是在2004年6月提出"我敢发誓,保证低价"承诺后,以宣传"逾千件货品每日保证低价"为主题,在这阶段,每期《屈臣氏商品促销快讯》的封面都会有屈臣氏代言人高举右手传达"我敢发誓"信息,到了2004年11月,屈臣氏作出了宣言调整,提出"真货真低价",并仍然贯彻执行"买贵了差额双倍还"方针,这样一直到2005年8月,"我敢发誓"一周年,屈臣氏一共举行了30期的促销推广,屈臣氏的低价策略已经深入人心;第三阶段是2005年6月起,屈臣氏延续特有的促销方式并结合低价方针,淡化了"我敢发誓"的角色,特别是到了2007年,促销宣传册上几乎是不再出现"我敢发誓"字样,差价补偿策略从"两倍还"到"半倍还"最终不再出现,促销活动变得更是灵活多变,并逐步推出大型促销活动如:"大奖POLO开回家"、"百事新星大赛"、"封面领秀"、"VIP会员推广",屈臣氏促销战略成功转型。

一、屈臣氏层出不穷的促销招数介绍:

招数1:超值换购

在每一期的促销活动中,屈臣氏都会推出3个以上的超值商品,在顾客一次性购物满50元,可以加多10元即可任意选其中一件商品,这些超值商品通常会选择屈臣氏的自有品牌,所以能在实现低价位的同时又可以保证利润。

招数2:独家优惠

这是屈臣氏经常使用的一种促销手段,他们在寻找促销商品时,经常避开其他商家,别开花样,给顾客更多新鲜感,也可以提高顾客忠诚度。

招数3:买就送

买一送一、买二送一、买四送二、买大送小;送商品、送赠品、送礼品、送购物券、送抽奖券,促销方式非常灵活多变。

招数4:加量不加价

这一招主要是针对屈臣氏的自有品牌产品,经常会推出加量不加价的包装,用鲜明的标签标示,以加量33%或加量50%为主,面膜、橄榄油、护手霜、洗发水、润发素、化妆棉等是经常使用的,对消费者非常有吸引力。

招数5:优惠券

屈臣氏经常会在促销宣传手册或者报纸海报上出现剪角优惠券,在购买指定产品时,可以给予一定金额的购买优惠,省5元到几十元都有。

招数6:套装优惠

屈臣氏经常会向生产厂家定制专供的套装商品,以较优惠的价格向顾客销售,如资生堂、曼秀雷敦、旁氏、玉兰油等都会常做一些带赠品的套装,屈臣氏自有品牌也经常会推出套装优惠。例如,买屈臣氏骨胶原修护精华液一盒69.9元送49.9元的眼部保湿啫喱一支,促销力度很大。

招数7:震撼低价

屈臣氏经常推出系列震撼低价商品,这些商品以非常优惠的价格销售,并且规定每个店铺必须陈列在店铺最前面、最显眼的位置,以吸引顾客。

招数8:剪角优惠券

在指定促销期内,一次性购物满60元(或者100元),剪下促销宣传海报的剪角,可以抵6元(或者10元)使用,相当于额外再获得九折优惠。

招数9:购某个系列产品满88元送赠品

例如购护肤产品满88元、或购屈臣氏品牌产品满88元、或购食品满88元,送屈臣氏手拎袋或纸手帕等活动。

招数10:购物2件,额外9折优惠

购指定的同一商品2件,额外享受9折优惠,例如买营养水一支要60元,买2支只收108元。

招数11:赠送礼品

屈臣氏经常也会举行一些赠送礼品的促销活动,一种是供应商本身提供的礼品促销活动,另外一种是屈臣氏自己举行的促销活动,如赠送自有品牌试用装,或者购买某系列产品送礼品装,或者是当天前30名顾客赠送礼品一份。

招数12:VIP会员卡

屈臣氏在2006年9月开始推出自己的会员卡,顾客只需去屈臣氏门店填写申请表格,就可立即办理屈臣氏贵宾卡,办卡时仅收取工本费一元,屈臣氏会每两周推出数十件贵宾独享折扣商品,低至额外8折,每次消费有积分。

招数13:感谢日

屈臣氏曾举行为期3天的感谢日小型主题促销活动,推出系列重磅特价商品,单价商品低价幅度在10元以上。

招数14:销售比赛

"销售比赛"也是屈臣氏一项非常成功的促销活动,每期指定一些比赛商品,分各级别店铺(屈臣氏的店铺根据面积、地点等因素分为 A、B、C 三个级别)之间进行推销比赛,销售排名在前三名的店铺都将获得奖励,每次参加销售比赛的指定商品的销售业绩都会以奇迹般的速度增长,供货厂家非常乐意参与这样有助于销售的活动。

二、案例剖析:屈臣氏自有品牌商品促销

屈臣氏大致在本世纪初的时候才推出护理用品类的自有品牌商品,时间还并不长,但已深得消费者喜欢,市场占有份额日趋增长,目前数据显示已经超过 20%,其产品推广及促销策略功不可没。

1. 新品上市促销

有新品上市,屈臣氏都会安排较大篇幅的版面进行宣传,并大规模地发送试用赠品,如 2004 年 10 月推出骨胶原系列护肤品,2005 年 3 月推出的美颜糖果,4 月推出滋养沐浴露系列,11 月推出天然精华护理系列,都会安排所有店铺进行大型促销活动。

2. 宣传专刊

《屈臣氏优质生活手册》是专门针对自有品牌进行宣传的专刊,一年两期,免费发送给顾客,专门介绍自有产品的功能特性,并邀请知名专业人士与消费者分享健与美心得。

3. 店铺陈列

在屈臣氏的店铺中,都会安排几米货架陈列自有品牌商品,长期推广,并有醒目的标识。

4. 促销方法

"自有品牌全线八折"、"免费加量33%"、"免费加量50%"、"一加一更优惠"、"任意搭配更优惠"、"购买某系列送赠品"等方式都是屈臣氏对自有品牌产品常用的促销方式,由于自有品牌具有利润空间较大、包装灵活等优势,所以促销幅度都非常大,效果非常明显。

精诚所至,金石为开,屈臣氏促销活动是在经营中不断研究的结晶,这种研究精神也是值得零售连锁行业引以借鉴的。

资料来源:
http://www.chinaadren.com/html/file/2007-12-24/quchenshicuxiaoanlipoxi.html
本书引用时有所修改

讨论题

1. 屈臣氏如何维持其长期的低价促销策略?其实行低价促销策略成功的关键是什么?
2. 如何理解销售目标与价格促销的关系?
3. 零售店竞争取胜的关键要素有哪些?

第十二章 广告策略

人们对广告的理解是多种多样的,不同的人有不同的认识。例如,看电视的人、准备购买的人、流水线工作的人等会对广告做出不同的解释。对于企业的营销人员来说,所谓广告是指一切传播媒体向大众(消费者和中间商)传播商品或者服务信息,并说服其购买的宣传活动。广告具有多种多样的形式和内容,了解广告的有关知识和特点,是企业运用广告开展市场营销活动的前提,有助于提高广告的针对性和功效。

第一节 广告和广告策略

广告是商品经济发展的产物。自从人类有了商品与商品间的交换,有了顾客与市场,就有了广告活动。在现代市场营销活动中,广告的重要性越来越突出,而广告策略的合理运用对产生优秀的广告至关重要。

一、广告和广告策略的含义

广告即"广而告之"之意,其目的是为了招徕顾客,沟通生产与消费之间的关系,使供求渠道更为通畅。通常意义上的广告都要求广告主付出一定的成本与费用,宣传产品与企业形象的行为,根据这一特点,我们可以对广告做这样的定义,即:

广告是指一种由广告主付出某种代价的,通过传播媒体将经过科学提炼和艺术加工的特定信息传达给目标受众,以达到改变或强化人们观念和行为为目的的、公开的、非面对面的信息传播活动。通过广告促销可以使产品迅速地进入目标市场,为产品赢得声誉,扩大产品的销售,实现销售目标。

这个定义是以大众传播理论为基础,从广义广告的角度进行概括。它包括了几个方面的内涵,反映出现代广告的主要特征:

第一，强调了广告的本质特征是一种以公开的、非面对面的方式传达特定信息到目标受众的信息传播活动，而且这种特定信息是付出了某种代价的特定信息。广告必须有明确的广告主（或称广告客户），它是广告行为的主体，是广告行为的法律负责人。这是广告与新闻等其他信息传播活动不同之处。

第二，明确了广告是一种通过科学策划和艺术创造，将信息符号高度形象化的、带有科学性和艺术性特征的信息传播活动。

第三，指出了传播媒体的重要作用。现代广告是非个人的传播行为，一定要借助于某种传播媒体才能向非特定的目标受众广泛传达信息。这决定了它是一种公开而非秘密的信息传播活动，也就决定了传播者必须置身于公众和社会的公开监督之下。

第四，说明了广告是为了实现传播者的目标而带有较强自我展现特征的说服性信息传播活动，通过改变或强化人们的观念和行为，来达到其特定的传播效果。

广告策略是指企业在分析环境因素、广告目标、目标市场、产品特性、媒体可获得性、政府控制和成本收益关系等的基础上，对广告活动的开展方式、媒体选择和宣传劝告等原则做出的决策。

二、现代广告的特点

现代广告具有以下特点。

1. 广告是一种有目的、有计划的信息传播手段

广告必须与市场营销活动相结合，并以说服消费者购买所宣传的商品，或享用所宣传的服务为最终目的。简而言之，广告是一种推销商品、获得赢利为最终目标的商业行为。广告向目标消费者展示商品的性质、质量、功用、优点，进而打动和说服消费者，影响和改变消费者的观念和行为，最后达到做广告企业的商品被推销出去的目的。广告与一般的促销活动不一样，促销是卖主直接向买主展示商品，与消费者发生面对面的交流，而广告则是通过媒体向消费者做说服工作。它说服的结果，自然是使商品最终销售出去。广告提供的所有信息，对公众来说应该是有价值的，即能起到传播信息、引导消费、满足消费者需求的作用。

2. 从企业经营的角度看，广告是一种投资活动

广告是一种有目的、有计划的信息传播手段。同时广告宣传也必须付出一定经济代价，并有特定传播媒体物和公开的宣传工具。企业为了达到一定的目的并期望有一定回报所投入的资金，常常被视为投资。例如，机器、厂房、仓库设施等均被视为投资，其价值随着存在时间延长将按一定比例折旧。而投入到广告活动的资金，并不能全部产生即时销售效果，因此，大多数广告主只好将广告费用当作费用支出开列。随着现代广告观念的形成和发展，已经有越来越多的人认为广告活动应该被视为企业投资行为。

从创造价值的角度看，广告的投资效果一般体现在两个方面，一是广告的消费价值，它取决于广告的消费效应，即消费者接受广告信息，对广告产生认同感并积极地购买。另

一方面是广告的生产价值,它取决于广告消费价值的实现。广告只有首先满足消费者需要才能实现广告的目标推销与赢利。尤其对于商品广告而言,只有商品销售的实现,才能实现再生产的目的。如果将广告活动视为投资,那么,对广告的要求及看法自然都会改变。从投资的角度看,广告应该将追求长远利益与眼前利益结合起来,广告是一种着眼于未来的行为,既有一定的风险性,又有一定的可预测性。

3. 广告是沟通的过程

沟通,就是信息发出者与接收者之间进行信息传递与思想交流,以求达到某种共识。因此,沟通是一种双向活动,而不仅仅是一方对另一方的单向影响过程。广告是一种双向沟通,是因为广告主将广告信息通过大众媒体传递给目标消费者,以求说服、诱导消费者购买广告商品。只有当目标消费者接受了广告信息,即认为广告信息是真实和可信的,并同意广告所传递的观点时,广告信息才能发挥作用,从而实现广告沟通过程。广告中的沟通有别于面对面的人际沟通。首先,广告是通过电视、报纸等大众传播媒体进行的一种沟通活动;其次,广告沟通对象是具有同一需要或同一特性的一群消费者,而不是个别消费者;再次,广告不仅仅是一般性沟通,而是一种带有说服性的沟通。广告目的在于影响消费者的品牌态度与购买行为,引导、说服消费者购买广告中所宣传的商品。然而,影响人的态度与行为是一项极其复杂、艰巨的任务,要完成这一任务,不仅要使目标消费者能够接收到广告信息,还必须采取一定的说服手段,使目标消费者能够接受广告信息,最终购买广告中所宣传的商品。

4. 广告需要创意和策略

广告的制作和宣传应该满足消费者需要,能唤起消费者注意,并调动兴趣,激发欲望,从而实现消费行为。目前广告市场中,争取消费者注意力的竞争越来越激烈。消费者每天都要面对成百上千条广告的冲击。如果想要在众多商品品牌中为你所宣传的商品在消费者心目中争取一个位置,那么广告就要有创意。创意的本质就是使广告所包含的信息能得到更好传达,对诉求对象产生更大的影响作用。好的创意,必须在明确的信息策略指导下产生。没有任何策略指导的信息,即使表现得再独特,也很难成为好的创意。因此,在广告创意这个环节中,信息广告的诉求策略和表现策略应该得到足够重视。

三、广告营销效果及其影响要素

美国著名学者、广告咨询专家 Clyde Bedell 根据其广告实践,提出了 Bedell 广告模型表达式:

$$Ae = P \times Ad \times IOTA$$

式中:

Ae:广告效果(Advertising Effectiveness)。

P:广告主题定位(Proposition)即广告所表达的中心思想。包括:

(1) 产品本质魅力(Item Appeal);

(2) 物美价廉(Value Appeal);

(3) 品牌魅力(Name Appeal)等。

Ad：广告本身的效果(即传播效果)。比如：

(1) 趣味性(Interest Impact);

(2) 说服力(Persuasive Power);

(3) 传递内容(Communication Quality)。

IOTA：广告之外的营销因素。比如：

(1) 广告时机(Timing Factor);

(2) 广告后的销售政策(Follow Through);

(3) 相关的强化或抑制因素(Stimulants 或 Depressants)。

根据 Bedell 模型，影响广告效果的因素包括广告主题定位、广告传播及广告营销等三大要素。进一步分析，广告主题又取决于产品品质、价格及品牌等三个因素；广告本身的效果又受其趣味性、说服力及传播内容三因素的影响；而其他营销因素包括广告时机的把握、广告之后的营销策略，以及其他相关强化或抑制作用等。

第二节 广告定位和实施策略

广告定位策略是指广告主通过广告活动，使企业或品牌在消费者心目中确定位置的一种方法。它是广告主与广告公司根据社会既定群体对某种产品属性的重视程度，把自己的广告产品确定于某一市场位置，使其在特定的时间、地点，对某一阶层的目标消费者出售，以利于与其他厂家产品竞争。它的目的，就是要在广告宣传中，为企业和产品创造、培养一定的特色，树立独特的市场形象，从而满足目标消费者的某种需要和偏爱，为促进企业产品销售服务。

产品满足消费者需求可以分为有形和无形两大类，有形产品是指可以接触的有实用价值的实体，无形产品可以是一种观念或服务等产品的附加值。因此，广告定位策略可分为实体定位策略和观念定位策略两大类。

一、实体定位策略

所谓实体定位策略就是从产品的功效、品质、市场、价格等方面，突出该产品在广告宣传中的新价值，强调本品牌与同类产品的不同之处，以及能够给消费者带来的更大利益。

1. 市场定位

市场定位就是指把市场细分的策略运用于广告活动，将产品定位在最有利的市场位置上,并把它作为广告宣传的主题和创意。如 DOVE 香皂被定位为女士香皂,就是这种定位的具体运用。

2. 品名定位

品名定位突出企业产品名称在广告宣传中的作用。例如,脑白金的产品名称对于品牌的建立以及之后的营销起到了支撑作用,对品牌建立事半功倍。产品名称表达了两种信息,一是该产品是作用于脑部的;二是该产品非常珍稀可贵。脑白金三个字识别度高,记忆度强,容易引起人们关注。因为大脑是人体生命的司令部,而白金也是珍稀之物,二者结合当然更是贵重之重了。从脑黄金到脑白金,产品命名无不体现了创意者的匠心独运而又恰到好处。金在人们心目中是十分贵重的,假如以此类推,叫一个脑钻石就不可以。因为在人们心目中石头不是贵重之物,即使是钻石在第一感觉中也要费一番思量。脑白金的命名既说明了产品的功效又为人们所喜好,并且有品质感、档次感,反映了策划者对人们心理的深刻了解和高度概括能力。

3. 品质定位

品质定位强调产品具有的良好品质,使消费者对本产品感到安全与放心,增强了产品的吸引力。如雀巢咖啡"味道好极了!",麦斯威尔咖啡"滴滴香浓,意犹未尽!",都是从产品品质出发的定位。

4. 价格定位

价格定位就是把自己的产品价格定位于一个适当的范围或位置上,以使该品牌产品价格与同类产品价格相比较而更具有竞争实力,从而在市场上占领更多的市场份额。

5. 功效定位

功效定位从产品的功能这一角度,在广告中突出广告产品的特殊功效,使该品牌产品与同类产品有明显的区别,以增强竞争力。例如,20 世纪 80 年代,中国香港的手表商经过仔细研究手表市场,发现瑞士、日本的手表虽好,功能却比较单一。中国香港手表若想打入市场,与瑞士、日本分庭抗礼,非得独辟蹊径不可。针对瑞士、日本手表的单一功能定位,中国香港的手表商推出了多功能定位的手表。他们设计制作了时装表、运动表、笔表、链坠表、情侣表、儿童表、计算表、打火表、时差表、报警表、里程表等。中国香港手表以其多功能畅销全世界,获得空前成功。

二、观念定位策略

观念定位策略是突出商品的新意义、改变消费者的习惯心理、树立新的商品观念的广告策略。具体有两种方法:逆向定位和是非定位。

1. 逆向定位

逆向定位是借助于有名气的竞争对手的声誉来引起消费者对自己的关注、同情和支持,以便在市场竞争中占有一席之地的广告产品定位策略。大多数企业的商品定位都是以突出产品的优异性能的正向定位为方向的,但逆向定位则反其道而行之,在广告中突出市场上名气响亮的产品或企业的优越性,并表示自己的产品不如它好,甘居其下,但准备迎头赶上;或通过承认自己产品的不足之处,来突出产品的优越之处。这是利用社会上同情弱者和信任诚实的人的心理,故意突出自己的不足之处,以唤起同情和信任的手法。

2. 是非定位

是非定位是从观念上人为地把商品市场加以区分的定位策略。最有名的例子是美国的七喜(7UP)汽水。他们在广告宣传中运用是非定位策略,把饮料分为可乐型和非可乐型饮料两大类,从而突破可口可乐和百事可乐垄断饮料市场的局面,使企业获得空前成功。广告的产品定位策略,同样可用于企业定位、服务定位。它是根据企业的营销策略、商品差别化、市场细分化、产品生命周期阶段等状况,确定广告最有利的宣传位置的一种有效策略。该策略应用的好坏,直接影响到广告效果。

三、产品生命周期与广告定位

产品生命周期,是指一种新产品从试制成功投放市场到最终被市场淘汰所经历的整个过程。产品生命周期一般可分为导入期、成长期、成熟期和衰退期四个阶段。在产品生命周期的不同阶段,市场销售表现出不同的特点,因而营销策略的侧重点也不同,相应地,广告传播活动的重心也有所不同。

1. 导入阶段

在产品生命周期的导入阶段,因为是新产品刚入市,绝大多数顾客对产品比较陌生,所以接受能力很低。因此,在导入阶段广告和人员推销都是重要的促销方式,而促销活动的主要目标是将新产品的信息告知潜在顾客,激发他们的购买欲望。在导入阶段广告的重点是告知性的,重点介绍产品的性能、特点原理及顾客可从中获得的利益。这种广告通常只介绍产品;而不急于强调商标也并不急于劝说顾客马上购买。

2. 成长阶段

在产品生命周期的成长阶段,广告是主要的促销方式,但广告的内容要有所改变,从原来的告知产品转向本企业产品的商标、优点、特色,其主要任务是巩固、开辟销售渠道,提高市场占有率,再借助于人员推销的工作以打开销售局面。

3. 成熟阶段

在产品生命周期的成熟阶段,广告仍然是成熟阶段的主要促销方式,但广告的重点是强调本企业产品的优点,强调产品的附加利益,树立良好的企业形象。此外,提示性广告开始出现。借助广告宣传活动,还可适当配合应用合适的销售推广方式。

4. 衰退阶段

在产品生命周期的衰退阶段,广告传播活动的重心应紧紧围绕企业的营销活动重点,一般而言,企业在产品的衰退阶段通常采用集中策略、收割策略和放弃策略,相应地,广告传播活动的重心就是围绕企业的相应营销策略来进行。不过就总体而言,在这一阶段削减广告费用是基本做法。

四、广告实施策略

广告的实施策略主要有广告差别策略、系列策略和时间策略等。

1. 广告差别策略

广告差别策略是以发现差别和突出差别为手段、充分显示广告主企业和产品特点的一种宣传策略,包括产品差别策略、服务差别策略和企业差别策略等三方面的内容。产品差别广告策略,是突出产品的功能差别、品质差别、价格差别、花色品种差别、包装差别和销售服务差别的广告宣传策略。因为产品的上述差别可以是新旧产品间的差别,也可以是同类产品间的差别,因此,广告的产品差别策略是具有竞争性的。运用广告差别策略时,首先要发现该产品的功效差别,在设计制作广告作品时要突出它的功效差别,给予消费者能够获得某种利益的鲜明印象。

服务差别策略的基本原理与产品差别相同,主要是突出和显示同类服务中的差别性,从而说明本企业的服务能给消费者带来更多的方便与得益。

企业差别策略包括企业设备差别、技术差别、管理水平差别、服务措施差别和企业环境差别等在内的各项内容。

产品差别策略、服务差别策略和企业差别策略是在实践中运用较多、效果也较好的差别策略。此外,还有心理差别策略和观念形态差别策略等也较为常用。

2. 广告系列策略

广告系列策略是企业在广告计划期内连续地和有计划地发布有统一设计形式或内容的系列广告,不断加深广告印象,增强广告效果的手段。广告系列策略的运用,主要有形式系列策略、主题系列策略、功效系列策略和产品系列策略等。

广告形式系列策略,是在一定时期内有计划地发布数则设计形式相同,但内容有所改变的广告策略。由于设计形式相对固定,有利于加深消费者对广告的印象,增加企业的知名度,便于在众多的广告中分辨出本企业的广告。这种策略的运用,适宜于内容更新快、发布频率高的广告,如旅游广告、文娱广告、交通广告和食品广告等。整体广告很注重该策略的运用。

广告主题系列策略,是企业在发布广告时依据每一时期的广告目标市场的特点和市场营销策略的需要,不断变换广告主题,以适应不同的广告对象的心理诉求的策略。

广告功效系列策略,则是通过多则广告逐步深入强调商品功效的广告策略。这种策略或是运用不同的商品观念来体现商品的多种用途;或是在多则广告中的每一则都强调一种功效,使消费者易于理解和记忆;或者结合市场形式的变化,在不同时期突出宣传商品的某一用途,可起立竿见影的促销作用。

广告产品系列策略,则是为了适应和配合企业系列产品的经营要求,而实施的广告策略。产品系列策略密切结合系列产品的营销特点进行,由于系列产品具有种类多、声势大、连带性强的特点,因而在广告中可以灵活运用。

3. 广告时间策略

广告时间策略，就是对广告发布的时间和频率作出统一的、合理的安排。广告时间策略的制定，要视广告的产品生命周期阶段、广告的竞争状况、企业的营销策略、市场竞争等多种因素的变化而灵活运用。一般而言，即效性广告要求发布时间集中、时限性强、频率起伏大。迟效性广告则要求广告时间发布均衡、时限从容、频度波动小。广告的时间策略是否运用得当，对广告的效果有很大影响。

广告时间策略在时限运用上主要有集中时间策略、均衡时间策略、季节时间策略、节假日时间策略等四种；在频度上有固定频度和变动频度两种基本形式。

集中时间策略，主要是集中力量在短时期内对目标市场进行突击性的广告攻势，其目的在于集中优势，在短时间内迅速造成广告声势，扩大广告的影响，迅速地提高产品或企业的声誉。这种策略适用于新产品投入市场前后，新企业开张前后，流行性商品上市前后，或在广告竞争激烈时刻，以及商品销售量急剧下降的时刻。运用此策略时，一般运用媒体组合方式，掀起广告高潮。

均衡时间策略，是有计划地反复对目标市场进行广告的策略，其目的是为了持续地加深消费者对商品或企业的印象，保持消费者的记忆，挖掘市场潜力，扩大商品的知名度。在运用均衡广告策略时一定要注意广告表现的变化，不断予人以新鲜感，而不要长期地重复同一广告内容，广告的频率也要疏密有致，不要给人以单调感。

季节时间策略主要用于季节性强的商品，一般在销售旺季到来之前就要开展广告活动，为销售旺季的到来做好信息准备和心理准备。在销售旺季，广告活动达到高峰，而旺季一过，广告便可停止。这类广告策略要求掌握好季节性商品的变化规律。过早开展广告活动，会造成广告费的浪费，而过迟，则会延误商机，直接影响商品销售。

节假日策略是零售企业和服务行业常用的广告策略。一般在节假日之前数天便开展广告活动，而节假日一到，广告即告停止。这类广告要求有特色，把品种、价格、服务时间以及异乎寻常之处的信息突出地、迅速地和及时地告诉消费者。

广告的频率是指在一定的广告时期内发布广告的次数，在策略上可根据实际情况需要，交替运用固定频率和变化频率的方法。

固定频率方法是均衡广告时间常用的时间频率策略，其目的在于实现有计划的持续广告效果。固定频率法有两种时间序列：均匀时间序列和延长时间序列。均匀时间序列的广告时间按时限周期平均运用。如时间周期为五天，则每五天广告一次，若为十天，则每十天广告一次，以此类推。延长时间序列是根据人的遗忘规律来设计的，广告的频率固定，但时间间隔越来越长。

变化频率策略是广告周期里用各天广告次数不等的办法来发布广告。变化广告频率可以使广告声势适应销售情况的变化。常用于集中时间广告策略、季节与节假日广告策略，以便借助于广告次数的增加，推动销售高潮的到来。

变化频率策略有波浪序列型、递升序列型和递降序列型等三种方式。波浪序列型是广告频率从递增到递减、又由递减到递增的变化过程,这一过程使广告周期内的频率由少到多、又由多到少,适用于季节性和流行性商品的广告宣传。递升序列型则是频率由少到多、至高峰时戛然而止的过程,适用于节日性广告。递降序列型是广告频率由多到少、由广告高峰跌到低谷、在最低潮时停止的过程,适用于文娱广告、企业新开张或优惠酬宾广告等。

上述各种广告时间策略可视需要组合运用。如集中时间策略与均衡时间策略交替使用,固定频率与变化频率组合运用等。广告时间策略运用得法,既可以节省广告费,又能实现理想的广告效果。这是广告策略中极为重要的一环。究竟一个商品广告在一种媒体上投放几次,才可以使人们记住它,这一问题的研究目前还处在摸索阶段,但目前亦有研究表明至少是六次,即一个人接触同一个广告六次便会记住这个广告。如果有关此类问题的研究有所突破,将会使广告的刊播工作在科学、合理、有效的轨道上运行。

第三节　广告传播和媒体策略

广告传播效果可以从广告作品本身的吸引力与广告受众面来加以衡量,通过广告作品自身的吸引力吸引顾客,通过选择适当的媒体,将相应的商业信息传播给特定的广告对象。

一、传播效果

从传播学的角度,评判广告信息传播的有效性的标准可以概括为:及时、全面、不失真。

及时:指的是双方及时沟通,包括传播及时和反馈及时;

全面:指要尽可能传播反映全面信息,而不是局部或片面的信息,不隐瞒,不漏报信息;

不失真:即传播沟通必须反映事物的原貌或原意,不添油加醋,不错报。

二、广告的表现策略

广告的表现策略也称为广告的诉求策略。广告诉求是通过作用于受众的认知和情感的层面使受众的行为发生变化,因此作用于认知层面的理性诉求和作用与情感层的感性诉求就成为广告诉求两种最为基本的策略,在此基础上,产生了同时作用于受众的认知和情感的情理结合诉求策略。广告诉求策略具体包括广告诉求对象策略、广告诉求重点策略及广告诉求方法策略等。

1. 广告诉求对象策略

广告诉求对象策略即要求广告对象要有针对性。正如并非所有的消费者都是某种产品的消费者和潜在消费者一样,广告的诉求对象也不是所有接触到广告的受众,而是一群特定的受众,即产品的目标消费群体。广告只有针对他们进行诉求,方能达到预期的说服效果。我们把所有通过各种媒体接触到某一广告的人称为某一广告受众,而把某一广告的信息传播所针对的那部分消费者称为广告的诉求对象。

2. 广告诉求重点策略

广告诉求重点策略即广告具体内容要有选择性。广告所要传播的不是所有关于企业、产品或服务的信息,而只是其个的一部分,而且在广告中,对不同信息也各有侧重。我们将所有关于企业和产品的信息称为广告信息的来源,将所有通过某一广告传达的信息称为广告信息,而将在广告中向诉求对象重点传达的信息称为广告的诉求重点。

3. 广告诉求方式策略

广告诉求方式策略指的是广告表现的情感性,具体又可分为理性诉求策略、感性诉求策略、情理结合诉求策略等形式。

(1) 理性诉求策略。它指的是广告诉求定位于受众的理智动机,通过真实、准确、公正地传达广告企业、产品、服务的客观情况,使受众经过概念、判断、推理等思维过程,理智地作出决定。这种广告策略可以作正面表现,即如果消费者购买广告产品或接受服务会获得什么样的利益。也可以作反面表现,即消费者不购买产品或不接受服务会对自身产生什么样的影响。这种诉求策略一般用于消费者需要经过深思熟虑才能决定购买的产品或服务,如高档耐用消费品、工业品等。

(2) 感性诉求策略。它指的是广告诉求定位于受众的情感动机,通过爱情、亲情、乡情、乐趣、满足感等情感因素,表现与企业、产品、服务相关的情绪与情感因素来传达广告信息,以此对受众的情绪与情感带来冲击,使他们产生购买产品或服务的欲望和行为。它适用于装饰品、日用品、化妆品、其他时髦商品和可以给消费者带来某种积极的心理感受的服务。

(3) 情理结合诉求策略。广告诉求的两种最主要诉求方法各有优势也各有欠缺。理性诉求对完整、准确地传达广告信息非常有利,但是由于注重事实的传达和道理的阐述,往往会使广告显得生硬、枯燥,影响受众时广告信息的兴趣。感性诉求贴近受众的切身感受,容易引起受众的兴趣,但是过于注重对情绪和情感的描述,往往会影响对广告信息的传达。因此,在实际的广告运作中,时常将两种诉求方法合起来,即在广告诉求中,既采用理性诉求传达客观的信息,又使用感性诉求引发受众的情感,二者相得益彰,以达到最佳的说服效果。这种诉求策略,就是情理结合的广告诉求策略。

三、广告媒体策略

不同的广告媒体有其不同的特点,广告的媒体策略是根据广告的产品定位策略和市场策略,对广告媒体进行选择和搭配运用的策略。以期以最低的投入取得最大的广告效益。一般来说,在选择广告媒体时,应着重考虑如下因素:

① 媒体的传播与影响范围。
② 媒体的社会威望与特点。
③ 媒体发布广告的时间是否适宜。
④ 媒体费用。
⑤ 该媒体对目标市场顾客的影响程度。

世界各地的媒体的特点不同,广告管理法规不同。因此,在运用媒体组合策略时,必须考虑各地媒体的具体情况。

1. 媒体的选择策略

(1) 媒体的选择要与企业的营销目标相结合。一般来说,企业营销目标可分为扩大销售额、增加市场占有率、树立企业或产品形象三种,媒体的选择就要根据不同媒体的特点加以选择。

(2) 媒体的选择要与目标市场相结合。第一,以区域划分的目标市场的媒体选择。企业的目标市场从区域上划分,可以分为全国范围目标市场和区域目标市场。如果目标市场为全国范围的话。媒体的选择应尽可能寻求一个成本尽可能低,广告信息总暴露量尽可能大的媒体,诸如,可以选择国家一级的电视台、电台、杂志和全国范围内发行量较大的报纸。第二,以消费者自身因素划分的目标市场的媒体选择。所谓消费者自身因素是指消费者的年龄、性别、职业、受教育程度、收入等因素。在对市场细分时,企业比较多地使用这种社会文化标志来细分市场。在媒体选择上,经常运用取脂媒体选择法。取脂媒体选择法就是企业首先把广告集中投放到最有可能购买企业产品的消费群体中去,如果产品的销售没有达到预期的目标,随后再调整到另一个群体,直到在广告媒体上找出一个最能适应某一个消费群体的媒体就可以了。

(3) 媒体的选择要与营销环境相结合。即结合目标市场的社会意识形态、人口密度、文化程度、生活水平等来选择最适当的广告媒体。

(4) 结合媒体自身状况选择媒体。媒体自身的状况包括:覆盖面广告到达率、接触者阶层、接触时间、广告出稿量、广告业务情况、广告报价、广告特点等。

可见在选择媒体时,必须从企业整体营销活动和媒体自身综合加以考虑,在既定的广告费用之内有针对性地确定媒体来传播广告信息,以产生良好的广告效果。

2. 媒体的组合策略

各种媒体的功能、特点各异,在进行广告活动的时候,常常采用媒体组合来开展广告。所谓媒体组合,是指以一种媒体为主,以其他媒体配合使用,或选取多种媒体,分布使用广告费的媒体使用方法。

(1) 媒体组合的功能

① 媒体组合能够弥补单一媒体在接触范围上的不足。在广告媒体领域,几乎没有哪

一种媒体能够100%的到达每一位广告主所预定的目标对象。

② 媒体组合能够弥补单一媒体在暴露频率上的不足。在媒体选择上,有的媒体能够以比较大的接触范围到达目标市场,但是由于广告费用太高,往往限制了广告主多次使用。

③ 媒体组合有助于广告的少投入多产出。任何一个企业的广告费用都是受到一定限制的,在特定时期,广告费用是一个常量。在企业无法以大的广告费用投入到广告媒体上进行宣传时,将广告费用合理分配在低费用的报纸、杂志、直邮、户外等媒体,再辅助以其他促销活动,常常会达到理想的目标。

(2) 媒体组合策略

① 各媒体的组合搭配分析。报纸与广播搭配,可以使不同文化程度的消费者都能够接受到广告信息;电视与广播搭配,可以使城市和乡村的消费者都接受到广告信息;报纸或电视与售点广告搭配,常常有利于提醒消费者购买已经有了感知信息的商品。报纸与电视的搭配运用,可以在报纸广告对商品进行了详细解释之后,再以电视开展广告攻势,产生强力推销的效果;报纸与杂志的搭配,可以用报纸广告做强力推销,而用杂志广告来稳定市场,或以报纸广告固定市场,以杂志广告拓宽市场;报纸或电视与直邮广告搭配,以直邮广告为先导,做试探性宣传,然后以报纸或电视开展强力推销广告,也可能取得比较显著的成效;直邮广告和售点广告或招贴广告的配合,在对某一特定地区进行广告宣传时,能够起到巩固和发展市场的作用。当然,还有路牌广告、灯箱广告与其他广告形式的搭配等。

比较成功地选用媒体组合搭配使广告产生良好效果的例证之一,是亚科卡为"野马"汽车促销所开展的媒体组合策略。

亚科卡为克莱斯勒汽车公司新型汽车的命名,是选择比较数十种动物名称之后,最后选定为"野马"一词的。他所采取的媒体组合策略为以下几个方面:

第一步,邀请国内外各大报社参加野马汽车大赛,有100多名记者亲临现场采访。数百家报纸杂志如期报道野马车大赛的盛况。

第二步,在野马汽车上市前一天,根据媒体选择计划,在260家报纸刊登整页广告,展开报纸广告攻势。

第三步,在有影响的《时代周刊》和《新闻周刊》杂志上刊登广告画面,广告标题都是"真想不到"。

第四步,从野马汽车上市开始,在各大电视网每天不断地播放野马车的广告,展开电视广告攻势。

第五步,选择最引人注目的停车场,竖立巨型广告牌,上书"野马栏",既引起停车者的注意又引起社会公众的关注。

第六步,在美国各地客流量最大、最繁忙的15个飞机机场和空港以及200多家度假饭店的门厅里陈列野马汽车,通过这种实物广告形式,进一步激发消费者的兴趣。

第七步，采用直邮形式向全国各地几百万小汽车用户寄送广告宣传品，直接与消费者建立联系。

通过这一系列媒体广告活动，原来年销5 000辆的计划，被远远超出，实际年销418 812辆。在野马汽车开始销售之后的前两年，公司就获得纯利11亿美元。亚科卡由于这一显赫成绩被视为传奇式人物，被誉为"野马车之父"。而给亚科卡带来奇迹的手段工具正是媒体组合策略。

② 媒体时机分析。当确定了选择哪几种媒体如何组合之后，随后的问题就是如何把握广告的时机，即何时和多时发布广告的效果最为明显。在电台和电视台确定后，要选择好一定的广告时段，尤其是广告黄金时段。

季节性时机。许多商品存在着明显的季节性，广告也必须考虑季节性因素。比如，在秋末大做电扇广告或空调广告，充其量只能增加产品的知名度。

时间分配。这主要指在限定时间内使用媒体的频率（少量、适中、大量）以及广告量在较长时期内的分布（持续式、间隔式），这应该和企业的总体营销策略相联系。比如，在推出一项新产品时，广告主必须在广告持续式和广告频率上进行选择。广告持续式指在一定时期内均匀地安排广告播发。广告频率是指广告播发的集中度。如果共有52次广告播发，可以每周安排一次，持续一年时间，也可以集中几次高频率（又称爆发式）广告快速播完。当产品在市场上已经有了较高的知名度，可以选择间隔式广告。广告此时所起的作用是"提醒"。而在开拓市场时，就必须采用高频率的方式，这样才能使产品品牌印象迅速建立起来。从产品生命周期来看，导入期，广告应适当集中；成长期，广告可适当减少，以充分利用已有的知名度；激烈竞争的成熟期，广告量又应适当回升。

由此可见，何时发布广告，效果是不同的。在相等量的时间里，选择不同量的广告宣传，效果也会不同。对于企业来讲，先进入市场的广告无疑能够占先声夺人、先入为主之利，但如果能把握时机，后来者也可以后发制人、后来居上。企业可以根据自己具体情况，去选择不同的广告时机。

第四节　广告市场策略

广告的市场策略，指广告主根据消费者或用户的心理与行为，有针对性地选择目标市场，吸引消费者或用户的行为。广告的市场具体包括目标市场定位策略、广告促销策略和广告心理策略等三大策略。

一、目标市场定位策略

所谓目标市场定位策略，就是企业为自己的产品选定一定的范围和目标、满足一部分消费者需要的方法。任何企业,无论其规模如何,都不可能满足所有顾客的整体要求,而只能为自己的产品销售选定一个或几个目标市场,这就是所谓的市场定位。企业的目标市场定位不同,销售策略不同,广告策略也不一样。目标市场是广告宣传有计划地向指定市场进行传播活动的对象。因此,在制定广告策略时,必须依据企业的目标市场的特点,来规划广告对象、广告目标、媒体选择、诉求重点和诉求方式等。

由于市场可以细分,在市场经营和广告宣传中就可以运用不同的策略手段,争取不同的消费者。依据市场来制定营销策略,一般可分为无差别营销策略、差别营销策略和集中营销策略等三大类。针对不同的情况,广告策略也采取相应的形式:无差别市场广告策略、差别市场广告策略和集中市场广告策略。

1. 无差别市场广告策略

无差别市场广告策略,是在一定时间内,向同一个大的目标市场运用各种媒体搭配组合,做同一主题内容的广告宣传。这种策略一般应用在产品生命周期中的导入期与成长期的初期,或产品供不应求、市场上没有竞争对手,或竞争不激烈的时期,是一种经常采用的广告策略。它有利于运用各种媒体宣传统一的广告内容,迅速提高产品的知名度,以达到创品牌目的。

2. 差别市场广告策略

差别市场广告策略,则是企业在一定时期内,针对细分的目标市场,运用不同的媒体组合,做不同内容的广告宣传。这种策略能够较好地满足不同消费者的需求,有利于企业提高产品的知名度,突出产品的优异性能,增强消费者对企业的信任感,从而达到扩大销售的目的。这是在产品生命周期进入成长期后期和成熟期后常用的广告策略。此时,产品竞争激烈,市场需求分化较突出。由于市场分化,各目标市场各具不同的特点,所以广告设计、主题构思、媒体组合、广告发布等也都各不相同。

3. 集中市场广告策略

集中市场广告策略,是企业把广告宣传的力量,集中在已细分的市场中一个或几个目标市场的策略。此时,企业的目标并不是在较大的市场中占有小的份额,而是在较小的细分市场中占有较大的份额。因此,广告也只集中在一个或几个目标市场上。采取集中市场广告策略的企业,一般是本身资源有限的中小型企业,为了发挥优势,集中力量,只挑选对自己有利的、力所能及的较小市场作为目标市场,并开展广告宣传攻势。

上述三种策略既可独立运用,也可综合利用,灵活掌握,主要看企业的基本情况而定。

二、广告促销策略

广告促销策略是一种紧密结合市场营销而采取的广告策略,它不仅告知消费者购买商品的利益,以说服其购买,而且结合市场营销的其他手段,给予消费者更多的附加利益,以吸引消费者对广告的兴趣,在短期内收到即效性广告效果,有力地推动商品销售。广告促销策略,还可包括馈赠、文娱、服务、折价、公共关系等促销手段的运用。

馈赠广告是一种奖励性广告,其形式很多,如广告赠券等。食品、饮料和日用品的报刊广告多用此法。优待方法多半采用折价购买或附赠小件物品。这个办法既可以扩大销售,又可检测广告的阅读率。除广告赠券外,广告与商品样品赠送配合也是一种介绍商品的有效方法,但费用很高。

文娱广告也是广告促销的常用策略,如出资赞助文艺演出和电视剧、广播剧的制作等。此外,如猜谜、有奖征答等,也是广告的有效形式。

中奖广告是一种抽奖中奖形式的广告推销手段,在国外很流行,也具有一定的效果。

公益广告是把公益活动和广告活动结合起来的广告策略。通过关心公益,关心公共关系,开展为社会服务活动,争取民心,树立企业形象,从而增强广告的效果。能给人一种企业利润取之于社会、用之于社会的好感。

三、广告心理策略

广告的心理策略,是运用心理学的原理来策划广告,诱导人们顺利地完成消费心理过程,使广告取得成功。这个过程可以概括如下:

① 诉诸感觉,唤起注意;
② 赋予特色,激发兴趣;
③ 确立信念,刺激欲望;
④ 创造印象,加强记忆;
⑤ 坚定信心,导致行动。

这个过程告诉我们,广告活动中要根据人的心理发展规律进行劝说、引导、引发消费者心动,并促成消费者最终行动(即购买),广告应当在促成人们的需要、注意、联想、记忆、诉求等方面发挥其应有的作用。

引起人们的注意,是广告成功的基础。广告若不能引起注意,肯定要失败。因为注意是人们接触广告的开端,只有注意了广告,才能谈得上对广告内容的理解。在广告设计中有意识地加强广告的注意作用,是广告的重要心理策略。广告引起人们注意的方法有多种,主要是扩大空间面积,延长广告时间,突出广告色彩,增强广告的艺术化和使广告具有动态感等。

需要是人们进行实践活动的原动力。人们之所以购买这种商品,而不购买别的商品,就是由于这种商品能够满足他们的某种需要。广告的促销活动不但要告诉人们有关商品的知识,而且要说明这种商品是符合他们的需要的。当人们认识到这种商品对于他们的价值,即符合他们的某种需要时,他们才会购买。成功的广告,就是首先掌握了人们的需要,并针对人们的需要确立广告诉求的重点和创作设计广告。

需要是广告诉求定位的主要依据。同是一个商品,它有许多属性,而只有那些最能满足需要的诉求定位才能导致购买行为,使广告获得成功。消费者不仅对商品的使用价值有所要求，而且要求获得心理上的满足。广告要同时掌握人们对商品实用价值和心理价值的需要，才能获得成功。同时，广告还必须能引起需要和刺激需要，通过对潜在需要的激发，使消费者产生物质欲求，并加强其信心，排除障碍，促使购买。这也是我们现在所说的广告指导消费的作用。

广告的时间和篇幅都是有限的，仅靠直接印象取得的广告效果也是有限的。只有通过各种手段，激发有益的联想，才能加强刺激的深度和广度。这是有意识地增强广告效果的重要手段。

联想能够使人们扩大和加强对事物的认识，引起对事物的兴趣，使消费者产生愉悦的情绪，对形成购买动机和促成购买行为有着重要的影响。在广告中，主要运用接近联想、连续联想、相似联想、对比联想、记忆联想和颜色联想等方法。

广告运用记忆原理，使人们在实现购买时能记起广告内容，并起到指导选购的作用。要考虑不同的广告对象的记忆特点来策划广告，要尽可能按需要的、注意的、有趣的、形象的、活动的、联想的、易于理解的和反复的等要求来设计广告，使人们容易留下深刻的印象，保持记忆，便于回想。诉求是指外界事物促使人们从认知到行动的心理活动。广告诉求就是告诉人们有哪些需要，如何去满足，并敦促他们去为满足需要而购买商品。广告诉求一般有知觉诉求、理性诉求、情感诉求和观念诉求等多种。广告心理策略实质上就是对这些诉求的灵活运用。

四、整合营销传播策略

整合营销传播策略强调以消费者为核心重组企业行为和市场行为，综合协调地使用各种形式的传播方式，以统一的目标和统一的传播形象，传递一致的产品信息，实现与消费者的双向沟通，迅速树立产品品牌在消费者心目中的地位，建立品牌与消费者长期密切的关系，更有效地达到广告传播和产品营销的目的。

具体而言，整合营销传播策略的内涵包括以下方面：

第一，以消费者为核心。在整合营销传播中，消费者处于中心地位，一切传播活动都要围绕消费者展开，整合营销传播就是与消费者进行有效沟通。

第二，以资料库建设为基础。整合营销传播的基础是借助现代信息技术，了解目标市场的特征，包括人口统计特征、心理特征、行为特征等，收集、整理和分析目标市场的各方面资料，建立完整的目标市场资料库（用户档案）是必需的工作。

第三，以建立消费者与品牌之间的关系为目的。整合营销传播的核心和出发点是消费者，企业品牌建设的一切活动都要围绕着消费者展开。通过培养顾客的"品牌忠诚度"，与那些最有价值的、最有可能给企业带来利润的顾客建立长期稳定的关系。

第四，以"一个声音"为传播的信息内核。有效的信息传播，要求信息传播者建立统一的品牌形象，维持一致的传播声音。因而要求信息传播者确保信息与媒体的宣传一致性，确保广告信息中的文字信息与其他视觉要素传达信息之间的一致性，确保不同传播媒体广告诉求的一致性。

第五,以各种传播媒体的整合运用为手段。各种传播媒体的整合运用就是要建立有效的促销组合,将人员推销、广告、营业推广及公共关系等促销因素进行整合,确保人际营销传播与非人际营销传播的高度一致。

根据整合营销传播理论的观点,广告传播既要向消费者传递产品信息,影响消费者的消费活动,更要根据消费者的消费行为和消费心理去收集、整理、加工产品信息。

五、购买行为与广告策略

广告是通过信息传播使消费者对广告主所宣传的产品产生预期的积极反应,从而影响消费者的购买行为。市场营销实践中,人们根据消费者在购买过程中的投入程度和购买行为指向的品牌差异程度,把消费者的购买类型分为复杂型购买行为、减少失调型购买行为、多样型购买行为和习惯型购买行为。相应地,广告传播活动也有不同的对策。

1. 复杂型购买行为

消费者在购买较贵重、不常买、有一定风险或意义重大的产品时,必然会全身心投入到购买活动中。如果该产品品牌较多,又有各自的特点,差异较大,消费者缺乏了解,此时消费者就需要经过一个熟悉把握过程,广泛收集有关信息,逐步熟悉产品,建立起对品牌的认知,最后谨慎地做出购买决定。针对复杂型的购买行为,广告公司应采取有效的措施,帮助消费者了解产品,并介绍广告主的品牌、特征和优势,从而影响消费者的最终选择。

2. 减少失调型购买行为

消费者在购买某种产品时,如果不同产品的品牌差异不是很大,那么消费者只需要"货比三家",在感到价格合理、购买方便、机会合适时就会决定购买。但消费者购买后可能会感到有些不协调或不够满意,在使用过程中也会了解更多情况并加重这种购后的失调感。此时消费者会寻求种种理由来减轻和化解失调感,以证明自己的购买决定是正确的,从而求得心理平衡。针对这类减少失调型购买行为,广告公司应注意向消费者宣传相关产品的信息,突出不同产品品牌的区别,尤其是注意价格方面的宣传说明。

3. 多样型购买行为

有些产品品牌差异较大,但消费者并不愿意花很多时间和精力来比较和选择,而是经常变换所购买产品的品牌,通过多样化的购买行为,来避免和减少失误。针对多样型购买行为,广告公司应说服广告主尽可能选择商场有利的货架位置,积极地开展有针对性的广告宣传攻势,并同时采用试用、折扣等有效的促销手段,鼓励消费者建立起习惯型的购买行为。

4. 习惯型购买行为

对于价格低廉、经常购买、品牌差异较少、消费者熟悉的产品,消费者一般不会花很多时间和精力进行选择,只是习惯性购买,所以购买过程显得较简单。针对习惯型购买行为,广告在宣传中要注意突出价格低廉和包装特色,以让消费者留下印象,扩大对所宣传产品的购买频率,以形成习惯型的购买行为。

复习思考题

1. 简述广告的定义和现代广告的特点。
2. 广告营销策略有何特点?
3. 试述 Bedell 广告模型表达式的内容。
4. 影响广告效果的因素有哪些?
5. 简述广告实施策略的主要内容。
6. 如何科学评价广告传播效果?
7. 简述广告表现策略、广告媒体策略的内容。
8. 如何根据购买行为特点确定广告策略?

本章案例

一次失败的广告策划——巩俐所做的盖中盖广告

曾有一段时间,数家电视台轮番播出一则广告:一封展开的信,纯真的童音在朗诵:"巩俐阿姨,你寄给我们希望小学的'盖中盖'口服液,现在同学们都在喝……"画面上巩俐阿姨在捧读孩子们的感谢信,接着是朱唇轻启,慢声道出一句:"盖中盖口服液,真是不错。"广告播出后,立即在全国掀起轩然大波。

任何广告对企业所起到的作用有两个层次:从表面上看,是提高了企业的知名度,从深层次上看,是提高了企业的美誉度。但知名度不一定等于美誉度,二者不一定成正比,知名度的提高并不代表美誉度的提高。通过近年来大量的广告投放,哈尔滨制药六厂本来已经有了很高的知名度,但经过巩俐广告事件之后,由巨额广告费堆积出来的知名度可能会变成负面的知名度。现在看来,哈尔滨制药六厂正想法消除这样的负面影响,但一般稍有思想的人都不会轻易谅解这种做法。

具体地说,巩俐向希望小学赠送盖中盖口服液这件事是假的,是属于一次营销策划行为,是十足的商业运作。退一步讲,即使巩俐确实向希望小学赠送了一些盖中盖口服液,对哈尔滨制药六厂来说也无多大意义。这样的行为应该当作一项公益行为来策划,当作商业行为来运作就会与公益行为产生冲突,一旦到了这一地步,那么知名度越高美誉度就越低,而美誉度是企业立足市场的根本。

案例分析:

哈尔滨制药六厂的这次广告行为明显属于一种社会营销行为,既然是社会营销行为，就涉及社会伦理问题，在这方面无论是广告主、广告公司还是发布媒体都必须十分谨慎。

　　根据国际惯例，一些涉及社会伦理的营销行为是不涉及金钱的。例如反腐败、禁毒等问题，各国都有一些明星参与宣传，但都是一种义务行为，明星本人并不从这种行为中得到报酬。巩俐为哈尔滨制药六厂所做的涉及希望工程的广告之所以在社会上引起如此巨大的反响，是由于这种社会营销行为明显的是一种商业运作，而这种运作是与希望工程这一公益事业联系在一起的，必然引起预料中的麻烦。

　　作为明星，也存在一个品牌维护问题，他参与社会公益行为或商业运作都会给他的形象带来正面或负面的影响。在这次广告风波中，巩俐不能说此事与她无关；她应该考虑，为什么做别的广告没有人找她的麻烦，而唯独这次做药品广告才引起这么大的风波？这一事件也同时促使明星们反省，做任何广告都要考虑一下后果。

　　巩俐广告这件事表明了哈尔滨制药六厂的一贯做法，就是利用名人效应进行营销，但明星效应要和社会效益结合起来才会有效果。广告策划者如果换一个角度思考，以广告投入的一半捐献给希望工程，建一批希望小学，并请巩俐做形象大使的话，就可以达到既有明星效应又有社会效益的目的，也完全可以解决广告受众与目标消费人群不一致的矛盾。

讨论题

1. 选择广告代言人时应注意哪些问题？
2. 成功的广告策划具有哪些特点？
3. 你认为这则广告应怎样修改？
4. "巩俐广告事件"给我们什么启示？

（资料来源：曹刚等主编：《国内外市场营销案例集》，武汉大学出版社2002年，第364～365页。）

第十三章 公共关系策略

作为一种促销手段的公共关系,是指争取对企业或者产品有利的宣传报道,协助企业与有关的各界公众建立和保持良好关系,建立和保持良好的品牌形象,以及消除和处理对企业不利的谣言、传说和事件的一些活动。良好的品牌形象是企业一项巨大的无形资产,能发挥难以估量的巨大作用。公共关系已形成一个专门的学科,在各种类型的企业中获得广泛的应用。

公共关系被称为"塑造企业形象的艺术"、"树立信任的策略",经济全球化的发展,使企业所处的市场环境和社会关系越加复杂,公共关系的作用也就越显重要。

第一节 公共关系概述

公共关系作为一种客观存在着的社会现象,有着悠久的历史,但它作为一项专业活动,形成一门独立的学科体系,却只有近百年的历史。开展市场营销活动,公共关系也是一项较重要的策略,需要营销人员很好地了解与把握。

一、公共关系的含义

公共关系是社会组织运用传播沟通的方式以实现与顾客、政府、媒体等相关公众之间的双向交流,使双方达到相互了解、相互适应和相互信任的一种管理活动。作为企业开展公共关系管理的实质就是要争取社会支持、信任和理解,它是一项长期复杂的活动。

对于公共关系这一定义,我们可以进一步从以下方面加以理解:

首先,它是一种"公众关系",即公共关系管理是一种协调关系活动,其工作人员就是要找到本企业与之相联系的社会其他组织相关的东西,然后以科学、合理、有效的方式加以处理与调整。公共关系的行为主体是社会组织,公共关系的对象是相关公众。

其次，公共关系是一种传播沟通活动。公共关系借助各种传播手段实现企业与公众之间的双向沟通，在双向沟通中达到信息交流，以经济、行政、军事、法律等手段与公众发生的关系和活动不是公关活动。

再次，公共关系的管理是传播的管理，它使企业感应预见外部环境的变化，使企业与外部环境自动均衡。能协调企业内部决策者与其他职能部门和员工之间的关系，创造内求团结、外求发展的积极氛围。

最后，公共关系以树立企业的良好的形象为目标。它主要通过传播沟通与公众保持良好关系赢得公众了解、理解与支持等。以塑造形象为目标是公关的传播活动区别于其他传播活动的特征之一。

与广告相比，公共关系具有不可替代的优越性，主要表现在：

第一，从推拉策略看，公共关系是"拉"，巧妙地拉近与消费者的关系；广告是"推"，是直接推出品牌和产品的卖点和价值；

第二，从表达方式上看，公共关系"软"，温婉、客观、不动声色；广告相对要"硬"，直截了当，不厌其烦；

第三，公共关系的作用是为产品和品牌建立良好的舆论环境，从某个侧面入手扩大其影响力并形成口碑；广告的作用一般是正面地、直接输出品牌或产品信息，比如核心价值、定位等；

第四，公共关系容易建立美誉度，广告可以快速建立知名度；

第五，从成本来看，在很多时候，公共关系费用较低，更具成本效益，而广告费用越来越高，干扰广告效果的因素增多，广告受众越来越少，导致了广告效果的减弱，因此企业开始转向了公共关系促销。

二、公共关系的基本特征

公共关系具有下述特征。

1. 客观性

公共关系客观性是由社会关系所具有客观性质决定的。人们在共同的物质生产等活动过程中彼此间结成各种社会关系。这些关系是不以人们意志为转移的。公共关系是由社会群体之间的互动而形成的关系，它同社会上的个人关系、社会制度一起，构成社会关系系统。企业必须不断地从外界环境中获得信息、物资和能量，以维持自身生存；同时，企业还必须通过内部转换过程向外界环境提供其可以接受的输出，保持动态平衡和良性循环。而要很好地完成这个双向交流的任务，就必须建立和维持良好的公共关系。公共关系的产生和发展，有其客观必然性，它是社会上客观存在着的一种社会关系。

2. 公共性

公共关系是社会群体与社会环境发生的联系。社会群体是人们通过一定的社会互动或关系而结合起来进行共同活动的集体。企业的结构、功能、目标，企业与环境互动的目的及产生的影响,与个人关系相比,具有更高的层次和水平。也就是说,它不是个人的、私人性质的,而是属于社会的,具有社会意义的。公共关系活动的主体、作用对象都是集体,是公对公,相互沟通的媒体主要是大众传播媒体,活动的目的是为企业和公众谋利益,是公众性和公益性的,公共关系具有明显的公共性特征。

3. 相关性

企业与公众建立关系不是随意的、随机的,而是有明确目的的。公共关系是在企业与相关公众间建立并维系下去的。这里所谓相关,就是指某类社会群体的共同利益被某一企业的策略和行动所影响;反过来,这类社会群体的舆论和行为也制约着这个企业,甚至决定着该企业的成败与命运。

4. 媒体性

企业与相关公众的联系往往是不能直接地、面对面地进行,一般要通过一定媒体才能互动。人与物都可以充当这种媒体。一个单位派出人员前往某处游说、洽谈,这是以人为媒体。一位企业发言人通过广播、电视、报纸等向公众发布新闻,这是以物为媒体。通过媒体进行交往是公共关系的特征之一。

5. 互利性

满足各自的精神与物质需要,是各种社会交往背后的普遍动机。社会群体之间的交往,既以满足自己需求为前提,又以满足对方需要为必要条件。互补是社会关系建立和发展的动力。互利是互相交往的基础,只有在互惠互利的基础上,才能够建立和维持相互间的关系。

6. 可变性

虽然建立起来的关系具有一定的稳定性,但公共关系的性质可以发生变化,原先的合作互助关系可能因为利益冲突等因素影响而变为竞争或敌对关系,反过来,对立性的关系也可转化为合作性的关系。

三、公共关系的基本职能

公共关系的基本职能可以概括为四方面,即传播与沟通、形象管理、协调关系以及咨询与引导。

1. 传播与沟通

传播与沟通是公共关系的核心职能,连接企业与公众的桥梁和纽带。具体的表现是:

在企业初创时期,要通过传播与沟通,树立良好的第一印象。热烈而隆重的开业典礼就是一种典型的传播方式,告知公众,树立形象。传播的关键是如何以新颖独到的方式取得良好的传播效应。

在企业顺利发展之时,通过传播与沟通,巩固形象。

在企业危难之际,通过传播与沟通,挽救形象,重塑形象。

2. 形象管理

公共关系是一种管理的方法,这种管理的职能最显著地表现在公共关系对企业的形象管理上。首先是建立企业信誉,树立企业形象,其次是形象定位、传播形象、巩固形象、更新形象、矫正形象、发展形象,形象管理贯穿于企业发展的始终,企业任何时候都需要很好地管理自身的形象。

3. 协调关系

公共关系是企业与社会环境之间的一种协调沟通机制,协调关系即运用各种手段,为企业疏通渠道、发展关系、广交朋友、减少摩擦、化解敌意、调解冲突,成为企业运作的润滑剂、缓冲器,成为企业与各类公众交往的桥梁,为企业的生存、发展创造"人和"的环境。

任何企业的发展都离不开社会各方面的配合与支持。企业从自身利益出发,首先,要处理好各类直接的业务来往关系,诸如顾客和用户关系,原材料和能源供应关系,产品的销售网络关系,运输部门的关系,银行信贷及投资人关系等等,以保证企业日常人、财、物和技术的经营运转。其次,要妥善处理好企业与各种权力制约部门之间的关系,如政府各职能管理部门,像工商管理局、税务局、商检局、环保局、市政局、公安局、司法部门以及海关等等,还有目前体制下存在的各业务主管部门。再次,还要主动建立和发展各种非业务性的社会关系,如社区关系、新闻界关系、社会名流关系、社会团体关系等等。尽可能扩大企业的公共关系网络,广结善缘。公共关系的一项重要任务就是努力和社会各个方面保持友好的交往,联络感情,发展友谊;有了矛盾时主动进行协调咨询,妥善处理,化解冲突。通过争取公众的好感和支持,为企业的生存和发展奠定"人和"的基础。从这个角度来说,公共关系在企业中要发挥"外交部"的功能。

4. 咨询与引导

咨询与引导的职能,是直接显示公共关系的管理属性,并与企业的形象管理紧密相连的又一项具体职能。公共关系在企业的形象管理决策中,发挥着咨询、建议和参谋的作用,还发挥着引导公众的作用。它协助决策者考虑各种复杂的社会因素,平衡各类复杂的公众关系,帮助领导层在决策中将企业的利益和公众的利益结合起来,将企业的近期目标和长远目标统一起来,从而使企业的决策方案具有较强的社会适应性和社会应变力,使决策目标的实现能够赢得良好的社会评价和社会影响。

尽管不同类型的企业所引导的内容和重点有所不同,但基本内容是一致的,即引导企业的内部员工用自己的一言一行、一举一动来树立企业的良好形象。在企业创立初期,要加强宣传教育,引导内外部公众知晓企业,提高企业的知名度和美誉度;在企业顺利发展时期,要引导职工不断扩大企业的影响,争取社会各种力量的关心、支持、借力发展;在企业形象受损时,要坦诚说明事实真相,争取公众的理解,引导内外部公众努力恢复企业形象;在企业的发展遇到困难时,要引导职工保持冷静、乐观态度,主动"出击",寻找机遇,走出困境。

四、公共关系营销的任务

公共关系营销的目的在于促进广大公众之间的相互了解,并激发他们的消费热情和购买欲望,增加企业的知名度和美誉度,从而使企业和产品的形象深入人心,获得家喻户晓、人人皆知的效果。通过对消费者心理与行为的分析,如需求、兴趣、购买习惯、文化背景、宗教信仰、社会阶层等等,进一步进行市场细分和选择目标市场。因此,企业的营销公关与策略可以把目标市场的群体作为重点对象,如富裕家庭的独生子女、受过高等教育的职业妇女等。

营销公关为众多的市场营销人员和公关人员开拓了一个广阔的领域,在这个领域中,英明的计划、智慧的主张以及吸引公众注意力的能力,都可以得到淋漓尽致的发挥,形成一种既独特而又强大的竞争力。一般来说,公关促销策略有助于完成以下任务。

1. 参与新产品的开发

通过审慎的营销公关,可以在一种产品、一个企业或一种观念上制造某种神秘感。例如,"傻女娃娃"玩具就是在精心制订的公关计划实施以后而风靡市场的,尽管广告和其他推销活动尚未开始进行,可这种玩具就取得了令人惊奇的成功。

2. 协助老产品的重新定位

通过市场调研发现产品的新用途和新市场,对老产品作重新定位。万宝路香烟本是一种长期销路不好的女士用烟,后来企业对其再定位,营造了一个精心构思的"万宝路世界",终于以英俊粗犷的西部牛仔形象占领了世界卷烟市场。

3. 建立顾客对某类产品的兴趣

国内外企业赞助文化、娱乐和体育活动,给公众留下深刻印象。如日本卡西欧公司赞助播映电视连续剧"铁臂阿童木",同时又在报纸和电视中反复推销企业和产品形象,有效地将广告宣传和公关技巧、艺术享受巧妙地结合起来,引起人们对卡西欧产品的兴趣,进而产生购买行为。

4. 分析调研市场需求

市场的需求才是生产该产品的目的,营销公关活动的目的也是取决市场消费者的需求,那么如何去更好地了解消费者的需求,分析和调研市场需求就十分必要。比如瑞典的宜家、日本的平和堂、美国的沃尔玛等大型企业哪个不是经过了长达数年的数据分析完成的经典,如果没有这些数据分析,那么营销专家跟传销者的一些想法有什么本质的区别呢,其实品牌营销是公共关系的核心,因为品牌的根是来源于消费者。

5. 维护已出现问题的产品

产品出现问题,一定要找出原因,从消极不利的情况中,注意发掘出蕴含着的有利因素,并不失时机地进行令人信服的宣传,反而会化祸为福达到积极的效果。1988年美国某航空公司的一架飞机发生事故,除一位空姐遇难外,其余人都平安无事。为此,波音公司借机大肆宣传,事故是由于飞机超龄飞行,大大超过安全系数所致,如此残旧的飞机都能使乘客无一伤亡,正好证明了波音飞机的质量是非常可靠的。结果,公司的形象不仅没有受到丝毫损害,反而订货猛增。

6. 危机公关

危机公关是公共关系中一个重要的组成部分,是现代市场经济中企业竞争取胜、巧渡难关的一件十分重要的法宝。对于企业而言,危机公关实际就是研究一个企业或一种产品因某些事故、意外或灾难,而"形象"受到损害的时候,企业调动公共关系范围内的一切手段,采取转危为安的各种有效步骤,恢复和巩固公众信任的公关方法。危机公共关系,是公共关系的一种特殊表现形态,是企业公共关系水平的综合显示。

第二节 公共关系策略的目标和原则

企业开展市场营销活动,借助于公共关系的相关特征与职能是十分必要的。有很多时候,企业在开展市场营销活动时,与开展公共关系活动有着密切的关联,因而了解公共关系的目标和原则也是十分必要的。

一、公共关系策略的目标

对企业而言,运用好公共关系策略可以达成以下几方面的效果。

1. 运用公共关系未雨绸缪,先声夺人,为企业获得有利的宣传,从而以低廉的成本扩大产品和企业的知名度,开拓目标市场

在企业市场营销活动中,传统的促销手段总是免不了对企业产品自吹自擂,长此以往,难免在消费者心中产生逆反心理。与此相反,消费者却越来越倾向于新闻界对企业及产品的评价报道,并据此决定自己的市场行为。他们认为新闻界是超脱于企业利益之外,与企业和消费者无关的第三者,因此会站在公正的立场上对企业产品和企业形象作出真实、准确的品评。有鉴于此,企业公共关系的策略就要为如何争取能够获得新闻界对企业有利的宣传而制定。企业公共关系人员应把企业新开发的产品或改制产品,企业对此的发展计划,人员促销情况,消费者对其的赞誉,以及企业所能为社会所作的贡献等等,编制成足以引起新闻界注意的稿件,甚至将其拍成电视或电影向新闻界推出,争取他们的宣传。它不仅会加深企业和产品在公众中的形象,而且还会强化消费者的新鲜感和好奇心,促使他们去购买。所以,新闻界发表一条有利于企业的新闻消息,对企业市场营销活动所起的作用远远超过了企业自己付费所做的广告。

2. 运用公共关系努力塑造具有社会责任感,为社会作贡献的企业形象。弱化和减少企业市场营销中来自外部的各种摩擦与碰撞

现在,由于人们对企业的评价范围已从单纯地针对产品或服务,扩大到企业营销活动

涉及的各个方面。所以企业营销的成功，仅靠自身是不够的，还需社会各界的大力支持和协助。对此，借助公共关系促使公众把企业看作是遵纪守法，为公众、为社会作贡献，注重社会利益的好"公民"非常重要。如果企业在制定企业市场营销策略中不顾公众的利益，无视企业对社区环境造成的污染，只求企业自身利润的最大化，对社会福利事业漠不关心，一毛不拔，哪怕它的产品再好，定价再公道，还是会遭到公众舆论的谴责，招来政府的干预，消费者的抵制，这无疑是一种自杀性的行为。因此，作为社会组成部分的企业，必须担负起义不容辞的社会责任。通过积极开展公共关系活动，实行开放式的经营，向所有相邻的单位通报本企业的宗旨、生产项目，以及为繁荣社会经济的良好愿望，在力所能及的情况下，向各种福利团体捐赠企业产品，赞助各项体育事业，或实施对残疾人或待业人员的专业培训计划，模范地执行政府的各项政策法令，这也无疑会扭转人们对企业只是赚钱机器的传统看法，并相应地扩大企业的声誉，获得公众对企业营销活动的支持。但是必须记住，企业所从事的一系列赞助捐赠活动是为了企业的长足发展，盲目地赞助、捐赠是不足取的，而且企业的财力也是难以承受的。企业一定要量力而行，把这方面的活动与企业市场营销目标巧妙地结合起来，做到有的放矢。

3. 运用公共关系赋予企业浓厚的人情味，保证企业市场营销真正以消费者为中心

随着社会政治、经济、文化的不断进步，消费者在市场行为中不仅关心商品本身的性能，而且更关心企业的产品所能赋予人与人之间的关系。因此，企业必须在企业市场营销中以消费者为中心。企业应真正设身处地替消费者着想，不仅要为公众提供第一流的产品，还应提供第一流的服务。

为了密切企业与公众之间的感情纽带，企业还应建立与消费者的联系制度，听取和收集各种不同的公众对企业政策、方案、产品、人事和生产操作方面的意见。对任何来访、来电、来信的人，都必须给予迅速、热情、有礼、准确和友好的接待。这些公共关系活动，增进企业与公众感情上的交流和融洽，保证了企业市场份额的不断扩大。另外，对于企业的促销手段，企业也必须运用公共关系改变广告中见物不见人的传统做法，从活生生的人群中去寻找广告诉求主题。

4. 当企业市场营销策略发生失误时，运用公共关系予以补救，以纠正不利企业的片面宣传

当企业被控在生产过程中造成了环境污染，破坏了生态平衡；或为了获取利润在危险的工作条件下生产；生产的食品不卫生，产品质量低劣，使用不便；或产品广告虚假时，无疑会给企业带来无可挽回的损失，使企业声名狼藉。面对这样的情况，营销组合策略无能为力。此时，若企业依然故我，甚至寻找各种理由来进行辩解反驳，只会使企业处境更糟。明智之举是，企业应本着实事求是的态度，坦率地检讨本企业市场营销策略的失误以及其他过失，迅速以具体行动向社会表明，本企业正在虚心听取各方面的意见，并采取"解铃还须系铃人"的策略。及时邀请新闻界和社会有关部门对企业进行实地考察，以求得他们将企业的改进措施、整顿情况及时地公之于众，消除公众的不满，求得公众的谅解，把事件的

影响降到最低限度,以便重振声誉。有时,由于公众不了解真实情况而对企业产生误解时,企业绝不能一声不吭,应针对公众的误解给予必要的解释和说明,以正视听。至于那些盗用企业名称,冒名企业产品在市场上招摇过市,或者采用不正当的竞争手段对企业形象给予诋毁的行为,企业应公开发表声明予以揭露,使其真相大白于公众,求得社会舆论的支持,维护企业声誉。

公共关系在企业市场营销中发挥的重要作用是不容低估的。但是,我们应深刻认识到:公共关系并不能解决困扰企业分销渠道网络,更不能弥补企业产品本身的缺陷。没有正确的产品、价格、分销和其他促销策略作为公共关系坚实的基础,公共关系对企业市场营销的加速剂和润滑剂的作用就无从发挥。良好的公共关系为企业市场营销活动铺平了道路。同样,成功的企业市场营销方案和满意的消费者则会使企业很容易在其公众之间树立良好的形象和信誉,维持和发展友好互利关系。因此,企业需从这两个方面努力,双管齐下,方能在企业市场营销中获胜。

二、公共关系策略实施的基本原则

实施公共关系促销策略时,必须遵循以下原则。

1. 真实性原则

真实性原则是指企业在开展公共关系活动时,必须建立在企业良好行为和掌握事实的基础之上,向公众如实传递有关企业的信息,同时向企业决策者如实传递有关公众的信息。当企业有过失时,要敢于承认缺点和不足,这是一个企业自信心的表现,也是取得公众谅解的基础。千金买名,万金买誉,利润可创,信誉难得。企业要自尊自爱,遵循真实性的原则去赢得良好的声誉。

2. 平等互利原则

平等互利,就是既讲"利己",又讲"利他"。公共关系并不是一味地讲"利他",也要讲"利己"(局部利益),但"利己"不是利己主义。公共关系是在不违反法律和道德的前提下,让别人先得益,最后对自己也有利。

平等互惠原则不能片面地理解为简单对等的原则,平等互惠原则的基点,就是要把公众利益作为首要因素来考虑,把能否满足公众利益作为衡量公关效果的重要尺度。任何企业都要对公众与社会负责。对公众负责,即对由企业行为引起的特殊社会群体负责;对社会负责,就是要为解决人们共同面临的社会问题而分担责任。这就要企业把自身的营销活动建立在满足公众利益的前提下,关心由企业营销活动引起的问题以及由此涉及的公众利益。满足公众利益和要求,关心社会问题,有时会牺牲企业的眼前利益,但从长远看,这是对企业生存环境的维护,是一种重要的战略性的公关投资。

3. 整体一致原则

整体一致原则是指企业在开展公共关系活动时,要站在"社会"的高度,对由活动可能产生的对社会经济效益、社会生态效益及社会精神文明建设等几方面的影响综合起来统一考虑,使各个方面都能符合公众的长远利益和根本利益。这种力求使诸因素效益一致的思想和做法被称为整体一致原则。

4. 全员公关原则

全员公关原则是指一个企业公关活动的开展,不仅要依靠专职公关机构和公关人员的不懈努力,而且有赖于企业内各部门和全体员工的配合,要求企业的全体成员都注意树立公共关系观念,都要关注并参与公共关系工作,都要为公共关系工作作出贡献。

贯彻全员公关原则的具体要求有:

(1) 全员公关原则必须体现在企业最高领导层的行为上。没有领导层的关心和支持,公关活动就难以成功。

(2) 全员公关必须依靠企业全体成员的配合。

(3) 全员公关要求企业的公关工作具有整体协调性。公关整体协调性要求公关机构内部人、财、物的最佳组合;公关机构与其他人员的严密配合,协同一致。

(4) 全员公关要求在企业内部形成浓厚的公共关系观念。要使企业的全体成员懂得企业形象是企业的无形资产,良好的企业形象能使一个企业的资产增值,恶劣的企业形象会导致一个企业有形资产的贬值。在企业内部培植浓厚的公共关系观念是全员公关的基础。

5. 服务社会原则

公共关系必须以社会效益为依据,社会效益是企业与公众根本利益的总和,因此公共关系既对企业负责,也对公众负责,这一原则要求我们努力投身社会服务,认真接受社会监督。

6. 方法要科学、内容要创新原则

实施公关策略时,要以科学的理论、科学的方法对公共关系作定性定量研究,注重观念、方法及内容的创新。

第三节 公共关系策略的内容和形式

对于企业而言,公共关系的主要外部对象由顾客、新闻媒体、金融机构、政府、竞争者、供应商、中间商等组成。其中,企业与顾客、上下游企业和新闻界之间的关系直接联系着企业活动的各个方面。在现实生活中,特别是企业开展市场营销活动的实践中,任何一家企业或个人都处于某种公共关系状态之中。当一家企业或个人有意识地、自觉地采取措施去改善自己的公共关系状态时,就是在从事公共关系活动。

一、企业公共关系的对象与内容

作为市场营销策略的一部分,企业的公共关系活动在对象和内容方面具有某些共同性特点,也具有自身特点的方面。

1. 与顾客的关系

在现代市场经济的条件下,企业树立良好的形象与它的经营成功有着更大的联系。企业与市场的关系,最主要、最根本地表现在企业与顾客的关系相处得如何。因为对于"顾客就是上帝"的市场法则来说,企业失去顾客的信任,它的生命也就停止了。改善与顾客关系的主要方法:

(1) 要制定切实可行的规章制度。这些制度包括事前、事中、事后。事前要制定出接待顾客的具体方式、方法;在企业职工与顾客交往的过程中,职工的态度代表企业的形象,要有礼貌、热情、耐心使顾客满意;当企业与顾客交往后,要反馈顾客对企业的态度和顾客对企业产品、服务的意见,同时做好售后服务,通过良好的售后服务争取顾客的信任感。

(2) 收集顾客的信息。顾客只是一个总体的概念,它是由各个不同的顾客群所综合而成的,不同的年龄、不同的性别、不同的职业、不同的民族习俗等。不同的顾客对产品的看法有一定的差别,他们对产品的性能、质量、颜色、样式、包装、价格的评价以及要求不同。这些信息由企业公共关系人员及时地从顾客中获得,加以分类、归纳,成为企业生产、经营和决策原始材料和依据。

(3) 强化顾客对企业的了解。顾客对企业生产、经营往往是不够了解的,这就要企业通过各种有效的传播手段和服务项目向顾客报道,阐述企业基本情况。这些信息应迅速,准确地传送到顾客那里,争取顾客的理解、信任和支持。

(4) 尊重顾客的权益和利益。企业要想同消费者建立并维持一种良好的相互关系,就必须主动地、尽可能全面地尊重消费者的权利、维护消费者的利益。只有在消费者感到自己的权利和利益得到企业的尊重的情况下,才会对该企业表示信任和好感。

2. 与上下游企业的关系

企业与供应商和经销商的关系,是最好的商业伙伴关系。现代市场经济高度发达,生产社会化成为必然趋势。企业与供应者和经销者也就是一种分工合作,是谋求共同利益的关系。虽然供应者和经销者不一定投资于企业,但他们之间的物质利益联系极为密切,这就构成了他们之间密切合作和建立良好关系的前提。由于他们之间业务往来十分密切,也便于企业公共关系的开展。上下游企业关系包括以下方面:

(1) 企业与供应商的关系。供应商为企业的生产和经营供应各种生产要素。供应商所提供的要素的质量、数量、价格,直接影响到企业的成本高低、产品质量的优劣。因此,企业与供应商的关系应着眼于以下几个方面:第一,让供应商了解企业的生产程序和生产能力,使供应商能够清楚地知道企业需要产品和原料的期限、质量和数据;第二,向供应商提供自己的经营计划和经营策略的必要措施,使供应商明确企业对自身的期望,以便自己也能随时反映对企业要求所能达到的程度;第三,企业与供应商要明确双方的责任,并各自向对方负责。使双方明确共同的利益所在,并为此而共同努力,团结一致;第四,企业与供应商要签订不同期限的合同或协议。在合同中要拟定好具体的合作方式、定价方法、检查、验收方式、结算方式、解决发生争端的方法。

（2）企业与经销商的关系。企业产品生产出来之后，除少数企业有直接的流通渠道外，多数企业的产品往往不是由自己直接投入市场销售，而是批发给经销商去出售。随着商品经济的发展，流通市场的扩大，分工极细的批发和零售销路的状态也在缓慢地发生着变化。

经销商是指那些通过代购代销企业的产品，而获得回报的批发商和零售商，也即中间商。由于经销商直接肩负着企业产品顺利地通过流通领域，实现其价值的重任，企业与经销商建立广泛而密切的关系就是十分重要的。

处理好企业与经销商公共关系应注意以下准则：第一，企业首先必须提供给经销商货真价实、质量好的产品；第二，让经销商了解企业的革新创新能力，培养经销商对企业的新产品为公众接受的信心；第三，让经销商了解企业的市场营销战略、产品或商标的形式。让经销商了解企业的资源、组织、设备、财务等情况，树立经销商与企业长期合作的信心；第四，企业与经销商要建立合作、互利互惠的原则，企业要使经销商在经营企业的产品时，所获得的利润并不低于经营其他厂家同类产品的利润；第五，企业与经销商要共同具备对消费者负责的责任心，认真对待消费者的投诉，替消费者排忧解难；第六，企业应通过多种渠道，了解经销商所获得的市场信息和顾客的需求变化状况，并及时了解企业在公众中的形象、信誉、产品质量、服务状况等信息。

总之，企业要加强和发展这种联系和友好合作、促进批发商和零售商销售，通过多种渠道和途径打开产品的销路。利用宣传媒体促进销售，只能引起人们对产品的注目。要使产品真正到达顾客手中，以及助其创立良好的产品和商标声誉，还需要经销商的努力和合作。

3. 与新闻界的关系

企业与新闻界的关系主要是与媒体的关系。企业必须正视利用新闻界的双重身份。企业公共关系与新闻界有其一致性的特点。企业需要新闻界通过新闻媒体传播自己的产品和服务情况，树立良好的形象。而新闻界也需要企业及时、准确地提供新闻素材，以及时向社会报道。企业公共关系事务与新闻界一样充当了中介人的角色。

新闻界是具有影响社会舆论的权威性机构和组织。新闻界的社会影响力是任何一个企业无法攀越的，如中央电视台、《人民日报》等。新闻界的工作具有信息量大、时效性强、反应敏捷、可信度高、传播面广等特点，构成企业与公众之间信息交往的加速器和放大器。

企业与新闻界的公共关系要注意以下几点：

（1）企业要与新闻界保持密切、长期的联系，并要及时地向新闻界提供新闻，主动地争取公众的注意。

（2）由于新闻界包括的范围较多，企业的公共关系部门应采取一视同仁的态度，而不可因为新闻单位的名气大小、级别高低而采取截然不同的态度。

（3）坚持尊重事实的原则。既要尊重新闻界对新闻的需要，同时也要坚持自己的原则,不能为了讨好而一味地迎合新闻界的口味。

(4)企业公共关系人员要培养对新闻媒体的兴趣,积极响应由新闻界发起的有益于社会的活动和必要赞助。

(5)企业公共关系人员应同新闻界、编辑之间建立起个人友谊,这样做使新闻传播及时了解政策和行动的意义,对扩大企业影响、争取公众坚持都是十分有益的。

二、公共关系营销的基本形式

美国著名营销理论大师菲利普·科特勒教授以"PENCILS"(铅笔)的比喻,形象地提出了营销公关所涉及的七个领域:

P(publication)——出版物

E(Event)——事件

N(News)——新闻

C(Community Relations)——社区关系

I(Identify Media)——确定媒体

L(Lobby)——游说

S(Social Cause Marketing)——社会理念营销

1. 出版物

企业出版物是一种由工商企业、公用事业等单位出版的连续出版物或小册子,被称为"商业喉舌"。出版物散发的对象是内部员工、股东和消费者等,其目的是宣传企业的组织、产品和服务项目,是一种促进营销公关的工具。如日本日立公司出版的英文版双月刊《明天的时代》(Age of Tomorrow),该出版物经常刊登描绘日本神话、文化和历史的文章,也报道技术研究、新产品开发情况,图文并茂,引人入胜,是一份内容丰富的具有娱乐性的出版物,显示了与员工及消费者交流的长处,公司的声誉也在不知不觉当中获得了提高。

2. 事件

对市场营销人员和公关人员来说,特殊事件无疑可以创造新闻。美国自由女神像的修复、揭幕及100岁庆典,对数百个参与此活动的美国企业来说,是一次特殊事件。这些企业巧妙地利用这一场合,将他们的意愿渗透到庆典活动中去,各企业极力吸引各界,使自己的营销目的、产品和服务引起了广泛的注意。对不同的企业来说,特殊事件是不同的,可以是一次时装表演,也可以是一次个人电视讲座及演示,或是筹建一幢专业博物馆。这样,既制造了新闻,又传递了营销信息。

3. 新闻

无论是新产品的新闻发布会,还是在露天场地举行一项工程的揭幕典礼,都提供了引起新闻界注意的极好机会。争取报刊录用新闻稿、参加记者招待会或举行新闻发布会,需要营销技巧和人际交往技巧。与新闻界的交往愈多,企业获得较多好新闻的可能性也就愈大。丰田公司以国际汽车博览会为契机,不失时机地推出未来型 FXV-Ⅱ汽车,引起了各报纸杂志的竞相报道,并成为舆论的焦点。

4. 社区关系

社区是国家的缩影。社区关系是指企业与所在地政府、社会团体、其他组织以及当地居民之间的睦邻关系。社区关系的好坏,取决于企业的行为和社区居民的意向,这对于企业的生存与发展有着十分重要的影响。例如,1987年前苏联切尔诺贝利核电站发生爆炸,造成核污染,其核辐射在香港也产生了巨大的冲击波,香港人反对在毗邻的大亚湾建造核电站。为此,有关部门和建设单位邀请香港各界人士到核电站考察,散发各种宣传资料,传播媒体也纷纷报道,说明大亚湾核电站技术先进,安全可靠,以此消除了公众的误解和偏激情绪,使核电站如期建成。

5. 确定媒体

媒体的确定是运用科学的方法对不同的媒体进行有计划的选择和优化组合的过程,其基本任务是以较低的投资,通过选择的媒体达到预期的目标。媒体选择与确定,必须与企业的营销战略相关,如果企业的营销战略属于进攻性战略,其媒体的选择就应以大众传媒为主。选择适当的媒体与符合媒体性质要求进行宣传极为重要。在收视率高的言情连续剧中插播化妆品及美容知识的广告,其效果远远甚于利用其他媒体进行的宣传。IBM公司的销售服务案例、万宝路的营销策略一直是管理类杂志和报刊的热门话题,这无形中提高了这两家公司的企业形象。

6. 游说

游说是创造产品与企业知名度的另一种手段,指游说者在特定的情景中,借助语言和体语,面对广大的听众发表意见、抒发情感,从而达到感召听众的一种现实的营销公关活动。如李·亚科卡无论是在白宫还是在电视中,在众多的听众面前的具有超人魅力的演讲,大大推动了克莱斯勒汽车的销售。

7. 社会理念营销

社会理念营销,就是指企业不仅要满足消费者的需要和欲望并以此获得利润,而且要符合消费者自身和整个社会的长远利益,要正确处理好消费者的欲望和利益以及社会长远利益之间的矛盾。例如,刊登公益广告呼吁保护野生动物、减少环境污染、劝诫吸烟等等,都是社会营销理念的推广。除此之外,企业还应采取一些实际行动,这样才能达到社会营销的目标,建立企业长期的良好形象。

第四节 公共关系策略的实施

开展公共关系活动可以采取多种技巧,通过这些技巧的运用并根据现实的实际状况进行适当调整,对于市场营销活动的更好开展意义重大。由于公共关系对市场营销有一定的促销作用,因此被作为促销组合策略的四个组成方面之一。然而,以公共关系活动作为促销手段,有难以起到立竿见影效果的不足,所以有关公共关系策略的实施要点就需要认真研究。

一、公共关系的工作程序

企业公共关系的目标,就是要在公众中树立良好的企业形象。为此,企业的公共关系必须有周密的计划,必须制定、遵循一定的程序。公共关系的程序大体上可分为调查研究、制订计划、策动传播和评估效果四个阶段。

1. 调查研究

收集、了解目标市场消费者对本企业的意见,分析企业及其产品在消费者中的形象和知名度,总结经验教训,发现问题。美国、日本、西欧等国家和地区都有专门的公共关系咨询公司和市场调研机构,帮助企业在市场上调查了解有关方面的问题。企业开展市场公共关系活动,可以首先与这些机构取得联系。

2. 制订计划

根据对消费者调查分析所得的资料信息和企业的促销目标,确定企业开展公共关系活动应达到的目标,包括近期、中期和远期目标,按照目标,再制订具体的公共关系活动计划。一般来说,企业公关活动目标主要包括建立知名度、树立和强化企业或产品的可信度、刺激推销人员和经销商、降低促销成本等。

公共关系工作是一项与企业共存的事业,良好的企业形象的建立和保持是企业公共关系活动和公关人员持续不断努力的结果。在制订公共关系活动计划时,必须与企业整体计划保持一致。公共关系专业人员在制订计划时,应使公共关系活动不但有助于实现企业的经营销售计划,而且有助于树立企业的整体形象。同时,也符合公众的利益和行动准则。

在此环节中,相关人员应该选择适当的公关内容和方式。利用人际关系等方面的现有资源,选用投入适当、效应明显和切实可行的手段。

3. 策动传播

按市场公共关系计划,企业通过多种形式、途径和渠道实施,并把企业的所作所为告诉给社会公众,沟通企业与社会公众之间的关系。这样既可以扩大企业的社会影响和声誉,又便于听取社会公众的意见,接受社会公众对企业的监督。企业公关计划付诸实施时常会遇到种种困难,因此,公关人员应该与有关单位和有关人员建立良好的关系,以保证公关计划的顺利实施。

4. 效果评估

公共关系效果评估必须以市场状况及公众印象的改善为尺度,可从定性和定量两方面评价。传播成效的取得,是一个潜移默化的过程,在一定时期内很难用统计数据衡量。而有些公关活动的成效,可以进行数量统计,如传媒宣传次数、赞助活动、覆盖面、接收到信息的目标公众的数量、态度转变情况以及行为转变的情况。例如,某企业的稿件被登载在 12 种报刊上,共计 10 万字,约有 2 000 万人读过;在 5 家电台合计广播了 45 分钟,约有 3 000 万人听过;在 5 家电视台播出,收看人数约为 7 500 万人。如果在上述各种媒体做广告,至少需要 200 万元的费用,而收效还不如宣传报道。

评估和反馈工作的开展,可以由企业公共关系部门完成,也可以聘请目标市场上有关机构和国际性公共关系公司、市场调查研究咨询公司代为进行。此外,与当地市场社会公众的密切配合也是不可或缺的。

公共关系活动不同于一般的生产和销售工作,它的效果很难在短期呈现。有关专家认为,开展一两次公关活动未见明显成效,譬如销售额未有显著上升,便认为公关实践对促销无效,从而弃之不用,实在是患了"营销近视症",企业应克服急功近利心理和短期行为。公共关系促销的根本秘诀,在于向着既定目标持续不懈地努力,需要的是"春风化雨"的耐心和高超过人的技巧。

二、公共关系策略的实施

公共关系在企业管理中的运用,具体来讲,有以下几个方面。

1. 确立企业公共关系工作的明确目标

任何一次公共关系活动,都是企业为了实现自己的长远或近期目标精心策划而开展的,它有很强的目的性。这种目的性表现为,企业通过公共关系活动充分地向社会公众发布真实的消息,培养公众的良好意向和愿望,执行符合公众利益的决策,争取公众的理解和支持,建立对企业有利的公众舆论环境,最终是改善企业形象,提高信誉。

因此,企业在策划公共关系活动时,要结合自身周边的实际情况,在实际操作中要充分体现出目的性的特征。比如在多长时间和范围内企业知名度将要达到什么样的效果,要使顾客的满意度提升到一个什么样的水平等等。在制订计划时,要把企业的长远目标和现实的公共关系目标相结合,做到远近结合,既考虑到企业自身的需要,也要考虑到企业能否实现这个目标;实施计划时,不仅具有明确的公共关系目标,而且还要有具体的操作目标,使公共关系目标不至于表面化,评价企业的公共关系活动效果时,要以目标为准绳,通过多种方法进行检验,对比公共关系活动开展前后企业、社会公众和目标顾客的不同态度和变化,得出符合实际的综合评定。

2. 加强对员工公共关系意识的教育与培训,提高员工对公共关系的认识

员工作为企业的内部公众,在公共关系活动的开展中处于重要的位置,员工是一切公共关系的起点。员工处在经营一线,是产品与服务的直接提供者。公共关系开展的计划、措施、发展目标等,必须得到全体员工的理解与支持,才能贯彻执行付诸实施。员工是企业实行内部发展的首要对象。同时,员工处在企业对外公共关系的第一线,是企业与外部公众接触的触角。企业许多具体的公共关系工作是从他们一言一行中开始的,他们的言行举止,都不同程度地代表着企业的形象。因此,首先要做好内部员工的公共关系工作,建立良好的员工关系,团结和依靠本企业员工,充分发挥他们在公共关系前沿的良好作

用,使每一位员工都自觉成为本企业"兼职"的公共关系人员。不能单纯地认为企业的公共关系工作是专职公关人员的事,否则会使公关人员陷入孤军作战的境地,严重妨碍企业公关工作的开展。

3. 加强对员工公共关系的开展,可以根据企业不同的目标和对象进行不同的培训教育

(1) 各级领导干部,包括企业的领导和各职能管理部门的领导。应该通过培训教育使他们熟悉公共关系的概念、公关工作的主体、对象、目标以及公关工作的基本职能和原则等内容,并能贯彻和运用。

(2) 专兼职公共关系人员。企业的专兼职公关人员是企业公关工作的一个重要组成部分。为了适应企业公关工作的需要,首先必须造就一支能够胜任工作的专兼职公共关系人员队伍。由于企业公关工作的专业性很强,因此,对专兼职公共关系人员的专业知识水平、组织协调能力、语言文字表达能力和对外交往能力等都提出了较高的要求。对专兼职公关人员的培训,就是要使他们达到规定的这些要求。

(3) 一般的工作人员。基本要求是要熟悉并能熟练运用与本职工作有关的公共关系流程、管理标准和工作规范。

4. 努力开展公共关系活动的渠道和途径

企业应加强和顾客与社会公众的沟通,以满足公众受尊重的需要,促使他们产生肯定的内心体验。企业通过有意识地组织新闻媒体与社会公众进行宣传报道,组织文化娱乐及各种联谊活动,拉近公众与营销企业之间的距离,增近公众与营销企业的亲和力,增加顾客对有关营销活动的了解与支持。

企业要有意识地开展旨在提高品牌意识与自身社会形象的公共关系活动,通过多种渠道和途径,采取一切可能的方法来增强自身在公众面前的"出镜率"。从目前来看,企业开展公共关系的活动方法有:

(1) 创造和利用新闻。公共关系部门可编写有关企业、产品和员工的新闻,或举行活动,创造机会吸引新闻界和公众的注意,扩大影响,提高知名度。例如:在1991年夏季江苏省遭遇的洪灾中,有一批扬子牌冰箱在一米深的水中浸泡了14天。大水退后,厂家减价出售,并承诺免费返修。结果半年内无一返修。1992年3月4日中央电视台在新闻联播中播出了这条新闻,给公众留下深刻印象,其作用远远超过了广告所带来的效应。

(2) 编写和制作各种宣传材料。编写书面和音像宣传材料,如编制企业的年度报告、业务通讯和期刊、论文、综合小册子、光盘、录像带、幻灯片、电影等,内容可包含有关的历史典故、企业特色、产品特色、民间传说、神话故事等等。这些材料在不同程度上可影响目标市场。

(3) 扩大影响,提高知名度,开展各种有意义的特别活动。如举行有关企业产品的新闻发布会,产品和技术的展示会和研讨会;参与或举办演讲会,报告会,纪念会;参与和赞助各种社会公益活动;举办开幕式和闭幕式;释放热气球;利用有利的时机开展有意义的

活动等等,以吸引公众,提高企业及产品的知名度等活动,以树立企业良好形象。

(4)建立企业的统一标识体系,加深公众印象。为了在公众心目中创造独特的企业形象和较高的认知率,企业可通过周密的策划和设计,确定一个统一的标识体系。这个体系一般包括三个层面,即理念标识、行为标识和视觉标识。理念标识浓缩了企业的经营宗旨、经营方针、价值观念和行为准则;行为标识由企业完善的组织结构、制度、管理、福利和员工行为准则组成,体现了企业理念和独特企业文化;视觉标识是由特定的字体、图案和色彩等要素组成的企业名称的标准书法和品牌标志等。

5. 搞好紧急处置预案的建立,增强在面对社会公共危机时的处理能力

要加强企业在面对处理各种风险时的应对能力,避免企业在面对突发事件时处于不利的舆论地位,企业应针对其在经营过程中可能遇到的各种风险,树立高度的警觉意识,建立起科学的反应系统和紧急情况处理预案程序,充分发挥协调的功能。当面对突发事件等公共危机时,企业应按照紧急情况处置预案的程序和步骤,在处理危机的过程中,加强与包括顾客在内的社会公众、大众传播媒体(报纸、广播、电视等)的沟通,在第一时间内把所发生事件的本来面目真实、准确、全面地反映出来,把握住舆论导向主动权,避免在公众宣传中处于不利的地位。当因企业自身的原因可能导致企业形象受损时,企业就要以负责任的态度,及时诚恳地向公众解释道歉,争取公众的谅解。或者及时澄清事实真相,以重新求得公众的理解和信任,及时恢复企业的声誉。

企业公共关系不等于企业的对外宣传,也不等于广告活动,更不是一种虚有的外在形式,单凭一两次公关活动是很难达到理想的效果。企业的管理者必须抛弃那种急功近利的思想,只有把公共关系作为一种企业管理的有效手段长期坚持下去,才能为企业注入新的管理活力,最终促进自身效益的提高。

复习思考题

1. 公共关系的含义是什么?开展公共关系对企业营销有何现实意义?
2. 公共关系管理要遵循哪些基本原则?请你分别举出一到两个符合或违背其公共关系原则的事例。
3. 谈谈你对公共关系基本职能的理解与认识。
4. 说明企业公共关系活动的对象与相应的内容。
5. 简述开展公共关系活动的基本形式。
6. 企业如何开展公共关系活动?

本章案例

2009年"王老吉·学子情"活动的开展

2009年5月25日上午,由加多宝集团和中华慈善总会共同举办的"王老吉·学子

情"在北京中民大厦举行了盛大的启动仪式。本次活动得到了全国政协、教育部、民政部等的大力支持,教育部、中华慈善总会和全国数十家媒体代表应邀出席,共同见证了"王老吉·学子情"九年公益助学路。中华慈善总会会长范宝俊、全国政协办公厅局长王秀峰、民政部社会福利与慈善事业促进司副司长王素英、教育部就业指导中心主任张凤友、加多宝集团总经理杨爱星等嘉宾领导和数十家媒体出席会议。

启动仪式上,一幅巨大的中国地图,几十盏霓虹灯球,伴随着象征城市和省份的灯光次第亮起,全场嘉宾和与媒体代表共同见证了"王老吉·学子情"的过去、现在和未来。2001年,11名特困生在"王老吉·学子情"的资助下顺利进入大学;2002年,24名贫困学子受助⋯⋯至2008年,"王老吉·学子情"已成功帮助1 000多名高考贫困学生顺利进入大学校门,遍及全国14个省区53座城市。尤其值得一提的是,汶川大地震后,"王老吉·学子情"临时追加捐助名额,共资助震区高考生100名、地震孤儿100名,并组织100名公益岗位大学生奔赴灾区支持重建。一位去年受助的四川学生也来到了仪式现场,她说:"大地震只能造成一时的悲伤,而王老吉等社会各界的关爱和帮助,却能带给我们长久的温暖。"

2009年,面对严峻的经济危机,在不少企业都削减开支,勒紧钱袋"过冬"的情况下,加多宝集团逆势而上,反而加大力度回报社会,积极推进长期坚持的大型公益助学。而在2010年,"王老吉·学子情"将覆盖全国22个省、市、自治区,资助高考贫困学子1 000名,助学款总额超过500万元。

对此,有关人士表示在面对经济寒潮时,此举实属难能可贵。这不仅是企业履行社会责任的体现,同时也是加多宝集团自身实力与战略发展眼光的体现。

中华慈善总会会长范宝俊现场致辞,高度评价了加多宝集团的公益善举。他表示,全社会要从经济危机、社会稳定大局观认识企业公益助学,让中华传统的"扶贫助困"、"乐善好施"的慈善精神在企业与教育之间生根开花。

"一家企业九年如一,持续关注公益事业,很好地体现了企业公民的责任。"作为"王老吉·学子情"的合作机构,中华慈善总会领导还指出,"公益事业是一个传播爱心的大舞台,希望像加多宝集团这样的企业能激发更多有爱心、有实力、有责任感的企业,加入到公益事业中来,共同用心履行企业的公民责任。"

讨论题

1. 请你评价"王老吉·学子情"这一公共关系活动对企业的意义。
2. 你觉得还有哪些方法可以提升王老吉这一品牌的知名度与美誉度。

第十四章 网络营销

网络营销是传统市场营销在网络时代的延伸。伴随着互联网自20世纪90年代以来商业化的进程的完成,网络营销如今也成为引人瞩目的营销方式。网络营销对于企业的重要性很大程度上依赖于企业产品和服务的特性,以及目标消费者群体的购买行为。对于直接在网上销售的企业,比如网上销售机票或者数字产品的企业,网络营销的重要性毋庸置疑,对于那些不直接在网上销售的企业,比如快速消费品企业,网络营销的重要性也在不断地增加,虽然这些企业并不直接在网上销售产品,但在第三方网站上的在线广告会增加顾客对其产品和品牌价值的了解,为顾客在购买时做出决策提供重要的信息,从而促进产品的销售。本章将重点讲述网络营销的内涵、网络营销组合以及常用的网络营销方法和手段。

第一节 网络营销的内涵

网络营销是一个快速发展和不断完善中的概念,涉及如何运用互联网和传统媒体的整合来争取顾客,并向顾客提供服务。目前,网络营销在世界各国企业中的实践应用非常普遍,但理论研究相对较为滞后。所以,其名称、提法也不是很统一。

"网络营销"在英文中有多种表达方式,尽管它们都可以笼统地翻译为"网络营销",但不同的单词含义略有不同。目前常见的英文表达方式主要有:

(1) Internet Marketing,互联网营销,它强调的是以互联网为工具的市场营销。

(2) Online Marketing,在线营销,与互联网链接,在网上销售产品和服务。

(3) Web Marketing,网站营销,重点在于网站本身的营销,如怎样推广网站,发展用户,通过站点与顾客沟通,保持与顾客的关系等等。

(4) e-Marketing,电子营销。这种表述是为了与电子商务(e-Business)相对应。也是指通过互联网进行营销。

(5) Network Marketing,网络营销。这里的网络不仅仅是互联网,还可以是其他一些类型的网络,如增值网络 VAN(Value-Added Network)。

(6) Cyber Marketing,计算机虚拟空间营销。指借助联机网络、电脑通信和数字交互式媒体的营销方式。

关于网络营销的定义,国内很多专家学者也从不同的研究角度进行过阐述,我们认为网络营销就是以国际互联网络为基础,利用数字化的信息和网络媒体的交互性来辅助营销目标实现的一种新型的市场营销方式。简单地说,网络营销就是以互联网为主要手段进行的,为达到一定营销目的的营销活动。

一、网络营销的含义

网络营销是传统市场营销在网络时代的延伸和发展,将会是未来若干年企业外部经营活动信息化和电子商务发展的主流趋势。关于网络营销,目前人们在认识中有一些误区,比如将其等同于网上开店或者网上销售,或者将其与传统营销割裂开来等等。所以,在此有必要对网络营销定义中的一些问题给予说明。

第一,网络营销不等同于网上销售。营销是为了促进产品销售而开展的一系列宣传、策划、包装、企业经营理念传播、公众消费趋势的引导、推销和促销等措施。其目的是要促进产品的销售。美国一家市场研究公司的一项研究表明,2003年消费者在网上获得产品信息后最终在网下购买形成的销售额为1 376亿美元,而直接在网上购买的销售额为931亿美元。这也就是说,由于网络营销的原因,最终实现的网下销售额是网上销售额的1.5倍。

第二,网络营销不是孤立的。网络营销是企业整体营销战略的一个组成部分。网络营销活动不可能脱离一般营销环境而存在,在很多情况下网络营销理论是传统营销理论在互联网环境中的应用和发展。互联网和企业商务网站出现后,企业(特别是一些世界著名企业)开始依托商务网站等网络新媒体来展示和实施市场营销策略。这种网络媒体可以更加充分、完整、全面地展示企业的经营理念、产品特点、营销策略。

第三,网络营销不等同于电子商务。IBM认为电子商务 = Web + IT,它所强调的是在网络计算机环境下的商业化应用,是把买方、卖方、厂商及其合作伙伴在 Intranet(企业内部网)和 Extranet(企业外部网)结合起来的应用。网络营销属于电子商务的一部分,电子商务是利用互联网进行各种商业活动的总和,必须解决与之相关的法律、安全、技术、认证、支付等问题,而网络营销本身不是一个完整的商业交易过程。

第四,网络营销不是"虚拟营销"。网络营销虽然是在互联网这个"虚拟"空间开展的营销活动,但营销活动及其采用的营销手段是实实在在的,营销活动的效果也是可以检测的,比如对网站流量的统计分析、对网络广告效果的跟踪控制、网站的优化设计、对网站交换链接的管理等等,都是可以通过技术手段进行分析检测,所以网络营销不是"虚拟营销"。

二、网络营销的特点

网络营销与传统市场营销最大的不同在于数字媒体的使用,互联网和其他数字媒体(如数字电视和移动电话)实现了信息交流的新形式和新模式,这使得网络营销呈现出以下一些特点。

(1)互动性。在传统媒体中,比如电视、广播、报刊等等,企业与顾客的互动是有限的。在互联网上,企业可以通过互联网展示商品图像、商品详细信息资料并提供相关的查询,可以通过电子邮件与即时信息等手段,实现在线的供需互动与双向沟通。还可以在线进行产品测试与消费者满意调查等活动。互联网为产品联合设计、商品信息发布以及各项技术服务提供最佳工具。

(2)个性化。个性化以收集网站访问者信息为基础,以此建立数据库,用来定位和实施个性化沟通,以一种低成本和人性化的沟通方式,与消费者建立长期良好的关系。比如 Amazon 网站鼓励每个顾客注册网名,以便在先前购买的基础上通过网站和电子邮件为顾客推荐产品,个性化定制主页。

(3)整合性。互联网为整合营销提供了更广泛的工具,企业可以借助互联网将不同的营销活动进行统一设计规划和协调,以统一的传播资讯向消费者传达信息。互联网可以作为整合营销的工具来支持多渠道顾客体验,例如,顾客可以直接在携程公司网站上订购产品,也可以为那些对在线订购存有疑虑的顾客提供电话订购方式,并且在线订购的顾客可以通过电话来进行支付,而电话订购的顾客也可以通过在线网上支付来完成订购过程。顾客在购买过程中从一个渠道转向另外一个渠道的行为称为组合模式购买。

(4)经济性。数字媒体的使用提高了信息交换的效率,对于企业而言,网络营销可以减少印刷与邮寄成本,可以无店面销售,节约房租、水电及人工成本。

(5)增值性。企业可以通过互联网在线向顾客提供额外收益,例如,佳能公司可以通过网站视频教授顾客使用其公司产品,为顾客增加价值。

(6)跨时空。营销的最终目的是占有市场份额,由于互联网具有超越时间约束和空间限制进行信息交换的优点,企业可以有更多的时间和更大的空间进行营销,可以每周7天,每天24小时全天候提供全球性营销服务。

三、网络营销的职能

由于互联网应用发展速度非常快,不断有新的网络营销模式出现,如何能够比较全面地反映网络营销实践的发展,并对企业网络营销实践活动具有指导作用,就成为构建网络营销体系的基本出发点。为了更好地把握网络营销的精髓,用全面的观点来构建网络营销的基本框架,我们用网络营销的职能来说明网络营销的组成。实践证明,网络营销可以在五个方面发挥作用:网络品牌、顾客服务、销售促进、顾客关系、网上调研。这五种作用也就是网络营销的五大职能,网络营销策略的制定和各种网络营销手段的实施也以发挥这些职能为目的。

1. 网络品牌

网络营销的重要任务之一就是在互联网上建立并推广企业的品牌,知名企业的网下品牌可以在网上得以延伸,一般企业则可以通过互联网快速树立品牌形象,并提升企业整体形象。网络品牌建设是以企业网站建设为基础,通过一系列的推广措施,达到顾客和公众对企业的认知和认可。在一定程度上说,网络品牌的价值甚至高于通过网络获得的直接收益。网站所有功能的发挥都要以一定的访问量为基础,网络品牌的建立需要网站推广与顾客导向的网站建设。

2. 顾客服务

顾客服务对于开发顾客的长期价值具有至关重要的作用,企业可以通过互联网为顾客提供更加方便的在线顾客服务,从形式最简单的FAQ(常见问题解答),到邮件列表,以及BBS、聊天室等各种即时信息服务,通过这些在线形式向顾客提供额外收益,从而提高顾客服务质量,这对于网络营销效果具有重要的影响。

3. 销售促进

营销的基本目的是为增加销售提供帮助,网上销售是企业销售渠道在网上的延伸。一个具备网上交易功能的企业网站本身,就是一个网上交易场所,网上销售是企业销售渠道在网上的延伸,网上销售渠道建设也不限于网站本身,还包括建立在综合电子商务平台上的网上商店,以及与其他电子商务网站不同形式的合作等。网上销售渠道的建立为产品提供了更宽的销售渠道,并且,可以提供比实体店铺更多的产品,比其他销售渠道更低的价格。

4. 顾客关系

良好的顾客关系是网络营销取得成效的必要条件,通过网站的交互性、电子邮件、顾客参与等方式在开展顾客服务的同时,也增进了顾客关系。电子客户关系管理(electronic-customer relationship management,e-CRM)是指运用网络将顾客数据库与网站结合起来,建立有目标的个性化顾客关系。在e-CRM中,顾客服务与支持主要是通过呼叫中心和互联网实现。在满足顾客的个性化要求方面,它们的快速、准确性和效率都令人满意。e-CRM系统中的强有力的顾客数据使得通过多种渠道(如互联网、呼叫中心)的纵横向销售变得可能,当把顾客服务与支持功能同销售、营销功能比较好地结合起来时,就能为企业提供很多好机会,向已有的顾客销售更多的产品。

5. 网上调研

相对传统市场调研,网上调研具有高效率、低成本的特点,因此,网上调研成为网络营销的主要职能之一。企业通过在线调查表或者电子邮件等方式,可以完成网上市场调研。网络上的相关论坛、邮件列表、新闻组等场所,也是获得消费者对公司和竞争者评价的丰富的信息来源。

网络营销的职能是通过各种网络营销方法来实现的,网络营销的各个职能之间并非相互独立的,同一个职能可能需要多种网络营销方法的共同作用,而同一种网络营销方法也可能适用于多个网络营销职能。开展网络营销需要用全面的观点充分协调和发挥各种职能,让网络营销的整体效益最大化。

第二节 网络营销组合策略

市场营销组合,即关于产品(Product)、价格(Price)、分销渠道(Place)和促销(Promotion)的 4P's 组合,最早由杰罗姆·麦肯锡(Jerome McCarthy,1960)提出,现在仍被市场营销人员作为制定和执行营销战略的重要环节。"4P's"理论认为,企业只要围绕"4P's"制定灵活的营销组合,产品销售就有了保证。网络营销是传统市场营销在网络时代的延伸,传统营销中的营销原理与营销策略在网络营销中依然存在适用性,但有了新的发展。传统的营销组合随着互联网广泛的信息技术和市场营销相互结合,相互作用,形成了网络营销的产品、价格、渠道和促销组合。这种组合常被网络营销人员称为网络营销的组合策略。

一、网络营销产品策略

1. 网络产品类型

传统的市场营销理论要求企业根据消费者的需求开发和销售产品和服务,而网络营销对企业提出了更高的要求,即其产品还必须适合利用互联网进行推广和销售。网络上销售的产品主要分为三大类:实体产品、数字化产品和在线服务三种,表 14-1 列举了这三类产品的主要产品类型。

表 14-1 网络营销产品分类表

产品形态	主要产品类型	
实体产品	消费品、农产品、工业品等实体产品	
数字化产品	计算机软件、电子游戏等	
在线服务产品	信息咨询服务	比如法律咨询、医疗咨询、股市行情分析、数字资源检索等
	普通服务	远程医疗、法律救助、网上订票、网络交友、在线游戏等

2. 网络产品的特性

在基于互联网的网络营销中,企业的产品和服务要有针对性,其产品类型、产品式样和产品质量等要体现互联网的特点。主要表现在以下几个方面:

(1)产品类型。网络产品一般可以通过网络看得到、听得到或想象得到。

（2）产品质量。由于网络购买者在购买前无法体验或只能通过网络来体验产品，因而为了增加消费者的信心，网络上的商品必须能保持稳定的质量。

（3）产品式样。通过互联网对全世界各国家和地区进行营销的产品，需要符合该国家或地区的风俗习惯、宗教信仰和教育水平。

（4）产品品牌。在网络营销中，要在浩如烟海的信息中获得浏览者的注意，必须拥有明确、醒目的品牌。品牌就是质量的保证。当网络上的商品质量不一致时，品牌就非常重要了。

（5）产品包装。作为通过互联网经营的实体产品，其包装必须适合邮寄或快递。

3. 网络营销核心产品策略

核心产品是指整体产品提供给购买者的直接利益和效用，指的是顾客购买以满足其需要的主要产品。网络营销核心产品策略主要有：

（1）将某些实体产品转变为数字产品或者在线服务。这类产品包括音乐（数字音乐的下载或在线视听）、书籍（电子图书）、报纸和杂志出版物（在线阅读）和软件（数字下载和在线订购服务）。比如苹果公司的 itunes 音乐下载（见图 14 - 1）。

图 14 - 1　苹果公司 itunes 音乐商店

（2）产品的大规模定制和提供个性化产品策略。Levi's 公司从 1994 年开始提供个人定制服务。只要愿意比标价多支付 15 美元，顾客就可以去 Levi's 专柜输入自己的资料，即量好自己的尺码，选好已有的喜欢裤型，再将自己尺码输入数据库预购。这个项目实施后获得的重复购买率远远高于平常的 10% ~ 12%。现在这项服务已经转移到网络上，命名为"独创风格"。BMW（德国宝马汽车公司）在其 Z3 型跑车投放市场前建立了互动网站,顾客可以自己设计他们喜欢的外形,网站收集的信息是与数据库衔接起来的,因为 BMW 公司已经提前在它最忠实的顾客群中收集了数据信息,所以数据库可以非常正确地指示出哪些外形特点是最受欢迎的,并据此将该型跑车投入生产。

(3)利用互联网改变产品范围和产品组合。有些企业只在网上提供部分产品,比如只以折扣价格销售一些热销产品,有些企业在线提供的产品目录会比离线提供的邮购目录更全,企业可以在线提供捆绑销售其产品,比如,航空公司开发了一系列与旅游相关的附加服务,包括航班预订、行李托运和出租车预订等等。

4. 网络营销延伸产品策略

延伸产品是指整体产品提供给顾客的一系列附加利益,包括运送、安装、维修、保证等在消费领域给予消费者的好处,是产品所提供的附加服务或优惠。互联网对延伸产品策略的改变主要体现在增加延伸产品和提供数字化服务两个方面。

企业不仅可以通过互联网向顾客提供其产品的认证书、产品检测书、顾客意见书、品质保证书、保修书、退货保证书、顾客服务等延伸产品,还可以建立在线社区等数字化服务。通常这些数字化服务是免费的。图 14-2 是费雪(Fisher-Price)公司开发的网站,它

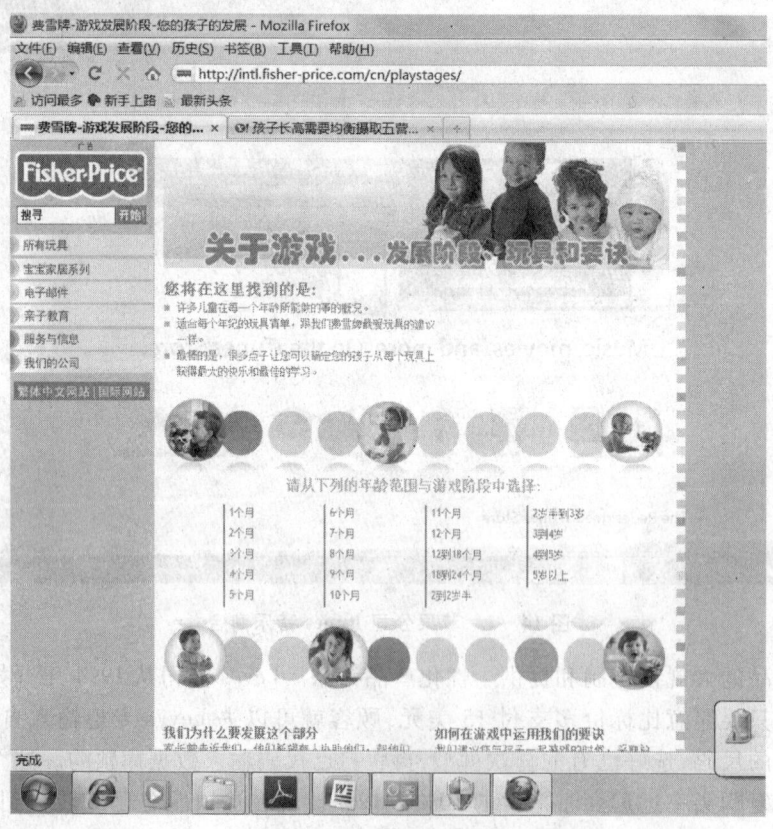

图 14-2 费雪玩具网站

并不仅仅是一个玩具目录,它还展示了儿童如何通过玩玩具获得发展,以及他们的看护人应该如何提供帮助。

5. 网上市场调研

所谓网上市场调研,就是利用互联网强大的通讯能力和数据采集能力,发掘和了解消费者、目标市场、竞争对手、合作伙伴等方面的情况,从而提出解决问题的建议,促使企业生产适销对路的产品,及时地调整营销策略,扩大企业收益。网络市场调研主要包括以下内容:市场环境调研,包括宏观环境、微观环境、行业发展状况等;市场需求调研,包括市场供需状况、消费心理、市场前景等;市场竞争调研,包括主要竞争者和潜在竞争者状况、优劣势、产品特点、营销策略等;现有产品市场销售调研,包括顾客对产品的满意情况、价格、分销渠道、促销等;企业形象调研、顾客满意度调研等。

目前,企业可以通过自己的网站开展网络调研,也可以通过门户网站和第三方专业调研网站开展网络调研,不论选择哪种调研平台,常用的网络市场调研方法主要有如下几种:

(1) 网上搜索法。网上搜索法顾名思义就是通过在线搜索引擎,或直接登录相关网站收集到市场调研所需要的二手资料,如大型调查咨询公司的公开性调查报告,大型企业、商业组织、学术团体、著名报刊等发布的调查资料,政府机构发布的调查统计信息等等。二手资料相对于原始资料而言,包含信息更精确,数据量大,涉及面广,形式多样。

(2) 跟踪法。跟踪法包括网站跟踪法和网络跟踪法。网站跟踪法就是指对数据信息网站进行定期跟踪,从而获得最新的数据信息。而网络跟踪过程中,通常会使用到网络跟踪器。网络跟踪器是一种文本文件,文件包含一种独特的使用者确认器。当使用者访问网站的时候,站点的服务器会在用户的浏览器中放置一个网络跟踪器。随着用户在网站中的逐页浏览,网络跟踪器中的识别信息就会被返回给服务器。

(3) 加入邮件列表。一些网站为了维持与顾客的关系,常常将一些有价值的信息以新闻邮件、电子刊物等形式免费向用户发送,通常只要进行简单的登记即可加入邮件列表,将收到的邮件列表信息定期处理,也是一种行之有效的资料收集方法。最常见的就是一些快速消费品行业的企业,通过一些优惠政策吸引消费者注册为网站会员。会员只需填写电子邮件和其他个人资料便能成功注册,获得积分、折扣、礼品等各式各样的回报。而企业在收集到这些电子邮箱后,定期地发布企业产品的目录和调查。一方面促进消费者的认知和购买,另一方面了解市场需求,帮助新产品研发和改进。

(4) 在线调查表。在网站上设置调查表,访问者在线填写并提交到网站服务器,这是网上调查最基本的形式,广泛地应用于各种调查活动,这实际上也就是问卷调查方法在互联网上的延伸。在线调查表有个显著的特点就是简洁。有的调查表直接发布在大型的网站上,题目通常只有几个。还有很多企业通过网络广告宣传产品的同时,在广告的周围开展网络调查,少则一两个问题。这样丝毫不会耽误网络用户的时间,并且能达到预期的目标。

(5) 电子邮件调查。同传统调查中的邮寄调查表的道理一样,将设计好的调查表直接发送到电子邮箱中,或者在 E-mail 正文给出一个网址链接到在线调查表页面。这种方式在一定程度上可以对用户成分加以选择,并节约被访问者的上网时间,如果调查对象选择适当且调查表设计合理,往往可以获得相对较高的问卷回收率。

(6) 对网站访问者的抽样调查。利用一些访问者跟踪软件,按照一定的抽样原则对某些访问者进行调查,类似于传统方式中的拦截调查。

(7) 固定样本调查。同传统调查中的固定样本连续调查法一样,用合理的抽样技术选定固定样本顾客,当然,这些顾客必须是可以经常上网的用户,对固定样本顾客给予必要的培训,说明调查目的,提出一定的要求,由各样本用户按照要求将所要调查的内容记录下来,定期提交给市场调研项目的负责人。

网络调研尽管具有一定的优越性,但是也存在不足,所以应根据调研的目的和要求,采取网上调研与网下调研相结合、自行调研与专业市场调查咨询公司相结合的方针,以尽可能小的代价获得尽可能可靠的市场调研结果。

6. 网络品牌策略

互联网所具有的交互、快捷、全球性、媒体特性等优势,对于提高企业知名度、树立企业品牌形象、更好地为顾客服务等都提供了有利的条件,这些网络本身固有的特性对于每一个企业都是公平的。因此,企业应该根据自身的产品与服务特点,利用网络资源创建自己的网络品牌。

(1) 按照品牌经营的原则,网络品牌的开发不能无的放矢,而必须建立在调查市场、了解消费者确有这方面需求的基础上。也就是说,新品牌的推出是有明确的需求指向的,不应该出现品牌开发出来却因缺少需求支持而胎死腹中的情况,这样就从根本上降低了网络品牌开发的风险和成本。

(2) 一个品牌必须而且只能有一个独立、明确的品牌形象。这个形象要与产品的本质属性相一致,并且始终保持不变。好的网络品牌不仅便于明确品牌形象,还有提升品牌地位、扩大其市场空间的作用。比如,海尔集团的品牌"Haier"本身在国内外就享有较高的声誉,因此,其网站 www.haier.com 自然有了一个较好的基础。但是即使有了好的基础,如果不妥善加以利用,非但不会增加原有品牌资产(Brand Asset),相反还会有损于原有的品牌形象。

(3) 网络品牌应当使原有品牌的内涵得到扩充。品牌的内涵已经延伸到售后服务、产品分销、与产品相关的信息与服务等多个方面。

(4) 网站的交互能力是维系品牌忠诚度的基础。与顾客及时进行有效的沟通是提高品牌生命力,维系品牌忠诚度的重要环节。网站的交互特性为市场营销中的交流和沟通提供了方便有效的手段。

二、网络营销价格策略

价格是网络营销中复杂的问题之一,因为价格对于企业、消费者乃至中间商而言,都是敏感的话题。企业在制定价格时既要满足顾客能接受的价位,又要符合企业产品赢利的要求。网络营销产品价格是企业在网络营销过程中买卖双方成交的价格,相比传统的价格策略,网络营销价格的透明度增加,尤其在价格比较搜索引擎出现以后,这使得企业面临巨大的价格下降压力。另外,网络营销也增加了新的定价方法(包括动态定价和拍卖)。

目前常见的网络营销价格策略有以下几种。

1. 低于进价销售

由于采取此种定价方式能吸引很多消费者,供货商乐于在商场做广告以图多销商品。这如同传统的大型超级市场收供货商的"上架费"一样。由于网上经营的高度自动化和网上商场的虚拟性,网上销售的经营成本极低,因而只要销售到一定规模,靠广告收入就足以抵消开支,甚至有所盈余。这种定价方式主要适用于价格弹性较大的日用品。比如,为了赢得顾客,网络书商会对每一类别销售最好的25种图书实行半价销售,这些图书都是无利可图的,但是对一些并不畅销的书进行微小的价格调整就能获得利润空间。

2000年7月,卓越网《大话西游》4元钱4张碟,相当1元钱一张碟。第一天卖掉了5 000多套,第二天刚卖了半天,原本准备卖一周的7 000多套货,就全部卖光了。4张碟的成本价为7元钱,7 000多套一套亏3元钱,卓越网一共要亏到4万元,但这4万多元的亏损却换得了营销上的极大成功。人际传播是可信度最高的传播,互联网又克服了人际传播范围小的弱点,具有极大的"杀伤力",这在互联网上叫做"人气"或者"口碑"。它和简单的市场广告砸出来的知名度不同,具有持久的忠诚度。[①]

2. 差别定价策略

这是指针对不同的顾客采用不同的价格。传统上,如果我们为一台计算机定价7 000元可能会有10个人买,定价6 000元可能会有100人买,定价5 000元可能会有1 000人买。如果我们希望销售1 000台的话,我们只能按统一的价格5 000元出售,虽然有顾客愿意出更高的价钱,但这部分利润我们是挣不到的。而在网上,对不同的顾客定不同的价格,把每一分可能挣的钱都挣到却可能成为现实。通过个性化定制页面,厂家与每一顾客的交易价格可以是不透明的。这样,就可以实现差别定价。但是差别定价策略在BtoC领域需要谨慎应用。

亚马逊在2000年9月中旬开始了著名的差别定价实验。亚马逊选择了68种DVD碟片进行动态定价试验,试验当中,亚马逊根据潜在顾客的人口统计资料、在亚马逊的购

---

① 根据 http://book.sina.com.cn 2009年7月28日 14:51 新浪读书《一元钱的大话西游》整理。

物历史、上网行为以及上网使用的软件系统确定了这68种碟片的报价水平。例如,名为《Titus》的碟片对新顾客的报价为22.74美元,而对那些对该碟片表现出兴趣的老顾客的报价则为26.24美元。通过这一定价策略,部分顾客付出了比其他顾客更高的价格,亚马逊因此提高了销售的毛利率,但是好景不长,这一差别定价策略实施不到一个月,就有细心的消费者发现了这一秘密,通过在名为DVDTalk(www.dydtalk.com)的音乐爱好者社区的交流,成百上千的DVD消费者知道了此事,那些付出高价的顾客当然怨声载道,纷纷在网上以激烈的言辞对亚马逊的做法进行口诛笔伐,有人甚至公开表示以后绝不会在亚马逊购买任何东西。更不巧的是,由于亚马逊前不久才公布了它对消费者在网站上的购物习惯和行为进行了跟踪和记录,因此,这次事件曝光后,消费者和媒体开始怀疑亚马逊是否利用其收集的消费者资料作为其价格调整的依据,这样的猜测让亚马逊的价格事件与敏感的网络隐私问题联系在了一起。为挽回日益凸显的不利影响,亚马逊的首席执行官贝佐斯只好亲自出马进行危机公关,他指出亚马逊的价格调整机制是随机进行的,与消费者是谁没有关系,价格试验的目的仅仅是为了测试消费者对不同折扣的反应,亚马逊"无论是过去、现在或未来,都不会利用消费者的人口资料进行动态定价"。贝佐斯为这次的事件给消费者造成的困扰向消费者公开表示了道歉。不仅如此,亚马逊还试图用实际行动换回人心,亚马逊答应给所有在价格测试期间购买这68部DVD的消费者以最大的折扣,据不完全统计,至少有6 896名没有以最低折扣价购得DVD的顾客,已经获得了亚马逊退还的差价。至此,亚马逊价格试验以完全失败而告终,亚马逊不仅在经济上蒙受了损失,而且它的声誉也受到了严重的损害。

3. 高价策略

由于网上商品价格的透明度比传统市场要高,普遍来讲,网上商品的价格会比传统营销方式的低。不过,有时也有部分商品价格高于传统营销方式的价格,这主要指一些独特的商品或对价格不敏感的商品。在网上商务尚不发达的阶段也会出现这种情况。比如艺术品,在传统营销方式中,由于顾客群相对很小,因而价格上不去;而在网上,却可能面向全球的买主销售,卖个好价。再比如鲜花,这属于情感消费,顾客在一定范围内对价格并不敏感,他们愿意为方便而支付较高的费用。另外,如果一种商品的地区差价较大,少数先上网销售的供货商也有可能卖个好价。

4. 竞价策略

网络使日用品也普遍能采用拍卖的方式销售,厂家可以只规定一个底价,然后让消费者竞价。采用竞价策略,厂家所花费用极低,甚至免费;除销售单件商品外,也可以销售多件商品。目前,我国已有多家网上拍卖站点提供此类服务,如雅宝、网猎、淘宝、易趣等。

5. 集体砍价

集体砍价是网上出现的一种新业务。随着每一个新的购买者(竞标者)加入,原定价格就会下跌一些,竞买的人越多,价格越低,呈滑梯曲线。简单地说,就是参加竞买的人越多,商品的价格就会越低(参见图14-3)。这种由于购买人数的增加,价格不断下降的趋势,正是典型的网络需求趋势。上海团购网(www.shtuangou.com)、篱笆网(www.liba.com)均提供此类业务。

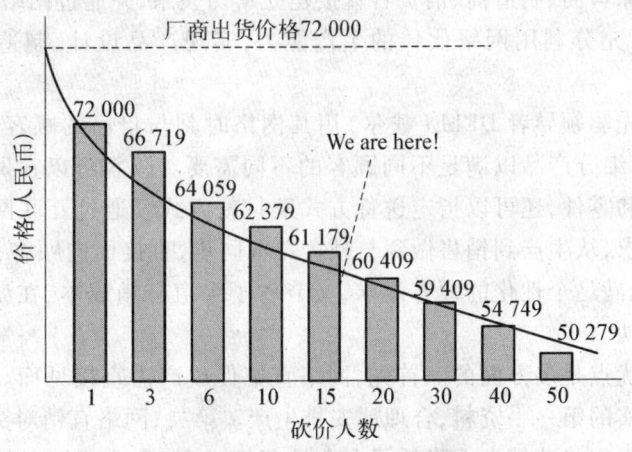

图14-3 集体砍价示意图

三、网络渠道策略

与传统的分销渠道一样,网络分销渠道是以互联网为通道实现商品和服务从生产者到消费者的转移过程。根据麦肯锡理论,分销渠道成本通常占一个行业商品和服务零售价格的15%~40%。由此可见,通过改善分销渠道,企业可以大大提高自己的竞争力和利润率。

相对于传统的营销渠道,网络营销渠道也可分为直接分销渠道和间接分销渠道,由生产者直接将商品卖给消费者的营销渠道叫做直接分销渠道,而包括至少一个以上的中间商的营销渠道则叫做间接分销渠道。如图14-4所示:

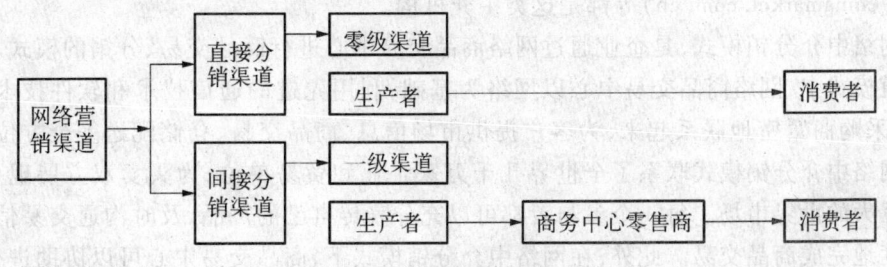

图14-4 网络营销渠道结构

其中,网络营销间接分销渠道仅有一级分销渠道,即只存在一个信息中间商沟通买卖双方的信息,而不存在多个批发商和零售商,因而也就不存在多级分销渠道。

1. 网络直销渠道

网络直销是指生产厂家通过网络直接分销渠道直接销售产品。在这种直销模式下，除了厂商和最终用户外，没有层层的批发商、零售商，使生产者与消费者实现了直接沟通。企业依靠网络与原料商、制造商、消费者直接建立密切关系，并通过网络收集传递信息，从而根据消费需求，充分利用网络伙伴的生产能力，实现产品设计、制造及销售服务的全过程。

网络直销的先驱领导者DELL（戴尔）用其网络时刻与自己的顾客保持联系，了解每一位顾客的需求，细分产品以满足不同顾客的不同需要。顾客可以在网上直接指定自己需要的电脑类型和零件，还可以指定送货方式及付款方式。通过互联网，DELL全面地了解和把握市场需求，从生产到销售做到与顾客需求同步，直接面向顾客，服务顾客。DELL通过直销渠道，既满足个性化的顾客需求，又节省了渠道分销成本，在激烈的市场竞争中取得了巨大的成功。

网络直销的优点是多方面的。首先，网络直销促成产需直接见面。企业可以直接从市场上收集到真实的第一手资料，合理地安排生产。第二，网络直销对买卖双方都有直接的经济利益。由于网络营销大大降低了企业的营销成本，企业能够以较低的价格销售自己的产品，消费者也能够买到大大低于市场价格的产品。第三，营销人员可以利用网络工具、如电子邮件、公告牌等，随时根据顾客的愿望和需要，开展各种形式的促销活动，迅速扩大产品的市场占有率。第四，企业能够通过网络及时了解到顾客对产品的意见和建议，并针对这些意见和建议提供技术服务，解决疑难问题，提高产品质量，改善经营管理。

2. 网络间接分销渠道

网络直销也有自身不足，越来越多的企业在互联网上建立网站，面对数以万计的企业站点，网络用户往往处于一种无所适从的境地。特别是对于一些不知名的企业，为了克服网络直销的缺点，网络商品交易中介机构应运而生。这类机构成为连接买卖双方的枢纽，使得网络间接销售成为可能。中国商品交易中心（www.ccec.com.cn）、中国外经贸网（www.chinamarket.com.cn）等都是这类中介机构。

网络中介分销模式，是企业通过网络商品交易中心进行商品交易、分销的模式。在这种渠道模式中，网络商品交易中心以网络为基础，利用先进的通信技术和软件技术，将供应商、采购商紧密地联系起来，为客户提供市场信息、商品交易、仓储配送等全方位服务。这种网络中介分销模式联系了全世界几千万家企业和贸易单位，为买卖双方展现了一个空前巨大的世界市场。每一个参与者都可以充分宣传自己的产品，及时沟通交易信息，最大限度地完成商品交易。此外，在网络中介分销模式下，商品交易中心可以协助进行商品检验，避免纠纷，买卖双方有效地解决了合同履行和资金结算问题，促进分销渠道的畅通。阿里巴巴、亚马逊书店、EBAY等都是典型的中介模式的产物。它们利用网络的巨大优势，使自己成了强有力的中介分销商。

3. 渠道冲突与双道法策略

对于传统企业而言,当网络销售渠道影响了传统营销渠道的销售时,就产生了渠道冲突。为了避免或者减少渠道冲突给企业带来的不利影响,企业可以采取线上线下价格、产品等要素的调整,也可以采用整合的销售渠道,我们称为双道法。所谓双道法,是指企业同时使用网络直接分销渠道和网络间接分销渠道,以达到销售量最大化的目的。在买方市场的现实情况下,通过两条渠道推销产品比通过单一渠道更容易实现"市场渗透"。在采用双道法的渠道策略时,需要企业平衡各方利益关系,最终获得整体销售额的增加。

四、网络促销策略

网络促销是指利用计算机及网络技术向虚拟市场传递有关商品和劳务的信息,以引发消费者需求,唤起购买欲望和促成购买行为的各种活动。

网络促销的基本形式主要有以下几种。

1. 站点推广

站点推广是指利用各种营销策略提高企业站点的知名度,吸引网络用户访问站点以达到宣传和推广企业和企业产品的效果。站点推广的方法主要有:搜索引擎注册、互换链接等。站点促销具有快捷、方便、费用较低的特点,但由于互联网上的网站日益增多,推广起来难度增大。

2. 网络广告

网络广告是网络促销的主要手段之一,网络广告是指通过网络知名站点、自己的网站或通过电子邮件、新闻组、BBS 等发布有关企业的信息,达到宣传推广企业或企业产品的目的。

3. 销售促进

销售促进是指企业利用可以直接销售的网络店面,采用价格折扣、有奖销售、拍卖销售等方式,吸引网络用户以销售企业产品的促销方式。

4. 关系营销

所谓关系营销,是把营销活动看成是一个企业与消费者、供应商、分销商、竞争者、政府机构及其他公众发生互动作用的过程,其核心是建立和发展与这些公众的良好关系。研究表明,寻找在线顾客的成本非常高(比传统交易高 20%~30%),通常使企业在前两三年不能赢利。顾客量增加 5%,在线企业的利润增加 25%~95%。所以在线关系营销对于企业而言是非常的重要。

网络促销需要一定的工具和方法,这些内容将在下一节进行研讨。

第三节　网络营销常用的工具和手段

网络营销五大职能的实现,需要通过一种或多种网络营销工具,主要有企业网站、搜索引擎、电子邮件网络实名/通用网址、即时信息、电子书、网络日志(Blog)等。其中企业网站是网络营销的综合性工具。网络营销的同一个职能可能需要多种网络营销方法的共同作用来实现，而同一种网络营销工具也可能适用于多个网络营销职能。

一、企业网站

企业网站是一个综合性网络营销工具，企业网站主要分为信息发布型和综合型网站，信息发布型网站属于企业网站的初级形式，不需要太复杂的技术，将网站作为一种企业基本信息的载体，主要功能定位于企业信息发布，包括企业新闻、产品信息、采购信息、招聘信息等用户、销售商和供应商所关心的内容，多用于产品和品牌推广以及与用户之间沟通，网站本身并不具备完善的网上订单跟踪处理功能。这种类型的网站由于建设和维护比较简单，资金投入也较少，初步解决了企业开展网络营销的基本需要，因此，在开展实质性电子商务之前是中小企业网站的主流形式，一些大型企业网站初期通常也是属于这种形式。其实，这些基本功能和信息，也是所有网站所必不可少的基本内容，即使是一个功能完善的电子商务网站，一般也离不开这些基本信息，因此信息发布型网站是各种网站的基本形态。当具备开展电子商务的条件时，才逐步将在线销售、客户关系管理、供应链管理等环节纳入电子商务流程中去，这时候企业网站就是综合性网站了。

一个完整的企业网站，无论多么复杂或多么简单，都可以划分为四个组成部分：结构、内容、功能、服务，这四个部分也就是组成企业网站的一般要素。

(1) 网站结构。网站结构是为了合理地向顾客表达企业信息所采用的栏目设置、网页布局、信息的表现形式等。为了清楚地通过网站表达企业主要信息和服务，可根据企业经营业务的性质、类型或表现形式等划分为几个部分，每个部分就成为一个栏目(一级栏目)，每个一级栏目则可以根据需要继续划分为二级、三级、四级栏目。根据经验，一般来说，一个企业网站的一级栏目不应超过八个，而栏目层次以三级之内比较合适。这样，对于大多数信息，用户可以在不超过三次点击的情况下浏览到该网页内容。如果网站内容较多，专门设计一个导航页面是非常必要的。有些搜索引擎在网站中检索信息时也会访问这个导航页面，通常是采用静态网页的方式建立一个名为《sitemap. htm》的网页。

(2) 网站内容。内容是顾客通过企业网站可以看到的所有信息，也就是企业希望通过网站向顾客传递的所有信息，网站内容包括所有可以在网上被用户通过视觉或听觉感知的信息，如文字、图片、视频、音频等，一般来说，文字信息是企业网站的主要表现形式。在建设网站的过程中，处处尊重顾客，以顾客为导向来设计整个企业网站是网站建设最重要的因素。

(3) 网站功能。是为了实现发布各种信息、提供服务等必需的技术支持系统。网站功能直接关系到可以采用的网络营销方法，以及网络营销的效果。网站的功能主要包括：信息发布、会员管理、订单管理、在线调查、产品管理、在线帮助、邮件列表和流量统计。

(4) 网站服务。企业网站的服务也是网站的基本要素之一，网络营销者应该了解每个区域的顾客期望,并能识别出存在于顾客期望和现状间的在线服务质量差距。对产业部门的调查显示,在线服务质量的高低是影响顾客忠诚度的关键。

二、搜索引擎营销

2009年,搜索引擎的使用率为73.3%,较2008年增加了5.3个百分点,超过了即时通信成为网民使用互联网的第三大应用。目前搜索引擎用户规模达到2.8亿人,年增长率为38.6%。[①] 用户规模的快速增长,表明搜索引擎作为互联网入口地位的提升,同时由于搜索引擎营销的低成本、目标用户的精准性、营销效果的可视性等优势日益获得广告主的认同和青睐,未来搜索引擎的营销价值和市场规模都将进一步提升。

所谓搜索引擎营销,就是利用用户使用搜索引擎检索信息的机会,尽可能地将营销信息传递给目标顾客。所以,搜索引擎营销的目标层次可以分为四个阶段,第一个阶段是做到被主要搜索引擎/分类目录收录;第二个阶段是能够在主要搜索引擎中获得好的排名;第三个阶段是提高用户对检索结果的点击率;第四个阶段则是将浏览者转化为目标顾客。要实现上述目标,企业必须构造适合于搜索引擎检索的信息源,努力创造网站/网页被搜索引擎收录的机会,让企业信息出现在搜索结果中靠前位置,以搜索结果中有限的信息获得用户关注,为用户获取信息提供方便。常见的搜索引擎营销方法有以下几种。

1. 免费登录分类目录

这是最传统的网站推广手段,目前多数重要的搜索引擎都已开始收费,仍有少数搜索引擎可以免费登录。但网站访问量主要来源于少数几个重要的搜索引擎,即使登录大量低质量的搜索引擎,对网络营销的效果也没有多大意义。搜索引擎的发展趋势表明,免费搜索引擎登录的方式已经逐步退出网络营销舞台。

2. 搜索引擎优化

即通过提高网站设计质量,利用google、百度等技术型搜索引擎进行推广,通常不需要自己登录搜索引擎,而是让搜索引擎自动发现自己的网站。

3. 付费登录分类目录

类似于原有的免费登录,不同的是,只有向网站缴纳费用之后才可以获得被收录的资格。一些搜索引擎提供的固定排名服务,一般也是在收费登录的基础上开展的。此类搜索引擎营销与网站设计本身没有太大关系,主要取决于费用,只要缴费,一般情况下就可以被登录,但正如一般分类目录下的网站一样,这种付费登录搜索引擎的效果也在日益降低。随着搜索引擎收录网站和网页数量的增加,增加了用户通过分类目录检索信息的难度。同时,由于大量的信息没有登录到搜索引擎,也使得一些有价值的信息无法被检索到,这也就意味着分类目录型的搜索引擎营销效果在不断降低,即使付费登录也避免不了这种状况。

---

① 中国互联网发展统计报告 2010.1,www.cnnic.cn。

4. 关键词广告

也称为"关键词检索",简单来说就是在搜索引擎的搜索结果中发布广告的一种方式,与一般网络广告不同之处仅仅在于,关键词广告出现的位置不是固定在某些页面,而是当有用户检索到你所购买的关键词时,才会出现在搜索结果页面的显著位置。不同的搜索引擎有不同的关键词广告显示,有的将付费关键词检索结果出现在搜索结果列表最前面,也有出现在搜索结果页面的专用位置。总的来说,关键词广告与传统的搜索引擎营销有很大的差别,实质上属于网络广告的范畴,是网络广告的一种特殊形式。由于关键词广告具有较高的定位程度,并且往往可以提供即时的点击率效果、可以随时修改关键词等有关信息,以及更加合理的收费模式等,因而逐渐成为搜索引擎营销方法的常用形式。

5. 关键词竞价排名

所谓竞价排名也是搜索引擎关键词广告的一种形式,按照付费最高者排名靠前的原则,对购买了同一关键词的网站进行排名的一种方式。竞价排名一般采取按点击收费的方式。关键词广告和竞价排名方式较传统的搜索引擎营销方式的主要特点有:可以方便地对用户的点击情况进行统计分析,可以随时更换关键词以增强营销效果。目前关键词竞价排名成为一些企业利用搜索引擎营销的重要方式。

6. 网页内容定位广告

基于网页内容定位的网络广告(Content-Targeted Advertising)是搜索引擎营销模式的进一步延伸,广告载体不仅仅是搜索引擎的搜索结果网页,也延伸到这种服务的合作伙伴的网页。搜索引擎 google 于 2003 年 3 月 12 日开始正式推出按内容定位的广告。按照 google 的说明,这项服务是将通过关键词检索定位的广告显示在 google 之外的相关网站上。google 的主要竞争对手 Overture 已经推出了类似的广告形式"按效果付费"服务,可以将赞助商的广告链接在许多合作伙伴的网站上。

三、许可 E-mail 营销

许可 E-mail 营销(或称许可邮件营销),是在用户许可的前提下,通过电子邮件的方式向目标顾客传递信息的一种网络营销手段。营销专家 Seth Godin 在 1999 年出版的《许可营销》(Permission Marketing)一书中最早对"许可营销"理论进行了系统的研究,许可营销的原理其实很简单,根据 Godin 的观点,也就是企业在推广其产品或服务的时候,事先征得顾客的"许可",得到潜在顾客许可之后,通过 E-mail 的方式向顾客发送产品或服务信息。获得收件人的许可而发送的邮件,不仅不会受到指责,而且顾客对邮件内容关注的程度也较高。至于获得顾客许可的方式有很多,如顾客为获得某些服务而注册为会员,或者顾客主动订阅的新闻邮件、电子刊物等。

许可邮件营销需要顾客地址,按照电子邮件地址资源的所有权分类,如果利用企业内部顾客资源注册的资料进行营销,则称为内部列表邮件营销,如果利用第三方邮件营销服务商来进行营销,则称为外部列表邮件营销。

许可邮件营销需要合适的电子邮件地址列表,不同来源的电子邮件地址列表得到用户许可的程度是不一样的。

与传统的直销(Direct Mail,DM)相比,许可邮件营销表现出明显的优势。尤其是表现在与顾客进行一对一的沟通方面,不仅具备低成本、快捷方便等优势,还易于测试、跟踪和评价,并且有助于与顾客建立更为紧密的在线关系。

四、网络广告

1. 网络广告的主要形式

网络广告是主要的网络营销方法之一,在网络营销方法体系中具有举足轻重的地位,事实上多种网络营销方法也都可以理解为网络广告的具体表现形式,并不仅仅限于放置在网页上的各种规格的 Banner 广告,如电子邮件广告、搜索引擎关键词广告、搜索固定排名等都可以理解为网络广告的表现形式。无论以什么形式出现,网络广告所具有的本质特征是相同的,概括来说是向互联网用户传递营销信息的一种手段,是对用户注意力资源的合理利用。

(1) 横幅广告(Banner)。横幅广告有不同的叫法,如网幅广告、条幅广告、旗帜广告、标志广告等。它是网络广告的主要形式,以 GIF(Craphics Interchange Format)、JPG(Joint Photo Graphic)等格式建立的图像文件,定位在网页中;大多用来表现广告内容。新兴的富媒体 Banner(Rich Media Banner)能赋予 Banner 更强的表现力和交互内容。

(2) 按钮广告(Button)。按钮广告,也称为图标广告,它显示的只是企业名称、产品或品牌的标志,点击它可链接到广告主的站点上。按钮广告的尺寸比横幅广告要小,故可以被灵活地放置在网页的任何位置。按钮广告一般是静态的形式,但也可以是动态的形式。另外,还有一种浮动式的按钮广告,通常是按照设置好的途径在主页上浮动。

(3) 插播式广告。也称为"弹出式广告"、"插页式广告",即访问者在请求登录网页时强制插入一个广告页面或弹出广告窗口。插播式广告有各种尺寸,有全屏的也有小窗口的,而且互动的程度也不同,从静态的到动态的都有。广告主很喜欢这种广告形式,但容易引起浏览者的反感,尤其是全屏动画的插播广告,所以,为避免这种情况的发生,许多网站都使用了弹出窗口式广告,而且只有 1/8 或 1/4 屏幕大小,这样可以不影响正常的浏览。

(4) 富媒体广告(Rich Media Banner)。富媒体广告又称 Extensive Creative Banner,一般指使用浏览器插件或其他脚本语言、Java 语言等编写的具有复杂视觉效果和交互功能的横幅广告,这些效果的使用是否有效,一方面取决于站点服务器的设置,另一方面取决于访问者的浏览器是否能顺利查看。富媒体广告表现能力强,能更好地传递广告主的意图,但因为要占据比一般 GIF Banner 更多的空间和网络传输字节,所以困扰富媒体广告发展的就是网络带宽问题。

(5) 文本链接广告(Textlink)。文本链接广告以文字的形式出现在网页上,表现形式一般是企业的名称,点击后链接到广告主的主页上。这种广告非常适合中小企业,因为它既能产生不错的宣传效果,又花费不多。文本链接广告是一种对浏览者干扰最少,但却很有效果的网络广告形式。它的广告位置安排非常灵活,可以出现在页面的任何位置,可以竖排也可以横排,每一行就是一个广告,点击每一行都可以进入相应的广告页面。

2. 网络广告的定价模式

网络广告的定价模式主要有以下几种方式:

(1) CPA (Cost-per-Action):每次行动的费用,即根据每个访问者对网络广告所采取的行动收费的定价模式。对于用户行动有特别的定义,包括形成一次交易、获得一个注册用户或者对网络广告的一次点击等。

(2) CPM (Cost per Thousand Impressions):每千次印象费用。广告条每显示1 000次(印象)的费用。CPM是最常用的网络广告定价模式之一。

(3) CPO (Cost-per-Order):也称为Cost-per-Transaction,即根据每个订单/每次交易来收费的方式。

(4) CPTM (Cost per Targeted Thousand Impressions):经过定位的用户(如根据人口统计信息定位)的千次印象费用。CPTM与CPM的区别在于,CPM是所有用户的印象数,而CPTM只是经过定位的用户的印象数。

随着多元化的网络新媒体形式不断出现,网络广告形式也继续向多元化的方向发展,富媒体化成为未来广告发展的趋势,视频广告则将成为未来的主流形式。传统门户网站不再是广告主网络营销的唯一选择,网络广告载体正在呈多元化的方向发展,桌面软件、下载工具、网络游戏、电子杂志、即时通讯、影音播放器等都成了很好的广告投放载体。

五、网络会员制营销

会员制营销由亚马逊公司首创。Amazon.com于1996年7月发起了一个"联合"行动,其基本形式是这样的:一个网站注册为Amazon的会员(加入会员程序),然后在自己的网站放置各类产品或标志广告的链接,以及亚马逊提供的商品搜索功能,当该网站的访问者点击这些链接进入Amazon网站并购买某些商品之后,根据销售额的多少,Amazon会付给这些网站一定比例的佣金。从此,这种网络营销方式开始广为流行并吸引了大量网站参与——这个计划现在称之为"会员制营销"。

会员制计划则是通过利益关系和电脑程序将无数个网站链接起来,将商家的分销渠道扩展到地球的各个角落,同时为会员网站提供了一个简易的赚钱途径。

会员制营销听起来似乎很简单,但是在实际操作中也许要复杂得多。因为,一个成功的会员制计划涉及网站的技术支持、会员招募和资格审查、会员培训、佣金支付等多个环节。

从会员制营销的基本思路也可以看出,一个会员制营销程序应该包含一个提供这种程序的商业网站和若干个会员网站,商业网站通过各种协议和电脑程序与各会员网站联系起来,因此,在采取会员制营销中存在一个双向选择的问题,即选择什么样的网站作为会员,以及会员如何选择商业网站的问题。

六、病毒式营销

病毒式营销(Viral marketing,也可称为病毒性营销)是一种常用的网络营销方法,常用于进行网站推广、品牌推广等,病毒式营销利用的是顾客口碑传播的原理,在互联网上,这种"口碑传播"更为方便,可以像病毒一样迅速蔓延,因此病毒式营销(病毒性营销)成为一种高效的信息传播方式,而且,由于这种传播是顾客之间自发进行的,因此几乎是不需要费用的网络营销手段。

Hotmail 算是开辟了病毒式营销的先河,是病毒式营销中取得成功的企业之一。最初 Hotmail 推出电子邮箱服务的时候,在 IT 界还是一个很不起眼的公司,但就在短短的 10 个月内,公司的注册用户就上千万,而且每个月注册的用户还以几十万的速度递增。在中国,2005 年百度投资大约 10 万元,拍摄 3 段视频广告,但又不能通过电视台进行投放。他们巧妙地通过百度员工和他们的朋友,以邮件、QQ、论坛来上传这些幽默的视频。传播人群超过 2 000 万人次,获得了病毒式营销的成功。

七、RSS 营销

RSS 是"Rich Site Summary"或"Really Simple Syndication"的英文首字母缩写,中文译作"简易信息聚合"。RSS 是一种基于 XML 标准,在互联网上被广泛采用的内容包装和投递协议。

基于 RSS 的网络促销是指将具有一定主题的信息按照 RSS 信息包装和投递协议的要求进行封装,并通过 RSS 阅读器或种子聚合网站提供给用户,从而建立良好的顾客关系,并最终达到提高产品知名度、扩大市场份额的目标。

八、博客营销

Blog 是继 E-mail、BBS 之后出现的一种新网络交流方式。Blog 的全名是 Weblog,又称博客、网志。博客实质上是一种可以通过日记、评论等形式实现作者与浏览者交流的网站内容管理系统(CMS)。博客网站是网民们通过互联网发表各种观点的虚拟场所。一些知名 IT 公司如 Hewlett-Packard,IBM,SUN 和 Oracle 都是博客营销等新技术的积极实践者。

据估计,2005 年,全球博客数量突破 1 亿,中国博客数量已达 1 600 万,而 2002 年国内博客的数量不足 1 万个。博客为个体开辟了一个自由的论坛,同时也为营销活动打开了一个新的领域。

复习思考题

1. 什么是网络营销?网络营销有哪些特点和主要职能?如何理解网络营销?

2. 常用的网络调研方式有哪几种？请叙述其优缺点。
3. 网络是如何影响企业进行核心产品和延伸产品策略的？
4. 网络对价格有哪些影响呢？常见的网络价格策略有哪些？
5. 搜索引擎营销主要有几种模式？
6. 实施网络营销，有哪些常用工具或手段？试登录某一企业网站，说明其常用的营销工具或手段。

本章案例

凡客诚品的网络营销成功之路

2007年10月，凡客诚品在《读者》打出第一期广告，这标志着VANCL凡客诚品正式成立。选择自有服装品牌网上销售的商业模式，发布VANCL凡客诚品。凡客诚品在运营初期短短十个月里，即获得了IDGVC、联创策源、软银赛富、启明创投的先后三轮投资。目前已是根植中国互联网上，遥遥领先的领军服装品牌。据最新的艾瑞调查报告，凡客诚品已跻身中国网上B2C领域收入规模前四位。其所取得的成绩，不但被视为电子商务行业的一个创新，更被传统服装业称为奇迹。2009年5月被认定为国家高新技术企业。凡客诚品目前已拓展涵盖至男装、女装、童装、鞋、配饰、家居六大类，随着在各品类间的不断深化，将成为网民服装购买的首选。

是什么力量让一个让名不经传品牌坐上行业前几把交椅，凡客诚品的负责人说，他们注重在互联网的推广，在网络投放的广告占所有广告投放的60％以上。具体网络推广渠道主要包括以下几种：

第一，网络广告投放。凡客诚品在各大门户网站投放广告，其中包括雅虎、新浪及凤凰网，还有一些大的专业网站也有他们的大量的广告投放，这为品牌的推广起了重要作用。

第二，搜索引擎关键词广告及优化。凡客诚品网站为了在搜索引擎中获得靠前的排名，注重搜索引擎优化。凡客诚品在各大搜索引擎上也作了关键词广告，其中包括google、百度等热门搜索引擎。不仅如此，凡客诚品也关注网站的搜索引擎优化，在凡客诚品的首页代码，我们可以看到包含若干关键词的优化信息，关键词包括：凡客诚品、在线销售、全棉衬衫、牛津纺、免烫休闲裤等消费者经常上网搜索的关键词。

第三，电子邮件营销。凡客诚品开展许可电子邮件营销，给注册用户发一些促销的信息，让老客户回访网站。

第四，博客话题营销。凡客诚品以产品为话题让多个博客写用户体验文章，从用户角度对产品进行体验式营销。

凡客诚品以精准娴熟的互联网广告投放策略，几乎覆盖了所有重点网站。在这种铺天盖地的网络营销之下，凡客诚品取得了极大的成功，销量3年成长300倍。

本章案例

凡客诚品除了使用互联网这个渠道进行推广之外,还注重客户体验与客户服务,2009年4月凡客诚品启动最大规模的客户体验升级活动,推出"全免运费"、开箱试穿、30天无理由退换货、24小时送货、退换运费由凡客诚品承担等重磅举措,震惊业界。此举获得用户一致好评。

凡客诚品管理层在线上推广获得巨大成功的同时,也关注到了线下推广,2009年就确定了做大规模线下推广的计划,为此凡客诚品在两岸三地寻找品牌代言人,最终重金签下韩寒和王珞丹。2010年6月7日,凡客诚品再次斥巨资加大户外广告投放力度,这是继5月4日凡客诚品在北京公交候车亭灯箱广告投放之后的又一轮更为猛烈的投放。据悉,此次投放将全面覆盖北京、上海两地的地铁、公交,投放力度较上月加大五倍。作为凡客诚品品牌代言人的韩寒也首次出现在户外广告之中。

目前流行的微博客上,韩寒、凡客的粉丝纷纷将拍下的韩寒版凡客诚品站牌广告上传。有网友说,此版广告较好地契合了韩寒个人品牌和凡客诚品企业文化的诉求。在网友看来,韩寒自身的品牌形象与众不同、颇具公民精神,与凡客诚品一直倡导大众时尚、平民时尚的主题相吻合。凡客诚品这样一个出身互联网的服装企业引入明星代言方式,表明一种新的营销模式正在崛起。或许可以预计的是,如果这样的明星代言策略能够成功,将产生示范效应,助推整个网购行业快速进入品牌时代。

对于正在不断膨胀的互联网用户群体,凡客诚品管理层找准了自己的定位,凡客诚品的品牌内涵是:"坚持国际一线品质,中产阶级合理价位","提倡简单得体的生活方式"。

(资料来源:1. http://www.vancl.com/help/about 3. htm#hd,凡客诚品介绍;2. http://blog.sina.com.cn/luyiqiblog,陆亦琦——战略品牌营销专栏,2010-09-02;3. http://www.jz123.cn深层剖析凡客诚品网络营销神话,2009-07-15,来源:中国建站会员投稿,凡恒宝。本书引用时有所修改)

讨论题

1. 从凡客诚品的成功来看一个网络品牌成功的关键是什么?
2. 你如何看待凡客诚品所开展的网络整合营销传播模式?

第十五章　市场营销管理

一个品牌健康成长需要营销组织的正常运行,市场营销人员必须了解市场的复杂性,同时必须实施一系列进行准备的计划和内部管理活动。先让我们看一下欧莱雅公司的经营情况。欧莱雅(L'Oréal)是世界上最成功的化妆品公司之一,它的利润增长率已持续二十年保持在两位数。这家有百年历史的公司价值为153亿美元,它利用自身的文化遗产和发源地巴黎来使顾客感觉到它的产品与众不同。该公司的研发费用比同行的平均水平要高,从而有了无数的突破和强有力的技术声誉。创新产品和性感的代言人,如超级模特克劳迪娅·希费(Claudia Schiffer)、歌手碧昂斯·诺里斯(Beyonce Knowles)和演员海瑟·洛尔莱尔(Heather Locklear),保证了欧莱雅公司的高价格战略,并使诱人的广告语"你值得拥有"令人信服。虽然美丽的法国女明星凯瑟琳·德纳芙(Catherine Deneuve)是该公司的官方代言人,但是,公司并不只是在市场上推出这一类型的美。该公司收购了如美宝莲(Maybelline)和Soft Sheen-Carson等化妆品品牌,而且在将这些品牌推向世界之前很有技巧地对其进行改进。该公司的首席执行官林赛·欧文—琼斯(Lindsay Owen-Johns)说:"这是精心设计的投资组合……每个品牌都是针对某个特定的细分市场设计的,彼此之间的交叉越小越好。"

成功的市场营销需要有效的关系营销、整合营销、内部营销和社会责任营销的支持。在前几章,我们讨论了市场营销的战略和具体策略。在本章中,我们还要讨论市场营销的组织、计划、控制和审计,以及对营销应该如何进行有效管理和让其负起应有的责任。在我们的讨论中,我们不仅考虑企业如何组织、实施、评价和控制营销活动,我们也讨论社会责任不断增加的重要性的问题。

第一节　市场营销的组织

许多企业现在把它们的组织架构重新集中于关键过程而非部门组织。部门组织被许多人看成是顺利执行职能性业务过程的障碍。为了获得和顾客相关的成果,企业现在可任命项目负责人,由他管理跨职能的小组工作。营销人员和销售人员越来越多地作为项目小组成员参与活动。最后,营销人员与这个小组可以有一个实线联系责任,而与营销部门有一个虚线联系责任。营销部门还有责任制订计划以训练它的营销员工,安排他们加入新的小组并评价他们的总成绩。

让我们来看看市场营销部门是如何组织的,它们是如何与其他部门有效合作的,以及企业是如何在整个组织机构内培养一个创造性的营销文化的。

一、市场营销部门的组织

市场营销部门有多种组织方法,有时可能是交叉的:职能型、地区型、产品或品牌型、市场管理型、矩阵管理型、公司事业部型等。

1. 职能型组织

最常见的营销组织形式由各种营销职能专家组成,他们分别对营销副总经理负责,营销副总经理协调他们的活动。从图 15-1 中可以看到这种机构里有五种专业人员。除此之外,还可以根据需要增加其他专业人员,如客户服务经理、营销计划经理、市场物流经理、直接营销经理和互联网营销经理。

按照职能设置的营销机构的优点是易于管理。然而,在营销部门,能否发展平衡的工作关系受到重大挑战。随着企业产品品种的增多和市场的扩大,这种组织形式越来越暴露出其效率太低的弱点。职能型营销机构常会发生对某些特定产品和特定市场的计划工作不完善的情况,未受到各职能部门经理偏爱的产品就会被搁置一旁。其次,各职能部门都争相要求让自己的部门获得比其他部门更多的预算和更重要的地位,营销副总经理不得不经常仔细审核相互竞争的各职能部门经理所提出的各种要求,并面临着如何进行协调的难题。

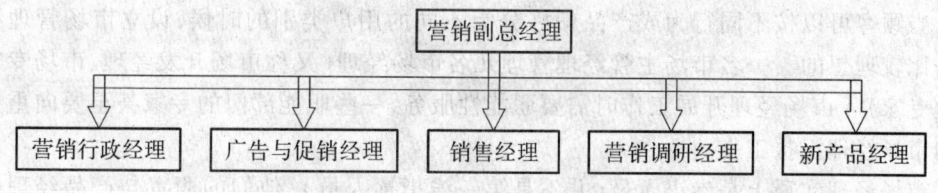

图 15-1　职能型市场营销组织形式

2. 地区型组织

一个从事全国范围内销售的企业,通常都按照地理区域来安排它的销售队伍(有时还包括其他职能,如联络)。一位全国销售经理领导 4 位区域销售经理,区域销售经理领导 6 位地区销售经理,地区销售经理领导 8 位直接销售经理,直接销售经理则领导 10 位销售人员。

有些企业为了支持销量较高市场的销售力量，增加了地区营销专家（即地区或本地营销经理）。例如，这个市场可能是在上海的杨浦区，它集中了该市的很多大型高校。在杨浦区的营销专家对杨浦的顾客及贸易组成了如指掌，他们帮助总部的营销经理调节杨浦区的营销组合力量，并且准备企业在杨浦区销售产品的年度和长期计划。

改进的信息和营销调研技术也在刺激地区型销售组织。从商店柜台收银机中得来的数据使快速跟踪产品销售成为可能，并且帮助企业发现当地的问题和机会。零售商热衷于针对自己城市和附近地区顾客的本土方案。因此，为了使零售商高兴，制造商必须制订本土化的营销计划。

3．产品或品牌管理型组织

生产多种产品和拥有多个品牌的企业，常常建立一个产品（或品牌）管理型组织。这种产品管理组织并没有取代职能型管理组织，只不过是增加了另一个管理层次而已。产品经理负责管理几个产品项目经理，产品项目经理之下再设具体产品经理和品牌经理。

如果企业所生产的各产品差异很大，或产品品种数量太多，使得职能型营销组织无法处理，在这种情况下，建立产品管理组织就是适宜的。伊利公司建立了产品管理组织，其乳品、饮品等有专门的产品项目经理分管。在乳品产品里，又有专门的产品子项目经理分管婴幼儿乳品、学生乳品、中老年乳品和其他各种乳品。

产品或品牌管理有时可作为一个独立中心。产品或品牌经理独立地与各个部门打交道。产品管理组织有好几方面的优点。产品经理能够为产品开发具有成本效益的营销组合。产品经理能更快地对市场上出现的新产品作出反应。企业的小品牌产品也有产品经理专管，也可以受到产品推荐。然而，这种组织结构并非没有缺点。

4．市场管理型组织

许多企业把产品向多种多样的市场销售。例如，佳能公司的设备，既卖给一般消费者，也卖给企业和政府机构。宝钢的钢铁既卖给铁路部门，又卖给建筑公司和公用事业部门。当顾客可以按不同行为或产品偏好分为不同的用户类别的时候，设立市场管理型组织是比较理想的。一名市场主管经理管理几名市场经理（又称市场开发经理、市场专家或行业专家）。市场经理开展工作时需要职能性服务，一些职能部门的专家甚至要向重要市场的市场经理汇报工作。

市场经理实质上是参谋人员（并不是第一线指挥人员），他们的职责与产品经理相类似。市场经理负责制订主管市场的长期计划和年度计划，他们的业绩根据所主管市场的成长状况和利润水平来衡量。这种市场管理制度有着与产品管理制度相同的优缺点。其最大的优点是，市场营销活动是按照满足各类显然不同的顾客需求来组织和安排的，而不是集中在营销职能、销售地区或产品本身。许多企业开始根据产品线实行重组，成立以市场为中心的组织。在市场管理型组织中，企业就能够更好地了解个体化的顾客，而不是仅仅了解总体市场或者子市场的面貌。

5. 矩阵管理型组织

生产多种产品并向多个市场销售的企业,趋向于采用矩阵管理型组织。来看一下杜邦公司的例子。

	市场经理			
产品经理	男装	女装	家具	产业市场
人造纤维				
醋酸纤维				
尼龙				
奥纶				
涤纶				

图 15-2　杜邦公司的矩阵管理组织

类似于杜邦公司的企业还可以再走一步,即把市场经理作为采购者和把产品经理作为供应商。例如,男装的市场经理可被授权从杜邦的产品经理处采购纺织品纤维,但如果杜邦的价格太高,也可以外部购买。这种制度迫使杜邦的产品经理追求效益。

这种矩阵型管理组织制度对于那些多品种、多市场的企业来说是符合需要的。但这种制度也有其不足之处,即费用大而且容易产生矛盾和冲突。此外,还会存在权力与责任应落实在何处的问题。

6. 公司事业部型组织

随着多产品、多市场企业经营规模的扩大,企业常把各大产品或市场部门升格为独立的事业部。事业部下再设自己的职能部门和服务部门。

二、与其他部门的关系

在典型的组织体系里,各部门都需通过自己的活动和决策来满足顾客的需求。按照市场营销观念,所有部门都需要"考虑顾客"并为满足顾客的需要和期望而工作。营销部门是乐于承担这一责任从而发挥作用的。主管营销的副总经理或首席营销官(CMO)有两大任务:一是协调整个企业的内部营销活动,二是协调营销与财务、运作和其他企业职能之间的关系,以服务于顾客。

然而,对于营销部门究竟是否应该比其他部门更多地拥有影响和权威,以保证营销活动协调一致,很少有一致意见。所以,企业需要设计一个平衡原则,由营销部门和其他职能部门一起决策企业的最佳获利方案。解决方案包括为了了解彼此的观点而举行的联合研究会,以及人员交换计划和分析。当各部门向同一目标一起努力时,营销才会有效果。

或许,对于企业的营销部门来说,最佳的方案是定期在企业各职能部门间安排直接的对话会议,这样能让各部门更好地了解对方,从而加强合作。即使职能部门之间出现相互指责或埋怨,这种会议也能够澄清一些观点和增加部门间的理解,为建设性的合作打下基础。每个部门需要理解其他部门的行动逻辑。当所有的部门拥有一个共同的目标后,营销工作就会更有效。

三、建立一个有创造力的营销组织

许多企业开始认识到,他们并非是真正由市场和顾客驱动——它们是由产品和销售驱动。有些企业,如大众、通用等,在努力重组它们自己,以便成为真正的市场驱动型企业。这要求:(1)在企业内部广泛地培养起为顾客服务的理念;(2)企业经营以细分顾客群而不是以产品为导向;(3)通过量化和质化研究加深对顾客的了解。

采取这种经营理念的企业的赢利能力是显著的。市场营销学者研究后认为:"我们发现战略倾向越强的企业,它们的生产率就越高。这类以顾客为中心的企业的生产率一般都比它们的竞争者高7%。"①

虽然在竞争激烈的经济中,企业以顾客为导向是必要的,但光有这点是不够的。企业还必须具有创新能力。目前,企业相互学习对方优点和战略的现象越来越普遍。企业的战略变化和战略衰退的速度很快。企业要想获得并保持差异,已变得越来越困难。当企业变得越来越相似时,企业的收益也在下降。对于企业来说唯一的解决办法就是,企业必须具有战略性的创新和想象能力。这种能力来源于企业的整合工具、业务流程、技术和方法,这些都能让企业产生比竞争者更富新意的创意。而当市场的领先者厌恶风险,仍然津津乐道于保护它们目前的市场和物质资源,对效率更加在意而不注重创新时,就常常会错过潮流。

第二节 市场营销的计划

为了履行职责,营销经理们通过营销过程来完成自己的工作。在这些层次之中,产品经理将为每个产品、产品线、品牌、渠道或顾客群体编制营销计划。对每一个产品层次(产品线或品牌)必须制订一个营销计划,以实现它的目标。一个营销计划书面总结了营销人员对市场的理解,是一个关于企业怎样达到营销目标的方案。它包括对于营销方案的战术指导和在计划期的财务分配计划。营销计划是营销过程中最重要的结果之一。

一、市场营销计划的性质

营销计划正变得更加以顾客和竞争者为导向,也比以前更有弹性。制订计划也需从

---

① Eric Brynjolfsson and Lorin Hitt, "The Customer Counts," Information Week, September 9,1996.

其他部门中吸收意见,并且由集体研发出来。营销执行者日益把自己首先看作是职业经理,其次才是专家,作为对快速变化的市场条件的响应,计划在逐渐成为一个滚动的过程。

同时,在不同的企业中,营销计划的程序和内容变化很大。计划被不同地称为"商业计划"、"营销计划",有时甚至被称为"战争计划"。许多计划执行期为一年,长度从5页到50页不等。一些企业很认真地对待计划,另一些企业则只把它看成是行动的大致纲领。艾森豪威尔曾经说过,"在为一场战争作准备时,我总是发现计划是无用但又是必不可少的。"①营销执行者认为当今营销计划最经常的缺点是:缺少操作性,对竞争者分析不足以及注重短期行为。

二、市场营销计划的内容

营销计划这么重要,那么,营销计划的内容是什么呢?

1. 执行概要和目录表

营销计划文件的开头部分应该有一个关于本计划的主要目标和建议事项的简短摘要。执行概要能使较高层次的管理层迅速地抓住计划的要点。在执行概要之后便是内容的目录表,它列出了计划步骤和执行细节。

2. 当前状况分析

提出关于市场、产品、竞争、分销和宏观环境的背景资料。市场如何定义?市场规模与成长速度如何?哪些趋势对市场有影响?企业将面临的主要问题和产品分析有哪些?此外,还应包括相关的历史信息描述。对所有这些信息都应进行SWOT(机会、威胁、优势和劣势)分析。

3. 营销战略

在营销战略中,产品经理定义目标市场,即对企业供应品有需要和感到满意的群体。然后,产品经理确定产品线的竞争定位,它形成"博弈计划"以便完成计划目标。在制定战略的过程中,产品经理应该与企业的其他人商量,如与采购、制造、销售、财务和人力资源部门磋商,以保证整个企业提供适当的支持,使计划顺利进行。营销战略还应该描述品牌战略和客户战略。

4. 财务目标

财务目标包括销售额预测、费用预测和平衡点分析。在收入方面,它应指出预估的销售数量和平均实现价格。在开支方面,它应表明营销费用,以及再细分下去的细节项目。平衡点分析应指出每月平均销售量为多少时才能抵消相应的平均成本。

5. 执行控制

这是营销计划的最后一部分,概述控制用以监督计划的过程。通常,目标和预算按月

---

① (美)艾森豪威尔(Eisenhower, D. D.)著:《艾森豪威尔回忆录:白宫岁月》,复旦大学资本主义国家经济研究所译,上海:三联书店,1978年。

或季来制定，上一级的管理层每期都要审查这些结果。有些控制部分包括权变计划，权变计划概述管理层在遇到特殊的不利情况时所应该实行的步骤，如遇到价格战或用工荒。

第三节 市场营销的控制

虽然有效的市场营销控制十分必要，但是许多企业并无适当的控制程序。下面是三种主要的营销控制的方法：年度计划控制、效率控制和战略控制。有时，还会有部分学者提到赢利能力控制，我们在前面的章节已有涉及，在此不详细展开。

一、年度计划控制

年度计划控制的中心是目标管理，它包括四个步骤：目标设定（我们想达到什么目标？）；执行实绩衡量（在发生什么？）；执行实绩诊断（为什么发生？）和改正行动（我们该怎么办？）。首先，管理层必须在年度计划中设立月份或者季度目标。第二，管理层必须监视在市场上的执行实绩。第三，管理层必须对任何严重的偏离行为的原因作出判断。第四，管理层必须采取改正行动，以便弥合其目标和执行实绩之间的缺口。

这一控制模式适用于组织的所有层次。企业最高管理层设立一年的销售目标和利润目标，这些目标被分解成每个较低层次的管理层的具体目标。于是，每个产品经理就要达到某个销售水平和成本水平，每个地区经理和每个销售代表也被责成完成若干目标。最高管理层定期检查和分析结果。

二、效率控制

假设利润分析揭示了企业在若干产品、地区或者市场方面的赢利情况不妙。要解决的问题就是，是否存在更有效的方法来管理销售队伍、广告、促销和分销等绩效不佳的营销实体活动。

1. 销售队伍效率

各级销售经理都应该掌握自己地区的销售队伍效率的几个关键指标：

（1）每个销售人员平均每天进行销售访问的次数。
（2）平均每次访问所需要的时间。
（3）销售人员每次访问的平均收入。
（4）销售人员每次访问的平均成本。
（5）销售人员每次访问的招待费。
（6）每100次销售访问的订货单百分比。
（7）每一期新的顾客数目。

(8) 每一期丧失的顾客数目。
(9) 销售队伍成本占总销售额成本的百分比。

当一个企业开始调查销售队伍效率时,常常会发现一系列可以改进的地方。如一家大型航空公司发现,它的销售人员既搞销售,又搞服务,于是公司就将服务工作转交给工资较低的职员去干了。另一家电器公司经过时间使用的调查研究后,找到了减少生产过程中空闲时间比例的有效途径。

2. 广告效率

许多营销经理认为,要衡量他们从广告支出中获得多少好处几乎是不可能的,但是,至少要掌握下述统计资料:① 每一种媒体工具触及每千名目标买方的广告成本;② 注意、看到或联想和阅读印刷广告的人在其受众中所占的百分比;③ 消费者对于广告内容和有效性的意见;④ 由广告所激发的询问次数。

管理层可以采取一系列步骤来改进广告效率,包括做好产品定位,明确广告目标,预先测试广告信息,利用计算机指导选择广告媒体,购买较好的媒体以及进行广告事后测验等工作。

3. 销售促进效率

销售促进包括十几种激发顾客购买兴趣和试用产品的办法。为了提高促销效率,管理层应该坚持记录每一次促销活动的成本及其对销售的影响。企业管理层应注意下述统计资料:① 优惠销售所占的百分比;② 每一元的销售额中所包含的商品陈列成本;③ 优惠券的回收率;④ 一次演示所引起的询问次数。

营销经理可以观察不同促销活动的结果,然后,向产品经理提出最有效的促销措施。

4. 分销渠道效率

管理层应该调查研究分销渠道成本,提高存货控制、仓库位置和运输方式的效率。它衡量的指标有:① 物流成本与销售额的比例;② 订单错发率;③ 准时送货的百分比;④ 开票错误的次数。

管理层应当努力减少存货,同时加速存货的周转。一个经常发生的问题是,当企业销售增长很快时,分销的效率可能会下降。管理层要认识到真正的瓶颈在哪里,并向生产和分销渠道作更多的投资。

三、战略控制

随着时间的推移,企业必须经常对其整体营销目标和效益作出缜密的评价。每个企业应该定期对其进入市场总体方式进行重新评价。这里有两种工具可以利用,即营销效益等级考评和营销审计。这里简要介绍营销效益等级考评。一个企业或一个事业部的营销效益可以从营销导向的五种主要属性的不同程度上反映出来:顾客哲学、整合营销组织、充分的营销信息、战略导向和工作效率。大多数的企业和部门可以用这些属性进行等级评定。

第四节 市场营销的审计

如果一家企业在最近的五年中平均大约减少了一半的顾客,在四年中减少了一半的员工,在不到一年的时间内投资者也减少了一半。很明显,存在薄弱环节。发现薄弱环节的企业和事业部,应该着手进行一次更彻底的研究,即营销审计。营销审计是对一个企业或一个业务单位的营销环境、目标、战略和活动所作的全面的、系统的、独立的和定期的检查,其目的在于决定问题的范围和机会,提出行动计划,以提高企业的营销业绩。

一、市场营销审计的特性

下面让我们探讨一下营销审计的四个特性。

1. 全面性

营销审计并不限于若干麻烦的地方,而是涉及一个企业全部的营销活动。一次全面的营销审计通常能更有效地找到企业营销问题的真实原因。

2. 系统性

营销审计包括一系列有秩序的诊断步骤,包括诊断组织的宏观和微观环境、营销目标和战略、营销制度和具体营销活动。然后,在诊断基础上制订、调整行动计划,包括短期计划和长期计划,以提高组织的整体营销效益。

3. 独立性

进行营销审计可以通过六种途径:自我审计、交叉审计、上级审计、公司审计处审计、公司任务小组审计和局外人审计。一般而言,最好的审计大多来自外界经验丰富的顾问,这些人通常具有必要的客观性和独立性,有许多行业的广泛经验,对本行业颇为熟悉,同时,可以集中时间和注意力从事审计活动。

4. 定期性

典型的营销审计都是在销售量下降、推销人员士气低落或者其他企业问题发生之后才开始进行的。

营销审计的第一步是企业高级职员和营销审计人员一起开一个会,拟定有关审计目标、涉及面、深度、资料、来源、报告形式以及时间安排的协议。应该精心地准备一份详尽的计划,这样就能使审计所花的时间和成本最小化。营销审计的基本准则是,不能仅仅靠企业经理收集情况和意见,还必须访问顾客、经销商和其他外界人士。

二、市场营销审计的内容

市场营销审计由检查企业营销形势的六个主要组成部分构成。

1. 营销环境审计

(1) 宏观环境。包括：第一，人文统计。人文环境中有哪些主要的发展变化和趋势会成为企业的机会和威胁？第二，经济。在收入、价格、储蓄和信贷等方面有哪些主要发展变化将影响企业？第三，生态。企业所需要的那些自然资源和能源的成本与可获性的前景如何？第四，技术。在产品技术方面存在哪些主要变化？在加工技术方面呢？有什么重要的一般代用品可以替代此产品？第五，政治。哪些法律和制度的变化将影响营销战略和战术？第六，文化。公众对于企业及企业生产的产品持何态度？在消费者的生活方式和价值观方面发生了哪些会影响企业的变化？

(2) 任务环境。包括：第一，市场。在市场规模、增长率、地理分销和赢利方面有哪些变化？有哪些主要细分市场？第二，顾客。不同的顾客群是如何作出购买决策的？第三，竞争者。有哪些主要竞争者？他们的目标和战略、优势和劣势以及规模和市场份额分别是什么？第四，分销和经销商。通过哪些主要的商业渠道向顾客传送产品？第五，供应商。生产所用关键原料的可获性前景如何？第六，辅助机构和营销公司。运输服务的成本和可获性前景如何？其他的成本和可获性前景如何？第七，公众。对于企业来说，哪些公众代表了某种特定机会，哪些代表了问题？

2. 营销战略审计

营销战略审计的内容主要有：第一，企业使命。企业使命是否能够用市场导向的术语明确地阐述出来？它是否可行？第二，营销目标和目的。企业及营销目标和目的是否被足够地陈述出来，以便知道营销计划和执行实绩的衡量？第三，战略。企业管理层能否明确地表达其达到营销目标的营销战略？企业方面是否确定了每个目标细分市场的实际轮廓？营销资源是否被合理地分配给营销组合的主要构成要素，即产品质量、服务、销售队伍、广告、促销和分销渠道？

3. 营销组织审计

营销组织审计的内容主要有：第一，正式结构。对于影响顾客满意程度的企业活动，营销主管人员是否具有足够的权力和责任？第二，功能效率。营销部门和销售部门之间是否保持良好的沟通和工作关系？有无营销组织需要进一步培训、激励、监督或评价？第三，部门间联系效率。营销和制造、研究与开发、采购、财务、会计以及法律等部门之间是否存在什么需要注意的问题？

4. 营销制度审计

营销制度审计的内容主要有：第一，营销信息系统。营销信息系统是否产生有关顾客、潜在顾客、分销和经销商、竞争者、供应商以及各种公众的市场发展变化方面的真实的、足够的和及时的信息？第二，营销计划系统。营销计划系统是否经过很好的构思，是否有效？销售定额的制定是否建立在适当的基础上？第三，营销控制系统。控制程序是否足以保证年度诸目标的实现？营销成本是否被定期加以检查？第四，新产品开发系统。企业是否被很好地加以组织，以收集、形成和筛选新产品构思？企业在向新产品构思投资之前是否进行了适当的概念调研和商业分析?

5. 营销生产率审计

营销生产效率审计的内容主要有：第一，赢利率分析。企业不同的产品、市场、地区和分销渠道相应的赢利率分别是多少?企业方面是否要进入、扩大、缩小或放弃若干细分市场?第二,成本效益分析。哪些营销活动看来花费过多?能否采取一些降低成本的步骤?

6. 营销功能审计

营销功能审计的内容主要有：第一，产品。产品线目标是什么?现有产品线是否满足这些目标?顾客对于本企业和竞争者产品的质量、特点、式样、品牌等方面的知识和态度又如何?第二,价格。价格目标、政策、战略和定价程序分别是什么?定价依据成本、需要和竞争标准的程度如何?价格政策与批发商、零售商和供应商的要求以及政府法令相一致的程度如何?第三,分销。分销目标和战略是什么?是否有足够的市场覆盖面和服务?第四,广告、营业推广、公共宣传和公共关系部门。企业的广告目标是什么?它们是否合理?广告媒体是否经过精心挑选?营业推广预算是否足够?是否充分而有效地利用了各种营业推广工具,如赠送样品、优惠券、展销和销售竞赛等?公共宣传预算是否足够?公共关系部门的职员是否精明强干并且富有创造性?第五,销售队伍。本企业的销售队伍的目标是什么?销售队伍规模是否足以完成企业的各项目标?销售队伍是否是按适当的一定原则组织的?销售队伍是否显示出高度的信念、能力和努力?制定份额和评价业绩的程序是否合适?与竞争者的销售队伍相比,企业的销售队伍有何特点?

对于营销来说,当今是一个令人激动的时代。在对市场主宰的疯狂追求中,新的规则出现了。成功的21世纪营销的机会有很多,但只有在你努力工作、富有洞见和激情时才可以获得。一位作家曾经说过,现在与过去任何时候相比都是个好时机,然而,我们却不知道如何利用。这句话说得实在是太正确了。

复习思考题

1. 企业的市场营销组织随着经营思想的发展和企业自身的成长,大体经历了哪几种典型形式?
2. 职能型组织的主要特点是什么?
3. 市场营销计划通常包含哪些内容?
4. 市场营销组合的特点是什么?
5. 企业社会营销在如何影响你的个人消费行为?你有没有因为某个企业的环境策略或措施而买过它的产品?为什么?
6. 考虑波特的价值链。它们对营销计划有什么启发?
7. 想一想你最喜爱的品牌。它们来自哪里?它们在哪里创造或出售?你认为它在质量上或满意度上能满足你哪一方面的需求?

8. 在企业组织的各个层面如何开展战略计划工作?
9. 如何进行有效的效率控制来增长业绩?
10. 试述营销审计的特点及主要内容。

本章案例

金华市邮政局开展"消防知识有奖答题"明信片营销活动①

一、活动背景

金华市邮政商函广告公司从《金华晚报》第 4 版上捕捉到一则信息,报道说:近几年来,金华市发生多起火灾事故,仅 2004 年上半年,发生火灾 974 起,死亡人数达 29 人,受伤 12 人,受灾 134 户,烧毁建筑 29 433 平方米,直接财产损失达 665.2 万元。消防安全事关人民群众生命财产的安全,事关经济持续、快速、健康、稳定地发展,如何让消防意识深入人心,减少人为的火灾事故的发生,消防知识宣传就显得尤为重要。

这篇新闻报道激发了金华邮政商函部进行产品策划的灵感。

二、产品设计和执行前营销

1. 需求分析

每年消防宣传日前后,各地政府、消防部队都会组织针对民众的消防安全宣传活动,如办消防宣传栏、现场灭火演练、挂标语发传单等。因此,只要抓住消防部门宣传消防安全知识这一诉求点,设计好产品,实现成功营销的可能性就会很大。

2. 产品设计

金华市邮政商函广告公司马上进行信息采集工作,了解到 2004 年消防宣传的主题是"整改火灾隐患,珍爱生命安全",宣传目的是提高全民消防安全素质,普及消防安全知识,宣传工作要进社区、进学校、进企业、进农村,因此向顾客推荐产品时能否凸显这一主题就成了关键。经过认真分析,金华市邮政商函广告公司决定采用经过包装、创新的折页式"消防知识有奖答题明信片"这一载体,期望达到宣传互动效果。

3. 执行前营销动作

(1) 第一层次顾客营销动作——消防支队领导

设计出宣传建议方案,从顾客角度提出宣传创新思路,即为提高宣传效果,力求实现社会消防宣传从被动到互动、从互动到自动,金华市邮政商函广告公司推出了"消防知识有奖答题明信片"的宣传模式,同时实行媒体互动,扩大影响力。由于金华市邮政商函广告公司抓住了宣传主题,领导初步接受了金华市邮政局的建议,但对承担大量的明信片制作成本费感到为难,于是金华市邮政局提出如下跟进建议:

---

① 资料来源:网易财经,本书引用时有所修改。

第一,邮政只收取明信片制作成本费,其他费用作为对消防事业的赞助;
第二,明信片广告位提供给消防重点单位做广告,收取广告费;
第三,抽奖的奖品费用由邮政联系热心消防公益事业的单位赞助。
整个建议方案得到了顾客的充分肯定。

(2) 第二层次顾客营销动作——政府

政府的支持会使宣传活动的影响力大大增强,同时,政府能直接引导新闻媒体介入宣传,而且也增强了金华市公安消防支队搞好本次活动的信心。金华市邮政局向市领导提出了邮政承办消防宣传活动的报告,并注意尽量消除商业行为痕迹,政府站在重视安全生产工作的高度上,完全支持金华市邮政局和金华市公安消防支队的这次合作。

(3) 第三层次顾客营销动作——消防重点单位、新闻单位、学校、中国移动通信金华分公司

针对大型娱乐单位、房产商等消防重点单位,由金华市公安消防支队联系,很快达成合作意向;针对报社、电视台等新闻单位,由政府牵头,新闻单位表示会积极参与该活动,全程跟踪报道;针对学校,金华市公安消防支队和金华市邮政局共同走访联系了几所学校,也都得到了校方的参与意向;针对中国移动通信金华分公司,同意以冠名形式赞助奖品及相关费用。

三、方案策划和活动实施

1. 方案策划流程

(1) 产品创新设计。
(2) 执行前营销动作。
(3) 与顾客(金华市公安消防支队)协商操作细节、责任落实。
(4) 起草文件成立领导小组,公布有关事项。
(5) 征集消防重点单位广告,并由金华市邮政局完成广告设计申报印制。
(6) 在人民广场隆重举办新闻发布会,分发有奖答题明信片。
(7) 邀请公证处公证抽奖,公布获奖名单,发送奖品。

2. 人民广场新闻发布会——主题营销活动实施主要内容

(1) 在人民广场隆重布置本活动新闻发布会现场。
(2) 邀请金华市领导、金华市公安消防支队和公安局领导讲话。
(3) 邀请新闻媒体记者宣传报道。
(4) 组织部分消防战士、群众、在校学生,组成广场人群方阵。
(5) 向现场观看和参加单位人员发放"消防知识有奖答题"明信片,开展万人消防安全签名活动,掀起活动高潮。

四、营销效果

1. 经济效益

本次活动共制作发行10万套4张连片折页式"消防知识有奖答题"明信片,实现商函业务收入17.5万元。

2. 社会效益

一是社会公众(公益)效益。由于金华市邮政局以定向发行为主,而且采取免费有奖形式操作,明信片回收率达到了60%,广大市民踊跃参与,达到了宣传消防安全的预期目的,新闻跟踪报道,社会反响强烈。

二是政府关注力效应。这次活动得到了金华市领导的表扬和肯定,认为这次声势浩大的消防知识教育活动有利于提高全民的消防意识,降低人为的火灾事故率,推进社会消防责任制的落实和消防工作社会化进程。金华市邮政局举办这次活动提高了政府形象,增进了邮政和政府的关系,进一步提高了政府对邮政的关注力。

三是顾客满意度效益。金华市公安消防支队官兵普遍认为这次活动是当地历史上最成功的消防宣传活动,对邮政的支持表示衷心感谢。此举提高了消防作为邮政顾客的忠诚度,也提高了邮政成功整合社会资源进行营销的信心,并积累了宝贵经验。

3. 邮政商函品牌效益

一是邮政作为承办单位出现,提高了邮政企业的公众亲和力。

二是政府主导的媒体宣传间接宣传了邮政商函品牌。

三是在市中心人民广场举行新闻发布会,有市领导、消防官兵、在校学生、赞助单位、新闻单位代表和万名观众的参与,现场万人签名活动影响巨大,成功运作的品牌效益远远超越活动本身的经济效益。

讨论题

1. 金华市邮政局的营销活动的主要成功因素有哪些?
2. 金华市邮政局的弱点是什么?它应该注意哪些问题?
3. 你会给高级营销执行人员什么建议?在营销时他们一定要做的是什么?

参考文献

1. 王方华.《市场营销学》[M].上海：格致出版社、上海人民出版社,2007.
2. 骆念蓓.《营销理论与实务》[M].上海：上海交通大学出版社,2002.
3. 吴建安.《市场营销学》[M].北京：高等教育出版社,2000.
4. 兰苓.《市场营销学》[M].北京：机械工业出版社,2008.
5. 郭国庆.《市场营销学》[M].武汉：武汉大学出版社,2004.
6. 晁钢令.《市场营销学》[M].上海：上海财经大学出版社,2003.
7. 郝黎明.《市场营销实训教程》[M].北京：机械工业出版社,2010.
8. 杨永杰、李宁.《市场营销学》[M].北京：首都经济贸易大学出版社,2007.
9. 梁晓萍.《市场营销》[M].2版.广州：中山大学出版社,2005.
10. 范忠.《市场营销学》[M].武汉：武汉大学出版社,2003.
11. 本·M·恩尼斯等.《营销学经典权威论文集》[M].郑琦等,译.大连：东北财经大学出版社2000.
12. 罗莎琳德·马斯特森等.《营销学导论》[M].李先国等,译.北京：北京大学出版社,2006.
13. 菲利普·科特勒.《营销管理》[M].11版.梅清豪,译.上海：上海人民出版社,2003.
14. 弗郎西斯·布拉星顿等.《市场营销学》,裴大鹰,译.桂林：广西师范大学出版社,2001.
15. 罗杰·A·凯琳等.《战略营销——教程与案例》,范秀成等,译.大连：东北财经大学出版社,2000.
16. 小威廉·D·佩罗特等.《基础营销学》[M].梅清豪等,译.上海：上海人民出版社,2001.
17. 雅克·郎德维等.《市场营销学》[M].张欣伟等,译.北京：经济科学出版社,2000.
18. 汤定娜、万后芬.《中国企业营销案例》[M].北京：高等教育出版社,2001.
19. 夏暎.《市场营销案例》[M].北京：机械工业出版社,2004.
20. 王慧彦.《市场营销案例新编》[M].北京：清华大学出版社、北京交通大学出版社,2004.
21. 曹刚、李桂隣、王德发.《国内外市场营销案例集》[M].武汉：武汉大学出版社,2002.
22. 张丽莉.《消费心理学》[M].北京：清华大学出版社,2010.
23. 冯丽云、侯丽敏.《营销心理学》[M].3版.北京：经济管理出版社,2010.
24. 聂志红、崔建华.《消费者行为学教程》[M].北京：经济科学出版社,2005.
25. 王旭.《消费者行为学》[M].北京：电子工业出版社,2009.
26. 韦恩·D·霍依尔等.《消费者行为学》[M].刘伟,译.北京：中国市场出版社,2008.
27. 威廉·G·齐克蒙德等.《客户关系管理》[M].胡左浩等,译.北京：中国人民大学出版社,2010.